图 0-10　叙利亚战争中阿勒颇市的城市破坏情况估计图

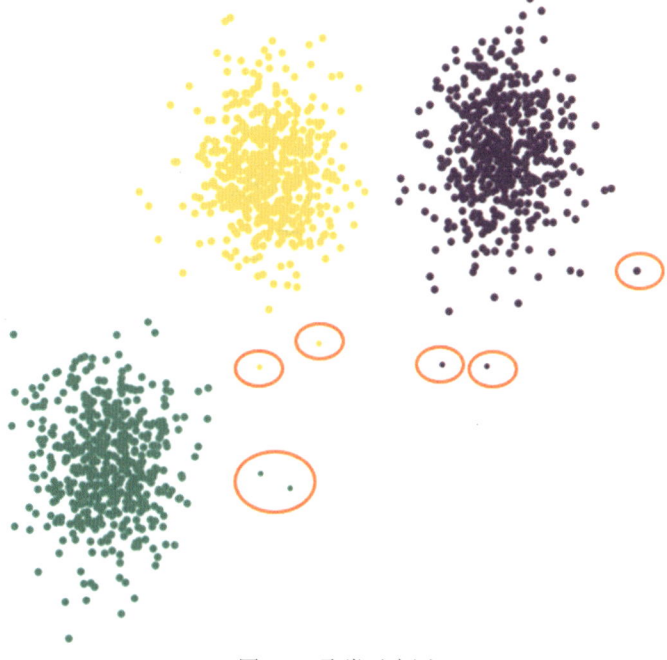

图 2-3　聚类示意图

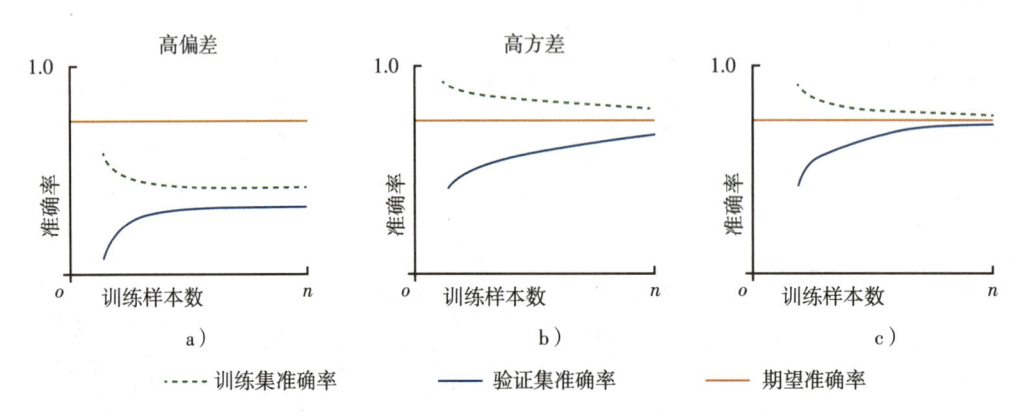

图 2-6 学习曲线（横轴为训练样本数，纵轴为准确率）

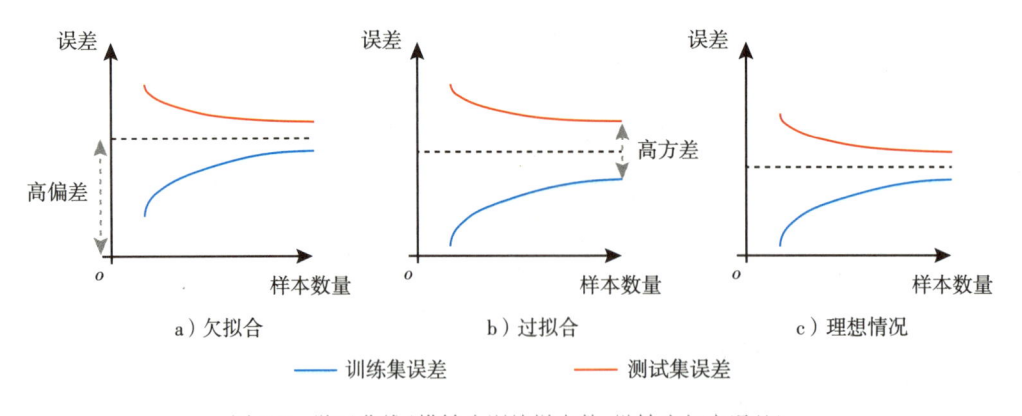

图 2-7 学习曲线（横轴为训练样本数，纵轴为相应误差）

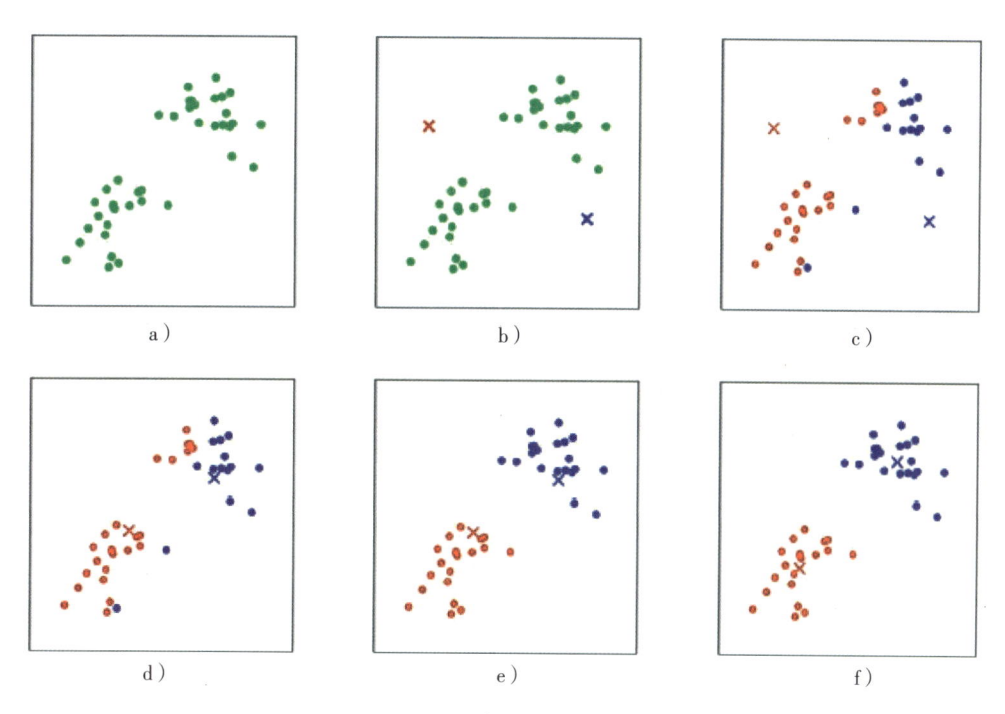

图 4-2　K-Means 算法流程示意图

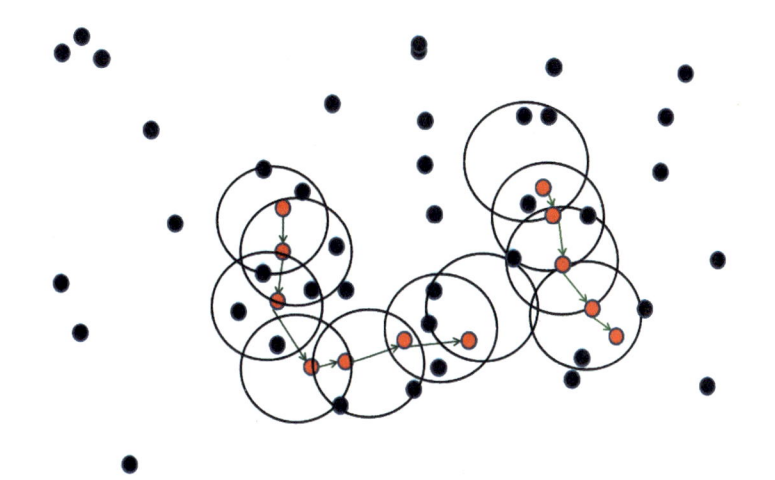

图 4-7　密度聚类的几个概念定义示意图

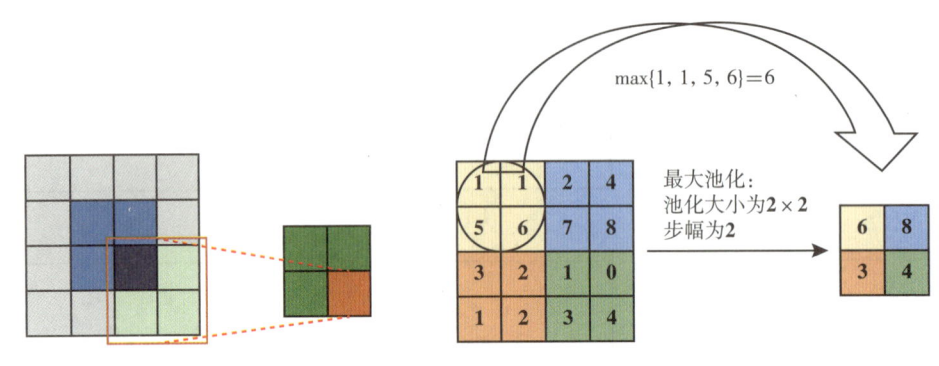

图 7-5　卷积方式 Padding

图 7-6　池化示意图

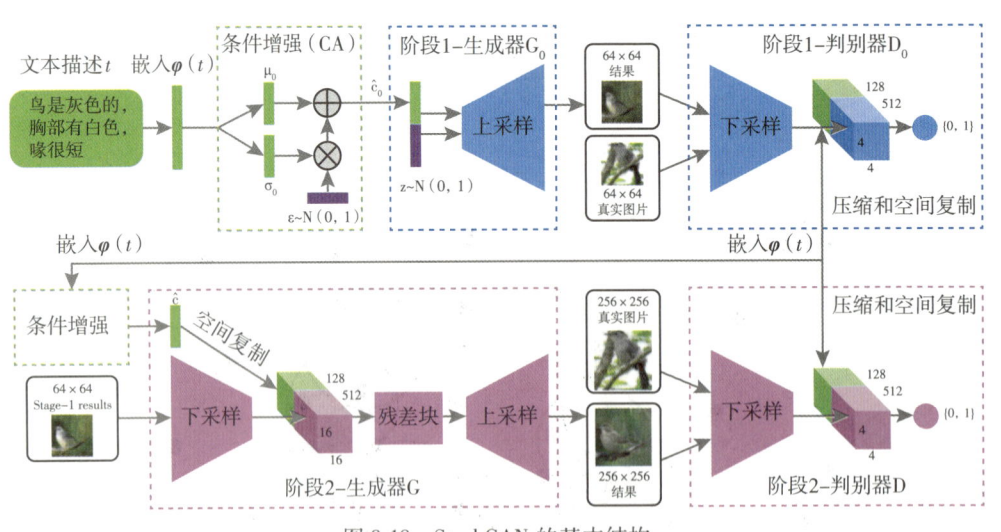

图 8-18　StackGAN 的基本结构

跨度=2　　　　　　　跨度=5　　　　　　　　跨度=8

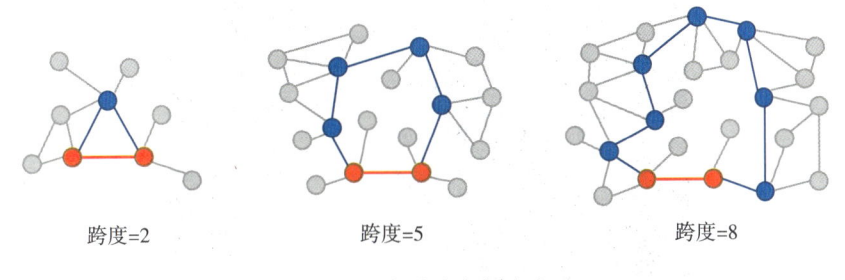

图 9-5　长连边和短连边

a)

b)

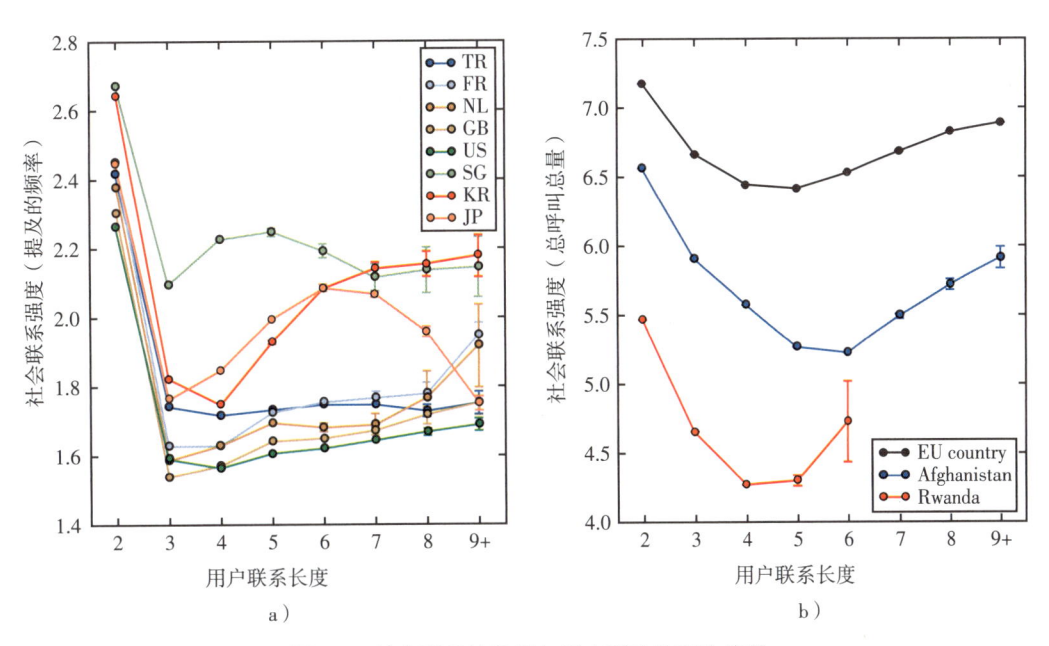

图 9-6　社会联系的强度与用户联系长度的关联

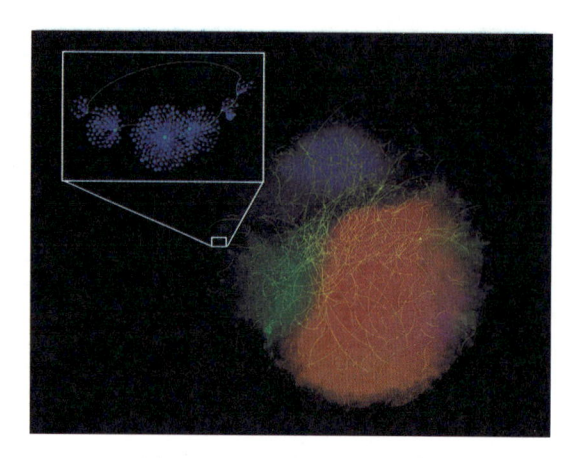

图 9-7　新加坡的 Twitter 网络

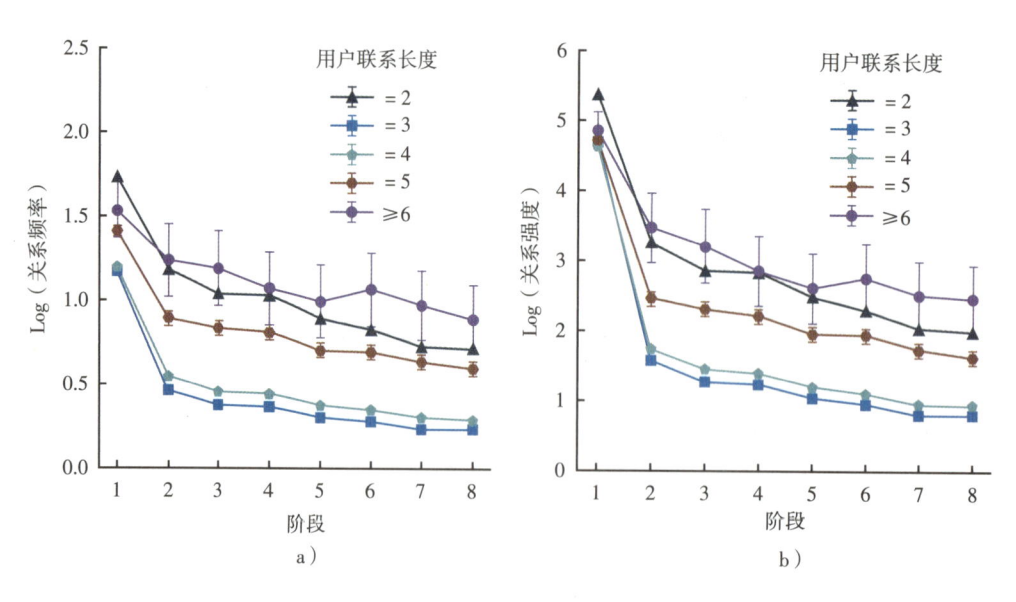

图 9-8　不同用户联系长度的关系频率和关系强度随时间的动态变化

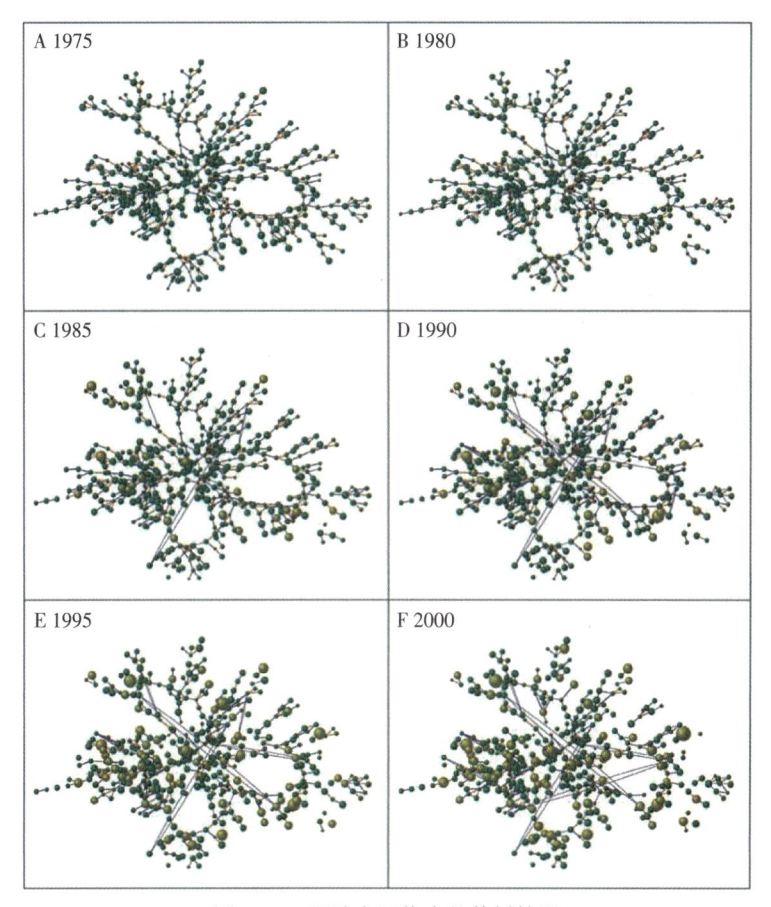

图 10-3 肥胖在网络中的传播情况

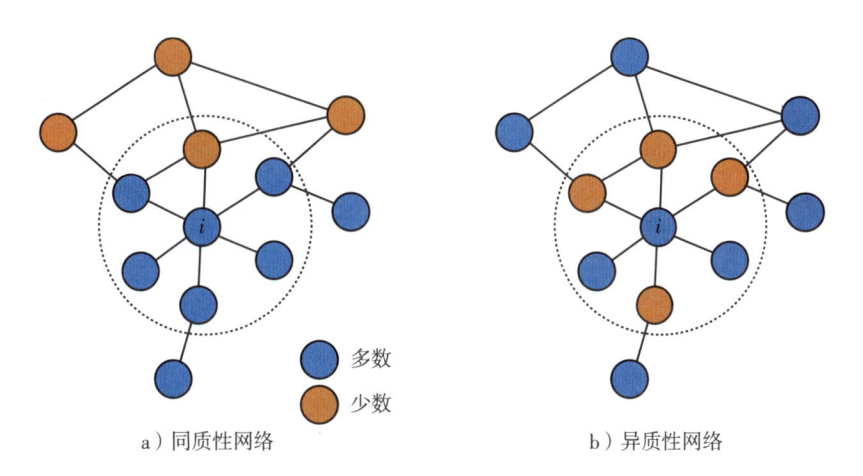

a）同质性网络　　　　　　　b）异质性网络

图 10-9 计算同质性网络和异质性网络的感知偏差

多数
少数

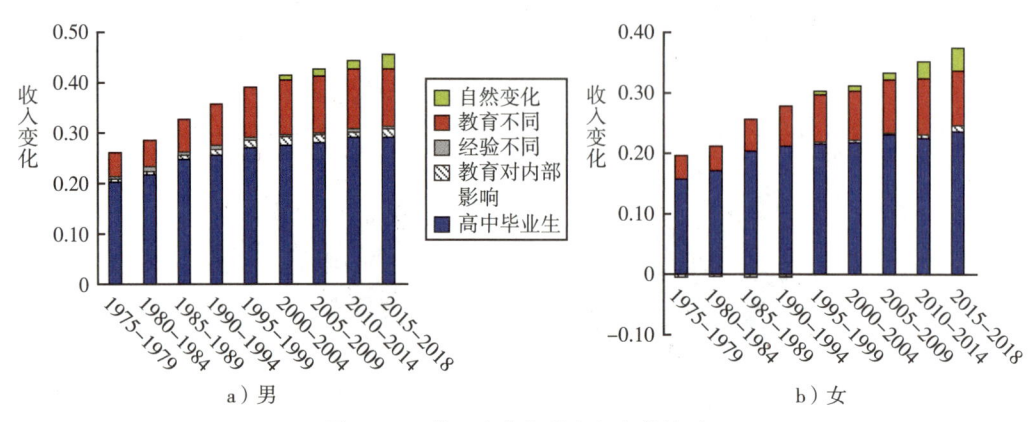

图 11-17 收入变化与教育程度的关系

图 11-18 不同教育程度的工资增长分布

·人工智能技术丛书·

计算社会学
基础理论篇

BASIC THEORY OF
COMPUTATIONAL SOCIAL SCIENCE

郭斌 梁韵基 於志文 著

机械工业出版社
CHINA MACHINE PRESS

图书在版编目（CIP）数据

计算社会学 . 基础理论篇 / 郭斌，梁韵基，於志文
著 . — 北京：机械工业出版社，2023.12
（人工智能技术丛书）
ISBN 978-7-111-74690-4

I. ①计… II. ①郭… ②梁… ③於… III. ①数据管
理 – 应用 – 社会科学 – 研究 IV. ① C53

中国国家版本馆 CIP 数据核字（2024）第 032652 号

机械工业出版社（北京市百万庄大街 22 号　邮政编码 100037）
策划编辑：李永泉　　　　　责任编辑：李永泉
责任校对：贾海霞　陈　越　责任印制：郜　敏
三河市国英印务有限公司印刷
2024 年 3 月第 1 版第 1 次印刷
186mm×240mm・20 印张・4 插页・432 千字
标准书号：ISBN 978-7-111-74690-4
定价：99.00 元

电话服务　　　　　　　网络服务
客服电话：010-88361066　机 工 官 网：www.cmpbook.com
　　　　　010-88379833　机 工 官 博：weibo.com/cmp1952
　　　　　010-68326294　金 书 网：www.golden-book.com
封底无防伪标均为盗版　机工教育服务网：www.cmpedu.com

推荐序一

随着大数据、云计算、人工智能等技术的发展，人类社会经济活动从传统的物理空间与社会空间延伸到了信息空间，实现了三元空间的深度融合，社会群体、智能算法和云边端环境的相互交织，呈现出前所未有的耦合性、级联性和复杂性等社会新形态和新特征。2009 年 2 月《科学》（Science）杂志发表题为 Computational Social Science 的主旨文章，指出计算社会学兴起的基础是以前所未有的广度、深度和规模收集与分析数据的能力，标志着计算科学和社会科学的交叉融合成为国际瞩目的前沿研究和应用热点。自此，以智能决策为核心内涵的计算社会学得到了广泛关注和蓬勃发展，并深度赋能公共卫生、政治经济、公共安全等诸多领域。然而，现实中，计算社会学的研究往往以领域案例研究为切入点，初学者对领域的核心知识体系缺乏全面认识，难以形成全面的知识体系；另外，计算社会学重点强调多学科交叉，以数据科学思维深度赋能社会科学研究。如何培养与计算社会学相适配的交叉思维能力是深化计算社会学研究的核心力量来源。

西北工业大学郭斌教授等编著的《计算社会学》为全面知识体系的塑造和交叉思维的培养提供了一个有效途径。作为普适计算和社会计算领域的专家，作者结合近十年来的研究基础，以数据智能分析为基础着眼点，全面构建计算社会学的知识体系，重点从计算的角度系统性地梳理了计算社会学领域的最新研究成果。在内容上，该书分为基础支撑理论与算法、社会网络分析、网络动力学和社交媒体挖掘与社群智能四大篇。不仅涵盖复杂系统、博弈论等经典理论，而且以人工智能理论为基础，阐述了人工智能算法尤其是深度学习理论等在智能推荐、文本理解、假消息检测、虚拟社交机器人等领域的应用。同时，在兼顾广度和深度的前提下，该书从"计算+领域"交叉视角梳理了计算社会学近年来的研究成果，通过全面对比分析加强对技术的认识。

当前，社会发展正在经历"数字化、网络化和智能化"的大变革。面对社会新形态下的复杂系统，决策范式正在从以"小数据+定性"为主向"大数据+人机混合智能+定性与定量相结合"方向发展，旨在提供高效的、全面的、可信的决策信息。该书用大量翔实的案例对上述观点进行阐述。例如，在 Facebook MyPersonality 工程中，为了实现对个体人格特征的多维度细粒度画像，分析了大量用户的发帖内容、头像信息和网络交互关系等多模态数据，借助多模态融合模型实现了年龄、性别和人格特征的精准预测，从而为智能推荐提供全面且精准的受众群体理解。这一案例充分体现了决策范式的转变对社会的颠覆性作用。同时，如何应用计算社会学的理论和方法解决中国的发展问题也是我国科研工作者义不容辞的责任。该书也对中国学者的贡献进行了详细介绍。特别难能可贵的是，作者尝试以中国视角分析社会问题，挖掘中国的社会学思维，融合地域和文化要素，分析社会事件的内在推动力，以中国案例为典型，彰显中国智慧。

综上，该书知识结构丰富，案例翔实且分析深刻，是第一部以计算思维为主线重构计算社会学知识体系的教材。其最大的特色在于深度融合计算机科学、社会学、人工智能和复杂网络等多学科的专业概念，将抽象的算法和技术融入案例中，用言简意赅的文字进行深入浅出的讲解。

我国计算社会学发展正处于关键阶段，而且面临众多严峻挑战，具体表现为以下三个方面：其一，基础理论亟待加强。虽然取得了很多进步和成就，但整体发展水平与全球顶级学术机构仍存在差距，尤其是在基础理论和颠覆性技术方面。其二，解决中国问题的能力需要提升。在中国式现代化发展进程中，我国面临各种急需解决的复杂系统性问题。如何以独特的中国视角，建构中国自主的知识体系，围绕"四个面向"，开展重大的、系统性的集成创新是核心难题。其三，计算社会学的人才培养体系不够完善。作为一个交叉型学科，如何构建完备的知识传授体系，实现后备人才的持续性、阶梯式培养是一个亟待解决的任务。

道阻且长，行则将至！期待专家学者们携手共进，共同推动计算社会学的跨越式创新发展。

中国科学院自动化研究所

曾大军

FOREWORD

推 荐 序 二

社会学是系统地研究社会行为与人类群体的一门学科，它横跨经济、政治、人类学、心理学以及计算科学。早期的社会学研究以实证研究和抽象建模为核心，受制于观察数据和简单抽象假设，研究周期长，干扰要素多，成果通用性一般。随着感知技术、计算技术和通信技术的发展，尤其是人工智能算法的广泛应用，计算社会学研究步入了发展黄金期，一方面为观测社会提供了微观、介观和宏观的测量角度，实现了对社会动态的多尺度立体量化能力，另一方面为社会学研究提供了一种数据驱动的智能化计算模式，推动研究成果的爆炸式增长。

为了推动计算社会学的发展，培养高水平的计算社会学后备力量，开展计算社会学教材体系的建设具有重要的意义。当前市面上社会学相关教材缺乏对近十年计算社会学成果的系统性梳理，如何以"计算+X"的复合型人才培养理念为指导，面向多学科受众，写一本将理论与实践相结合且涵盖全球近十年最新研究成果的教材，非常必要且极具挑战性。

西北工业大学计算机学院郭斌教授等在这方面开展了前瞻性探索。他们结合十多年来从事计算社会学研究和教学的实践，历时近三年，数易其稿，系统地梳理了计算社会学"黄金十年"的代表性成果，并结合团队在社会计算和群智计算领域的研究成果，形成了《计算社会学》著作。该书共分为上下两册，共计 24 章。该书的主要特点可以概括为以下三个方面：

1. 学科交叉融合

在第四次工业革命的背景下，如何让学生主动深入社会，将个人成长融入中国式现代化发展的进程中，培养复合型创新型人才是高校在人才培养方面的首要任务之一，以多学科交叉为指导的新工科建设是破局的关键。该书很好地体现了这一指导思想，在兼顾广度和深度的前提下，该书有机地融合了计算机科学、社会学、人工智能、博弈论、复杂网络等多个学科的专业概念，对交叉创新思维的培养具有重要实践意义。

2. 理论实践共进

该书注重理论与实践的深度融合，为读者提供了一个快速进行理论学习和动手实践的渠道。该书采用了模块化结构灵活组织篇章，以人工智能经典理论为基础，从社会网络分析、网络动力学、社交媒体挖掘与社群智能三个维度进行延伸，注重理论与实践并进，将抽象的问题实例化、数字化、可视化，提高了计算社会学研究的可理解性。

3. 开源共享共建

西北工业大学人机物融合智能计算团队积极推动开源课程体系建设，通过促进开源共享、汇聚大众智慧和协同各方力量，加快精品课程的建设。目前，《计算社会学》以教材为核心，研发了 CrowdHMT 教学科研实践开放平台，提供了课程的全部 PPT 资源和习题答疑内容，为加速计算社会学的人才培养奠定了基础。

作为计算社会学领域的科研工作者，我深知教材编著的艰辛与挑战。感谢西北工业大学团队以极致的投入和坚定的毅力完成了对计算社会学的第一次深度探索。也希望国内有更多的科研工作者投身到计算社会学的人才培养中，让计算社会学在推进中国式现代化的进程中发挥关键作用。

哈尔滨工业大学

刘挺

PREFACE
前 言

2009年，以哈佛大学拉泽尔教授为首的15名顶级学者在《科学》(Science) 发表署名文章，首次提出"计算社会学"(Computational Social Science) 这一概念。计算社会学以移动互联网、社交媒体、物联网等新兴技术为基础，借助于统计理论、知识推理和人工智能等理论体系，从跨域、连续、非结构化的海量数据中分析个体的静态属性，洞察群体和宏观社会的动态变化，是一门蓬勃发展的综合性交叉学科。计算社会学已经广泛地应用到政治、经济、社会文化、公共健康等多个领域，与大众的切身利益休戚相关，对国家的战略安全与社会稳定意义重大。

十多年来，以移动社交网络、智能手机与可穿戴设备、泛在的物联网终端为代表的信息技术和产品得到广泛应用，为计算社会学提供了前所未见的大规模、多侧面的人类行为感知能力。同时，以大数据和人工智能为代表的数据科学理论，使得研究人员能够抽丝剥茧从大量纷繁芜杂的数据中发现和洞悉其中的本质。层出不穷的新型感知技术和智能算法为研究人类社会提供了一个全新的路径，正在不断地改变社会科学家和数据科学家探索世界、发现规律的方式。

《计算社会学》是一本系统性梳理计算社会学相关理论和方法的论著。一方面，本书从传统复杂网络分析的角度，详细阐述了社会网络分析的基础理论和动力学模型——随机网络、小世界网络、无标度网络和网络统计分析理论等，并将网络过程和行为应用于涌现、流行病学研究等方面。另一方面，融合人工智能在自然语言处理、推荐算法等领域的进展，阐述了人工智能算法尤其是深度学习理论等在智能推荐、文本分析、假消息检测、虚拟社交机器人等领域的应用。在兼顾广度和深度的前提下，本书深度融合计算机科学、社会学、人工智能和复杂网络等多学科的专业概念，突出阐述了计算社会学领域近年来的最新研究成果和关键技术突破。

本书分为上、下两册，采用理论、方法与关键技术相结合的方式安排各章内容。上册《计算社会学：基础理论篇》分为基础支撑理论与算法篇和社会网络分析篇，首先介绍图论及机器学习的基本概念，进而对典型的机器学习算法如线性回归、聚类算法和分类算法，以及极具代表性的深度神经网络算法（如卷积神经网络、循环神经网络、对抗生成网络等）进行基础性介绍，最后从网络基本理论（三元闭包等）出发介绍了强关系和弱关系的应用和联系，从选择和社会影响两个角度阐述了同质化的形成原理，并且阐述了网络极化的形成机理与度量方法，进而从节点权力的角度阐述社会权力的核心内涵。

下册《计算社会学：系统应用篇》分为网络动力学篇和社交媒体挖掘与社群智能篇，首先介绍了典型的网络动力学模型，如逾渗理论、ER 随机模型、小世界模型和无标度网络模型等，并重点介绍了传染病的建模方法，同时以自然语言理解为基础介绍社交媒体挖掘方法，包括自然语言模型、话题模型等，进而介绍了用户画像、智能推荐、假消息传播和虚拟机器人等计算社会学前沿技术。

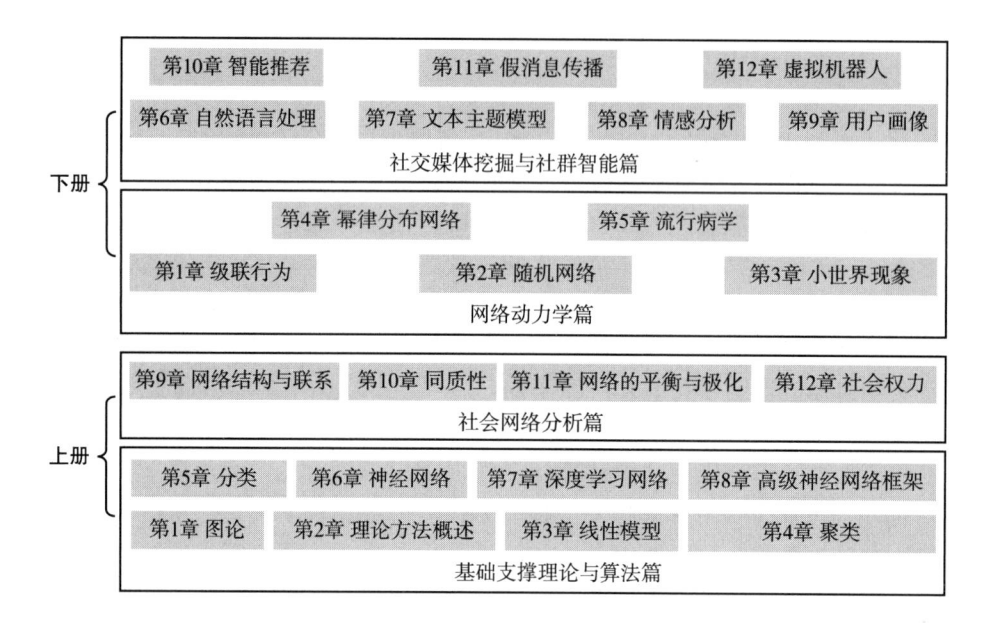

下册：
| 社交媒体挖掘与社群智能篇 |
| 第10章 智能推荐　第11章 假消息传播　第12章 虚拟机器人 |
| 第6章 自然语言处理　第7章 文本主题模型　第8章 情感分析　第9章 用户画像 |

| 网络动力学篇 |
| 第4章 幂律分布网络　第5章 流行病学 |
| 第1章 级联行为　第2章 随机网络　第3章 小世界现象 |

上册：
| 社会网络分析篇 |
| 第9章 网络结构与联系　第10章 同质性　第11章 网络的平衡与极化　第12章 社会权力 |

| 基础支撑理论与算法篇 |
| 第5章 分类　第6章 神经网络　第7章 深度学习网络　第8章 高级神经网络框架 |
| 第1章 图论　第2章 理论方法概述　第3章 线性模型　第4章 聚类 |

上册：
1. 基础支撑理论与算法篇（第 1~8 章）

第 1 章简要介绍图论的基本概念和计算理论，包括图的表示、存储、遍历和最短路径等经典问题。第 2 章介绍机器学习的基本概念和发展历程，重点介绍机器学习的基本数据处理流程，包括数据预处理、特征抽取与选择、误差的产生和模型评估等。

第 3~5 章为基础算法。其中第 3 章主要介绍线性回归模型，包括一元线性回归和多元线性回归。第 4 章为聚类算法，从聚类问题的核心目标任务出发，引入了聚类中的一个重要概念——距离度量，系统梳理了聚类任务中的典型算法。第 5 章主要内容包括贝叶斯分类器、支持向量机、决策树和随机森林。另外针对单一模型能力有限的问题，介绍集成学习方法，支持相同或者不同基模型的融合。

第 6~8 章为高级算法。其中第 6 章介绍传统的神经网络的基本概念和理论，包括神经元模型、多层感知机、误差反向传播以及其他新型的神经网络，例如玻尔兹曼机、脉冲神经网络等。第 7 章介绍卷积神经网络、循环神经网络、图神经网络等模型，并从模型训练出发介绍网络模型训练优化方法。第 8 章介绍其他高级神经网络，包括生成对抗网络、自编码器、编-解码器、注意力机制。

2. 社会网络分析篇（第 9~12 章）

第 9 章从三元闭包等理论出发介绍了强关系和弱关系的应用和联系。第 10 章首先引入了社会同质现象，并从社会选择和社会影响两个角度阐述同质化的形成原理，并介绍同质化的社会性影响，包括人群隔离、感知偏差、同伴效应等。第 11 章从网络结构的角度介绍认知平衡模型和结构平衡理论，针对网络中广泛存在的极化现象，阐述了极化的成因以及极化网络的检测和量化方法。第 12 章从节点权力的角度对社会网络进行深入分析，阐述社会权力的形成机理和量化方法，包括纳什均衡与网络议价、节点权力的度量等。

下册：

1. 网络动力学篇（第 1~5 章）

第 1 章从随大流现象出发，介绍了网络中信息传播的经典模型，包括级联模型、晶格理论、逾渗理论及其变种。第 2 章重点介绍了 ER 随机模型及其统计特性，并通过仿真实验对 ER 模型进行验证分析。第 3 章从经典的六度分隔实验出发，引入小世界现象，进而介绍了小世界网络模型的数学形式化表达及属性。第 4 章介绍了幂律分布的数学特性以及幂律分布的典型应用，并基于上述观察，引入无标度网络及其模型特性。第 5 章介绍了典型的传染病模型，并讲解了传染病的防控和干预。

2. 社交媒体挖掘与社群智能篇（第 6~12 章）

第 6~8 章主要介绍以自然语言理解为基础的社交媒体挖掘方法。其中第 6 章首先介绍了经典语言建模工作，包括词袋模型、n-gram 模型；然后重点介绍了自然语言处理中典型的序列数据处理方法，包括隐马尔可夫和条件随机场；最后介绍了自然语言处理中的典型任务和预训练模型。第 7 章介绍了主题分析模型，包括潜在语义分析、概率潜在语义分析、潜在狄利克雷分配模型。第 8 章系统梳理情感挖掘领域的工作，从词语、句子/文档和属性三个粒度总结了情感分析的研究进展。

第 9~12 章则介绍了计算社会学领域的新兴技术。其中第 9 章从单模态用户画像和多模态用户画像两个角度总结了用户画像技术的最新工作进展。第 10 章首先介绍协同过滤和基于内容的推荐两类典型模型；然后介绍基于深度学习的推荐算法，概述基于情境感知的推荐方法；最后总结了推荐系统中现有的评估策略和方法。第 11 章主要从假消息的定义、假消息的认知机理、多模态假消息检测方法、群智融合假消息检测、可解释假消息检测五个方面展开介绍。第 12 章主要对虚拟机器人设计与实现过程中所涉及的关键技术进行总结，包括虚拟形象塑造和个性化内容生成等，讲解虚拟机器人塑造完成流程。此外，重点介绍了典型虚拟机器人塑造平台 AI-Mate 系统架构。

在本书成稿的过程，西北工业大学智能感知与计算工信部重点实验室的研究生深度参与，为书稿的编撰付出了辛劳和智慧：赵志英（上册第 1 章）、孙月琪（上册第 2、3 章）、李智敏（上册第 4 章，下册第 9 章）、成家慧（上册第 5 章）、王虹力（上册第 6 章）、任浩阳（上册第 7 章）、郝少阳（上册第 8 章）、张秋韵（上册第 9、11 章）、冯煦阳（上册第 10 章）、丁亚三（上册第 12 章，下册第 1、4、11 章）、吴广智（下册第 2、5

章）、张玉琪（下册第 3 章）、王梓琪（下册第 4 章）、王豪（上册第 8 章，下册第 6、12 章）、李可（下册第 7 章）、李诺（上册第 4 章，下册第 8、9、10 章）、张岩（下册第 10 章）。在此对他们的辛勤付出表示感谢！感谢实验室学术带头人周兴社教授和学术顾问张大庆教授多年来的悉心培养、指导以及在本书编写和审校过程中给予的宝贵意见。此外还要特别感谢机械工业出版社的编辑们在本书准备过程中给予的全力支持与专业指导。

我们还要特别感谢美国亚利桑那州立大学刘欢教授、澳大利亚新南威尔士大学姚丽娜教授、北京大学李晓明教授、中国科学院自动化研究所曾大军教授、上海交通大学薛可教授、北京航空航天大学马帅教授、北京航空航天大学李建欣教授、西安交通大学饶元教授、微软亚洲研究院首席研究员谢幸博士、微软小冰首席科学家宋睿华博士、京东集团副总裁、京东城市总裁郑宇博士、华为云人工智能领域副总裁袁晶博士等计算社会学领域的同行学者，本书也融入了部分以前大家一起研讨或项目合作的成果。在本书成稿过程中，还有很多同事和朋友以不同形式提供了帮助，难免有所疏漏，在此就不一一列举，敬请各位谅解。

计算社会学作为一个快速发展的新兴研究领域，新概念、新问题、新方法不断涌现，限于作者的学识水平和研究局限，本书难免会存在疏漏或不足之处，敬请读者批评指正。

作者

2023 年 10 月于西安

目 录

推荐序一
推荐序二
前言

第0章 绪论 ········· 1
0.1 社会学发展历程 ········· 1
0.2 计算社会学发展历程 ······ 4
  0.2.1 计算社会学的孕育期：20世纪90年代至2009年 ··· 5
  0.2.2 计算社会学的黄金期：2009年至今 ········· 7
0.3 计算社会学主要研究内容 ········· 9
  0.3.1 社交大数据的获取与分析 ········· 9
  0.3.2 基于大数据的定量化研究 ········· 11
  0.3.3 ABM模拟的仿真模型研究 ········· 14
0.4 新型社会计算系统的研制与开发 ········· 15
习题 ········· 18
参考文献 ········· 18

第一篇 基础支撑理论与算法篇

第1章 图论 ········· 24
1.1 图的基本概念 ········· 24
  1.1.1 图的定义 ········· 24
  1.1.2 图的基本术语 ········· 25
1.2 图的存储表示 ········· 28
  1.2.1 邻接矩阵存储法 ········· 28
  1.2.2 邻接表存储法 ········· 29
  1.2.3 十字链表存储法 ········· 30
  1.2.4 邻接多重表存储法 ········· 31
1.3 图的遍历 ········· 32
  1.3.1 广度优先搜索 ········· 32
  1.3.2 深度优先搜索 ········· 33
1.4 图的相关应用 ········· 33
  1.4.1 最小生成树 ········· 33
  1.4.2 AOV网与拓扑排序 ········· 35
  1.4.3 AOE网与关键路径 ········· 36
  1.4.4 最短路径 ········· 37
小结 ········· 40
习题 ········· 40
参考文献 ········· 41

第2章 理论方法概述 ········· 42
2.1 机器学习概览 ········· 42
  2.1.1 机器学习基本概念 ········· 42
  2.1.2 发展历程 ········· 43
  2.1.3 基本流程 ········· 45
2.2 数据预处理 ········· 46
  2.2.1 数据清洗 ········· 46
  2.2.2 数据集成 ········· 49
  2.2.3 数据归一化 ········· 50
2.3 特征抽取与选择 ········· 51
  2.3.1 特征抽取 ········· 51

2.3.2 特征选择 ……………… 53
2.4 经验误差与测试误差 ……… 54
　2.4.1 误差来源与定义 ……… 54
　2.4.2 欠拟合与过拟合 ……… 55
2.5 模型评估与选择 …………… 57
　2.5.1 正则化 …………………… 57
　2.5.2 交叉验证 ……………… 57
　2.5.3 性能度量 ……………… 58
小结 ……………………………………… 61
习题 ……………………………………… 61
参考文献 ………………………………… 62

第3章 线性模型 ……………………… 64
3.1 基本形式 ……………………… 64
3.2 线性回归 ……………………… 65
3.3 逻辑回归 ……………………… 66
3.4 线性判别分析 ………………… 68
　3.4.1 基本思想 ……………… 68
　3.4.2 算法原理 ……………… 68
小结 ……………………………………… 69
习题 ……………………………………… 70
参考文献 ………………………………… 70

第4章 聚类 …………………………… 71
4.1 聚类任务 ……………………… 71
　4.1.1 聚类任务描述 ………… 71
　4.1.2 聚类算法的划分 ……… 72
　4.1.3 距离度量 ……………… 73
　4.1.4 评价函数 ……………… 74
4.2 基于划分的聚类算法 ………… 77
　4.2.1 K-均值算法 …………… 77
　4.2.2 K-中心点算法 ………… 78
4.3 基于层次的聚类算法 ………… 79
　4.3.1 AGNES 算法 …………… 79
　4.3.2 DIANA 算法 …………… 80
　4.3.3 BIRCH 算法 …………… 81
4.4 基于密度的聚类算法 ………… 84

小结 ……………………………………… 86
习题 ……………………………………… 86
参考文献 ………………………………… 87

第5章 分类 …………………………… 89
5.1 决策树 ………………………… 90
　5.1.1 决策树模型与学习 …… 90
　5.1.2 特征选择 ……………… 91
　5.1.3 决策树的生成 ………… 95
　5.1.4 决策树的剪枝 ………… 96
5.2 贝叶斯分类 …………………… 98
　5.2.1 贝叶斯决策论 ………… 98
　5.2.2 参数估计方法 ………… 99
　5.2.3 朴素贝叶斯 …………… 99
　5.2.4 EM 算法 ……………… 102
5.3 支持向量机 …………………… 103
　5.3.1 间隔与支持向量 ……… 103
　5.3.2 对偶问题 ……………… 105
　5.3.3 核函数 ………………… 107
　5.3.4 软间隔 ………………… 109
5.4 集成学习 ……………………… 111
　5.4.1 个体与集成 …………… 111
　5.4.2 Boosting 算法 ………… 112
　5.4.3 Bagging 算法 ………… 113
　5.4.4 结合策略 ……………… 115
小结 ……………………………………… 117
习题 ……………………………………… 117
参考文献 ………………………………… 118

第6章 神经网络 ……………………… 119
6.1 神经元模型 …………………… 119
　6.1.1 神经元模型的结构 …… 120
　6.1.2 激活函数 ……………… 122
　6.1.3 常见激活函数 ………… 122
6.2 感知机 ………………………… 126
　6.2.1 感知机的概念及模型
　　　　结构 …………………… 126

6.2.2 感知机的效果 ······ 127
6.2.3 多层感知机的概念及模型结构 ······ 128
6.3 误差反向传播算法 ······ 130
 6.3.1 误差反向传播算法的概念 ······ 130
 6.3.2 信息前向传播 ······ 131
 6.3.3 误差反向传播 ······ 132
6.4 其他常见的神经网络模型 ······ 135
 6.4.1 玻尔兹曼机 ······ 135
 6.4.2 深度信念网络 ······ 138
 6.4.3 脉冲神经网络 ······ 140
小结 ······ 143
习题 ······ 143
参考文献 ······ 144

第7章 深度学习网络 ······ 146
7.1 深度学习网络概述 ······ 146
7.2 卷积神经网络 ······ 147
 7.2.1 网络结构 ······ 148
 7.2.2 经典模型 ······ 150
7.3 循环神经网络 ······ 153
 7.3.1 网络结构 ······ 153
 7.3.2 长短期记忆网络 ······ 155
7.4 图神经网络 ······ 157
 7.4.1 网络结构 ······ 158
 7.4.2 图神经网络模型 ······ 159
7.5 网络训练优化 ······ 163
 7.5.1 梯度爆炸与梯度消失 ······ 164
 7.5.2 梯度下降优化策略 ······ 164
 7.5.3 过拟合消减优化策略 ······ 167
小结 ······ 169
习题 ······ 169
参考文献 ······ 170

第8章 高级神经网络框架 ······ 174
8.1 自编码器 ······ 174
 8.1.1 预备知识 ······ 174
 8.1.2 自编码器架构 ······ 175
 8.1.3 经典自编码器模型 ······ 175
 8.1.4 变分自编码器 ······ 179
8.2 编-解码器框架 ······ 182
 8.2.1 编-解码器基本框架 ······ 182
 8.2.2 经典编-解码结构模型 ······ 182
8.3 注意力机制 ······ 185
 8.3.1 标准注意力机制 ······ 185
 8.3.2 注意力形式 ······ 186
 8.3.3 Transformer 模型 ······ 187
8.4 生成对抗网络 ······ 189
 8.4.1 GAN 的基本原理 ······ 189
 8.4.2 经典 GAN 模型 ······ 192
 8.4.3 生成对抗网络的应用 ······ 195
小结 ······ 196
习题 ······ 197
参考文献 ······ 197

第二篇 社会网络分析篇

第9章 网络结构与联系 ······ 202
9.1 三元闭包 ······ 202
 9.1.1 三元闭包定义 ······ 202
 9.1.2 聚集系数 ······ 203
9.2 强联系与弱联系 ······ 205
 9.2.1 人际关系的强度 ······ 205

9.2.2　捷径与桥 …………… 207
　　9.2.3　强联系与弱联系的现实
　　　　　意义 ………………… 210
9.3　网络社区划分 ……………… 215
　　9.3.1　分裂法图划分 ………… 216
　　9.3.2　其他图划分方法
　　　　　扩展 ………………… 220
小结 ………………………………… 225
习题 ………………………………… 225
参考文献 …………………………… 226

第10章　同质性 …………………… 228
10.1　同质现象 …………………… 228
　　10.1.1　什么是同质现象 …… 228
　　10.1.2　同质现象的多样化
　　　　　 表现 ………………… 229
10.2　同质性的测量 ……………… 231
　　10.2.1　相对比率和期望
　　　　　 比率 ………………… 231
　　10.2.2　EI 同质性指数 ……… 232
　　10.2.3　Blau 异质性指数 …… 232
10.3　同质现象的成因 …………… 233
10.4　同质现象的影响 …………… 237
　　10.4.1　人群隔离 …………… 237
　　10.4.2　感知偏差 …………… 240
　　10.4.3　同伴效应 …………… 243
小结 ………………………………… 246
习题 ………………………………… 246
参考文献 …………………………… 247

第11章　网络的平衡与极化 ……… 249
11.1　认知平衡模型 ……………… 249
11.2　结构平衡理论 ……………… 250
　　11.2.1　三节点结构平衡 …… 251
　　11.2.2　结构平衡定理 ……… 252
　　11.2.3　弱结构平衡 ………… 253

11.3　极化现象 …………………… 255
　　11.3.1　极化现象产生与
　　　　　 定义 ………………… 255
　　11.3.2　群体极化的认知
　　　　　 基础 ………………… 257
　　11.3.3　群极化现象示例
　　　　　 分析 ………………… 259
11.4　极化网络分析 ……………… 264
　　11.4.1　极化的衡量 ………… 265
　　11.4.2　极化网络社区
　　　　　 发现 ………………… 266
小结 ………………………………… 270
习题 ………………………………… 271
参考文献 …………………………… 272

第12章　社会权力 ………………… 274
12.1　社会网络中的权力 ………… 274
　　12.1.1　什么是权力 ………… 274
　　12.1.2　社会网络权力的
　　　　　 特征 ………………… 277
12.2　纳什均衡与网络议价 ……… 278
　　12.2.1　什么是博弈 ………… 279
　　12.2.2　纳什均衡与混合
　　　　　 策略均衡 …………… 280
　　12.2.3　纳什议价解与权力
　　　　　 交换 ………………… 285
12.3　节点权力的度量 …………… 288
　　12.3.1　基于拓扑特征的度量
　　　　　 方法 ………………… 289
　　12.3.2　基于随机游走的度量
　　　　　 方法 ………………… 293
　　12.3.3　基于熵的度量方法 … 298
小结 ………………………………… 301
习题 ………………………………… 302
参考文献 …………………………… 305

CHAPTER 0

第 0 章

绪论

0.1 社会学发展历程

广义而言，社会是由共同生活的个体与外部环境形成的关系总和，其中个体可以为人，也可以是其他动物或生物。个体与外部环境在交互过程中，形成了多种多样的关系。在动物社会中，这种关系可以表现为捕食关系、协作关系、竞争关系。如图0-1所示，动物为了得到更多的食物和水源，争夺领地和交配主动权，逐渐形成集体；随着群体规模的扩大，群体将形成特定的分工协作模式。例如根据生理差异，蚁群可以划分为具有生殖能力的蚁后和雄蚁以及不具有生殖能力的工蚁。狼群内部则有高度的组织性，形成了特有的列队模式，从而确保狼群内部成员的团队合作。在人类社会中，关系则具有更丰富的含义，例如兴趣爱好、社会事件、经济关系等。错综复杂的关系将不同的个体交织联系在一起，形成了形形色色的复杂关系网络。由此可见，**个体**、**关系**和**网络**构成了社会的三个核心要素。

社会学的研究对象为社会行为和人类群体，其研究范围广泛，包括了微观层级的社会行动或人际互动，以及宏观层级的社会系统或结构。社会学的研究思维源远流长。《道德经》所提倡的"无为而治"治国理念，主张以制度（可理解为"道"中的规律）治国，以制度约束臣民的行为，臣民均遵守法律制度。《韩非子·说难》写道："宋有富人，天雨墙坏。其子曰：'不筑，必将有盗。'其邻人之父亦云。暮而果大亡其财。其家甚智其子，而疑邻人之父。"其大意是：宋国有一个富人，因天下大雨，他的墙坍塌下来。他儿子说："如果不赶紧修筑它，一定有盗贼进来。"其邻居的父亲也这么说。可富人并没有听他们的建议。这天晚上果然丢失了大量财物。富人则极力赞赏儿子聪慧，却怀疑偷盗的是邻居的父亲。这个故事则说明社会网络中的强弱关系对个体认知的影响作用。同样地，孟母三迁和"近朱者赤、近墨者黑"等都反映了环境对个体行为的影响。西方社会学研究最早起源于18世纪的法国，在法国大革命的背景下，以奥古斯特·孔德为代表的哲学家认为亟须发展社会的理论科学，首次提出"社会学"（Sociology）概念，并创立了实证主义学说，强调个人是社会的构成要素，个人的特性关系到社会的特性。早期的社会学研究以科学主义实证论的定量方法和人文主义的理解方法为主，缺乏有效的量化分析方法。社会科学的发展推动了统计学、数学和计算的进步，为定量地进行社会学研究提供了方法基础。

图 0-1 多种多样的社会关系

最早的量化社会学分析研究与传染性疾病霍乱的暴发密切相关。19 世纪 30—50 年代间，霍乱先后四次在英国多地暴发。早期的研究认为，霍乱通过空气传播，主要是由有机物质腐败所释放的有毒气体所导致。1854 年，霍乱在伦敦第四次暴发，10 天内有超过 500 人死亡。医生约翰·斯诺获取所有病例的住址信息，并将其地图上绘制出来（见图 0-2）。通过分析发现，死亡病例多分布在一个公共水井附件的街区。距离水井越远，死亡人数越少。而附近啤酒厂的工人却因为从工厂内部的水井汲水而无一人感染霍乱。为此斯诺将霍乱的病因锁定为被污染的水源，并建议市政厅关闭这一公共水井。水井关闭后，霍乱很快就在这个街区销声匿迹了。

与传染性疾病的传播类似，人类的认知和行为也表现为传染性。例如科学概念的大范围传播和讨论、人类行为和情绪在社群内部的扩散等。美国哈佛医学院的尼古拉斯·克里斯塔基斯（Nicholas Christakis）教授和加州大学圣地亚哥分校医学院的詹姆斯·福勒（James Fowler）教授发现社会行为和社会情绪具有传染性[2]。例如他们发现肥胖能够通过社会关系进行传播。如果你有朋友过度肥胖，那么你变肥胖的概率会增加57%；如果你朋友的朋友有肥胖症，你患肥胖症的可能性会高出25%；如果你朋友的朋友的朋友——一个你可能都不认识的人患有肥胖症的话，你患肥胖症的可能性会高出10%。同时研究发现传染性广泛地存在于各种社会现象中，例如吸烟[3]、投票[4]、自杀[5]、运动[6]、离婚甚至于情绪[7]等。麻省理工学院的科研人员研究了健身运动行为的传染性问题[6]。他们收集了一个全球性的健康追踪（Fitness Tracking）网络超过1 000 000人历时5年的运动数据，包括距离、速度、时间和卡路里消耗等，共收集到约59 000 000个运动事件。同时，他们还获取了用户的基本信息（性别、年龄、身高、体重、国家、学历）及彼此之间的社交关联。通过数据分析，发现以下现象（见图0-3）：1) 人们更容易被与自己锻炼水平差不多的人传染。2) 锻炼不积极的人影响锻炼积极的人比锻炼积极的人影响锻炼不积极的人更多。3) 不坚持的人影响坚持的人比坚持的人影响不坚持的人更多。4) 两个人的共同好友数量越多，那么两个人对彼此的影响就越大。根据上述现象，总结得到以下结论：人们会被比自己好的人激励，也会因为怕被比自己差的人超过而努力，但总的来说下行比较的效应远大于上行比较。

图0-2 约翰·斯诺与其绘制的伦敦霍乱的病例空间分布[1]

通过上述案例，发现典型的社会学研究框架可以抽象为：**数据+方法→结论**。其中，数据往往从历史记录或者调查问卷中获取；研究方法多以统计分析为基础。传统的数据获取方式具有以下不足：1) 数据获取的时间成本高，难以在短时间内获取大量的有效数据。2) 数据质量低，调查问卷中往往存在偏差大，难以去除个体差异的问题，致使分析结果存在偏差。3) 数据片面化，往往是某一种或某一类数据，缺乏多样化的数据支持。4) 样本偏差问题，导致所形成的结论缺乏广泛适用性。就研究分析方法而言，传统的统计分析方法具有严格的假设约束，且主要用于描述和归纳观察现象。**由于采样范围小、数据量少且工作量大，通过这种方法得到的结果往往是片面的、不准确的，结果的生成时间也比较长。**

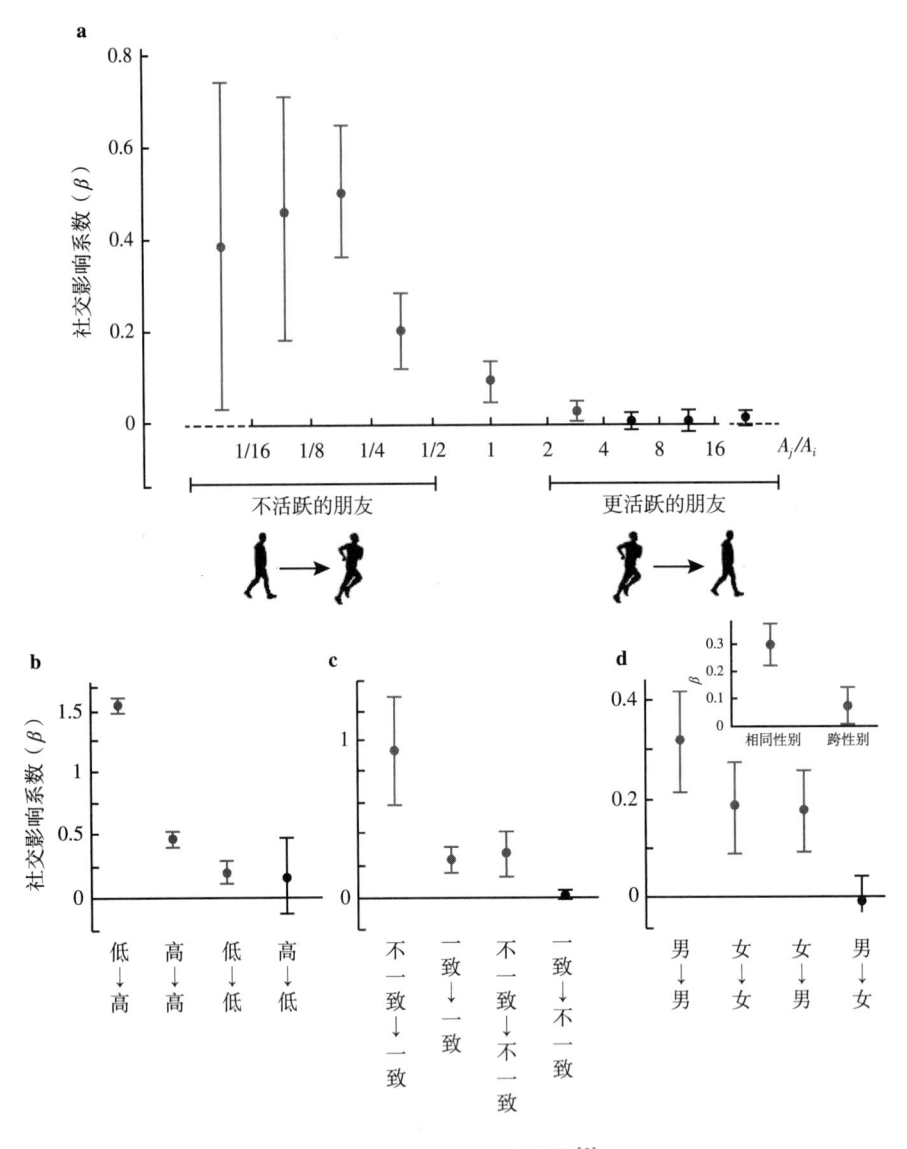

图 0-3 运动行为的传染性[6]

0.2 计算社会学发展历程

计算机、互联网、无线通信及传感技术的出现和发展，为开展大跨度、细粒度的社会学研究，实施大规模、近乎实时的人类行为建模，进行社会交互及城市动态变化规律的观测提供了可能；并从不同的时空维度为社会学研究提供了大量的数据，从而催生了计算社会学这一全新的社会学研究形态,并取得了丰硕的研究成果。计算社会学的发展历程主要分为两阶段:**孕育期**和**黄金期**。

0.2.1 计算社会学的孕育期:20世纪90年代至2009年

20世纪90年代到2009年为计算社会学的孕育期。自20世纪90年代以来,各种互联网服务(如电子邮件、实时消息和Web)的出现极大地改变了人类交流和获取信息的方式。通信方式的变化给计算社会学带来了全新的机遇,主要体现为可以借助信息化的手段(例如网站、电子邮件等)进行大规模的群体调查,以及研究不同通信手段中群体的交互模式。比如通过大量的电子邮件记录来分析人们之间的关系及交互模式[8]。基于新型通信技术的社会学实验不断涌现。例如,针对著名的"**六度分隔**"试验(即人们通过很少的几层朋友关系就可以认识任何一个人)的不足,大量研究工作分别采用电话、电子邮件等进行实验验证。其中美国哥伦比亚大学著名的计算社会学家Duncan Watts从全球166个国家招募了超过6万人参加实验。实验要求每一名参与者向分布在13个国家的18位目标用户发送电子邮件。这些目标用户是被随机选择的,来自不同的国家和地区,具有不同的职业背景。最终实验结果表明,"六度分隔"实验在全球大尺度范围内依然有效,小世界现象具有普适性[9]。

随着以Facebook、Twitter、微博为代表的社交媒体平台的流行,用户在社交媒体上不仅通过大量多媒体信息实现自我个性的表达,而且形成了多种多样的交互关系,极大地拓展了人类社会的交互空间,为社会科学研究提供了全新的数据和观察媒介。这一阶段社会学研究初步探索了社交媒体对于社会学研究的重要价值。首先,以Twitter和Facebook等为代表的社交媒体平台成了重要的社交参与平台。例如奥巴马在总统选举期间使用社交媒体进行营销,共涉及超过400万用户。研究指出社会性参与可以促进多学科的有效合作,恢复社区社会资本,并协调国家服务项目[10]。其次,以社会网络分析为代表的研究工作从网络拓扑的角度,对不同的社交媒体网络进行研究和分析。例如以色列的研究工作者提出了一个融合连接性边和依赖性边的网络结构,其中连接性边实现节点间作为整体的网络进行功能协作;而依赖性边将一个网络元素的故障绑定到其他网络元素的故障[11]。最后,社交媒体的及时性得到了充分挖掘,成为在灾害发生时重要的危机通信手段。通过对比南加州山火在传统新闻媒体和社交媒体平台上的报道次数,发现传统的新闻媒体在内容的时效性和覆盖性上都明显低于社交媒体[12]。

同时,大量基础设施(如监控摄像头、室内定位系统、RFID等)的出现和普及,使得在现实世界中感知人们的行为和社会交互成为可能。在早期阶段,传感器主要用在一些重要的地点进行环境和异常事件监测,如森林火险报警等。技术的发展逐步实现了传感器的小型化和廉价化,人们开始把传感器部署到日常生活环境中来创建各种"智能空间"(Smart Spaces)[13],极大地提升了对个体、群体和宏观社会的持续感知能力,为计算社会学的发展打开了更为广阔的空间。例如,AT&T剑桥实验室的研究人员使用超声波技术来对室内物体和人进行定位[14]。英特尔西雅图研究中心的工程师们最早把 RFID 标签贴附在各种室内物体上（如牙刷、椅子等）来，并利用人和这些物体的交互来识别人们的活动情况（如刷牙、吃饭等）[15]。静态基础设施受时空布局约束，仅能对局部固定空间进行感知，缺乏空间的深度覆盖能力。

随着无线通信技术的普及和传感器技术的微小型化，可穿戴设备大量涌现，极大地提升了感知的空间覆盖能力和持续能力。可穿戴计算通过把各种小型传感器，如加速度传感器、心搏传感器、无线摄像头和微型麦克风等"穿戴"在人身体上，实现对个人行为、健康状况、活动情境（如在开会、在和朋友谈话等）和周边环境信息（噪声强度、亮度等）的感知。麻省理工学院的"实时罗马"项目（见图 0-4）率先利用大规模移动电话数据来分析城市动态信息，如人的移动模式、城市热点区域（Hot Spots）随时间变化的规律等[16]。麻省理工学院的"现实世界挖掘"（Reality Mining）项目，同样利用移动电话感知数据分析人与人之间关系[17]。美国达特茅斯学院提出了"人本感知"（Human-Centric Sensing）的概念，通过以人为中心的移动电话感知实现社会关系分析和周边环境监测[18]。随着 GPS 的大量普及，基于群体时空轨迹感知的应用大量涌现，不仅可以发现个体的移动特征[19]，而且能够挖掘城市的演化过程，发现城市的时空热点，理解城市的功能语义[20]。

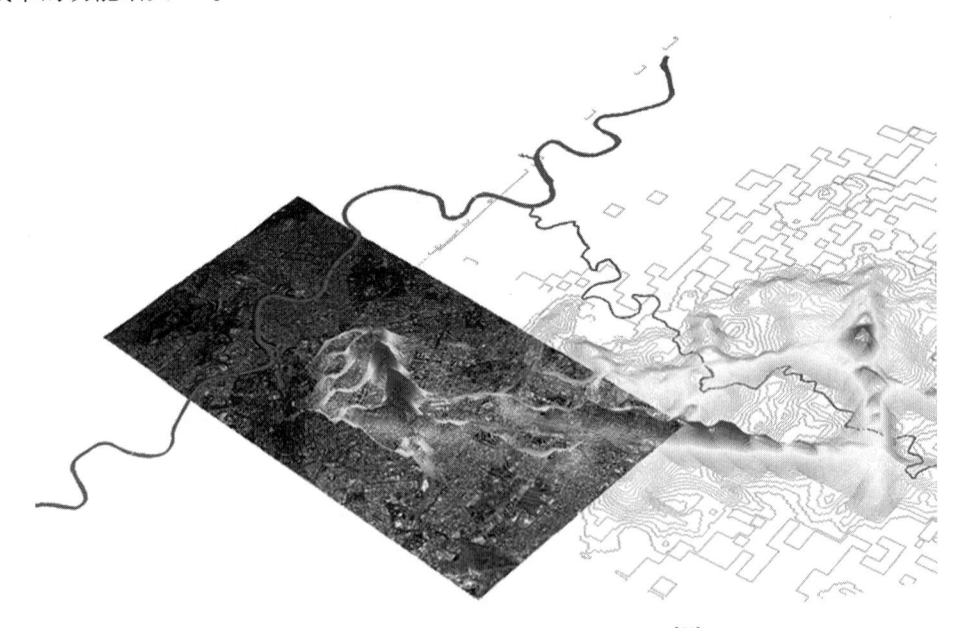

图 0-4　"实时罗马"工程可视化效果图[21]

综上所述，该阶段社会学研究工作通过综合利用人类与信息物理空间（Cyber-Physical Spaces）内多种信息源交互留下的数字脚印挖掘更为广泛的情境信息，从小的角度讲包括个人情境、小范围群体行为、周边环境信息，从大的方面讲包括大规模人群、城市及社会的动态变化情况和规律等（如交通阻塞、突发事件、热点地区监测等）。正是这些新的理念和技术的发展推动了人类不断探寻计算社会学的研究媒介和研究方法上的突破，为计算社会学的形成提供了有益的探索。

0.2.2 计算社会学的黄金期：2009 年至今

2009 年，哈佛大学拉泽尔教授等 15 位顶级学者在《科学》上撰文，首次正式提出了"计算社会学"（Computational Social Science）这一概念[22]。文章强调新型计算技术、互联网技术的跨越式发展使得计算社会科学正在成为现实。首先，飞速发展的通信技术和网络技术正在重塑人类的交互模式，借助于视频监控、电子邮件、社交媒体、GPS 等技术社会科学工作者能够对观察目标开展持续性、多角度的精细观察，从而发现更多有效的观测变量。同时，以人工智能为代表的智能计算技术极大地提升了人类对海量数据的处理能力，从而可以建立更加复杂的推理模型，实现从海量数据中高效地发现关键信息。

一方面，计算社会学为不可观察的或者半可控的系统提供了全新的视角，在物理或信息空间中提供了多尺度的系统观测变量，形成了对目标对象的持续量化能力。例如，在精神健康状态的社会性筛查方面，美国医学协会杂志 JAMA 发表观点性文章，首次提出了精神疾病的"数字表型"（Digital Phenotyping）概念，主张通过分析个体电子设备的交互特征、社交媒体中的内容表达风格等，实现社会性的精神疾病"软筛查"[23]。计算社会学对政治领域的影响表现尤为突出。剑桥大学研究表明基于用户在 Facebook 上的交互记录（点赞信息），通过奇异值分解方法，可以观测变量与用户属性的线性关联，挖掘用户的性别、年龄、种族、政治观点、宗教信仰等属性信息（见图 0-5）[24]，并且预测结果明显优于人类的主观判断，具有高度的可信性[25]。基于此，剑桥分析公司（Cambridge Analytica）未经授权获取 Facebook 5000 万用户的档案及"点赞"内容等数据，通过数据挖掘技术支撑的心理分析预测模型和人工智能技术支撑的定向广告算法、行为分析算法来助力竞选宣传。

另一方面，计算社会学借助于大跨度的历史数据，能够对社会现象背后的本质规律进行建模分析。例如，在人类移动轨迹分析方面，美国西北大学复杂网络系统专家 Barabási 等人[19]通过分析 10 万名手机用户 6 个月内的移动轨迹，指出人类行为虽然具有多样性，但呈现出重复性特质，服从简单的空间概率分布，表现为无标度性。早期学者认为人类移动行为是随机的，而且行为的可预测性在个体层面上存在显著性差异，且出行少的用户比活跃用户更容易预测。然而，美国东北大学的研究人员通过分析 5 万名移动用户 3 个月内的活动轨迹，发现人类移动行为的可预测是用户无关的，且与用户的移动距离和活跃度独立[26]。针对人类行为的无标度特点，丹麦哥本哈根大学的研究人员对超过 700 000 人的移动数据分析后，发现人类活动确实包含有意义的尺度，这与限制移动行为的空间"容器"相对应，并提出了一种层级化的容器模型实现对人类移动行为的容器建模（见图 0-6），人类行为表现出的无标度特性本质上是由于容器之间的总位移而产生的[27]。人类移动行为的容器模型提供了一种了解国家、性别群体和城乡地区之间流动行为差异的方法。当前移动性已成为研究人类活动的主要刻画指标，深入理解人类移动行为的规律对于城市规划、城市发展演化等具有重要意义[28]。

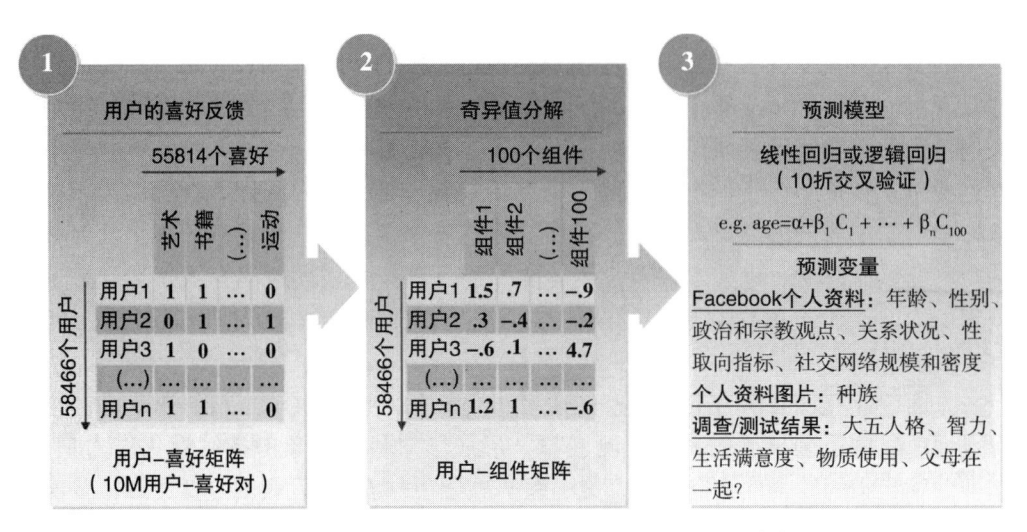

图 0-5　基于 Facebook 交互数据的用户画像研究框架[24]

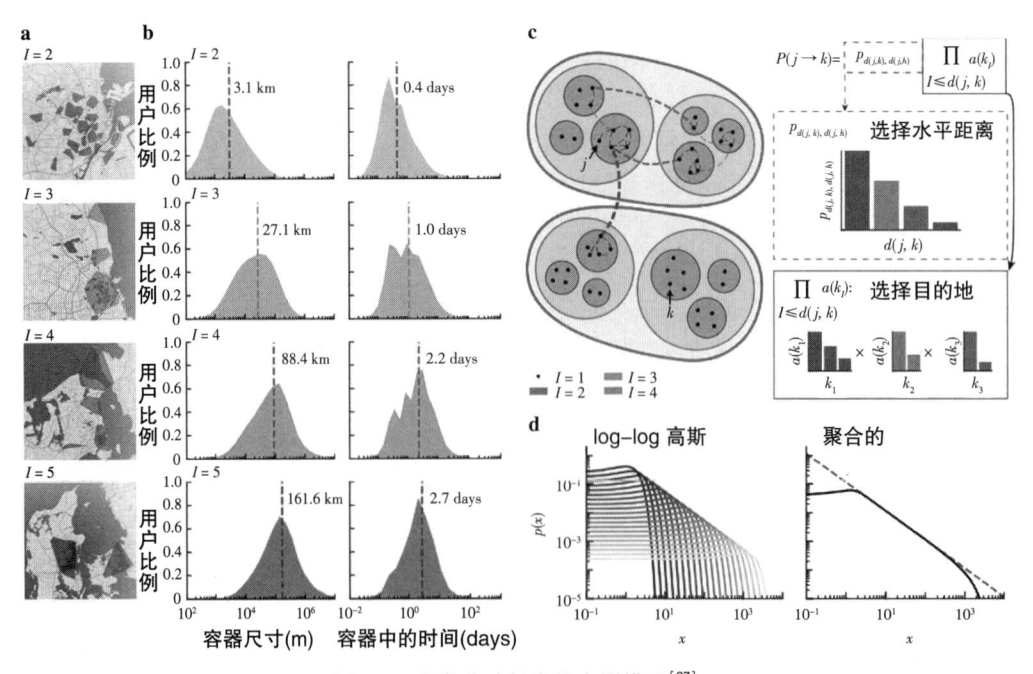

图 0-6　人类移动行为的容器模型[27]

基于上述理论研究工作，围绕人类移动轨迹的研究工作大量涌现。通过融合多种海量数据信息，如交通流、气象数据、道路网络、兴趣点、移动轨迹、社交媒体、能耗数据等，解决人类社会在城市化进程中存在的各类问题和挑战，如环境污染、交通拥堵、节能减排、城市规划、社会治理等。在城市环境治理方面，微软亚洲研究院的郑宇团队利用地面监测站的实时数据和历史空气质量数据，结合交通流、道路结构、兴趣点分布、气象条件和人群流动规律等大数据，使用机器学习算法建立数据和空气质量的映射关系，从而推断出整个城市细粒度的空气质量[29]。针对城市噪声污染问题，CityNoise结合路网数据、兴趣点数据和社交媒体中的签到数据来协同分析各个区域在不同时间段的噪声污染指数，进而生成城市噪声污染地图[30]。同时，人类的移动性与传染性疾病的传播紧密相关。大量专家和学者研究人类活动与新冠病毒传播之间的关系。其中，英国格林尼治大学的科研人员[31]通过分析智利圣地亚哥140万移动手机用户的轨迹信息（见图0-7），发现政府的非医疗干预措施在较为富裕的社区执行良好，对于降低感染病例具有显著作用[32]。这一研究表明在新冠的防控过程中需要考虑社会的不公平性，强化重点地区的健康医疗资源。

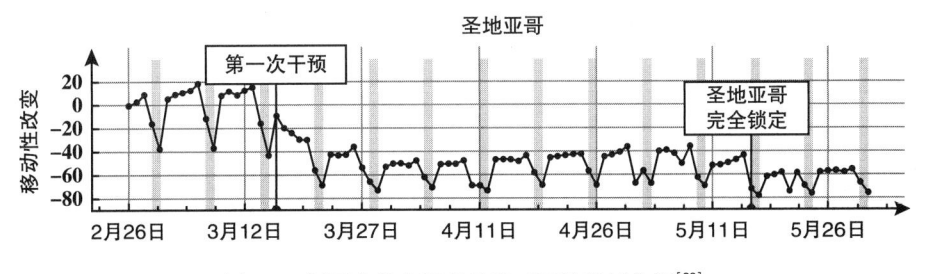

图0-7 新冠疫情在智利圣地亚哥的案例分析[32]

0.3 计算社会学主要研究内容

自2009年至今，计算社会学步入了发展的黄金时期。多学科的深度交叉融合、以人工智能为代表的数据科学方法的快速发展以及多源、多模态数据的快速富集等都使得计算社会学得到蓬勃的发展，让社会科学的研究呈现出崭新面貌。当前，计算社会学的研究工作主要侧重于以下四个方面。

0.3.1 社交大数据的获取与分析

随着社交媒体、移动互联网、智能感知终端的普及，海量异构数据的出现为社会学的研究提供了全新的研究对象，为传统社会学问题提供了新的突破口。由于新通信手段、交互模式和感知能力的发展，计算社会学在数据的获取与分析方面呈现出由被动到主动、单一到多样的发展趋势。

首先，大量群体用户在社交媒体平台上多种形式的自我表达和交互为研究个体及群体的行为特点、认知模式、网络拓扑演化、信息动态传播等提供了重要的观察数据，可以用来预测政治情绪[33]、交通状况[34]、自然灾害[35]等。然而，基于社交媒体的数据采集是被动的，需要被观测对象主动外化呈现部分观测信号，而且具有不连续性、滞后性等问题。虽然用户在信息空间的行为和物理空间的行为存在交织，但两者存在差异性，难以基于社交媒体数据对观察对象进行全面且深刻地刻画。随着无线通信技术和传感器技术的发展，尤其是智能手机、可穿戴设备以及大量公共基础设施的出现，用户在物理空间中行为、状态等能够实现准确感知和持续量化。例如，大量可穿戴设备以及体域网的出现为实现持续且非侵入式的数据采集提供了基础。图 0-8 展示了基于柔性电子织物构建的智能可穿戴手套。通过捕捉手指的细粒度行为，不仅可以实现高精度手势识别，而且支持基于手势的人机交互接口[36]。

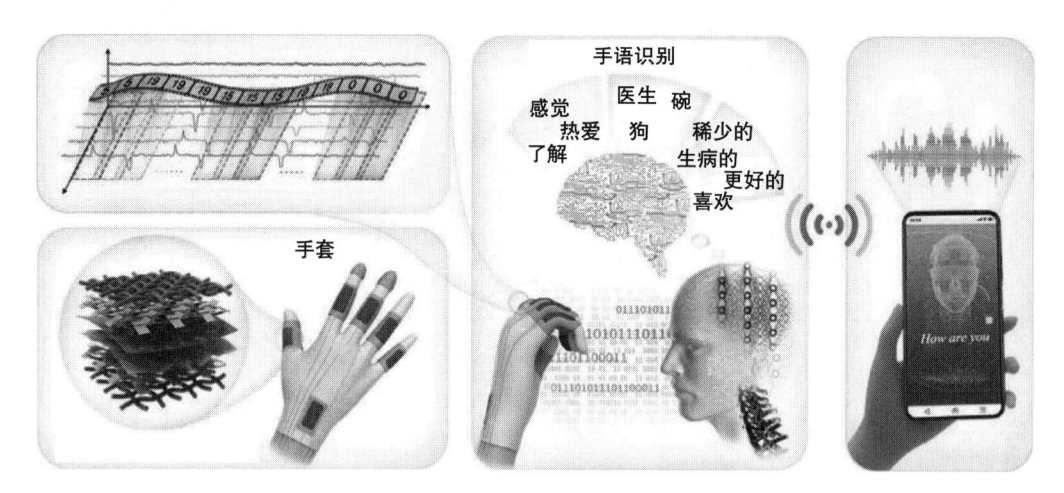

图 0-8 基于柔性电子织物的智能手套及智能交互系统[36]

大规模移动设备的使用为感知群体的动态和交互提供必要手段。例如，为了研究肯尼亚濒危的斑马种群的迁徙轨迹和种群交互，普林斯顿大学开发了 ZebraNet 工程，通过将带有 GPS 定位功能的无线传感装置安装在斑马身上，不仅可以跟踪斑马的活动轨迹，而且能够记录斑马种群之间的交互情况，为斑马种群的保护提供了重要的研究数据[37]。类似地，人类在使用电子设备时留下了大量具有时空特征的交互记录。大量的移动轨迹数据对理解人类的移动规律[19,27,38]、城市的发展和演化[39]以及传染病的扩散与传播[40-41]等具有重要的价值。

计算社会学研究在数据分析层面一个重要的趋势是多源异构数据的融合，通过社交媒体空间中的自我表达和物理空间的持续感知，获取具有多样性和持续性的数据信息。例如早在 2009 年，哈佛大学教授 Gary King 在其著作《政治学之未来：100 种观点》中指出，未来的研究可以从文本内容、选举活动、商业行为、地理位置、健康信息等数据着手，通过大规模与时序性数据的研究改变政治学乃至社会科学的基础。另外，传统意义上非社会学领域的数据也被用于社会学研究。例如大范围的社会经济状况普查往往需要耗费大量的人力和财力，而且数据采集的周期非常长。为此，斯坦福大学基于商业卫星的图像数据采用深度学习算法，对非洲地区的经济状况进行精准预测，极大地降低了社会统计的负担[42-43]。由于其泛在性和良好的空间分辨能力，通信信号（如 WiFi、毫米波、雷达等）被用来感知目标群体的行为状态。例如美国麻省理工学院的 CSAIL 实验室基于射频信号可以实现遮挡或者黑暗环境下用户行为的感知[44]。北京大学基于 WiFi 信号实现用户行为的细粒度感知，为群体行为感知提供技术支持[45]等。

传统数据采集模式以被动式数据采集为主，难以对更大时空跨度的研究对象进行研究和分析。近年来，群智感知（Crowd Sensing）作为一种全新的数据采集方式在社会学研究中被广泛采用。该思想最早由美国《连线》杂志提出，指的是一种分布式协作的工作模式，大众通过工作参与的方式实现目标任务协作处理。随着各种移动设备和可穿戴设备的普及，如何利用泛在的传感器包括加速计、陀螺仪、摄像头、指南针、GPS、麦克风等进行大规模分布式感知成为一个全新的问题。为此，群智感知应运而生，其本质是一种采用"众包"思想最大化赋能移动设备感知能力的新型数据采集方式。具体而言，群智感知指大规模普通用户通过自身周边的移动设备进行数据采集并进行数据上传，服务器提供对数据的处理分析能力。显然群智感知依赖于人类的空间移动性和主动性，实现对大尺度多目标的感知，具有较强的移动性、扩展性和灵活性。当前群智感知技术已在众多社会学研究中得到了广泛应用。在环境监测中，CommonSense[46]利用手持移动终端对空气质量进行大规模感知，并通过蓝牙与手机连接进行数据上传。Third-Eye 则通过手机摄像头对空气的雾霾程度进行评估，从而实现对城市空气质量的动态监控[47]。NoiseTube[48]和 Ear-Phone[49]利用手机的麦克风对环境噪声进行测量，并基于大规模用户数据构建城市的环境噪声地图。在公共安全方面，Medusa 可以用来及时报告和跟踪突发事件[50]。GigaSight 通过汇聚大量用户捕获的视频和图片信息，实现从大量人群中寻找丢失的孩子或者发现犯罪分子[51]。

0.3.2 基于大数据的定量化研究

随着海量数据的产生以及人工智能技术的快速发展，大数据驱动的社会学研究工作得到了蓬勃发展。该类工作以海量数据为基础，采用数据挖掘的相关理论和方法，建立海量数据与预测对象之间的关系。在社会学研究中，如何从丰富多样的数据中抽取可量化的观测信号是长期以来面临的难题，例如从自然语言的描述文字中量化与精神健康相关的观察变量，从个体的面部表情动态中识别与认知状态相关的信号等。近年来，随着人工智能技术的不断发展和成熟，自然语言处理技术和计算机视觉技术使得深入理解文本和图像成为可能，为社会学的量化研究提供了沃土。

在自然灾害预警方面，东京大学[35]提出了一种基于社交媒体平台的地震实时监测系统，该系统通过推文内容迅速传递有关地震的通知。为了精确地获取有关目标事件的推文，首先使用支持向量机根据推文中的关键字、单词数和目标事件单词的上下文等特征设计分类器。随后建立事件的概率时空模型并做出一个至关重要的假设：每个推特用户都被视为传感器，每条推文都被视为感知信息。这些虚拟传感器（或称为社交传感器）种类繁多，并具有各种特征，其中某些传感器非常活跃。将推特用户视为传感器后，在拥有众多位置传感器的普适计算环境中，事件检测问题可以简化为对象检测和位置估计问题。图0-9描绘了预测的地震中心与实际地震中心的地理关系，其中黑色十字标注了地震实际发生的位置，灰色十字标注了预测的地震位置。该系统还可以用来检测台风的移动轨迹和造成的破坏情况。加州理工学院[52]提出了一种基于感知和策略的众包系统。首先，在各种移动设备上执行受控测试以确定噪声特性和位移检测能力。其次，根据众包中获取的不同数据类型生成智能手机加速度计等时间序列。最后，通过分析实际地震的GPS位置时间序列等真实数据，实现包括设备使用、数据处理、质量控制、地震检测、错误警报抑制、地震定位和震级确定等功能。

图0-9 预测的地震中心与实际地震中心的地理关系[35]

大量数字化系统的建设也为社会学提供了丰富的历史数据记录。在社会治理方面，西北工业大学提出了一种基于神经网络的连续条件随机场模型以完成细粒度的犯罪预测工作[53]。北京大学基于出租车的GPS轨迹数据，对出租车的行驶轨迹状态进行分析，能够对驾驶员的故意绕路等不良行为进行动态识别，能够极大地规范出租车行业驾驶员的职业行为规范。针对现代城市中普遍存在的违章停车问题，前微软亚洲研究院的郑宇团队考虑违章停车与共享单车在空间上的重叠性，基于共享单车的移动轨迹构建了一个违章停车检测系统。该系统克服了传统人力检测空间覆盖小、检测实时性差等问题。通过分析共享单车的移动轨迹数据，发现潜在的违章停车路段，实现了对交通违章行为的精准定位，从而极大地提升了城市精准治理能力[54]。

显然，社会学研究所采用的量化分析方法逐步从案例分析、统计学模型，演变为以人工智能为核心的智能方法。同时，算法的复杂度也在不断攀升，从传统的线性模型、感知机等简单模型发展到当前的深度神经网络。典型的深度神经网络包括卷积神经网络、长短期记忆网络、图神经网络等。区别于传统的模型，深度卷积网络克服了手动特征工程所导致的时间代价高、认知偏差等问题，通过模型的自动特征学习能力和强大的拟合能力，建立输入数据和目标变量状态之间的关联。例如为了避免人工调查高昂的成本和漫长的时间开销，斯坦福大学通过深度卷积网络对5000万张Google街景图片进行分析，通过识别图像中车辆的制造厂商、型号和年份等信息对社区的收入水平、种族、教育水平和政治立场等进行估计[55]。另外，以深度学习模型为核心的量化评估方法还被用于对战场破坏程度的评估，借助于卷积深度神经网络对被破坏的建筑物进行识别，从而形成自动化的战场损毁程度估计。西班牙研究人员以叙利亚战争中阿勒颇市为例，分析了战争对城市建筑物的破坏情况[56]。如图0-10所示，红色区域表示预测正确率高的区域，绿色表示预测正确率低的区域。

图0-10 叙利亚战争中阿勒颇市的城市破坏情况估计图[56]（详见彩插）

0.3.3 ABM 模拟的仿真模型研究

随着计算机技术的发展，计算社会学中一类重要的研究方法——基于智能体的模拟方法（Agent-Based Modeling，ABM）应运而生。区别于前面提到的基于大数据的方法，ABM 更加偏重理论分析，其首先基于事实观察数据提出理论或假设，再通过计算机模拟技术对相关理论和假设进行理论分析和验证。ABM 通过对观察变量进行精准而低成本的控制，借助于计算系统反复推演系统的变化过程或者决策方式，揭示现象后的一般性规律，提供可解释的现象成因分析。因此，ABM 技术从本质上解决了社会科学实验重复成本高，甚至无法重复的问题，而且建立了可解释的抽象模型，有助于从根源上发现现象形成的原因。

"囚徒困境"（Prisoners Dilemma）是博弈论中的一个典型案例。假设警方抓到了两个入室盗窃犯罪嫌疑人，将他们分别关押在不同的囚室中。虽然警方手中有部分证据，但无法直接证明这两人参与了盗窃。为了尽快查明真相，警方告知两名嫌犯如下政策：如果两人都抵赖，各判刑一年；如果两人都坦白，各判八年；如果两人中一个坦白而另一个抵赖，坦白的可以放出去，抵赖的判十年。为了解决博弈论中的经典问题，美国著名的行为分析及博弈论专家阿克塞尔罗德（Robert Axelrod）在全球邀请多学科专家编写以囚徒困境为博弈规则的计算机竞赛程序，让这些计算机程序进行博弈，以博弈的收益高低（得分多少）计算成败。通过用计算机模拟不同个体的决策策略，阿克塞尔罗德提出了最佳互惠策略，即一方首先以合作的姿态对待他者，之后便根据对方的反应而做出选择：如果对方合作，则合作；如果对方背叛或欺骗，则惩罚或威慑[57]。

基于智能体模拟方法的另一个典型应用是谢林模型[58]。种族隔离或者群体之间的隔离到底是归因于种族主义，还是其他原因呢？为了回答这一问题，美国著名经济学家托马斯·谢林提出了谢林模型。该模型借助于实验仿真技术研究人群隔离的成因。谢林模型基于以下假设：组成一个社会的所有人都没有种族隔离的意愿，也并不排斥与肤色不同的人一同居住，只是希望邻居中至少有一部分人与自己是相似的。

谢林模型可简单描述为：在一个连通的二维网格区域内，居住着两种类型的智能体（见图 0-11，白色和黑色代表不同肤色的家庭，灰色表示目前空闲的位置），每个类型的智能体都有相邻的 8 个邻居（边界情况除外）。每个智能体都希望拥有不少于 t 个同类邻居。如果当同类邻居的数目小于 t 时，则该智能体会不满足于现状并移动到一个未被占领的单元区域中。通过计算机模拟该程序的执行，最终发现即使在没有强烈种族隔离意识的情况下，最后社会中种族之间仍然是隔离的。即白人与白人聚居，黑人与黑人聚居，聚居区之间有清晰的分割，在地图上呈现为一块块的聚集。

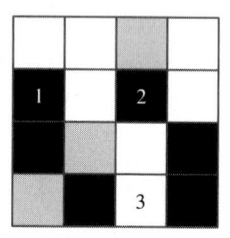

图 0-11 谢林模型及其在社会中的观测实例

传统的基于智能体的仿真建模工作，往往依赖于规则来指导或约束智能体的决策行为，具有交互的明确性和实现的简单性等特点。然而，在复杂的现实场景中，多智能体系统存在环境的不稳定性、智能体信息的局部性、个体目标的差异性、状态/动作空间的高维复杂性等特点，难以建立明确的规则来指导智能体决策。为了实现多智能体交互的最优决策，多智能体深度强化学习首先考虑智能体之间可能存在的关系，如竞争关系（非合作关系）、半竞争半合作关系（混合式）或者是完全合作关系等。根据智能体之间的关系，按照完全竞争式、半竞争半合作、完全合作式来阐述多智能体问题的建模以及求解方法。例如 DeepMind 公司将多智能体强化学习应用在实时策略游戏 StarCraft Ⅱ 中，通过多智能体强化学习模型 AlphaStar 在众多单元间的竞争和协作环境下实现玩家收益的最大化[59]。如图 0-12 所示，AlphaStar 通过总览图和单位列表对游戏的态势进行观察。若要执行操作，代理会输出要发起的操作类型、应用对象、目标位置以及下一个操作的发出时间，通过限制操作速率的监控层发送到游戏。AlphaStar 共有三个代理池，每个池都由监督学习初始化，随后用强化学习进行训练。在训练过程中，这些代理分别扮演不同的人物角色，从而实现代理之间的动态协作和竞争关系。

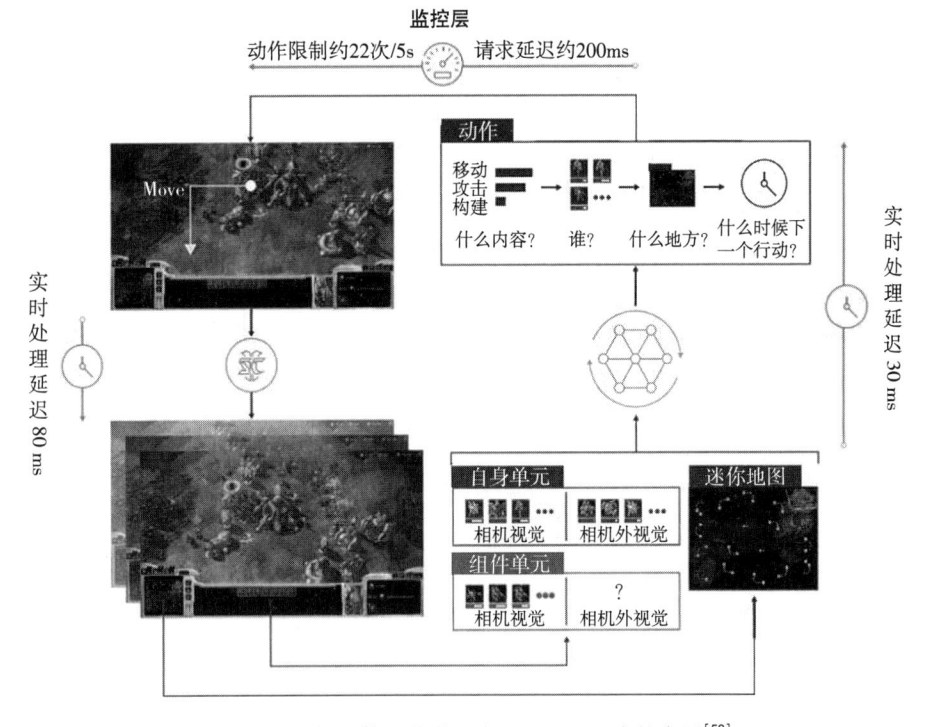

图 0-12　多智能体强化学习在 StarCraft Ⅱ 中的应用[59]

0.4　新型社会计算系统的研制与开发

新型社会计算系统的研制与开发是推动计算社会学从理论到实践的重要步骤，需要综合运用网络技术、通信技术、计算机以及人工智能技术，根据数据获取特点与业务逻辑要求，开发出可复用、动态交互性强的基础工具或典型系统。由于计算社会学涉及的数据对象多样，且任务需求差异巨大，所以计算社会学的工具也多种多样。早期社会计算工具研发具有极强的基础性和工具性，基于领域的典型业务逻辑，开发具有基础性的业务接口，方便其他研究人员的后续研究工作。例如，在网络分析方面，UCINET 软件[60]是由加州大学团队开发的一款社交网络分析软件。它提供了大量典型的网络分析算法接口，包括探测凝聚子群和区域、中心性分析、网络分析等网络分析程序。同时，UCINET 也包含了众多基于过程的分析程序，如聚类分析、奇异值分解、因子分析、角色和地位分析（结构、角色和正则对等性）和拟合中心-边缘模型。此外，UCINET 能够实现对网络拓扑结构的可视化呈现。其他常用的社交网络分析工具还包括 Gephi[61]和 Cytoscape[62]等。这些软件工具实现对业务逻辑的高度抽象，通过交互式的访问接口，方便科研工作者对复杂网络拓扑的分析和可视化展示；同时项目工具实现开源共享，借助于社区的力量，不断推动工具的优化和改进。在自然语言处理方面，LIWC（Linguistic Inquiry and Word Count）是由 Pennebarker 等人于 1990 年开发的用于文本计量分析工具。LIWC 对约 4500 个字词进行标注，共计拥有 80 种字词类别，包括 32 种心理特征类别、7 种个性类别、22 种语言功能类别等。因此 LIWC 在社会学研究中常常被用作一个测量语言心理特征的工具。例如哈佛大学的科研人员使用 LIWC 分析诊疗记录中的语言特征，并建立聚类模型对心理疾病患者症状的严重程度进行估计[63]。结果表明，单纯的基于用户的语言表达特征可以精准且高效地发现潜在的心理疾病患者。近年来，大量开源人工智能计算平台的成熟（见图 0-13），例如 TensorFlow、Deeplearning4j、Keras、百度飞桨、Caffe、PyTorch 等，极大地降低了智能算法的使用门槛，是社会学研究的重大机遇和核心推动力，使得社会学研究者不用被智能算法所束缚，而是通过"可插拔式"的模块调用，实现海量数据的处理，从而能够更多地关注问题本身。

在系统研发方面，大量新型社会计算系统层出不穷，为领域的动态监控和智能决策提供了核心能力支撑。例如，在公共健康方面，社交网络已经成为大众获取信息和共享信息的重要平台，能够为公共健康研究提供更加有效和实时的疫情传播监控，保证了卫生部门应对疫情的及时性。针对疾病监控，Google Flu[64]平台通过分析搜索引擎中关键词的时间变化趋势，如通过跟踪与流感相关的症状关键词，对流感的暴发和传播趋势进行预测。

国内在相关领域也研发了大量工具和系统性平台。其中，中国科学院计算技术研究所研发的 NLPIR 大数据语义智能分析平台融合了自然语言理解、文本挖掘和网络搜索技术等 13 项功能，能够支持多语种的自然语言处理任务，包括分词、词性标注、命名实体识别、情感分析等。哈尔滨工业大学社会计算与信息检索研究中心开发了一整套中文语言处理系统 LTP（Language Technology Platform）。LTP 提供了丰富且高效的中文语言处理模块（包括词法、句法、语义等 6 项中文处理核心技术），支持本地和分布式部署，为高效的文本语料分析提供了基础。西北工业大学群智计算团队研制了一个群智感知开源群平台 CrowdOS（https：//www.crowdos.cn/）如图 0-14 所示。CrowdOS 采用众包的思想，通过对典型感知任务的抽象建模能力，将感知任务分为任务建模、任务分发、数据评估和优选等基本流程，通过群体的竞争和协作实现数据的分布式采集。该平台具有良好的扩展性，支持二次开发能力，能够为社会学研究中的数据采集提供良好的工具平台。

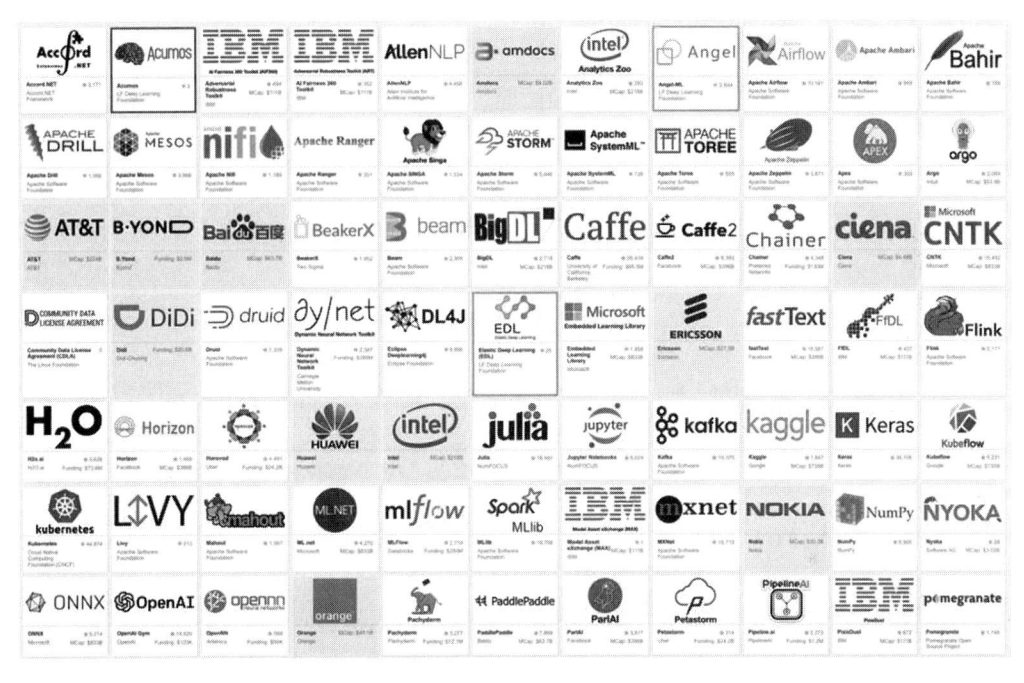

图 0-13　开源人工智能计算平台

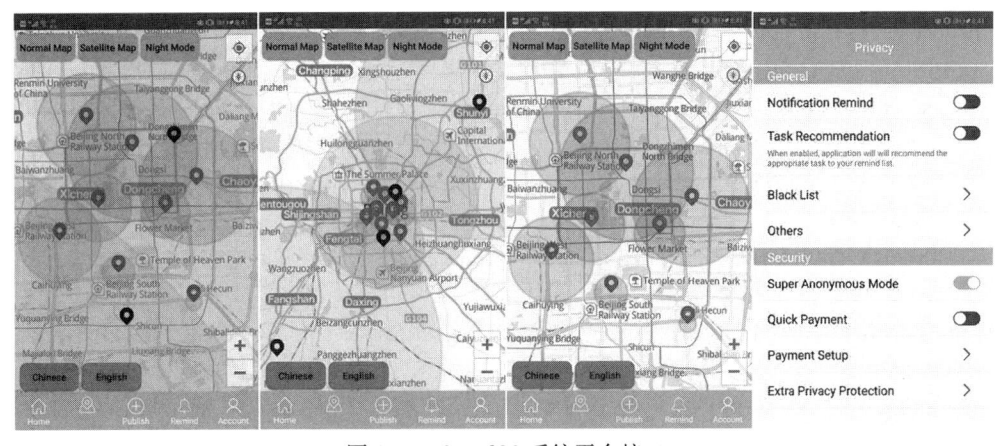

图 0-14　CrowdOS 系统平台接口

习题

1. 社会学和计算社会学存在哪些异同点？
2. 计算社会学的核心研究内容包括哪些？
3. 计算社会学一般性研究范式有哪些？
4. "六度分割"实验的核心内涵是什么？有哪些具体的应用？
5. 请结合社交网络典型应用案例（如微博、抖音、知乎等），谈谈所学计算社会学知识在其中的应用。
6. 面向健康感知、群体行为分析、城市计算、社会治理等领域的典型需求，基于社交媒体大数据实现一个计算社会学相关的应用系统。

参考文献

[1] Public Health Matters BlogJohn. Snow: A Legacy of Disease Detectives [EB/OL]. (2017-3-14) [2021-6-24]. https://blogs.cdc.gov/publichealthmatters/2017/03/a-legacy-of-disease-detectives/.

[2] CHRISTAKIS N A, FOWLER J H. The spread of obesity in a large social network over 32 years [J]. New England journal of medicine, 2007, 357(4): 370-379.

[3] CHRISTAKIS N A, FOWLER J H. The collective dynamics of smoking in a large social network [J]. New England journal of medicine, 2008, 358(21): 2249-2258.

[4] NICKERSON D W. Is voting contagious? Evidence from two field experiments [J]. American political Science review, 2008, 102(1): 49-57.

[5] BRESLAU N, SCHULTZ L R, JOHNSON E O, et al. Smoking and the risk of suicidal behavior: a prospective study of a community sample [J]. Archives of general psychiatry, 2005, 62(3): 328-334.

[6] ARAL S, NICOLAIDES C. Exercise contagion in a global social network [J]. Nature communications, 2017, 8(1): 1-8.

[7] FAIRBAIRN C E, SAYETTE M A, AALEN O O, et al. Alcohol and emotional contagion: an examination of the spreading of smiles in male and female drinking groups [J]. Clinical psychological science, 2015, 3(5): 686-701.

[8] KOSSINETS G, WATTS D J. Empirical analysis of an evolving social network [J]. Science, 2006, 311(5757): 88-90.

[9] DODDS P S, MUHAMAD R, WATTS D J. An experimental study of search in global social networks [J]. Science, 2003, 301(5634): 827-829.

[10] SHNEIDERMAN B. A national initiative for social participation [J]. Science, 2009, 323(5920): 1426-1427.

[11] PARSHANI R, BULDYREV S V, HAVLIN S. Critical effect of dependency groups on the function of networks [C] // Proceedings of the National Academy of Sciences, 2011, 108(3): 1007-1010.

[12] WINERMAN, LEA. Social networking: crisis communication [J]. Nature, 2009, 457(7228): 376-378.

[13] WANG X, DONG J S, CHIN C Y, et al. Semantic space: an infrastructure for smart spaces [J]. Pervasive computing IEEE, 2004, 3(3): 32-39.

[14] HARTER A, HOPPER A, STEGGLES P, et al. The anatomy of a context-aware application [J]. Wireless networks, 2002, 8(2): 187-197.

[15] PHILIPOSE M, FISHKIN K P, PERKOWITZ M, et al. Inferring activities from interactions with objects [J]. IEEE pervasive computing, 2004, 3(4): 50-57.

[16] READES J, CALABRESE F, SEVTSUK A, et al. Cellular census: explorations in urban data collection [J]. IEEE pervasive computing, 2007, 6(3): 30-38.

[17] PENTLAND A, EAGLE N, LAZER D. Inferring social network structure using mobile phone data [J]. Proceedings of the National Academy of Sciences (PNAS), 2009, 106(36): 15274-15278.

[18] CAMPBELL A T, EISENMAN S B, LANE N D, et al. The rise of people-centric sensing [J]. IEEE internet computing, 2008, 12(4): 12-21.

[19] GONZALEZ M C, HIDALGO C A, BARABASI A L. Understanding individual human mobility patterns [J]. Nature, 2008, 453(7196): 779-782.

[20] YUAN N J, ZHENG Y, XIE X, et al. Discovering urban functional zones using latent activity trajectories [J]. IEEE transactions on knowledge and data engineering, 2014, 27(3): 712-725.

[21] READES J, CALABRESE F, SEVTSUK A, et al. Cellular census: explorations in urban data collection [J]. IEEE pervasive computing, 2007, 6(3): 30-38.

[22] LAZER D, PENTLAND A, ADAMIC L, et al. Social science. computational social science [J]. Science, 2009, 323(5915): 721-723.

[23] INSEL T R. Digital phenotyping: technology for a new science of behavior [J]. Jama, 2017, 318(13): 1215-1216.

[24] KOSINSKI M, STILLWELL D, GRAEPEL T. Private traits and attributes are predictable from digital records of human behavior [J]. Proceedings of the national academy of sciences, 2013, 110(15): 5802-5805.

[25] YOUYOU W, KOSINSKI M, STILLWELL D. Computer-based personality judgments are more accurate than those made by humans [J]. Proceedings of the national academy of sciences, 2015, 112(4): 1036-1040.

[26] SONG C, QU Z, BLUMM N, et al. Limits of predictability in human mobility [J]. Science, 2010, 327(5968): 1018-1021.

[27] ALESSANDRETTI L, ASLAK U, LEHMANN S. The scales of human mobility [J]. Nature, 2020, 587(7834): 402-407.

[28] WANG P. Bridging human mobility and urban growth [J]. Nature computational science, 2021, 1(12): 778-779.

[29] ZHENG Y, LIU F, HSIEH H P. U-air: When urban air quality inference meets big data [C] // Proceedings of the 19th ACM SIGKDD international conference on knowledge discovery and data mining. 2013: 1436-1444.

[30] ZHENG Y, LIU T, WANG Y, et al. Diagnosing New York city's noises with ubiquitous data [C] // Proceedings of the 2014 ACM International Joint Conference on Pervasive and Ubiquitous Computing. 2014: 715-725.

[31] ALESSANDRETTI L. What human mobility data tell us about COVID-19 spread [J]. Nature Reviews Physics,

2022, 4(1): 12-13.

[32] GOZZI N, TIZZONI M, CHINAZZI M, et al. Estimating the effect of social inequalities on the mitigation of COVID-19 across communities in Santiago de Chile [J]. Nature communications, 2021, 12(1): 1-9.

[33] SCHWALBE M C, COHEN G L, ROSS L D. The objectivity illusion and voter polarization in the 2016 presidential election [J]. Proceedings of the national academy of sciences, 2020, 117(35): 21218-21229.

[34] CHANG H, LI L, HUANG J, et al. Tracking traffic congestion and accidents using social media data: A case study of Shanghai [J]. Accident analysis & prevention, 2022, 169: 106618.

[35] SAKAKI T, OKAZAKI M, MATSUO Y. Earthquake shakes twitter users: real-time event detection by social sensors [C] //Proceedings of the 19th International Conference on World Wide Web. 2010: 851-860.

[36] WEN F, ZHANG Z, HE T, et al. AI enabled sign language recognition and VR space bidirectional communication using triboelectric smart glove [J]. Nature communications, 2021, 12(1): 1-13.

[37] JUANG P, OKI H, WANG Y, et al. Energy-efficient computing for wildlife tracking: design tradeoffs and early experiences with ZebraNet [C] //Proceedings of the 10th International Conference on Architectural Support for Programming Languages and Operating Systems. 2002: 96-107.

[38] BROCKMANN D, HUFNAGEL L, GEISEL T. The scaling laws of human travel [J]. Nature, 2006, 439(7075): 462-465.

[39] XU F, LI Y, JIN D, et al. Emergence of urban growth patterns from human mobility behavior [J]. Nature computational science, 2021, 1(12): 791-800.

[40] IACUS S M, SANTAMARIA C, SERMI F, et al. Human mobility and COVID-19 initial dynamics [J]. Nonlinear dynamics, 2020, 101(3): 1901-1919.

[41] WU Y, MOORING T A, LINZ M. Policy and weather influences on mobility during the early US COVID-19 pandemic [J]. Proceedings of the national academy of sciences, 2021, 118(22): e2018185118.

[42] MCCALLUM I, KYBA C C M, BAYAS J C L, et al. Estimating global economic well-being with unlit settlements [J]. Nature communications, 2022, 13(1): 1-8.

[43] YEH C, PEREZ A, DRISCOLL A, et al. Using publicly available satellite imagery and deep learning to understand economic well-being in Africa [J]. Nature communications, 2020, 11(1): 1-11.

[44] FAN L, LI T, YUAN Y, et al. In-home daily-life captioning using radio signals [C] //European Conference on Computer Vision. 2020: 105-123.

[45] WU D, ZHANG D, XU C, et al. Device-free WiFi human sensing: from pattern-based to model-based approaches [J]. IEEE communications magazine, 2017, 55(10), 91-97.

[46] DUTTA P, AOKI P M, KUMAR N, et al. Common sense: participatory urban sensing using a network of handheld air quality monitors [C] //Proceedings of the 7th ACM Conference on Embedded Networked Sensor Systems. 2009: 349-350.

[47] LIU L, LIU W, ZHENG Y, et al. Third-eye: A mobilephone-enabled crowdsensing system for air quality monitoring [J]. Proceedings of the ACM on interactive, mobile, wearable and ubiquitous technologies, 2018, 2(1): 1-26.

[48] MAISONNEUVE N, STEVENS M, NIESSEN M E, et al. NoiseTube: Measuring and mapping noise

pollution with mobile phones [M] //Information technologies in environmental engineering. Berlin: Springer, 2009: 215-228.

[49] RANA R, CHOU C T, BULUSU N, et al. Ear-Phone: a context-aware noise mapping using smart phones [J]. Pervasive and mobile computing, 2015, 17: 1-22.

[50] RA M R, LIU B, LA PORTA T F, et al. Medusa: a programming framework for crowdsensing applications [C] //Proceedings of the 10th International Conference on Mobile Systems, Applications, and Services. 2012: 337-350.

[51] SIMOENS P, XIAO Y, PILLAI P, et al. Scalable crowd-sourcing of video from mobile devices [C] //Proceeding of the 11th Annual International Conference on Mobile Systems, Applications, and Services. 2013: 139-152.

[52] MINSON S E, BROOKS B A, GLENNIE C L, et al. Crowdsourced earthquake early warning [J]. Science advances, 2015, 1(3): e1500036.

[53] YI F, YU Z, ZHUANG F, et al. Neural network based continuous conditional random field for fine-grained crime prediction [C] //IJCAI. 2019: 4157-4163.

[54] HE T, BAO J, LI R, et al. Detecting vehicle illegal parking events using sharing bikes' trajectories [C] //KDD. 2018: 340-349.

[55] GEBRU T, KRAUSE J, WANG Y, et al. Using deep learning and Google street view to estimate the demographic makeup of neighborhoods across the United States [J]. Proceedings of the national academy of sciences, 2017, 114(50): 13108-13113.

[56] MUELLER H, GROEGER A, HERSH J, et al. Monitoring war destruction from space using machine learning [J]. Proceedings of the national academy of sciences, 2021, 118(23): e2025400118.

[57] AXELROD R. The evolution of cooperation: revised edition [M]. New York: Basic Books, 2006.

[58] SCHELLING T C. Models of segregation [J]. The American economic review, 1969, 59(2): 488-493.

[59] VINYALS O, BABUSCHKIN I, CZARNECKI W M, et al. Grandmaster level in StarCraft II using multi-agent reinforcement learning [J]. Nature, 2019, 575(7782): 350-354.

[60] UCINET SOFTWARE. https://sites.google.com/site/ucinetsoftware/home.

[61] BASTIAN M, HEYMANN S, JACOMY M. Gephi: an open source software for exploring and manipulating networks [C] //Proceedings of the International AAAI Conference on Web and Social Media. 2009, 3(1): 361-362.

[62] OTASEK D, MORRIS J H, BOUÇAS J, et al. Cytoscape automation: empowering workflowbased network analysis [J]. Genome biology, 2019, 20(1): 1-15.

[63] NOOK E C, HULL T D, NOCK M K, et al. Linguistic measures of psychological distance track symptom levels and treatment outcomes in a large set of psychotherapy transcripts [J]. Proceedings of the national academy of sciences, 2022, 119(13): e2114737119.

[64] LEE K, AGRAWAL A, CHOUDHARY A. Real-time disease surveillance using twitter data: demonstration on flu and cancer [C] //Proceedings of the 19th ACM SIGKDD International Conference on Knowledge Discovery and Data Mining. 2013: 1474-1477.

第一篇

基础支撑理论与算法篇

CHAPTER1

第 1 章

图论

图论（Graph Theory）是数学的一个分支，它以图为研究对象。图可以对自然科学和社会科学中的许多问题进行恰当的描述或建模，在很多领域都有着广泛的应用，例如网络理论、博弈论、计算机科学、社交网络等。在计算机科学领域，图扮演着尤为重要的角色。本章首先给出图的定义，接着描述图在计算机中的表示方式，然后介绍在计算机中遍历图的两种方式，最后将针对图的一些实际应用问题，对所涉及的算法进行介绍。本章的内容主要有**图的基本概念**、**图的存储表示**、**图的遍历**与**图的相关应用**。

1.1 图的基本概念

1.1.1 图的定义

图论的研究起源于哥尼斯堡七桥问题，为了获取对图的一些直观认识，我们先从该案例出发。

在哥尼斯堡城的 Pregel 河上有两个小岛，有七座桥与四块陆地彼此相连，如图 1-1a 所示。当时困扰当地居民的一个问题是：如何从其中一块陆地出发，走过每一座桥一次且仅一次，最后再回到出发点。当地的人们不断尝试，都没有解决这个问题。后来，欧拉给出了问题的解。他将四块陆地表示成四个节点，若两块陆地之间有桥相连，则用连接两个节点的一条边代替，这样就将问题抽象成了图 1-1b。运用图的相关理论，欧拉证明了这样的回路是不存在的。

欧拉认为，对于一个给定的图，如果能够走完所有的边并且没有重复，要求图中最多只能有两个点（起点和终点）与奇数条边相连，其余的中间点所关联的边的数目必须为偶数，这样才能保证从一条边进入某点，再从另一条边出去。而图 1-1b 中的所有顶点均有奇数条边与其相连，显然这样的回路是不存在的。

在该例子中，欧拉用图 1-1b 代替了图 1-1a，从而使得对问题的研究归结为对图的研究。

a）七桥问题示例　　　　　　　　b）七桥问题的图表示

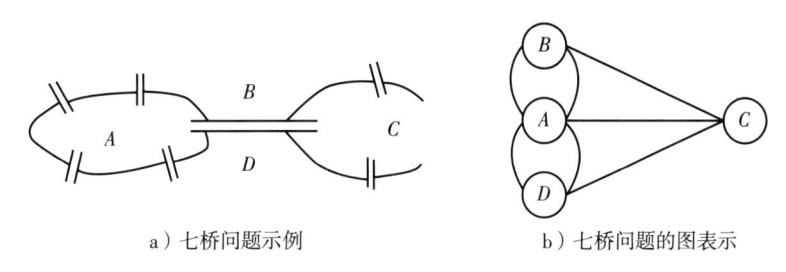

图 1-1　七桥示例及其图表示

事实上，图能在相当程度上代表我们所研究问题的本质，现实中的很多问题都可以抽象为图的形式，从而利用图结构和技术解决相应问题。例如，在计算机辅助设计（Computer Aided Design，CAD）中，首先需要将电网络转换为图，然后才能进行电路分析。对于图 1-2a 中的电网络，可以将其抽象为图 1-2b。

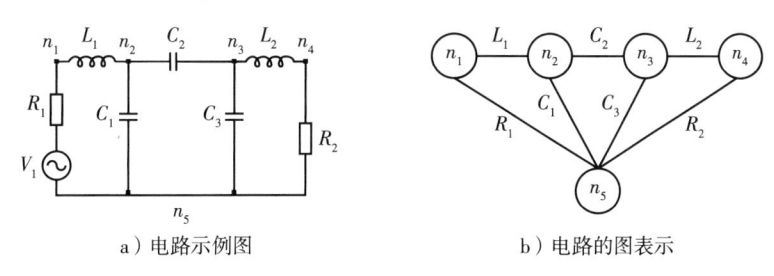

a）电路示例图　　　　　　　　b）电路的图表示

图 1-2　电路示例及其图表示

在图论中，一个图（Graph）定义为由两个集合 V 和 E 组成，记为 $G=(V,E)$，其中 V 是顶点（Vertex）的有限非空集；E 是两个顶点之间的关系（边）的集合。通常，也将图 G 的顶点集和边集分别表示为 $V(G)$ 和 $E(G)$。假设顶点集 $V=\{v_1,v_2,\cdots,v_n\}$，边集 $E=\{(u,v)\mid u\in V,v\in V\}$。下面介绍图的一些基本术语。

1.1.2　图的基本术语

1. 无向图和有向图

如果顶点 v_i 和 v_j 之间的边是无向边（简称边），则该边用无序偶对 (v_i,v_j) 表示，此时的图称为无向图（Undirected Graph），如图 1-3a 所示。

如果顶点 v_i 和 v_j 之间的边是有向边（也称弧），则该边用有序偶对 $<v_i,v_j>$ 表示，其中 v_i 称为弧尾，v_j 称为弧头，此时的图称为有向图（Directed Graph），如图 1-3b 所示。

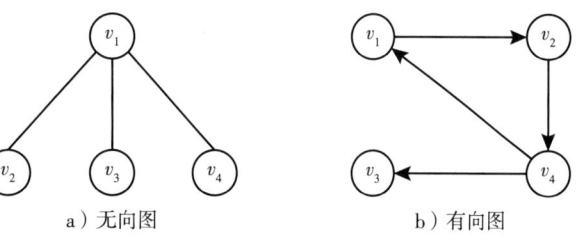

a）无向图　　　　　　b）有向图

图 1-3　图的示例

2. 无向完全图和有向完全图

在无向图中,如果任意两个顶点之间都存在边,则称该图为无向完全图(Undirected Complete Graph),如图 1-4a 所示。

在有向图中,如果任意两个顶点之间都存在方向相反的两条弧,则称该图为有向完全图(Directed Complete Graph),如图 1-4b 所示。

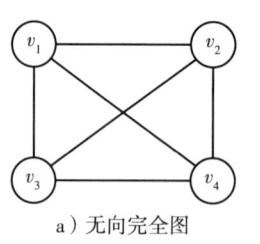

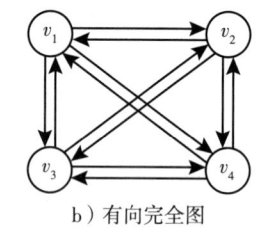

a)无向完全图　　b)有向完全图

图 1-4　完全图示例

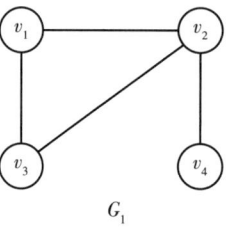

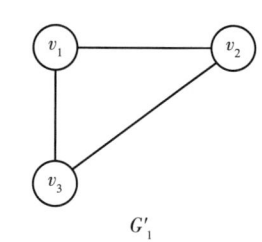

3. 稀疏图和稠密图

如果用 n 表示图中的顶点数目,用 e 表示边或弧的数目。当图 G 满足 $e<n\log n$ 时,将图 G 称为稀疏图(Sparse Graph),反之称为稠密图(Dense Graph)。

4. 子图

对于两个图 $G=(V,E)$ 和 $G'=(V',E')$,如果 V' 是 V 的子集,且 E' 是 E 的子集,则称 G' 是 G 的子图(Subgraph)。图 1-5a 中给出了无向图 G_1 及其子图 G'_1,图 1-5b 给出了有向图 G_2 及其子图 G'_2。

5. 邻接点和依附

对于无向图 $G=(V,E)$,如果存在边 $(v_i,v_j)\in E$,则称顶点 v_i 和 v_j 互为邻接点(Adjacent),即 v_i 和 v_j 相邻接。也称边 (v_i,v_j) 依附(Incident)于顶点 v_i 和 v_j。

对于有向图 $G=(V,E)$,如果存在弧 $<v_i,v_j>\in E$,则称顶点 v_i 邻接到顶点 v_j,顶点 v_j 邻接自顶点 v_i。也称弧 $<v_i,v_j>$ 依附于顶点 v_i 和 v_j。

a)无向图 G_1 及图 G_1 的一个子图 G'_1

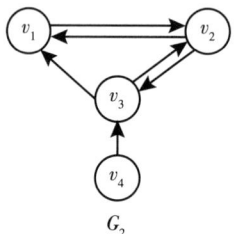

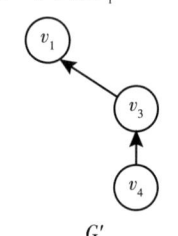

b)有向图 G_2 及图 G_2 的一个子图 G'_2

图 1-5　子图示例

6. 权、网

在一个图中,边上或者弧上可以标上某种有意义的数值,这种与图的边或弧相关的数称作权(Weight)。权值可以表示一个顶点到另一个顶点之间的距离、时间或者价格等。边上带权的图称为网(Network)。图 1-6a 为一个无向网,图 1-6b 为一个有向网。

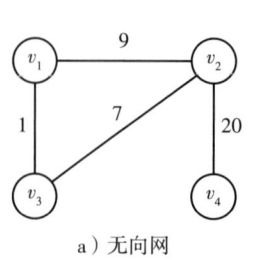

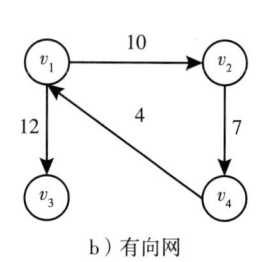

a)无向网　　b)有向网

图 1-6　网的示例

7. 顶点的度、入度和出度

在无向图中，顶点 v 的度（Degree）指依附于顶点 v 的边的条数，记为 $TD(v)$。例如在图 1-5a 中给出的无向图 G_1 中，顶点 v_3 的度为 2。

对于有向图，由于弧有方向性，故顶点 v 的度分为入度（In-Degree）和出度（Out-Degree），入度是以顶点 v 为弧头的弧的条数，记为 $ID(v)$。出度是以顶点 v 为弧尾的弧的条数，记为 $OD(v)$。顶点的度记为 $TD(v)$，有 $TD(v) = ID(v) + OD(v)$。例如在图 1-5b 中给出的有向图 G_2 中，顶点 v_1 的度为 3，入度为 2，出度为 1。

8. 路径、路径长度和回路

在图 G 中，顶点 v_i 到顶点 v_j 的路径（Path）是指从顶点 v_i 到顶点 v_j 之间所经过的顶点序列。路径上边或弧的数目称为路径长度（Path Length）。第一个顶点和最后一个顶点相同的路径称为回路（Circuit）。

9. 简单路径和简单回路

在路径序列中，顶点不重复出现的路径称为简单路径（Simple Path）。除第一个顶点和最后一个顶点外，其余顶点不重复出现的回路称为简单回路（Simple Circuit）。

10. 连通图和连通分量

在无向图中，若顶点 v_i 和顶点 v_j 之间存在路径，则称 v_i 和 v_j 是连通的。如果图中任意两个顶点都是连通的，则称该图是连通图（Connected Graph）。

无向图中的极大连通子图称为连通分量（Connected Component）。所谓"极大"，是指尽可能多地包含原图中的顶点和这些顶点之间的边。图 1-7 中给出了无向图 G_3 以及图 G_3 的 3 个连通分量。

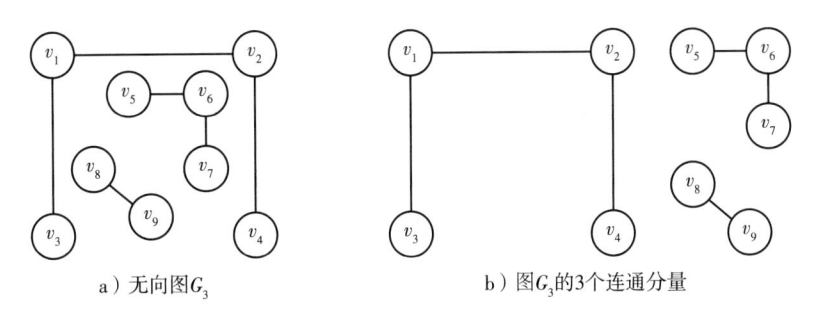

a）无向图 G_3 b）图 G_3 的3个连通分量

图 1-7 无向图及其连通分量

11. 强连通图和强连通分量

在有向图中，对于顶点 v_i 和 v_j，若从 v_i 到 v_j 和从 v_j 到 v_i 都存在路径，则称这两个顶点 v_i 和 v_j 是强连通的。如果图中任意两个顶点都是强连通的，则称该图是强连通图（Strongly Connected Graph）。

有向图中的极大连通子图称为有向图的强连通分量（Strongly Connected Component）。

图 1-8 中给出了有向图 G_4 以及图 G_4 的两个强连通分量。

12. 生成树和生成森林

一个含有 n 个顶点的连通图的生成树（Spanning Tree）是一个极小连通子图，它包含图中的全部顶点，有且仅有 $n-1$ 条边。图 1-5a 中图 G_1 的一棵生成树如图 1-9a 所示。如果在一棵生成树上添加一条边，必定构成一个环，因为这条边使得它依附的那两个顶点之间有了第二条路径。

在非连通图中，每一个连通分量都可以得到一棵生成树，这些生成树构成了该非连通图的**生成森林**（Spanning Forest）。这个生成森林含有图中全部的顶点。图 1-7a 中图 G_3 的生成森林如图 1-9b 所示。

a）有向图 G_4　　b）图 G_4 的两个强连通分量

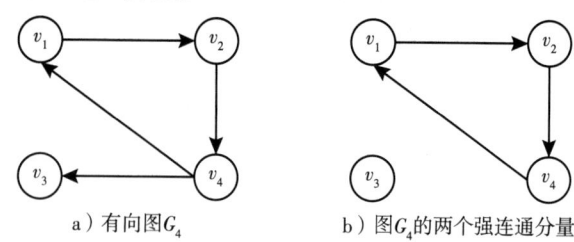

图 1-8　有向图 G_4 及其强连通分量

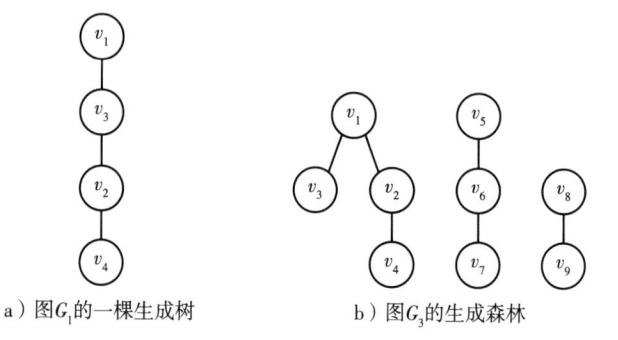

a）图 G_1 的一棵生成树　　b）图 G_3 的生成森林

图 1-9　生成树和生成森林的示例图

1.2　图的存储表示

上一节中对图的一些基本概念和术语进行了介绍，对图有了初步了解之后，可将实际问题抽象成图结构，若想使计算机能够处理图结构，必须要明确在计算机中如何去描述一个图。图的结构比较复杂，图的信息包括顶点和边两部分，任意两个顶点之间都有可能存在联系，顶点之间的逻辑关系也错综复杂，恰当的表示方法将有利于解决问题。图的表示方式有很多种，本节主要介绍以下四种表示方式：**邻接矩阵存储法、邻接表存储法、十字链表存储法、邻接多重表存储法**。

1.2.1　邻接矩阵存储法

由于矩阵在计算机中容易存储和处理，所以可以利用矩阵将图表示在计算机中，并且还可以利用矩阵的一些运算来描述图的一些性质，便于研究图论中的一些问题。

所谓图的邻接矩阵存储，是指用一个一维数组存储图中顶点的信息，用一个二维数组存储图中边的信息（即各顶点之间的邻接关系），该二维数组称为图的**邻接矩阵**（Adjacency Matrix）。

若 $G=(V,E)$ 是一个包含 n 个节点的图，则 G 的邻接矩阵 A 是满足式（1-1）的 n 阶方阵：

$$A[i][j]=\begin{cases}1,若(v_i,v_j)或<v_i,v_j>\in E\\0,其他情况\end{cases} \quad (1\text{-}1)$$

图1-10分别列出了无向图G_1及其邻接矩阵A_1和有向图G_2及其邻接矩阵A_2。

a）无向图G_1及其邻接矩阵A_1　　　　　　b）有向图G_2及其邻接矩阵A_2

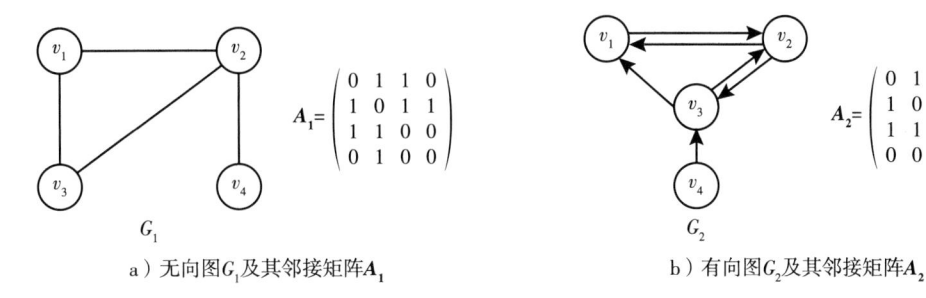

图1-10　图及其邻接矩阵

若$G=(V,E)$是一个包含n个节点的网，则G的邻接矩阵A是满足式（1-2）的n阶方阵：

$$A[i][j]=\begin{cases}w_{ij},若(v_i,v_j)或<v_i,v_j>\in E\\\infty,其他情况\end{cases} \quad (1\text{-}2)$$

其中w_{ij}表示边(v_i,v_j)或弧$<v_i,v_j>$上的权值。如图1-11所示为一个有向网及其邻接矩阵。

通过邻接矩阵，可以很方便地看出两个顶点之间是否有边相连。但是，如果想要确定这个图（或网）中有多少条边（或弧），则必须对整个二维数组进行遍历，所花费的时间代价很大，因此这种表示方法适合于稠密图。

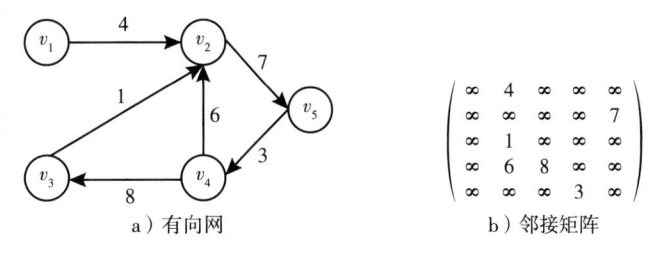

a）有向网　　　　　　b）邻接矩阵

图1-11　有向网及其邻接矩阵

1.2.2　邻接表存储法

当一个图为稀疏图时，使用邻接矩阵会浪费大量的存储空间，有没有一种表示方法可以减少这种不必要的浪费呢？接下来介绍的邻接表可以很好地解决这一问题。

邻接表（Adjacency List）是图的一种链式存储结构。在邻接表中，对图中每个节点v_i建立一个单链表，第i个单链表中的节点表示依附于顶点v_i的边（对于有向图是以顶点v_i为尾的弧）。在邻接表中存在两种节点：表节点和头节点。如图1-12所示。

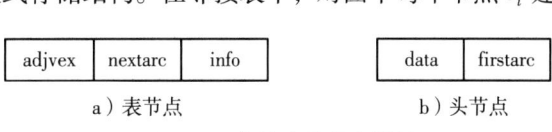

| adjvex | nextarc | info |

a）表节点

| data | firstarc |

b）头节点

图1-12　邻接表的节点结构

表节点由3个域组成,其中邻接点域(adjvex)指示与顶点 v_i 邻接的点在图中的位置,链域(nextarc)指向与头节点相邻接的下一条边或弧的顶点,数据域(info)存储和边或弧相关的信息。

头节点由2个域组成,其中数据域(data)存放顶点 v_i 的信息,指针域(firstarc)指向第一条邻接边。无向图 G_1 和有向图 G_2 的邻接表分别如图1-13和图1-14所示。

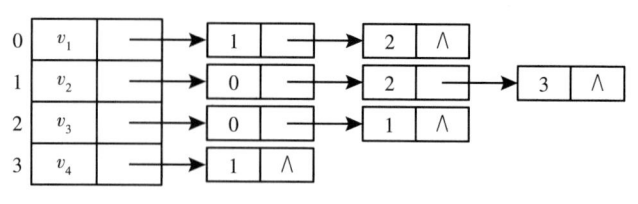

图1-13 无向图 G_1 的邻接表

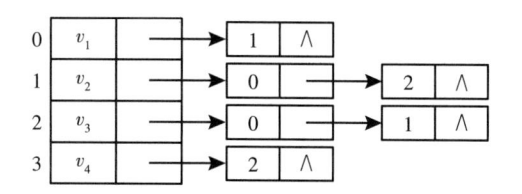

在无向图的邻接表中,顶点 v_i 的度恰为第 i 个链表中的节点个数,而在有向图中,第 i 个链表中的节点个数只是顶点 v_i 的出度,若求入度,则必须遍历整个链接表。在所有链表中其邻接点域的值为 i 的节点个数是顶点 v_i 的入度。

图1-14 有向图 G_2 的邻接表

因此,为了便于确定顶点 v_i 的入度或以顶点 v_i 为头的弧,可以建立一个有向图的**逆邻接表**(Inverse Adjacency List),即对于每个顶点 v_i,将邻接表中所有以 v_i 为弧头的弧链接起来。如图1-15所示为一个有向图及其逆邻接表。

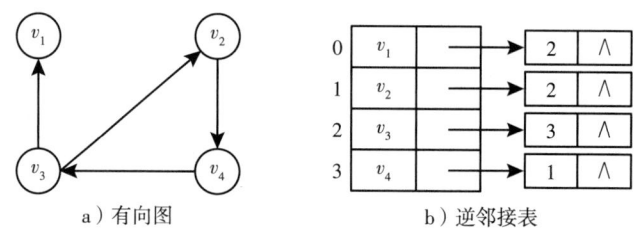

a)有向图   b)逆邻接表

图1-15 有向图及其逆邻接表

在邻接表中,我们可以快速地找到任一顶点的第一个邻接点和下一个邻接点,但是若要判断两个顶点 v_i 和 v_j 之间是否有边或弧相连,则需要遍历第 i 个或第 j 个单链表,这一点不及邻接矩阵方便。

1.2.3 十字链表存储法

十字链表(Orthogonal List)是有向图的另一种链式存储结构。可以看成是将有向图的邻接表和逆邻接表结合起来的一种链表。在十字链表中,对应于有向图中的每条弧都有一个节点,对应于每个顶点也有一个节点,如图1-16所示。

弧节点由5个域组成,其中尾域(tailvex)和头域(headvex)分别指示弧尾和弧头这两个顶点在图中的位置,链域 hlink 指向弧头相同的下一条弧,链域 tlink 指向弧尾相同的下一条弧,info 域指向该弧的相关信息。

| tailvex | headvex | hlink | tlink | info |

a)弧节点

| data | firstin | firstout |

b)顶点节点

图 1-16 十字链表的节点结构

顶点节点由 3 个域组成，其中 data 域存放与顶点相关的信息，firstin 和 firstout 两个域分别指向以该顶点为弧头和弧尾的第一条弧。如图 1-17 所示为有向图 G_5 及其十字链表。

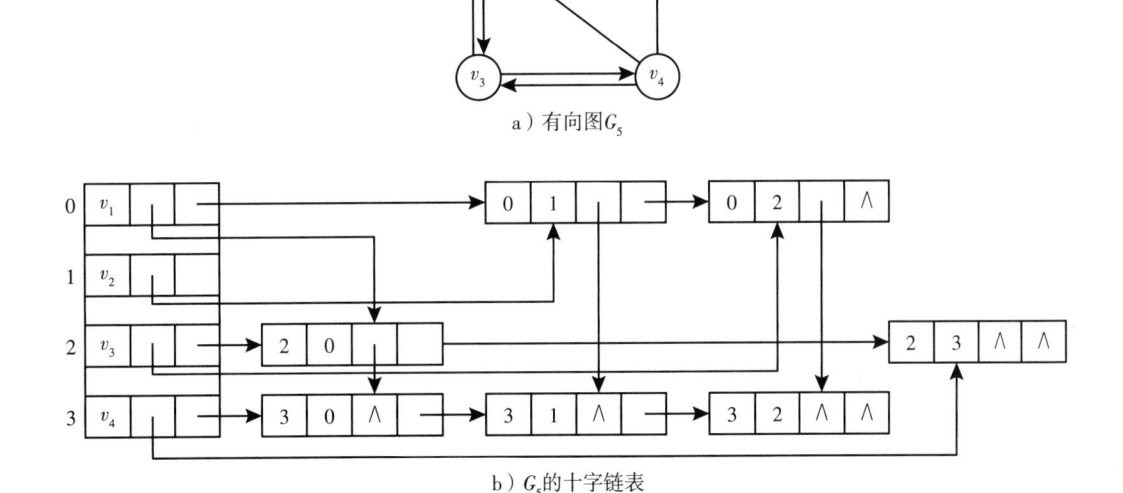

a)有向图 G_5

b)G_5 的十字链表

图 1-17 有向图的十字链表示例

1.2.4 邻接多重表存储法

邻接多重表是无向图的另一种链式存储结构。在邻接表中容易求得顶点和边的各种信息。但是，在邻接表中每一条边 (v_i,v_j) 有两个节点，分别在第 i 个和第 j 个单链表中，这给某些图的操作带来了不便。例如，求两个顶点之间是否存在边而对边执行删除等操作时，需要分别在两个顶点的表节点中去遍历，效率低下。因此，在进行此类操作时，采用邻接多重表的表示方式更为合适。

邻接多重表的结构和有向图的十字链表类似。在邻接多重表中，每条边用一个节点表示，每个顶点也用一个节点表示，如图 1-18 所示。

表节点由 6 个域组成，其中标志域（mark）标记该条边是否被搜索过，ivex 和 jvex 指示该边依附的两个顶点在图中的位置，ilink 指向下一条依附于顶点 ivex 的边，jlink 指向下一条依附于顶点 jvex 的边，info 为指向和边相关的各种信息的指针域。

| mark | ivex | ilink | jvex | jlink | info |

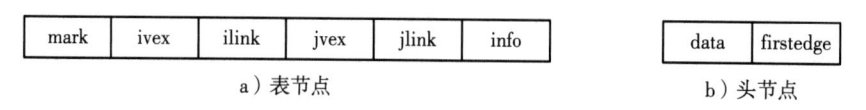

a）表节点

| data | firstedge |

b）头节点

图 1-18　邻接多重表的节点结构

表节点由 2 个域组成：data 域存储该顶点的相关信息，firstedge 域指示第一条依附于该顶点的边。如图 1-19 所示为无向图 G_6 及其邻接多重表。

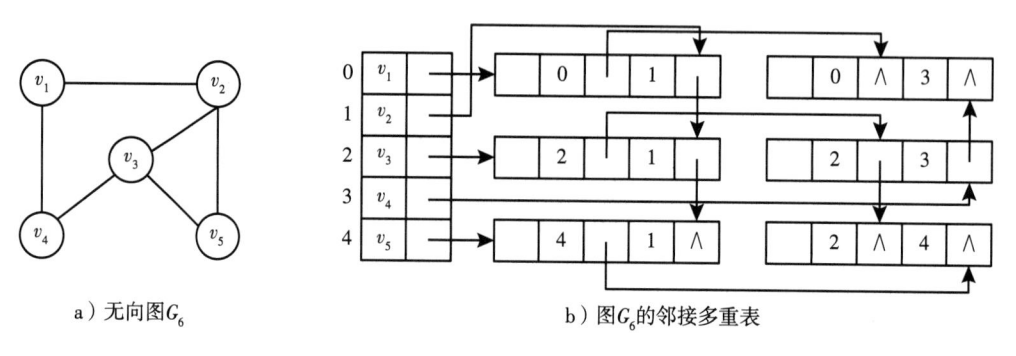

a）无向图 G_6

b）图 G_6 的邻接多重表

图 1-19　无向图的邻接多重表

1.3　图的遍历

图的遍历（Traversing Graph）是指从图中某一顶点出发，按照某种遍历方法访问图中的全部顶点，且每个顶点仅被访问一次。图的遍历是很多图算法的基础。本节介绍两种主要的遍历方法：**广度优先搜索**和**深度优先搜索**。这两种遍历方式对无向图和有向图都适用。

1.3.1　广度优先搜索

假设初始时，图 G 的所有顶点均未被访问过，在图 G 中任选一个顶点 v_i 作为起始点，则广度优先搜索（Breadth-First Search，BFS）的基本思想是：

① 首先访问起始顶点 v_i，接着由 v_i 出发，依次访问 v_i 的各个未访问过的邻接顶点 w_1, $w_2, \cdots, w_i$；

② 然后依次访问 $w_1, w_2, \cdots, w_i$ 的所有未被访问过的邻接顶点；

③ 以此类推，直至图中所有已被访问的顶点的邻接点都被访问到；

④ 若此时图中尚有顶点未被访问，则另选图中一个未曾被访问的顶点作为起始点，重复上述过程，直到图中所有顶点都被访问到为止。

实际上，广度优先搜索遍历图的过程是以 v 为起始点，由近至远依次访问和 v 有路径相通且路径长度为 1,2,…的顶点。

对如图 1-20 所示的无向图 G_7，从顶点 v_1 出发的广度优先搜索的过程为：首先访问顶点 v_1，然后访问与它相邻接的顶点 v_2、v_3、v_4，接着再依次访问这三个顶点的邻接点中未访问的顶点 v_5、v_6，最终得到顶点被访问的顺序是 v_1、v_2、v_3、v_4、v_5、v_6。

1.3.2 深度优先搜索

假设初始时，图 G 的所有顶点均未被访问过，在图 G 中任选一个顶点 v_i 作为起始点，则深度优先搜索（Depth-First Search，DFS）的基本思想是：

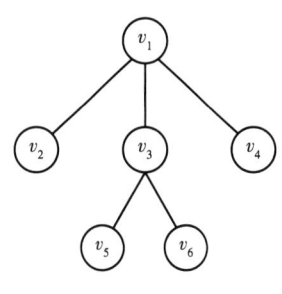

图 1-20 无向图 G_7

①首先访问起始顶点 v_i；

②然后从 v_i 的未被访问的邻接点中依次选择顶点 w，若 w 未曾被访问，则以 w 为新的起始点继续进行深度优先搜索，以此类推，直到图中与 v_i 有路径相通的顶点全部被访问到；

③若此时图中尚有顶点未被访问，则另选图中一个未被访问的顶点作为始点，重复①和②，直至图中所有顶点都被访问到为止。

以如图 1-20 所示的无向图 G_7 为例说明深度优先搜索的过程：从顶点 v_1 出发，访问完 v_1 之后，选择邻接顶点 v_2，访问完 v_2 之后，退回到 v_1，选择 v_1 的下一个邻接顶点 v_3。因为 v_3 未被访问，所以可以从 v_3 出发进行深度优先搜索，首先选择 v_3 的一个邻接顶点 v_5，访问完 v_5 之后，退回到 v_3，访问其另一个邻接顶点 v_6，之后退回到 v_1，访问 v_1 的最后一个邻接顶点 v_4。由此得到的顶点访问序列为 v_1、v_2、v_3、v_5、v_6、v_4。

1.4 图的相关应用

图可用于解决现实生活中的许多问题。前面三节介绍了图最基本的概念、图的表示方式以及图的遍历，在此基础之上，本节将以几个实际问题为背景，介绍几种与图相关的经典算法。本节主要内容包括**最小生成树、AOV 网与拓扑排序、AOE 网与关键路径、最短路径**。

1.4.1 最小生成树

现实生活中，人们经常会遇到需要用最小生成树来解决的问题。比如，若要在 n 个城市之间建立通信网，并且建立通信网有其对应的经济成本，如何保证在成本降到最低的前提下建立这个通信网？

我们可以用一个连通网来表示 n 个城市之间的连接关系，顶点表示城市，边表示城市间的通信线路。根据 1.1 节中介绍的生成树的概念，可以得知，连通这 n 个顶点只需 $n-1$ 条边。对于一个连通网 G，当采用不同的遍历方式时，会得到不同的生成树，当采用相同的遍历方式但以不同的顶点作为起始点时，也会得到不同的生成树。在所有生成树中权值之和最小的生成树称为**最小生成树**（Minimum cost Spanning Tree，MST）。

至此，我们所研究的问题就转换成了求最小生成树的问题，Prim 算法和 Kruskal 算法是构建最小生成树的两个算法。它们都利用了最小生成树的下列性质：设 $G=(V,E)$ 是一个连通网，U 是顶点集 V 的一个非空子集，若 (u,v) 是一条具有最小权值的边，其中 $u \in U$，$v \in V-U$，则必定存在一棵包含边 (u,v) 的最小生成树。下面分别介绍这两种算法。

1. Prim 算法

假设 $G=(V,E)$ 是连通网，其最小生成树 $T=(U,TE)$，TE 是 G 上最小生成树中边的集合。T 的初始状态为 $U=\{u_0\}$（$u_0 \in V$），$TE=\{\}$，重复执行以下操作：在所有 $u \in U$，$v \in V-U$ 的边 $(u,v) \in E$ 中找一条最小权值的边 (u_0,v_0) 并入集合 TE，同时将 v_0 并入 U，直至 $U=V$ 为止。此时 TE 中必有 $n-1$ 条边，则 $T=(U,TE)$ 为 G 的最小生成树。Prim 算法构造最小生成树的过程如图 1-21 所示。

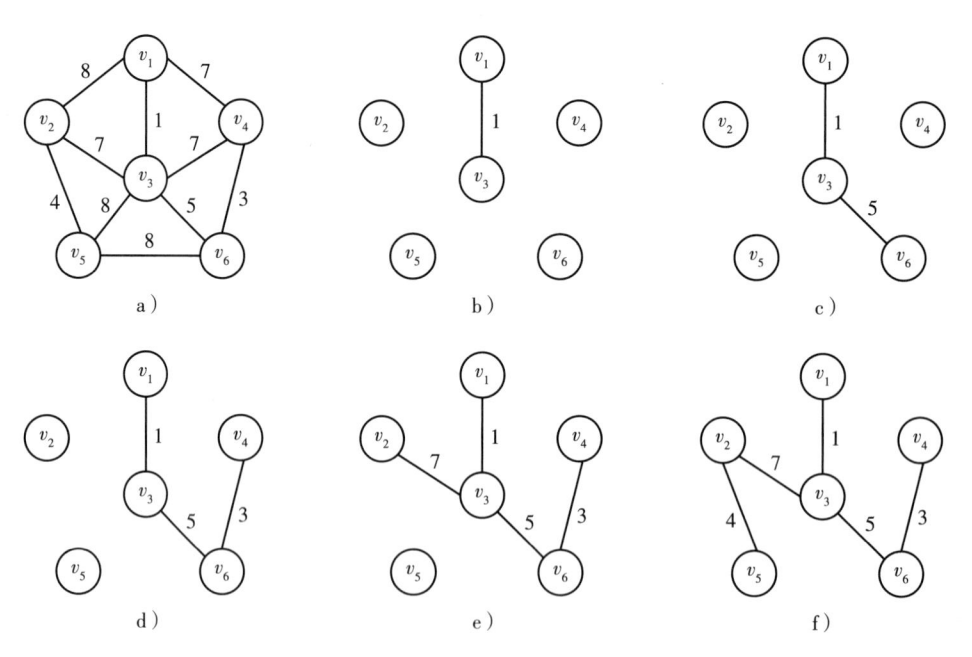

图 1-21 Prim 算法构造最小生成树的过程

2. Kruskal 算法

Kruskal 算法是一种按权值递增次序选择合适的边来构造最小生成树的方法。假设 $G=(V,E)$ 是一个连通图，其最小生成树的初始状态为只有 n 个顶点而无边的非连通图 $T=(V,\{\})$，每一个顶点自成一个连通分量。然后执行以下操作：按照边的权值由小到大排序，不断选取当前权值最小的边，若该边依附的顶点属于 T 中两个不同的连通分量，则将此边加入 T 中，否则舍弃此边而选择下一条权值最小的边。以此类推，直到 T 中所有顶点都在同一个连通分量上。Kruskal 算法构造最小生成树的过程如图 1-22 所示。

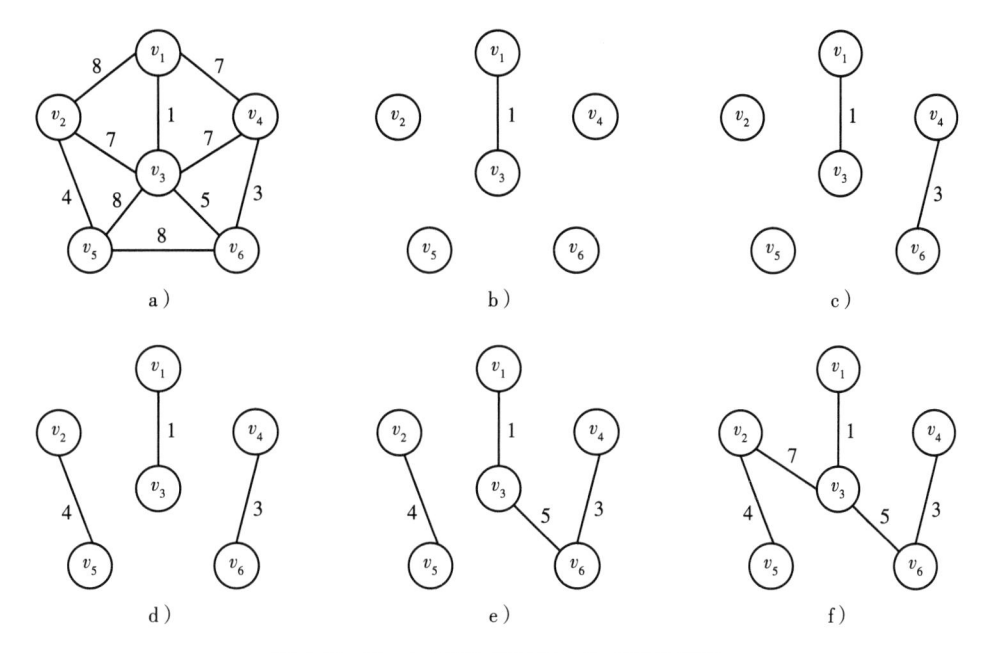

图 1-22 Kruskal 算法构造最小生成树的过程

1.4.2 AOV 网与拓扑排序

一个无环的有向图称为**有向无环图**（Directed Acyclic Graph，DAG）。DAG 图是描述一项工程或系统进行过程的有效工具。几乎所有的工程（Project）都可以分为若干个称作活动（Activity）的子工程，这些子工程之间通常有一定条件的约束，例如某些子工程必须在另一些子工程完成之后才能开始。对于整个工程或系统，该如何判断工程能否顺利进行？接下来介绍的 AOV 网与拓扑排序将解决这一问题。

1. AOV 网

若在一个有向图中，用顶点表示活动，用弧表示活动间的优先关系，则将该有向图称为**顶点表示活动**（Activity On Vertex，AOV）的网络。

AOV 网是一种可以形象反映整个工程中各个活动之间的前后关系的有向图。例如，将计算机专业的学生开展的一系列课程看成一个工程，每一门课程都看成是工程中的一项活动，有些课程是基础课，它独立于其他课程，而有些课程必须在其先修课程学完之后才能开始。假设某计算机课程开设的先后关系如表 1-1 所示。

表 1-1 课程先后关系表

课程编号	课程名称	先修课程	课程编号	课程名称	先修课程
C_1	高等数学	无	C_6	编译原理	C_4, C_5
C_2	C语言程序设计	无	C_7	操作系统	C_4, C_9
C_3	离散数学	C_1, C_2	C_8	计算方法	C_1
C_4	数据结构	C_2, C_3	C_9	计算机组成原理	C_8
C_5	程序设计语言	C_2			

这种先后关系可以用 AOV 网清晰地描绘出来，如图 1-23 所示。

2. 拓扑排序

在 AOV 网中不应该存在环，因为 AOV 网中的弧代表着活动的先后次序，环的出现就意味着有某项活动是以自己为先决条件的，这在实际活动中是不可能的。因此，对于给定的 AOV 网应该首先判断网中是否存在环。判断的方法就是对 AOV 网进行拓扑排序。拓扑排序的定义如下所述。

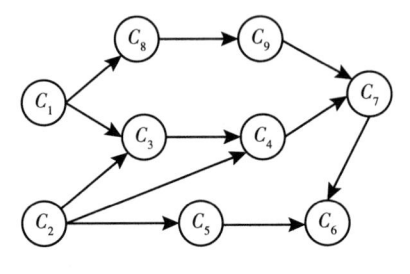

图 1-23 课程先后关系 AOV 网

拓扑排序（Topological Order）是 AOV 网中各顶点的线性序列，它使得若存在一条从顶点 v_i 到顶点 v_j 的路径，则在序列中顶点 v_j 出现在顶点 v_i 的后面。拓扑排序的步骤可描述如下：

①从 AOV 网中选择一个没有前驱的顶点且输出它。
②从网中删除该顶点和所有以它为尾的弧。
③重复①和②，直到 AOV 网中的顶点全被输出或当前网中不存在无前驱的节点为止。后一种情况则说明 AOV 网中存在环。

如图 1-23 所示的 AOV 网的一个拓扑序列为：$C_1, C_8, C_9, C_2, C_5, C_3, C_4, C_7, C_6$。

1.4.3 AOE 网与关键路径

前面讨论的 AOV 网可以判断一项工程能否顺利进行，下面将要介绍的 AOE 网和关键路径可以预计完成整个工程所必需的最短时间。

1. AOE 网

AOE（Activity On Edge）网是一个带权无环有向图，其中顶点表示事件（Event），弧表示活动，权值表示完成活动所需的时间。

在 AOE 网中，只有在某顶点所代表的事件发生后，从该顶点出发的各个有向边所代表的活动才能开始。只有在进入某个顶点的所有有向边所代表的活动都已经结束后，该顶点所代表的事件才能发生。例如，在如图 1-24 所示的 AOE 网中，a_k 的值代表完成活动

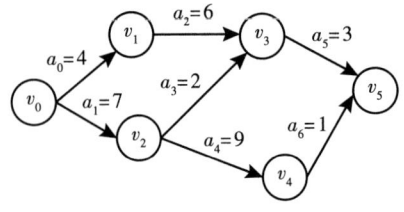

图 1-24 AOE 网

a_k 所需的时间,该 AOE 网代表一项包括 7 项活动和 6 个事件的工程。事件 v_0 代表工程的开始,事件 v_5 代表工程的结束,事件 v_3 代表着活动 a_2 和 a_3 已经完成,活动 a_5 可以开始。

2. 关键路径

由于整个工程只有一个开始点和一个完成点,所以在正常情况(无环)下,AOE 网中只有一个入度为 0 的顶点(称为源点)和一个出度为 0 的顶点(称为汇点)。从源点到汇点可能有多条路径,其中长度最长的路径称为**关键路径**(Critical Path),把关键路径上的活动称为**关键活动**(Critical Activity)。

对于一个 AOE 网,计算出每一个顶点的最早完成时间 $\text{TE}(v_i)$ 和最迟完成时间 $\text{TL}(v_i)$。设 $\mu(v)$ 是从出发点 v_0(顶点 v_i)到顶点 v_i(终点 v_n)的任意一条路径,$t(\mu)(t(v))$ 表示通过 $\mu(v)$ 路径所需的总时间,则 $\text{TE}(v_i)$ 和 $\text{TL}(v_i)$ 分别满足:

$$\text{TE}(v_i) = \begin{cases} 0, i=0 \\ \max\{t(\mu)\}, i \neq 0 \end{cases} \quad (1\text{-}3)$$

$$\text{TL}(v_i) = \begin{cases} \text{TE}(v_n), i=n \\ \text{TE}(v_n) - \max\{t(v)\}, i \neq n \end{cases} \quad (1\text{-}4)$$

由此可以求得从源点到汇点的关键路径,关键路径上的顶点 v_i 都满足 $\text{TE}(v_i) = \text{TL}(v_i)$,而其余顶点都有一个缓冲时间(TE 与 TL 之差)。因此,为了缩短整个工程的最早完成时间,只需要缩短关键活动的工期即可。对图 1-24 中 AOE 网的各个顶点求解 TE 与 TL 值,结果如图 1-25 所示。从图 1-25 中可以得出该 AOE 网的最短路径为 $<v_0, v_2, v_4, v_5>$。

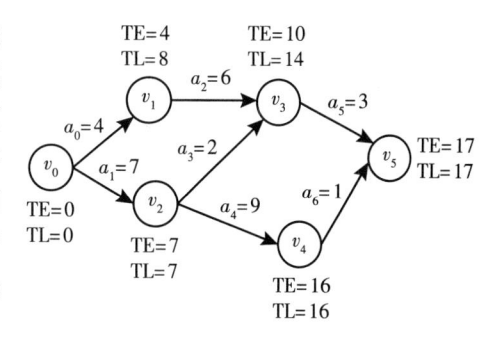

图 1-25 AOE 网的最短路径求解过程图

1.4.4 最短路径

在一个带权有向图中,把从一个顶点 v_0 到图中任意一个顶点 v_i 的一条路径所经过边上的权值之和,定义为该路径的**带权路径长度**(Weighted Path Length),把带权路径长度之和最小的那条路径称为**最短路径**(Shortest Path)。

最短路径问题是图的一个典型应用问题。在日常生活中,人们经常会应用最短路径解决两点之间距离最近的问题。比如,用带权有向图表示一个交通网络,顶点表示城市,边表示城市间的线路,权表示该线路的长度或者经过该线路所花费的时间和费用等。

求最短路径问题常用的算法有 **Dijkstra 算法**和 **Floyd 算法**,下面分别介绍这两种算法。

1. Dijkstra 算法

Dijkstra 算法通常用来求**单源最短路径问题**（Single-Source Shortest-Path Problem），即求图中某一顶点到其他各顶点的最短路径。Dijkstra 提出了一种按照路径长度递增的次序产生最短路径的算法。在该算法中，引入了一个辅助数组 dist，它的每个分量 dist[i] 表示当前所找到的从源点 v_0 到终点 v_i 的最短路径长度。一般情况下，设置一个集合 S 记录已求得最短路径顶点的集合。假设用一个带权的邻接矩阵 arcs 表示带权有向图，arcs[i][j] 表示弧 <v_i, v_j> 上的权值。具体算法描述如下：

① 初始化工作。集合 S 的初始状态为 {0}，若从 v_0 到 v_i 有弧，则初值 dist[i] = arcs[0][i]，否则 dist[i] = ∞。

② 从集合 $V-S$ 中求一条长度最短的路径。满足式（1-5）的路径就是从始点 v_0 出发的一条最短路径，此路径为 (v_0, v_j)，令 $S = S \cup \{j\}$。

$$\text{dist}[j] = \min_{i}\{\text{dist}[i] \mid v_i \in V-S\} \tag{1-5}$$

③ 更新 dist 数组。对于集合 $V-S$ 中的任一顶点 v_k，如果 dist[j]+arcs[j][k]<dist[k]，则按式（1-6）更新 dist[k]。

$$\text{dist}[k] = \text{dist}[j] + \text{arcs}[j][k] \tag{1-6}$$

④ 重复操作。重复②—③操作 $n-1$ 次，直到所有的顶点都包含在集合 S 中。

对图 1-26a 用 Dijkstra 算法求从顶点 v_0 到其余各顶点的最短路径，过程如图 1-26b 所示。

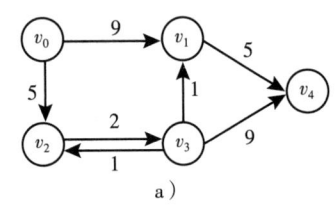

a)

终点	第一轮	第二轮	第三轮	第四轮
v_1	9 (v_0, v_1)	9 (v_0, v_1)	**8** **(v_0, v_2, v_3, v_1)**	
v_2	**5** **(v_0, v_2)**			
v_3	∞	7 (v_0, v_2, v_3)		
v_4	∞	∞	16 (v_0, v_2, v_3, v_4)	**13** **(v_0, v_2, v_3, v_1, v_4)**
S集合	{v_0, v_2,}	{v_0, v_2, v_3}	{v_0, v_2, v_3, v_1}	{v_0, v_2, v_3, v_1, v_4}

b)

图 1-26 Dijkstra 算法求解最短路径过程图

2. Floyd 算法

通过前面介绍的 Dijkstra 算法，我们可以很容易地求得单源点的最短路径，利用此算法也可以求每一对顶点之间的最短路径，只需要每次选择一个顶点作为源点，重复执行 Dijkstra 算法 n 次，就可以求得每一对顶点之间的最短路径。

下面介绍如何通过 Floyd 算法求每一对顶点之间的最短路径，算法基本思想描述如下：

①初始化工作。定义一个 n 阶方阵序列 $D^{(-1)}, D^{(0)}, \cdots, D^{n-1}$，其中 $D^k[i][j]$ 表示从 v_i 到 v_j 的中间顶点的序号不大于 k 的最短路径的长度。初始时，对于任意两个顶点 v_i 和 v_j，$D^{(-1)}[i][j]$ 满足

$$D^{(-1)}[i][j] = \begin{cases} \text{arcs}[i][j], & \text{若} <v_i,v_j> \in E \\ \infty, & \text{其他情况} \end{cases} \tag{1-7}$$

②迭代。逐步试探，在原路径中加入顶点 v_k 作为中间节点（$k=0,1,\cdots,n-1$），若增加中间节点后，得到的新路径长度比原来的少，则用新路径代替原来的路径。$D^{(k)}[i][j]$ 满足

$$D^{(k)}[i][j] = \max\{D^{(k-1)}[i][j], D^{(k-1)}[i][k] + D^{(k-1)}[k][j]\} \tag{1-8}$$

经过 n 次迭代后，所得到的 $D^{(k-1)}[i][j]$ 就是顶点 v_i 到顶点 v_j 的最短路径，方阵 $D^{(k-1)}$ 即是图中任意一对顶点之间的最短路径长度。

对图 1-27a 用 Floyd 算法求从顶点 v_0 到其余各顶点的最短路径，过程如图 1-27b 所示。

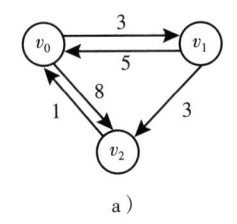

a)

D	$D^{(-1)}$			$D^{(0)}$			$D^{(1)}$			$D^{(2)}$		
	v_0	v_1	v_2	v_0	v_1	v_2	v_0	v_1	v_2	v_0	v_1	v_2
v_0	0	3	8	0	3	8	0	3	**6**	0	3	6
v_1	5	0	3	5	0	3	5	0	3	**4**	0	3
v_2	1	∞	0	1	**4**	0	1	4	0	1	4	0

b)

图 1-27 Floyd 算法求解最短路径过程图

小结

1. 本章从图的基本概念、图的存储表示、图的遍历以及图的相关应用四个方面对图论知识展开了介绍。

2. 本章介绍了图的定义以及与图相关的术语。图作为一种数据结构，可以以多种存储方式在计算机内进行表示，因此 1.2 节从邻接矩阵、邻接表、十字链表和邻接多重表四种方式入手，对图的存储表示进行了介绍。接下来讲解了图的遍历，遍历图的算法通常是实现图的其他操作的基础。

3. 本章介绍了广度优先搜索和深度优先搜索两种算法。并在此基础上，从图的实际应用出发，介绍了几种常见的图算法，包括求最小生成树的 Prim 算法和 Kruskal 算法、拓扑排序、关键路径以及求单源最短路径的 Dijkstra 算法和求所有顶点间最短路径的 Floyd 算法等。

习题

1. 对于一个无向图，如果采用邻接表进行存储，如何判断两个顶点 v_i 和 v_j 之间是否有边相连？在邻接表中，如何判断一个顶点的度是多少？

2. 在图 1-28 所示的无向图中，找出所有的连通图，对于非连通图给出其连通分量。

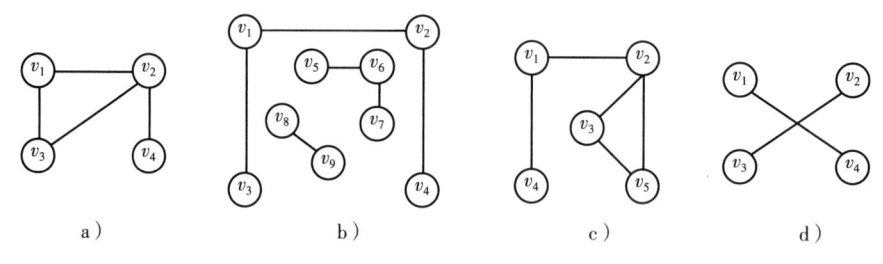

图 1-28 第 2 题图

3. 对于图 1-29 给定的有向图：
（1）求出各顶点的入度和出度。
（2）从顶点 v_1 到顶点 v_3 的 3 条不同的基本路径。

4. 对于图 1-30 给出的有向图：
（1）画出邻接矩阵。
（2）画出邻接表。

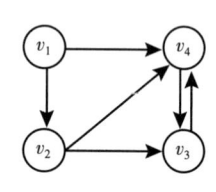

图 1-29 第 3 题图

5. 请分别按 Prim 算法和 Kruskal 算法求出图 1-31 无向网的最小生成树。

6. 对图 1-32 中给定的有向图，试给出一种拓扑序列。

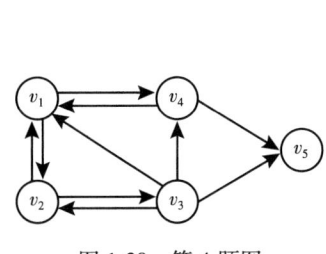

图 1-30　第 4 题图

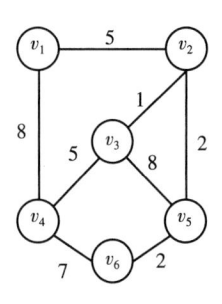

图 1-31　第 5 题图

7. 对图 1-33 中给定的有向图，试用 Dijkstra 算法求顶点 v_0 到顶点 v_3 的最短路径。

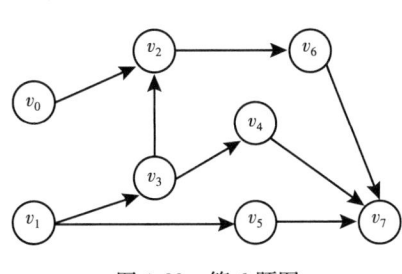

图 1-32　第 6 题图

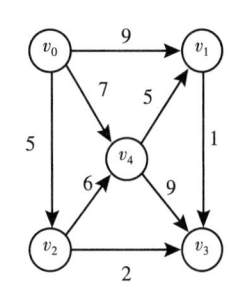

图 1-33　第 7 题图

参考文献

[1] 严蔚敏，吴伟民. 数据结构：C 语言版 [M]. 北京：清华大学出版社，2009.
[2] 董树峰，郭创新. 数据结构：C 语言版 [M]. 北京：科学出版社，2018.
[3] 梁海英，王凤领. 数据结构：C 语言版 [M]. 北京：清华大学出版社，2017.
[4] 陈莉，刘晓霞. 离散数学 [M]. 2 版. 北京：高等教育出版社，2010.
[5] 孙惠泉. 图论及其应用 [M]. 北京：科学出版社，2004.

CHAPTER2

第 2 章

理论方法概述

机器学习是一门从数据中研究算法的多领域交叉学科，研究计算机如何模拟或实现人类的学习行为，根据已有的数据或以往的经验进行算法选择、模型构建、新数据预测等，并重新组织已有的知识结构使之不断改进自身的性能。利用计算机技术，对社会数据进行建模与分析就是机器学习在计算社会学领域的主要作用。机器学习的核心三要素为模型、策略、算法。

2.1 机器学习概览

2.1.1 机器学习基本概念

机器学习（Machine Learning，ML）的目标是让机器去进行学习。作为机器学习领域的先驱，亚瑟·塞缪尔（Arthur Samuel）[1]将机器学习非正式定义为："在不直接针对问题进行编程的情况下，赋予计算机学习能力的一个研究领域"。从数学的角度来看，统计学家特雷弗·黑斯蒂（Trevor Hastie）等人[2]提出："许多领域都产生了大量的数据，统计学家的工作就是让这些数据变得更有意义——从中提取重要的模式和趋势，理解'数据在说什么'；我们称之为从数据中学习"。由此可见，机器学习是一门从数据中研究算法的科学学科，研究计算机怎样模拟或实现人类的学习行为，以获取新的知识或技能，重新组织已有的知识结构使之不断改善自身的性能。机器学习所研究的主要内容是如何让计算机从数据中形成学习能力，其核心过程可以概况为：学习算法从数据中学习形成实例化的机器学习模型，在面对新的数据输入时，机器学习模型会依据所习得的知识对输入进行判断。

机器学习是数据驱动的计算理论，因此高度依赖于数据。为了实现从数据中学习算法的能力，首先需要将数据收集在一起构建数据集（DataSet）。如图 2-1 所示，数据集中的每个记录称为样本（Sample）或者实例（Instance）。反映样本在某方面的表现称为特征（Feature）或属性（Attribute）；样本属性或特征组成的空间称为属性空间（Attribute Space）或特征空间（Feature Space）；每个实例对应特征空间中的一个点，故而一个实例也称为一个特征向量（Feature Vector）。

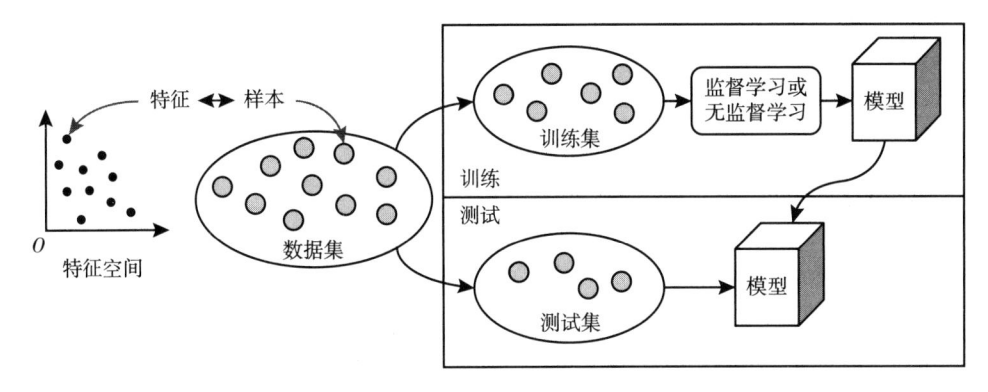

图 2-1　机器学习示意图

机器学习的核心在于学习模型的构建。模型（Model）可看作学习算法在给定数据集和属性空间的实例化。从数据中习得模型的过程被称为训练（Training），这个过程通过执行某个学习算法来完成。训练过程中所使用的数据集称为训练集（Training Set）。根据训练数据是否拥有标记信息，学习任务可以分为监督学习（Supervised Learning）和无监督学习（Unsupervised Learning）两类。其中，分类任务（Classification）和回归任务（Regression）是监督学习的代表；聚类（Clustering）是无监督学习的代表。模型经过训练被实例化后，被用来进行数据预测的过程则称为测试（Test）。测试阶段所使用的数据集称为测试集（Test Set）。模型对于未知样本的适应能力称为泛化（Generalization）能力，具有强泛化能力的模型能很好地适用整个样本空间。

2.1.2　发展历程

机器学习的发展历程可以粗粒度地划分为以下4个阶段。

- **20 世纪 50 年代至 20 世纪 70 年代：奠定基础**

1949 年赫布（Hebb）基于神经心理学的学习机制提出 Hebb 学习规则，从此开启了机器学习的第一步。Hebb 学习规则是一个无监督学习规则，根据输入信息的统计特征，按照相似程度进行分类。1950 年，艾伦·麦席森·图灵（Alan Mathison Turing）创造了图灵测试（Turing Test）来判定计算机是否智能。图灵测试认为如果一台机器能够与人类展开对话（通过电传设备）而不能被辨别出其机器身份，那么称这台机器具有智能。1952 年，IBM 科学家亚瑟·塞缪尔（Arthur Samuel）开发了一个跳棋程序，开启了机器学习的范式。该程序能够通过观察当前位置，并学习一个隐含的模型，从而为后续动作提供更好的指导。1957 年，弗兰克等人基于神经感知科学提出了感知机模型（Perceptron），模拟人脑的运作方式（详见 6.2 节）。1967 年，K-最近邻算法（K-Nearest Neighbor algorithm, KNN）出现，由此计算机可以进行简单的模式识别。该算法依据最邻近的一个或者几个样本的类别来决定待分样本所属的类别。

从20世纪60年代中到70年代末，由于计算机内存和处理器速度的制约，难以将机器学习算法直接应用于大规模数据上，导致机器学习的发展几乎处于停滞状态。虽然这个时期温斯顿等人提出的结构学习系统[3]和海斯·罗特（Hayes Roth）等人[4]提出的基于逻辑的归纳学习系统取得了较大的进展，但只能学习单一概念，而且未能投入实际应用。

- **20世纪80年代：正式登上历史舞台**

从20世纪70年代末开始，人们从学习单个概念扩展到学习多个概念，探索不同的学习策略和学习方法。这个时期，机器学习作为一支独立的力量正式登上历史舞台。其中最经典的代表有：1986年昆兰（J. R. Quinlan）提出了著名的决策树算法ID3算法[5]（详见5.1节）；同年辛顿（Hinton）等人提出了反向传播算法（BackPropagation algorithm，BP）[6]（详见6.3节）；1989年勒存（LeCun）等人提出了第一个卷积神经网络（Convolutional Neural Network，CNN）[7]（详见7.1节），将反向传播算法用于神经网络；在这一时期，隐马尔可科夫模型（Hidden Markov Model，HMM）[8]也被成功应用于语音识别，使得语音识别方法由传统的规则匹配和模板匹配转向机器学习。

- **20世纪90年代至2012年：走向成熟和应用**

进入20世纪90年代机器学习的理论和方法得到了蓬勃发展。其中代表性的重要成果有：1995年科尔特斯（Cortes）等人提出的支持向量机（Support Vector Machine，SVM）[9]（详见5.3节）；1997年弗罗因德（Freund）等人提出的AdaBoost算法[10]（详见5.4.2节）；2000年特南鲍姆（Tenenbaum）等人提出的流形学习（Manifold Learning）[11]；2001年布赖曼（Breiman）等人提出的随机森林（Random Forest）[12]（详见5.4.3节）。在这一时期机器学习算法也真正走向了实际应用，形成了诸多典型应用，例如车牌识别、印刷文字识别、手写文字识别、人脸检测技术、广告点击率预估（Click-Through Rate Prediction，CTR）、推荐系统和垃圾邮件过滤等。

- **2012年至今：深度学习时代**

在与SVM的竞争中，神经网络长时间内处于下风，直到2012年局面才被改变。以SVM、AdaBoost等为代表的浅层模型并不能很好地解决图像识别和语音识别等复杂问题，严重依赖于数据集，模型泛化能力差，存在严重的过拟合问题（过拟合的表现是在训练样本集上表现很好，在真正使用时表现很差）。然而，神经网络算法的优化改进和算力资源的飞速发展使得训练复杂的深层神经网络成为可能。至此，深度神经网络重返历史舞台，并在图像、语音识别、自然语言处理等任务上取得了明显进展。

深度学习的起源可以追溯到2006年。Hinton等人[13]提出了一种训练深层神经网络的方法，用受限玻尔兹曼机训练多层神经网络的每一层，得到初始权重，然后继续训练整个神经网络。2012 年 Krizhevsky 等人[14] 提出深度卷积神经网络 AlexNet，并在图像分类问题上大放异彩。随后被广泛应用于机器视觉的各类任务中，包括人脸识别、行人检测、目标分割、图像边缘检测等。针对序列化数据，循环神经网络（Recurrent Neural Network，RNN）[15] 及其变种也异军突起，被成功应用在语音识别和自然语言处理等领域。在策略、控制类问题上，深度强化学习（Deep Reinforcement Learning，DRL）[16] 通过不断地尝试，并从错误中学习，最后找到规律，学会达到目的（最大化收益）的方法，其典型的代表是 AlphaGo。在各种游戏、自动驾驶等问题上，深度强化学习显示出了接近人类甚至比人类更强大的能力。为解决数据生成的问题，以生成对抗网络（Generative Adversarial Network，GAN）[17] 为代表的深度生成框架取得了惊人的效果。

2.1.3 基本流程

机器学习的基本流程包括：数据准备、数据预处理、特征工程、模型训练及调优、模型融合以及模型评估，具体如图 2-2 所示。

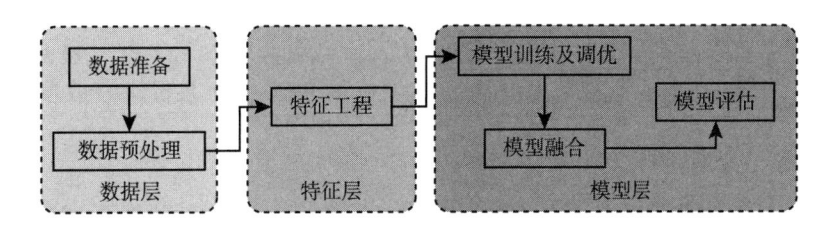

图 2-2 机器学习的基本流程

数据准备：面向研究任务收集具有代表性的数据是开展机器学习的第一步，同时按照一定比例将数据集随机分为训练集、验证集和测试集以便模型训练和测试。

数据预处理：由于人为、软件、业务等因素，现实中收集到的数据可能存在数据缺失、数据异常等问题，这些异常数据会对模型产生影响，所以需要对数据进行预处理。数据预处理一般包含数据清洗、数据集成、数据变换以及数据归约等。

特征工程：利用数据领域的相关知识来创建能够使机器学习算法达到最佳性能的特征集的过程被称为特征工程。特征工程是机器学习中最重要、最难的部分。特征工程一般包括特征构建、特征提取以及特征选择。

模型训练及调优：训练过程是将机器学习算法实例化的过程，其通过训练集中构成的样本空间来学习模型的参数信息。同一个模型在不同参数下的表现差异巨大。通常在模型训练时需要进行模型参数调优的步骤。模型调优一般包括：参数调整、效果优化（避免欠拟合和过拟合）等。

模型融合：一般来讲，单一模型往往由于模型能力的差异，易形成特定的学习偏好。这是因为单个模型往往无法拟合所有数据，不具备对所有未知数据的泛化能力。为了提升模型的泛化性能，常常需要对多个模型进行融合。模型融合的经典方式包括：提升法（Boosting）、聚合法（Bagging）和堆叠法（Stacking）等（详见5.4节）。

模型评估：在模型评估时只有选择与问题相匹配的评估方法，才能快速地发现模型选择或训练过程中出现的问题，迭代地对模型进行优化。一般从正确性、有效性、有用性以及高效性等方面对机器学习模型进行测试和评估。

2.2 数据预处理

整齐、干净的数据是开展下游数据业务的基础。现实中所获得的原始数据往往在一致性、准确性、完整性等多方面存在问题，难以基于原始数据直接开展数据挖掘工作。为此，数据预处理成了机器学习的必需步骤，通过清洗、集成、转化、归一化等预处理操作，形成整齐干净的数据集。

2.2.1 数据清洗

数据收集过程的缺陷、人工输入的错误乃至数据本身等都会导致原始数据质量低下，具体表现为数据收集错误、噪声、离群点、缺失值、不一致数据、重复数据等。数据清洗的主要任务是通过一定手段来提升原始数据的质量。本节主要介绍数据清洗的典型方法。

1. 缺失值处理

数据点缺失是数据采集过程中的常见问题。例如，在新型冠状病毒疫情监控管理系统中，用户有时会忘记输入每日的体温观测值、每日行程信息等，从而导致形成的样本数据中存在部分数据记录缺失的问题。此外，设备异常也可能导致数据缺失问题。例如，传感器数据可能由于网络故障或延时出现信息不全等问题。数据缺失问题的典型处理方法有以下3种。

（1）删除含有缺失值的样本

这种方法的主要思想是直接忽略缺失值，删除含有缺失值的样本，从而得到信息完备的数据集。这种方法适用于含有缺失值的样本在整个数据集中占比相对较小的情况。当数据集中包含较大比例的缺失数据时，这种直接忽略缺失值的方法将会失效。同时，在样本资源较少的数据挖掘任务中，删除宝贵的数据对象会对结果的正确性产生严重影响。为此，可以考虑采用缺失值补全的方法。

（2）缺失值补全

缺失值补全旨在用一定的策略对缺失属性进行填充、补齐，从而使数据样本完整化。常见的缺失值补全方法包括以下几种。

1）**人工插补法**：往往依靠对数据特性有深入了解的专家对缺失数据进行补全。这种方法完全依赖于专家经验，具有一定的主观性。同时，当数据规模非常庞大时，这种方法则极其低效。

2) **均值、中位数、众数插补法**：当样本对应属性的取值为数值型时，可使用属性的平均值、中位数或众数对属性的缺失值进行填充。当样本属性的取值为非数值型时，则可以考虑选择所有对象中出现次数最多的值进行补全。均值、中位数、众数插补法是一种简便、快捷的缺失数据补全方法，但这种方法可能会对数据分布（例如样本方差）产生影响。

3) **建模预测填充法**：建模预测填充法的核心思想是将缺失的样本属性作为预测目标，使用特定算法对缺失值进行预测。常见的预测填充算法包括：K-最近邻算法填充（找到离缺失样本最近的 k 个样本，将其加权平均后估计该样本的缺失数据）、回归（对已知数据建立回归方程，将空值对象已知属性代入方程来估计未知属性值）、期望值最大化插补（通过观测数据的边际分布对未知参数进行最大似然估计）等。虽然预测填充算法比均值、中位数、众数插补法复杂，但其填充结果相对可靠。

(3) **直接使用含有缺失值的特征**

部分机器学习方法在属性值缺失时依然具有很好的鲁棒性，可以直接挖掘出空值数据。例如极限梯度提升（Extreme Gradient Boosting，XGBoost）[18]和轻量级梯度提升（Light Gradient Boosting Machine，LightGBM）[19]。XGBoost 会把含有缺失值的数据分别分到左右两个子节点，然后计算两种情况下的损失，最后选取较好的划分结果和对应的损失。由于 XGBoost 算法在过程中进行了缺失值处理，对输入数据中存在的缺失值不敏感，因此 XGBoost 算法可以直接使用含有缺失值的特征。

2. 噪声数据处理

噪声是观测变量中的随机误差或偏差。引入这一误差的原因有很多，如数据采集工具的问题、数据输入/传输错误和技术的局限性等。数据噪声可通过数值平滑技术进行消除。常用的数值平滑技术包括数据分箱、聚类等。

(1) **数据分箱（Data Binning）**

数据分箱也称为离散分箱或分段，用于减少次要观测误差的影响。它是一种将多个连续值分组为较少组数的方法。通常，在建立分类模型时，需要离散化连续变量。特征离散化后，模型更加稳定，降低了模型过拟合的风险。数据分箱技术需要确定的主要问题有两个：一是分箱方法，即如何分箱；二是数据平滑方法，即如何对每个箱子中的数据进行平滑处理。以下是进行分箱操作的简单例子。

假设某发热患者一周内每日五次测量的体温依次为：37.2、36.9、36.9、37.4、37.0、37.5、37.4、37.5、37.2、37.4、37.7、37.7、37.8、38.4、37.6、39.0、39.0、38.8、39.8、39.8、38.9、39.1、38.9、39.3、39.1、37.8、37.6、37.9、38.5、38.1、37.6、37.6、37.6、37.8、37.6。

为观测其健康状态变化趋势，由于体温测量极易产生误差，依据单次的体温状态难以判断总体趋势。为此，考虑使用数据分箱进行数据分析。这里设置箱的宽度为5，即每个箱子中存放一天的体温，则分箱结果如表 2-1 所示。

表 2-1　体温数据分箱示例

箱 1（第一日体温）	37.2、36.9、36.9、37.4、37.0	箱 5（第五日体温）	38.9、39.1、38.9、39.3、39.1
箱 2（第二日体温）	37.5、37.4、37.5、37.2、37.4	箱 6（第六日体温）	37.8、37.6、37.9、38.5、38.1
箱 3（第三日体温）	37.7、37.7、37.8、38.4、37.6	箱 7（第七日体温）	37.6、37.6、37.6、37.8、37.6
箱 4（第四日体温）	39.0、39.0、38.8、39.8、39.8		

在这里使用每日体温的平均值作为平滑数据值，即按箱平均值求平滑数据值，所得结果如表 2-2 所示。

表 2-2　经过平均处理的分箱示例

箱 1	37.08、37.08、37.08、37.08、37.08	箱 5	39.06、39.06、39.06、39.06、39.06
箱 2	37.4、37.4、37.4、37.4、37.4	箱 6	37.98、37.98、37.98、37.98、37.98
箱 3	37.84、37.84、37.84、37.84、37.84	箱 7	37.64、37.64、37.64、37.64、37.64
箱 4	39.28、39.28、39.28、39.28、39.28		

（2）聚类

借助于同类样本在特征空间的距离更小，而异类样本在特征空间的距离更大的特点，将特征空间的全部样本点进行距离度量，把相似或相近的数据点聚合在一起，形成"簇"，簇以外的样本点则视为孤立点。如图 2-3 所示，全部样本点通过聚类算法形成了三个类簇（颜色对应不同的类别信息）。但偏离类簇中心较远的样本点则可以被视为异常值。经判定，若异常值为垃圾数据，则可以将其清除以提升数据集的质量。

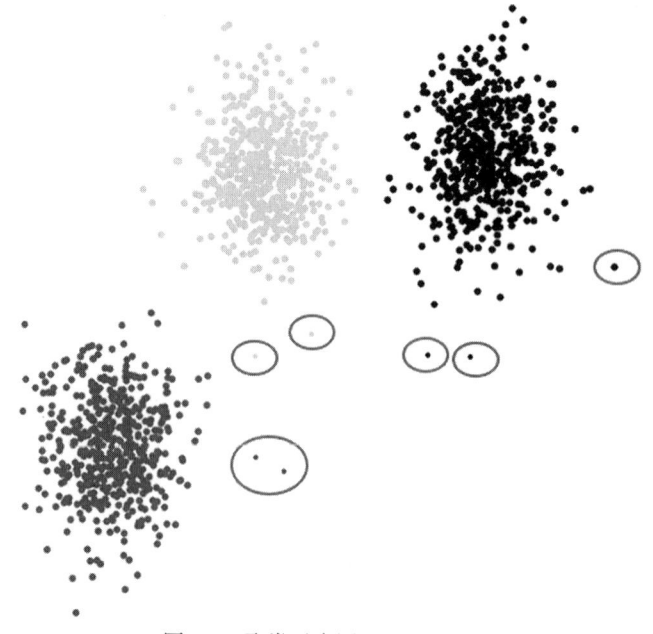

图 2-3　聚类示意图（详见彩插）

2.2.2 数据集成

数据集中所包含的样本规模对机器学习任务而说非常重要。例如，在有监督学习任务中，分类器的准确性与训练数据的规模有非常大的关联。为了提升训练样本实例的覆盖度，往往采用数据集成的方法，将来自多个数据源的数据在逻辑上或物理上整合成一个统一的大规模数据集。数据集成的核心任务是集成互连的、分布的、异构数据源，以便用户能够以透明的方式访问它们。数据集成是指维护数据源的整体数据一致性，提高信息共享和利用的效率。透明意味着用户不需要关心如何从异构数据源访问数据，只需要关心以何种方式访问数据。数据集成往往需要考虑数据对齐、冗余和冲突等问题。

1. 属性对齐问题

来自不同数据源的相同实体名称可能完全不同，如何才能正确识别它们？例如，"病人编号：20082001"与"患者编码：20082001"分别来自不同的数据库，但是表示的意思完全一样，这里可以使用属性的元数据来分析它们。属性的元数据一般包括属性名称、含义、数据类型、取值范围、数据值编码及缺失值表示符号等。多种技术都可以应用于属性对齐问题，例如利用属性名字、类型和值之间的相似度，以及属性间的近邻关系等[20]。

2. 属性冗余问题

如果一个属性可以从其他属性或它们的组合派生，那么这个属性可能是多余的。解决属性冗余问题，需要对属性间的相关性进行检测。在解决属性冗余的过程中，数值属性的相关性可以利用皮尔逊相关系数 $r_{A,B}$（Pearson Correlation Coefficient）来度量，其中 $r \in [-1,1]$，计算方法为

$$r_{A,B} = \frac{\sum_{i=1}^{n}(a_i - \bar{A})(b_i - \bar{B})}{n\sigma_A \sigma_B} \tag{2-1}$$

式中，A 和 B 表示两个属性，$r_{A,B}$ 是其皮尔逊相关系数，n 是元组的个数，a_i 和 b_i 为第 i 个元组中 A 和 B 对应的值，$\bar{A}$ 和 $\bar{B}$ 分别为它们的平均值。σ_A 和 σ_B 分别为 A 和 B 的标准差。如果 $r_{A,B}>0$，则表示两个属性之间正相关，值越大则相关性越强。当 $r_{A,B}<0$ 时，表示属性 A 和属性 B 之间负相关。

对于离散数据可以使用 χ^2 检验进行属性冗余判断，依据置信水平来判断两个属性独立假设是否成立。例如，已知吸烟人群性别和是否患肺癌的联合分布频数如表2-3所示。可以采用 χ^2 检验来分析吸烟人群性别与患肺癌情况是否独立。

表2-3 吸烟人群性别和是否患肺癌的联合分布频数

	不患肺癌	患肺癌	合计
女性	509	116	625
男性	398	104	502
合计	907	220	1127

首先，提出原假设，H0：两变量相互独立，H1：两变量相互不独立。

然后，计算自由度与理论频数。自由度可定义为 df=(r-1)(c-1)，其中，r 表示行数，c 表示列数。根据实例，可得自由度为(2-1)(2-1)=1，理论频数计算如表 2-4 所示。

表 2-4 理论频数计算示意图

	不患肺癌	患肺癌	合计
女性	625×907/1127=503	625×220/1127=122	625
男性	502×907/1127=404	502×220/1127=98	502
合计	907	220	1127

接着，计算统计量，如表 2-5 所示。

表 2-5 统计量计算示意图

	不患肺癌	患肺癌	合计
女性	$(509-503)^2/503=0.07157$	$(116-122)^2/122=0.29508$	0.36665
男性	$(398-404)^2/404=0.08911$	$(104-98)^2/98=0.36735$	0.45646
合计	0.16068	0.66243	0.82

最后，查分布临界值表得：

$$\chi^2_{0.025}(1)=5.0239$$

$$\chi^2_{0.975}(1)=0.00098$$

由此计算得 $\chi^2=0.82<5.0239$，所以不能拒绝原假设，即非吸烟人群性别与是否患肺癌是独立的。

3. 数据值冲突问题

属性值的表示、规格单位、编码不同，也会造成现实世界相同的实体，在不同的数据源中属性值不相同。例如，单位分别以千克和克表示的重量数值；性别中男性分别用 M 和 Male 表示。属性名称相同，但表示的意思不相同。例如，总费用属性可能有包含运费和不包含运费的区分。来自不同数据源的属性间的语义和数据结构等方面的差异，给数据集成带来了很大困难。需要小心应对，避免最终集成数据集中出现数据冗余和不一致问题。

2.2.3 数据归一化

在数据分析前，通常需要进行数据归一化（Normalization）操作。数据归一化主要包括数据同趋化处理和无量纲化处理两个方面，从而使属性值按比例落入一个特定区间。

数据归一化一方面可以简化计算，提升模型的收敛速度；另一方面在涉及一些距离计算的算法时，防止较大初始值域的属性与具有较小初始值域的属性相比权重过大，可以有效提高结果精度。在深度学习中数据归一化可以防止模型梯度爆炸。本节介绍 Min-Max 标准化和 Z-score 标准化这两种最常用的归一化方法。

Min-Max 标准化也被称为离差标准化，是对原始数据的线性变换。假定 min、max 分别为属性 A 的最小值和最大值。转换函数如下：

$$X' = \frac{X-\min}{\max-\min}(\text{new}_{\max}-\text{new}_{\min}) + \text{new}_{\min} \tag{2-2}$$

式（2-2）将 X 转换到区间 [$\text{new}_{\min}$, $\text{new}_{\max}$] 中，最终变换后的结果为 X'。另外，如果要做 0-1 归一化，上述式子可以简化为式（2-3）。Min-Max 标准化方法简单高效。然而当添加新的数据时，可能会导致最大值和最小值的变化，需要重新定义。

$$X' = \frac{X-\min}{\max-\min} \tag{2-3}$$

Z-score 标准化也被称为标准差标准化，处理后的数据符合标准正态分布，即均值为 0，标准差为 1。其转换函数为

$$X' = \frac{x-\mu_A}{\sigma_A} \tag{2-4}$$

式中，μ_A 为属性 A 的均值，σ_A 为属性 A 的标准差。Z-score 标准化通过将不同量级的数据转化为统一量度的 Z-score 分值进行比较，提高了数据的可比性，是当前使用最多的一种数据归一化方法。

2.3 特征抽取与选择

数据挖掘中往往需要对海量高维数据进行分析和计算。数据的复杂性导致算法的时间复杂度急剧增加。特征抽取与特征选择可以在尽可能保持原始数据集完整性的前提下，最大限度地精简数据量，从而在精简的数据集上进行更为有效的挖掘，并产生相同或几乎相同的分析结果。

特征抽取与特征选择均通过减少数据集中的属性数量以达到精简数据的效果，但两者采用的策略不同。特征提取主要是通过属性之间的关系，如组合不同的属性得到新属性，从而改变原有的特征空间；特征选择则是从原始特征数据集中选择一个子集，不改变原始特征。

2.3.1 特征抽取

主成分分析（Principle Components Analysis，PCA）和奇异值分解法（Singular Value

Decomposition，SVD）是特征抽取的两种经典降维方法。

1. 主成分分析法

主成分分析是一种广泛用于不同领域的无监督线性降维技术。PCA 的核心思想是利用数据最主要的特征来代替原始数据，从而起到降维的作用。具体来说，当拥有 n 维数据集时，由于数据存在噪声和不相关信息，且各变量间可能存在相关性，使得问题分析较为复杂。而主成分分析通过正交变换操作将一组可能存在相关性的变量转换为一组线性不相关的变量，在精简数据的同时又尽可能多地保存了原数据集的有用信息。转换后的这组 m 维变量叫主成分，其中 $m \ll n$。PCA 的应用条件是属性之间存在较大的相关性，当相关性较小时，应用主成分分析没有意义。PCA 的基本步骤概述如下。

①首先对所有属性数据规范化，每个属性都落入相同的区间，消去量纲对算法的影响。

②计算样本数据的协方差矩阵。

③获得协方差矩阵的特征值和相应的正交化单位特征向量。前 m 个较大的特征值就是前 m 个主成分对应的方差。主成分的方差贡献优选法反映信息量的大小。

④通过计算累计贡献率来选择主成分。主成分向量构成了一组正交基，输入数据可以由它们的线性组成表示。

⑤对主成分按重要性排序。主成分是新空间下的坐标轴，提供了关于方差的重要信息。

⑥选择重要性最高的若干个主成分，同时将剩下的较弱主成分舍弃，这样就完成了约简数据的规模。

2. 奇异值分解

奇异值分解是一种在机器学习领域广泛应用的算法，不仅可以将高维特征进行特征分解，还可应用于推荐系统和自然语言处理等领域。奇异值分解本质是一种矩阵因子分解方法，任意一个 $m \times n$ 的矩阵 $\boldsymbol{M}$，都可以表示为三个矩阵的乘积（因子分解）形式，即

$$\boldsymbol{M} = \boldsymbol{U\Sigma V}^{\mathrm{T}} \qquad (2-5)$$

其中 $\boldsymbol{U}$ 为 $m \times m$ 的酉矩阵；$\boldsymbol{\Sigma}$ 为 $m \times n$ 的半正定对角矩阵，其对角线上的元素被称为奇异值；$\boldsymbol{V}^{\mathrm{T}}$ 为 $\boldsymbol{V}$ 的共轭转置矩阵，且为 $n \times n$ 的酉矩阵。矩阵的奇异值分解一定存在，但不唯一。奇异值分解的基本操作步骤如下。

①首先根据矩阵 $\boldsymbol{M}$ 得到 $\boldsymbol{MM}^{\mathrm{T}}$，计算 $\boldsymbol{MM}^{\mathrm{T}}$ 的特征值及每个特征值对应的特征向量，从而得到矩阵 $\boldsymbol{U}$。

②根据矩阵 $\boldsymbol{M}$ 得到 $\boldsymbol{M}^{\mathrm{T}}\boldsymbol{M}$，计算 $\boldsymbol{M}^{\mathrm{T}}\boldsymbol{M}$ 的特征值及每个特征值对应的特征向量，从而得到矩阵 $\boldsymbol{V}$。

③根据矩阵 $\boldsymbol{M}$ 的奇异值构造 $m \times n$ 的对角矩阵 $\boldsymbol{\Sigma}$。

④计算 $\boldsymbol{U\Sigma V}^{\mathrm{T}}$，从而得到矩阵 $\boldsymbol{M}$ 的奇异值分解。

2.3.2 特征选择

用于数据挖掘的原始数据集属性数目可能有几十个，甚至更多。其中包含了一些冗余或对于挖掘任务并不相关的属性。例如，数据对象的 ID 号通常对于挖掘任务无法提供有用的信息；生日属性和年龄属性相互关联存在冗余，因为可以通过生日日期推算出年龄。特征冗余和与任务不相关的特征对挖掘任务本身是有害的，它们会对挖掘算法起干扰作用，可能降低挖掘任务的准确率或导致发现错误的模式。此外，不相关和冗余的属性会增加数据量，并可能会降低机器学习算法的执行效率。特征选择是指从现有的 M 个属性中选择 N 个属性来优化系统的特征表示。从原始特征中选择一些最有效的特征来降低数据集的维数，是提高学习算法性能的重要手段。

尽管使用常识和领域知识可以快速消除一部分不相关和冗余属性，但是选择最佳特征子集需要一个系统性的方法。假设数据对象共包含 n 个属性，那么将会有 2^n 个属性子集，求最优属性子集本质上是在 2^n 个解构成的空间中搜索最优解。当 n 较小时，可以采用全局搜索策略，用给定的属性子集评价指标评价每个属性子集，从中选出最优特征子集。当 n 较大时，全局搜索变成了 NP 难问题，需要考虑采用启发式搜索策略、概率搜索策略等选择次优属性子集。特征选择常用的方法包括过滤方法（Filter Approach）、包装器方法（Wrapper Approach）和嵌入方法（Embedded Approach）。

过滤方法主要思想是对每个维度的特征进行"评分"，确定每个维度的特征权重。这个特征权重代表了对应特征的重要性，据此可以对特征进行排序，选择最为重要的部分特征构成特征子集。典型的特征过滤方法包括：卡方检验（Chi-Squared Test）、信息增益（Information Gain）、相关系数（Correlation Coefficients）。

包装器方法则是将特征子集的选择看作一个搜索寻优问题。首先生成不同的候选特征组合，并通过效用函数对候选特征组合进行评价。通过在解空间中搜索最佳的特征组合，实现对于特征子集的迭代优化。目前有很多的优化算法可以解决该问题，尤其是启发式的优化算法，如遗传算法（Genetic Algorithm，GA）、粒子群算法（Particle Swarm Optimization，PSO）等。

嵌入方法主要思想是让算法自己决定使用哪些特征，即特征选择和算法训练同时进行。在使用嵌入法时，先使用某些机器学习的算法和模型进行训练，得到各个特征的权重系数，根据权值系数从大到小选择特征，这些权值系数往往代表了特征对于模型的某种贡献或某种重要性。比如决策树和树的集成模型中的 feature_importances 属性，可以列出各个特征对树建立的贡献。基于特征贡献评估可以找出对模型建立最有用的特征。代表算法有决策树算法。决策树算法在树增长过程的每个递归步都必须选择一个特征，将样本划分成较小的子集，选择特征的依据通常是划分后子节点的纯度，划分后子节点越纯，则说明划分效果越好，可见决策树生成的过程也就是特征选择的过程。

2.4 经验误差与测试误差

2.4.1 误差来源与定义

机器学习算法利用训练数据集可以习得一个实例化的模型，通常希望该模型不仅在训练集上表现良好，而且在测试集上也有不错的表现。为此，通常的做法是定义一个损失函数（Loss Function），利用训练集不断减小这个误差，来提高模型的性能表现。最终，学习到的模型将用于测试集。理想情况下，如果能够获得所有可能的数据样本集合，则可以基于该数据集训练得到一个误差最小化且泛化性能好的学习模型，这种情况下学习到的模型称为"真实模型"。但事实上是无法获得所有可能的数据集合，因此所能做的是去学习一个更加接近真实模型的模型 $Y=\hat{f}(X)$。

据此，可以对于误差的本质及其来源进行定义。误差（Error）是模型的实际预测输出 $\hat{f}(x)$ 与样本的真实输出 y 之间的差异，即 $L(y,\hat{f}(x))$。进一步地，模型在训练集上的平均误差定义如式（2-6）所示，被称为训练误差（Training Error）或经验误差（Empirical Error），其中 N 为训练样本数量。

$$R_{\text{emp}}(\hat{f}) = \frac{1}{N}\sum_{i=1}^{N}L(y_i,\hat{f}(x_i)) \tag{2-6}$$

而模型在测试集上的平均误差，称为泛化误差（Generalization Error）或测试误差（Test Error），其中 N' 是测试样本容量。

$$e_{\text{test}} = \frac{1}{N'}\sum_{i=1}^{N'}L(y_i,\hat{f}(x_i)) \tag{2-7}$$

泛化误差反映了模型对未知测试数据集的预测能力，它度量了真实模型与实际模型之间的差距。泛化误差可进一步表示为偏差（Bias）、方差（Variance）与噪声（Noise）之和，从三个方面精细量化了真实模型与真实数据分布之间偏差的成因，如图2-4所示。

$$\text{generalization error} = \text{bias}^2 + \text{variance} + \text{noise} \tag{2-8}$$

其中，噪声描述了在当前任务上任何学习算法所能达到的期望泛化误差的下界，即刻画了学习问题本身的难度。偏差描述了模型的期望预测（模型的预测结果的期望）与真实结果的偏离程度。偏离程度越大，说明模型的拟合能力越差，此时造成欠拟合。方差描述了数据扰动造成的模型性能变化，即模型在不同数据集上的稳定程度。方差越大，说明模型的稳定程度越差。如果模型在训练集上拟合效果比较优秀，但是在测试集上拟合效果比较差，则方差较大，说明模型的稳定程度较差，出现这种现象可能是由于模型对训练集过拟合造成的，如图2-5所示。

图 2-4 偏差-方差关系图　　　　图 2-5 偏差、方差与欠拟合、过拟合

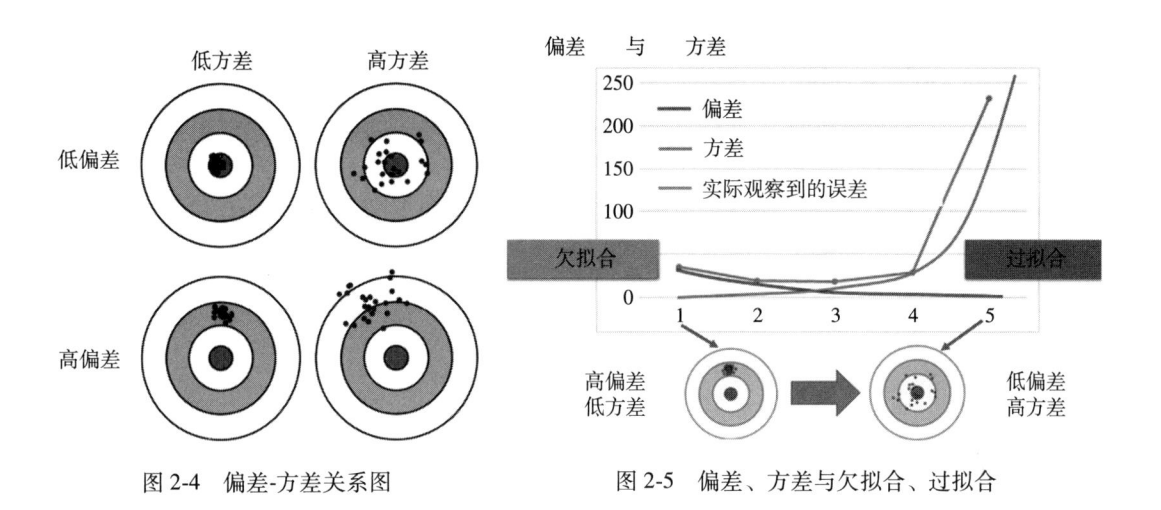

2.4.2 欠拟合与过拟合

上节中提到，机器学习的目标是通过训练样本学得一个能在测试集上表现良好的模型。针对模型的学习能力，有两种可能的情况发生。当模型在训练数据集上性能不佳，往往表现为训练模型和真实模型具有较高的偏差，如图 2-6a 所示，这种情况被称为欠拟合（Underfitting）。当模型在训练样本上表现良好，但对测试集中的未知样本具有较高的方差，表现出较差的泛化能力时，则表示模型出现了过拟合现象（Overfitting）（如图 2-6b 所示）。通过绘制学习曲线，可以直观地了解模型的学习状态，从而识别模型是否发生了欠拟合/过拟合。

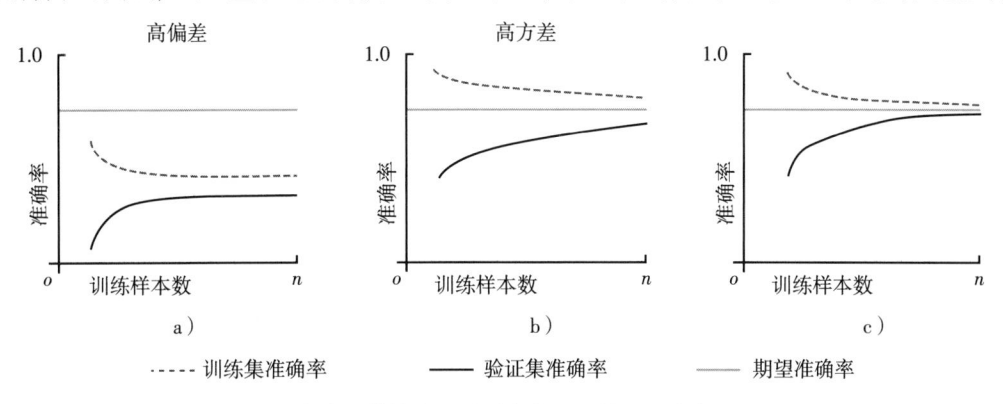

图 2-6 学习曲线（横轴为训练样本数，纵轴为准确率，详见彩插）

图 2-6 展示了学习曲线的三种情况。横坐标表示训练样本数量，纵坐标表示准确率指标。观察图 2-6a，可发现训练集准确率（绿色虚线）与验证集准确率（蓝色实线）均收敛，但是两者收敛后的准确率远小于期望准确率（红色实线），说明模型在训练集上的学习能力欠缺，可判断模型欠拟合。观察图 2-6b，训练集准确率高于期望值，而验证集准确率低于期

望值，两者之间间距很大，说明模型对于未知数据的泛化能力差，可判断模型出现了过拟合。图 2-6c 则是一个较理想模型的学习曲线图：训练集、测试集的学习曲线收敛，且误差小。

进一步地，分析纵轴误差项的来源，可以更好地指导模型训练。观察图 2-7a，发现模型欠拟合时，模型在训练集和测试集上同时具有较高的误差，说明此时模型的偏差较大。观察图 2-7b，模型过拟合时，在训练集上具有较低的误差，在测试集上具有较高的误差，此时模型的方差较大。理想的模型其误差分布如图 2-7c 所示，在训练集和测试集上，同时具有相对较低的偏差和方差。

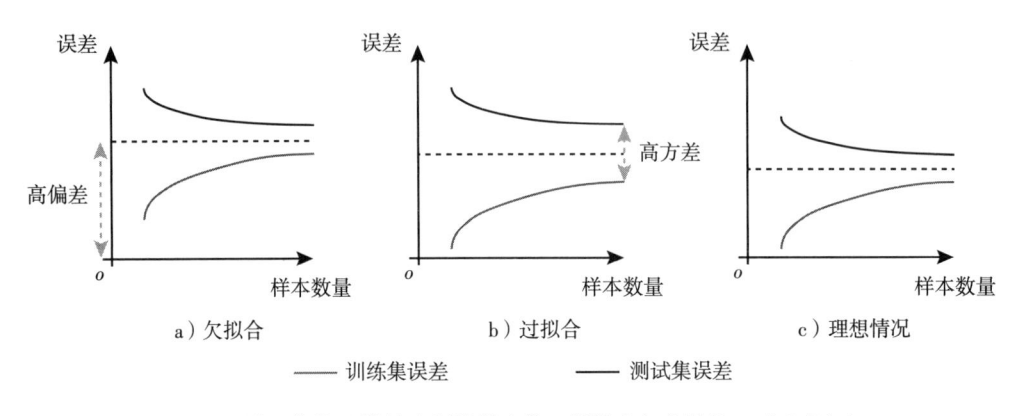

a）欠拟合　　　　b）过拟合　　　　c）理想情况

—— 训练集误差　　　—— 测试集误差

图 2-7　学习曲线（横轴为训练样本数，纵轴为相应误差，详见彩插）

基于以上观察，可总结得出结论：模型欠拟合主要是由于模型的学习能力欠缺导致的，此时没有必要再增加训练数据量，而是应该增加模型的复杂度。模型过拟合主要是由于模型在训练集上的学习能力过好导致的，此时应减小模型的复杂程度来缓解过拟合。

针对模型的欠拟合问题，常见的解决思路包括以下几个方面。

增加特征项：欠拟合的出现可能是由数据特征不足、模型学习到的特征过少导致的，因此可从数据特征的角度出发，扩大特征维度。常见的数据特征增强策略有添加"组合""泛化""相关性"三类特征。

添加多项式特征：欠拟合可能是由于现有特征与样本标签的相关性不强导致的。相较普通的线性模型将各个特征独立考虑、没有考虑特征之间的组合关系，因子分解机（Factorization Machine，FM）[21]、FFM 模型（Field-aware Factorization Machine）[22] 等可建模低阶、高阶交互特征，这些特征可以帮助解决欠拟合问题。

减小正则化系数：正则化系数用于缓解过拟合，但当模型出现欠拟合时，可以有针对性地减小正则化系数（将在 2.5.1 节详细介绍正则化）。

诸多因素可导致过拟合问题，使习得的模型缺乏泛化能力。然而，过拟合问题无法彻底避免，常见的缓解过拟合问题的手段包括以下几个方面。

增加训练样本数量：过拟合是由于模型过分好地学习到了训练数据的表示、而无法泛化于测试集。因此，可通过增加训练样本数量来提高模型的泛化性。常见的数据集扩增方法有从数据源采集更多数据、复制原有的数据并加上随机噪声、对数据进行重采样、根据当前数据集估计数据分布参数并使用该分布产生更多的数据等。

降低模型复杂程度：过拟合是由于模型对训练数据拟合太好导致的，因此，降低模型复杂程度可缓解模型过拟合。

增大正则项系数：一般认为参数值小的模型比较简单，能适应不同的数据集，因此可以通过增大正则项系数，使得参数尽可能小，最后构造一个所有参数都比较小的模型。

采用 Dropout 方法：在深度神经网络中，Dropout 是一种避免数据过拟合的典型方法。Dropout 即在训练的时候让神经元以一定的概率不工作，通过这种方式减少模型参数。

早停机制：在模型对训练数据集迭代收敛之前停止迭代防止过拟合。一般的做法是，在训练的过程中，记录到目前为止最好的准确率，当连续 10 次参数更新（或者更多次）没达到最佳准确率时，则可以认为准确率不再提高了。此时便可以停止迭代了。

2.5 模型评估与选择

机器学习的目标是学得一个在测试集上表现良好的模型，即模型有较小的泛化误差。当假设空间含有不同复杂度的模型（如不同的参数个数）时，需要对模型进行评估，选择最优模型。但由于无法直接获得泛化误差，训练误差因存在欠拟合、过拟合的问题也不适合作为评估标准，因此，在实际应用中通常将数据集划分为训练集和测试集，基于测试集进行模型选择和调参。本节介绍常用的模型选择方法——**正则化、交叉验证**，并列举了模型泛化能力性能度量指标。

2.5.1 正则化

正则化是防止模型过拟合的典型方法，具体做法是在经验风险上加一个正则化项（Regularizer），也称为罚项（Penalty Term），即对损失函数中的某些参数做一些限制。一般具有如下形式：

$$\min_{f \in \mathcal{F}} \frac{1}{N} \sum_{i=1}^{N} L(y_i, \hat{f}(x_i)) + \lambda J(\hat{f}) \tag{2-9}$$

其中，$(y_i, \hat{f}(x_i))$ 是经验风险，$J(\hat{f})$ 是正则化项。正则化的作用是选择经验风险和模型复杂度同时较小的模型，λ 为调整两者之间关系的系数。常用的正则化有 L_1 正则化和 L_2 正则化。L_1 正则化也称曼哈顿范数，定义为向量中各个元素绝对值之和，即通常表示为 $\|w\|_1 = \sum_i |w_i|$，可以产生一个稀疏的权重矩阵，因此可用于特征选择；L_2 正则化通常表示为 $\|w\|_2 = \sqrt{\sum_i x_i^2}$，可以有效缓解模型的过拟合。

2.5.2 交叉验证

交叉验证是另一种常用的模型选择方法，能够缓解训练数据不足的问题。主要思想

是将数据集 D 划分为 k 个互斥子集,并以不同的策略组织训练集、测试集、验证集,从而重复地使用数据。常见组织策略有以下几种。

简单交叉验证:又称"留出法"(Hold-Out)。基本思想是将数据集 D 在尽可能保证数据分布一致性的前提下随机分为 2 个互斥子集,分别作为训练集和测试集。由于训练集和测试集是随机采样得到的,因此一次的实验结果通常不够可靠,需进行若干次随机采样,取实验结果的平均值作为最终结果。

K折交叉验证:将数据集 D 随机划分为 K 个均衡的子数据集,每次取 $K-1$ 个子集作为训练集,剩余 1 个子集作为测试集,从而获得 K 种数据集划分形式并依次进行实验。最终取 K 次实验结果的平均值作为模型的结果。

2.5.3 性能度量

在评估模型泛化能力时,针对不同的任务需要选择不同的模型评估标准。值得注意的是,模型的"好坏"是相对的。模型性能不仅取决于算法和数据,还取决于任务本身。

回归任务中常用的性能度量是均方误差(Mean Squared Error,MSE):

$$E(f;D)=\frac{1}{m}\sum_{i=1}^{m}(f(x_i)-y_i)^2 \quad (2\text{-}10)$$

分类任务中常用的性能度量指标如下所示。

混淆矩阵(Confusion Matrix)用于记录机器学习中 K-分类模型($K=2,3,\cdots,N$)的分类预测结果,以矩阵形式将数据集中的记录按照真实的类别与分类模型预测的类别两个标准进行汇总。对于二分类任务来说,混淆矩阵如表 2-6 所示。其中,矩阵的行表示真实值,矩阵的列表示预测值。混淆矩阵中有 4 个数值,且 TP + FN + FP + TN = 样本总数。

TP(True Positive,真正例):正类预测为正类的样本个数。

FN(False Negative,假负例):正类预测为负类的样本个数。

FP(False Positive,假正例):负类预测为正类的样本个数。

TN(True Negative,真负例):负类预测为负类的样本个数。

表 2-6 二分类问题的混淆矩阵

真实类别	预测类别		真实类别	预测类别	
	正	负		正	负
正	TP	FN	负	FP	TN

由混淆矩阵延伸出的常用分类评价指标有:

$$\text{Accuracy}=\frac{\text{预测正确的样本}}{\text{所有样本}}=\frac{TP+TN}{TP+TN+FP+FN} \quad (2\text{-}11)$$

$$\text{Precision} = \frac{\text{真正例}}{\text{预测为正样本的样本}} = \frac{\text{TP}}{\text{TP}+\text{FP}} \tag{2-12}$$

$$\text{Recall} = \frac{\text{真正例}}{\text{真正为正样本的样本}} = \frac{\text{TP}}{\text{TP}+\text{FN}} \tag{2-13}$$

$$F_1 = \frac{2 \times \text{Precision} \times \text{Recall}}{\text{Precision} + \text{Recall}} \tag{2-14}$$

机器学习模型的输出是测试样本的预测实值或概率，与预先设定的分类阈值进行比较，可得到每个测试样本的对应预测类别。因此，通过对测试样本按预测的实值或概率进行排序，将"最可能"是正例的样本排在最前面，将"最不可能"是正例的样本排在最后面。分类过程转变为在这个排序中以某个截断点将样本分为两部分，前一部分判作正例，后一部分判作反例。在现实应用中，需根据任务需求选择不同的截断点。ROC（Receiver Operating Characteristic）曲线也称为感受性曲线（Sensitivity Curve），正是从这个角度出发，动态得到多个截断点并连接而得的性能度量方式。

ROC 曲线的纵轴是"真正例率"（True Positive Rate，TPR），横轴是"假正例率"（False Positive Rate，FPR），基于表 2-6 中的符号，两者分别定义为

$$\text{TPR} = \frac{\text{TP}}{\text{TP}+\text{FN}} \tag{2-15}$$

$$\text{FPR} = \frac{\text{FP}}{\text{TN}+\text{FP}} \tag{2-16}$$

ROC 曲线绘制过程（见图 2-8）：给定 m^+ 个正例和 m^- 个反例，根据学习器预测结果对样例进行排序。首先将分类阈值设为样本中的最大预测值，即把所有样例均预测为反例，此时 TPR 和 FPR 均为 0，可得到点 (0,0)。然后，将分类阈值依次设为每个样例的预测值，即依次将预测值大于当前阈值的样例划分为正例。设前一个标记点坐标为 (x,y)，当前若为真正例，则对应标记点的坐标为 $(x, y+\frac{1}{m^+})$；当前若为假正例，则对应标记点的坐标为 $(x+\frac{1}{m^-}, y)$，然后用线段连接相邻点即得 ROC 曲线。

使用 ROC 曲线进行模型的比较时，若一个学习器的 ROC 曲线被另一个学习器的 ROC 曲线完全"包住"，则可断言后者的性能优于前者；若两个学习器的 ROC 曲线发生交叉，则难以一般性地断言两者孰优孰劣。此时如果一定要进行比较，则

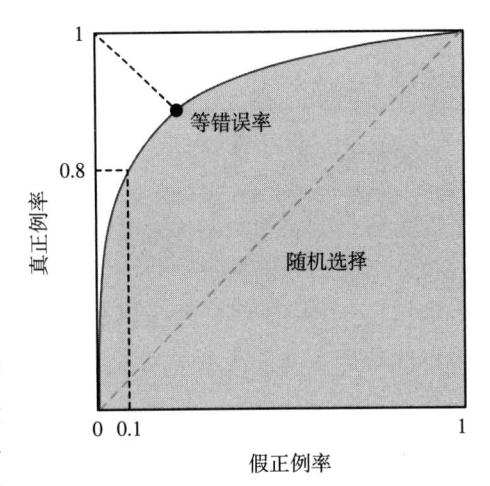

图 2-8 ROC 曲线

较为合理的判据是比较 ROC 曲线下的面积，即 AUC（Area Under Curve）。

将 ROC 曲线下区域划分为若干梯形，从而 AUC 的计算式为

$$\text{AUC} = \frac{1}{2}\sum_{i=1}^{m-1}(x_{i+1}-x_i)(y_i+y_{i+1}) \tag{2-17}$$

AUC 也可表示为随机选择一个正样本 A 和负样本 B，分类器将 A 排在 B 前面的概率。计算公式为

$$\text{AUC} = \frac{\sum_{i\subseteq \text{positiveClass}}\text{rank}_i - \frac{M(1+M)}{2}}{M\times N} \tag{2-18}$$

式中，M 是正样本个数，N 是负样本个数，rank_i 是样本 i 在模型预测结果中按升序排序的顺序。

以下将结合具体例子来说明如何计算 AUC。若现有按预测值降序排列后的样本真实值和预测值，如表 2-7a 所示。将预测值依次作为阈值并计算得到真正例率和假正例率，如表 2-7b 所示。

表 2-7 真实值、预测值与真正例率、假正例率

a		b		
真实值	预测值	预测值	真正例率	假正例率
1	0.09	0.09	1/6	0
1	0.08	0.08	1/3	0
0	0.07	0.07	1/3	1/3
1	0.06	0.06	1/2	1/3
1	0.055	0.055	2/3	1/3
1	0.054	0.054	5/6	1/3
0	0.053	0.053	5/6	2/3
0	0.052	0.052	5/6	1
1	0.051	0.051	1	1

根据表 2-7b，可画得 ROC 曲线如图 2-9 所示。

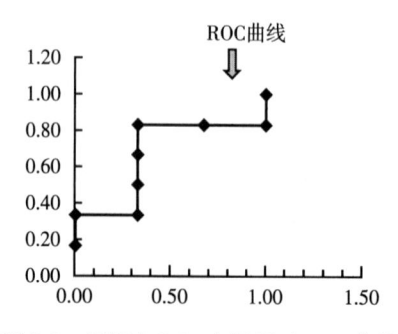

图 2-9 根据表 2-7a 实例所画 ROC 曲线

小结

本章首先介绍了机器学习的基本概念和发展历程，然后介绍了机器学习的基本流程。机器学习的核心三要素为模型、策略、算法，基本流程包括数据准备、数据预处理、特征工程、模型训练及调优、模型融合、模型评估与选择等步骤。在数据阶段，本章介绍了数据预处理、特征抽取与选择等步骤。在模型阶段，本章介绍了模型评估与选择。本章提供机器学习的概述，其中提及的一些经典机器学习算法将在随后的第4~第7章具体介绍。

习题

1. 简述机器学习的一般过程及主要技术。
2. 当数据中存在缺失情况时，有哪些解决方法？
3. 有哪些常见的数据归一化操作？
4. 一个模型的偏差和方差的具体定义是什么？思考偏差和方差哪个比较重要，以及与欠拟合、过拟合的关系。
5. 机器学习中 L_1 和 L_2 范数各有什么特点，分别适用于什么场合？
6. 试述真正例率（TPR）、假正例率（FPR）与查准率（P）、查全率（R）之间的联系。
7. 计算模型1和模型2的混淆矩阵，并计算查准率、查全率和 F_1；

真实值	模型1	模型2	真实值	模型1	模型2
0	1	0	0	0	0
1	0	1	0	1	0
1	1	1	1	1	0
1	1	0			

模型1：

	预测值1	预测值0		预测值1	预测值0
真实值1	3	1	真实值0	2	1

模型2：

	预测值1	预测值0		预测值1	预测值0
真实值1	2	2	真实值0	0	3

8. 常见的分类评价指标有哪些？思考不同评价指标的应用场景。

9. 思考：何时固定分配验证集？何时选择交叉验证？试述交叉验证的优点和缺点。

10. 试述 AUC 与 ROC 曲线的联系。

参考文献

[1] SAMUEL A L. Some studies in machine learning using the game of checkers [J]. IBM Journal of research and development, 1959, 3(3)：210-229.

[2] HASTIE T, TIBSHIRANI R, FRIEDMAN J, et al. The elements of statistical learning: data mining, inference, and prediction [M]. New York: Springer, 2009.

[3] GOODFELLOW I, BENGIO Y, COURVILLE A. Deep learning [M]. Cambridge: MIT Press, 2016.

[4] HAYES-ROTH B, HAYES-ROTH F. A cognitive model of planning [J]. Cognitive science, 1979, 3(4)：275-310.

[5] QUINLAN J R. Induction of decision trees [J]. Machine learning, 1986, 1：81-106.

[6] RUMELHART D E, HINTON G E, WILLIAMS R J. Learning representations by back-propagating errors [J]. Nature, 1986, 323(6088)：533-536.

[7] LECUN Y, BOSER B, DENKER J S, et al. Backpropagation applied to handwritten zip code recognition [J]. Neural computation, 1989, 1(4)：541-551.

[8] RABINER L R. A tutorial on hidden Markov models and selected applications in speech recognition [J]. Proceedings of the IEEE, 1989, 77(2)：257-286.

[9] CORTES C, VAPNIK V. Support vector machine [J]. Machine learning, 1995, 20(3)：273-297.

[10] FREUND Y, SCHAPIRE R E. Experiments with a new boosting algorithm [C]. In Proceedings of ICML, 1996, 96：148-156.

[11] TENENBAUM J B, SILVA V, LANGFORD J C. A global geometric framework for nonlinear dimensionality reduction [J]. Science, 2000, 290(5500)：2319-2323.

[12] BREIMAN L. Random forests [J]. Machine learning, 2001, 45：5-32.

[13] HINTON G E, SALAKHUTDINOV R R. Reducing the dimensionality of data with neural networks [J]. Science, 2006, 313(5786)：504-507.

[14] KRIZHEVSKY A, SUTSKEVER I, HINTON G E. Imagenet classification with deep convolutional neural networks [J]. Advances in neural information processing systems, 2012, 25：1097-1105.

[15] ZAREMBA W, SUTSKEVER I, VINYALS O. Recurrent neural network regularization [J]. arXiv preprint, 2014, arXiv：1409. 2329.

[16] ARUIKUMARAN K, DEISENROTH M P, BRUNDAGE M, et al. Deep reinforcement learning: a brief survey [J]. IEEE signal processing magazine, 2017, 34(6)：26-38.

[17] CRESWELL A, WHITE T, DUMOULIN V, et al. Generative adversarial networks: an overview [J]. IEEE signal processing magazine, 2018, 35(1)：53-65.

[18] CHEN T, GUESTRIN C. XGBoost: a scalable tree boosting system [C] //In Proceedings of the ACM SIGKDD International Conference on Knowledge Discovery and Data Mining. 2016：785-794.

[19] KE G, MENG Q, FINLEY T, et al. Lightgbm: a highly efficient gradient boosting decision tree [C] //In

Proceedings of Advances in Neural Information Processing Systems. 2017: 3146-3154.
[20] BELLAHSENE Z, BONIFATI A, DUCHATEAU F, et al. On evaluating schema matching and mapping [M]. Schema matching and mapping. Berlin: Springer, 2011: 253-291.
[21] RENDLE S. Factorization Machines [C] //In Proceedings of IEEE International Conference on Data Mining. 2010: 995-1000.
[22] JUAN Y, ZHUANG Y, CHIN W S, et al. Field-aware factorization machines for CTR prediction [C] //In Proceedings of the ACM Conference on Recommender Systems. 2016: 43-50.

CHAPTER3

第 3 章

线性模型

机器学习方法可以根据输入变量 x 和输出变量 y 之间的映射关系进行分类。若函数 $y=f(x)$ 是线性函数,则称模型是线性模型,否则模型为非线性模型。线性模型又可分为普通线性模型和广义线性模型。本章首先介绍线性模型的基本形式,随后介绍几种经典的线性模型,包括普通线性模型-线性回归和广义线性模型。

3.1 基本形式

给定一个由 d 个属性描述的数据样本 $\boldsymbol{x}=(x_1,\cdots,x_i,\cdots,x_d)$,其中 x_i 是 $\boldsymbol{x}$ 在第 i 个属性上的取值,线性模型试图基于 x_i 建立一个线性映射函数 $f(\boldsymbol{x})$,对于 $\boldsymbol{x}$ 的真值进行预测。当 $\boldsymbol{x}$ 的真值为连续实数时,则对应一个线性回归模型。当 $\boldsymbol{x}$ 的真值为离散数据时,则对应一个分类任务。一个通过属性的线性组合来进行预测的函数,即

$$f(\boldsymbol{x})=w_1x_1+w_2x_2+\cdots+w_dx_d+b \tag{3-1}$$

一般用向量形式写成:

$$f(\boldsymbol{x})=\boldsymbol{w}^\mathrm{T}\boldsymbol{x}+b \tag{3-2}$$

其中,$\boldsymbol{w}=(w_1,w_2,\cdots,w_d)$ 表示各种属性的权重;b 表示偏置。通过学习参数 $\boldsymbol{w}$ 和 b,即可建立属性与预测结果之间的线性依赖。

以鸢尾属植物数据集为例,判断植物为山鸢尾,变色鸢尾,维吉尼亚鸢尾中哪一类,考虑从花萼长度、花萼宽度、花瓣长度、花瓣宽度等特征出发,建立特征与植物类型之间的线性模型。例如若在鸢尾属植物预测问题中学得:

$$f_{植物识别}(\boldsymbol{x})=0.2\cdot x_{花萼长度}+0.2\cdot x_{花萼宽度}+0.3\cdot x_{花瓣长度}+0.3\cdot x_{花瓣宽度} \tag{3-3}$$

说明花瓣长度和花瓣宽度是最重要的特征来区分鸢尾属植物的种类。可以看到,线性模型不仅形式简单,而且能够直观地反映不同特征对诊断结论的贡献性,具有良好的可解释性。

3.2 线性回归

线性回归问题假设目标值与输入值之间线性相关,试图寻找一条直线,尽可能地拟合数据点[1]。当目标值只与一个输入特征相关时,称为一元线性回归。当目标值与 d 个输入特征相关时,称为多元线性回归。

一元线性回归试图建立 $x \mapsto f(x)$ 的映射关系,形式如式(3-2)所示,利用预测值 $f(x)$ 与真实值 y 之间的均方误差确定参数 w 和 b 的最佳取值。在线性回归问题中,通常采用均方误差(Mean Square Error,MSE)作为损失函数,定义预测值 $\hat{y}_i = f(x_i)$ 与真实值 y_i 之间的距离。均方误差损失函数定义如下:

$$L = \frac{1}{n} \sum_{i=1}^{n} (\hat{y}_i - y_i)^2 \tag{3-4}$$

为使均方误差最小化,目标函数式(3-4)可以进一步记为

$$(w^*, b^*) = \arg\min_{(w,b)} \sum_{i=1}^{n} (f(x_i) - y_i)^2 = \arg\min_{(w,b)} \sum_{i=1}^{n} (y_i - w_i x_i - b_i)^2 \tag{3-5}$$

基于均方误差最小化来进行模型求解的方法称为"最小二乘法"。在线性回归中,最小二乘法试图找到一条直线,使所有样本到直线上的欧氏距离之和最小。线性回归的最小二乘参数估计通过对 w 和 b 分别求导进行:

$$\frac{\partial L}{\partial w} = 2 \left(w \sum_{i=1}^{n} x^2 - \sum_{i=1}^{n} x(y_i - b) \right) \tag{3-6}$$

$$\frac{\partial L}{\partial b} = 2 \left(nb - \sum_{i=1}^{n} (y_i - wx) \right) \tag{3-7}$$

令上述两式(3-6)、式(3-7)为 0,可得 w 和 b 最优解的闭式解:

$$w = \frac{\sum_{i=1}^{n} y_i (x - \bar{x})}{\sum_{i=1}^{n} x^2 - \frac{1}{n} \left(\sum_{i=1}^{n} x \right)^2} \tag{3-8}$$

$$b = \frac{1}{n} \sum_{i=1}^{n} (y_i - wx) \tag{3-9}$$

多元线性回归研究多个输入特征共同影响目标值,可表示为

$$f(x_i) = \mathbf{w}^\mathrm{T} x_i + b, \text{使得} f(x_i) \cong y_i \tag{3-10}$$

类似一元线性回归,可使用最小二乘法估计 w 和 b。需注意,在多元线性回归中,将 w 以向量的形式表示为

$$\hat{\mathbf{w}} = (\mathbf{w}, b) \tag{3-11}$$

输入 x 变为矩阵 $\boldsymbol{X}$，其中每行前 d 个元素分别表示 $(x_1, x_2, \cdots, x_d)$，最后一个元素恒置为 1，即

$$\boldsymbol{X} = \begin{pmatrix} x_{11} & x_{12} & \cdots & x_{1d} & 1 \\ x_{21} & x_{22} & \cdots & x_{2d} & 1 \\ \vdots & \vdots & & \vdots & \vdots \\ x_{m1} & x_{m2} & \cdots & x_{md} & 1 \end{pmatrix} = \begin{pmatrix} \boldsymbol{x}_1^T & 1 \\ \boldsymbol{x}_2^T & 1 \\ \vdots & \vdots \\ \boldsymbol{x}_m^T & 1 \end{pmatrix} \tag{3-12}$$

输出 y 变为向量 $\boldsymbol{y} = (y_1, y_2, \cdots, y_m)$，则

$$\hat{\boldsymbol{w}}^* = \arg\min_{\hat{\boldsymbol{w}}} (\boldsymbol{y} - \boldsymbol{X}\hat{\boldsymbol{w}})^T (\boldsymbol{y} - \boldsymbol{X}\hat{\boldsymbol{w}}) \tag{3-13}$$

令 $E_{\hat{\boldsymbol{w}}} = (\boldsymbol{y} - \boldsymbol{X}\hat{\boldsymbol{w}})^T (\boldsymbol{y} - \boldsymbol{X}\hat{\boldsymbol{w}})$，对 $\hat{\boldsymbol{w}}$ 求导得

$$\frac{\partial E_{\hat{\boldsymbol{w}}}}{\partial \hat{\boldsymbol{w}}} = 2\boldsymbol{X}^T (\boldsymbol{X}\hat{\boldsymbol{w}} - \boldsymbol{y}) \tag{3-14}$$

与一元线性回归相似，令上式为 0，可得 $\hat{\boldsymbol{w}}$ 最优解的闭式解，但其中涉及矩阵逆的计算，故做以下讨论。

当 $\boldsymbol{X}^T \boldsymbol{X}$ 为满秩矩阵或正定矩阵时，令式（3-14）为 0 可得：

$$\hat{\boldsymbol{w}}^* = (\boldsymbol{X}^T \boldsymbol{X})^{-1} \boldsymbol{X}^T \boldsymbol{y} \tag{3-15}$$

当 $\boldsymbol{X}^T \boldsymbol{X}$ 非满秩矩阵或正定矩阵，无法利用满秩矩阵或正定矩阵的性质进行矩阵逆的计算，此时常用的解决思路是求出多个能使均方误差最小化的 $\hat{\boldsymbol{w}}$，再引入正则化项确定一个最终的 $\hat{\boldsymbol{w}}$。

3.3 逻辑回归

我们在上节中介绍了线性回归，可以将线性回归模型简写为

$$y = \boldsymbol{w}^T \boldsymbol{x} + b \tag{3-16}$$

线性回归预测一个数值，用于处理回归问题。本节介绍广义的线性模型，将线性回归模型用于分类任务。其基本思想是寻找一个单调可微的函数，令线性回归模型预测值逼近类别 y 的衍生物。定义广义线性模型为

$$y = g^{-1}(\boldsymbol{w}^T \boldsymbol{x} + b) \tag{3-17}$$

其中 $g(\cdot)$ 是单调可微的，称为联系函数（Link Function）。

单调阶跃函数非连续，因此通常使用对数几率函数作为替代。对数几率函数如下所示：

$$y = \frac{1}{1 + e^{-z}} \tag{3-18}$$

令 $z=\boldsymbol{w}^T\boldsymbol{x}+b$，则式（3-18）可以记为如下形式：

$$y=\frac{1}{1+e^{-(\boldsymbol{w}^T\boldsymbol{x}+b)}} \tag{3-19}$$

对式（3-19）两边取对数，可以得到：

$$\ln y=\boldsymbol{w}^T\boldsymbol{x}+b \tag{3-20}$$

$$\ln \frac{y}{1-y}=\boldsymbol{w}^T\boldsymbol{x}+b \tag{3-21}$$

式（3-20）称为对数线性回归，式（3-21）称为对数几率回归，其中 $\frac{y}{1-y}$ 称为几率，$\ln \frac{y}{1-y}$ 称为对数几率。以 $p(y=1|\boldsymbol{x})$ 表示 y，式（3-22）可写为

$$\ln \frac{p(y=1|\boldsymbol{x})}{p(y=0|\boldsymbol{x})}=\boldsymbol{w}^T\boldsymbol{x}+b \tag{3-22}$$

易得

$$p(y=1|\boldsymbol{x})=\frac{e^{\boldsymbol{w}^T\boldsymbol{x}+b}}{1+e^{\boldsymbol{w}^T\boldsymbol{x}+b}}$$

$$p(y=0|\boldsymbol{x})=\frac{1}{1+e^{\boldsymbol{w}^T\boldsymbol{x}+b}} \tag{3-23}$$

称二项逻辑回归模型是如式（3-23）的条件概率分布[2]。参数 $\boldsymbol{w}$ 和 b 可写为 $w=(\boldsymbol{w},b)$，使用最大似然估计法求解模型参数。设：

$$P(y=1|\boldsymbol{x})=p(\boldsymbol{x}), P(y=0|\boldsymbol{x})=1-p(\boldsymbol{x}) \tag{3-24}$$

似然函数为

$$\prod_{i=1}^{n}[p(x_i)]^{y_i}[1-p(x_i)]^{1-y_i} \tag{3-25}$$

对数似然函数为

$$L(\boldsymbol{w})=\sum_{i=1}^{n}[y_i\log p(x_i)+(1-y_i)\log(1-p(x_i))] \tag{3-26}$$

由于式（3-26）是关于 $\boldsymbol{w}$ 的高阶可导连续凸函数，故可通过梯度下降法和牛顿法求得最大似然估计值 $\hat{\boldsymbol{w}}$。

将二项逻辑回归模型推广到多项，用于多类分类，称为多项逻辑回归模型：

$$P(y=k|\boldsymbol{x})=\frac{\exp(\boldsymbol{w}_k\cdot\boldsymbol{x})}{1+\sum_{k=1}^{K-1}\exp(\boldsymbol{w}_k\cdot\boldsymbol{x})}, k=1,2,\cdots,K-1$$

$$P(y=K|\boldsymbol{x})=\frac{1}{1+\sum_{k=1}^{K-1}\exp(\boldsymbol{w}_k\cdot\boldsymbol{x})} \tag{3-27}$$

3.4 线性判别分析

3.4.1 基本思想

线性判别分析（Linear Discriminant Analysis，LDA）是一种经典的线性学习算法，可用于分类和降维[32]。以二分类为例，LDA 的核心思想是：给定训练数据，LDA 将样本投影到一条直线上，使得同类样本的投影点尽可能接近、异类样本的投影点尽可能远离。在对测试样本进行分类时，将样本也投影到这条直线上，再根据其投影位置来确定新样本的类别。多分类 LDA 则是将训练样本投影到一个 $N-1$ 维的超平面，这里的 N 指训练样本的类别个数。

3.4.2 算法原理

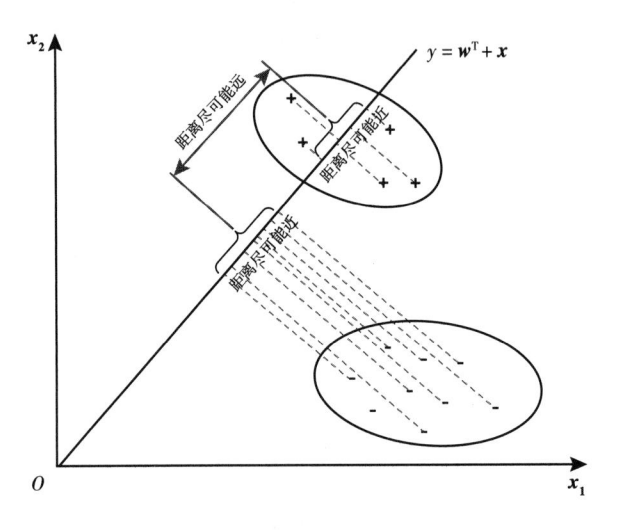

给定数据集 $D=\{(\boldsymbol{x}_1,y_1),(\boldsymbol{x}_2,y_2),\cdots,(\boldsymbol{x}_m,y_m)\}$，$y_i\in\{0,1\}$ 设第 i 类

图 3-1 线性判别分析

样本 X_i 的个数为 N_i，定义 $\boldsymbol{\mu}_i=\frac{1}{N_i}\sum_{\boldsymbol{x}\in X_i}\boldsymbol{x}$，$\Sigma_i=\sum_{\boldsymbol{x}\in X_i}(\boldsymbol{x}-\boldsymbol{\mu}_i)(\boldsymbol{x}-\boldsymbol{\mu}_i)^{\mathrm{T}}$ 表示该类的均值和协方差。若将两类数据投影到直线 $\boldsymbol{w}$ 上，则对任意一样本 x_i，在直线 $\boldsymbol{w}$ 上的投影为 $\boldsymbol{w}^{\mathrm{T}}x_i$；两类样本的中心点在直线上的投影分别为 $\boldsymbol{w}^{\mathrm{T}}\boldsymbol{\mu}_0$ 和 $\boldsymbol{w}^{\mathrm{T}}\boldsymbol{\mu}_1$；若将所有样本点都投影到直线上，则两类样本的协方差分别为 $\boldsymbol{w}^{\mathrm{T}}\Sigma_0\boldsymbol{w}$ 和 $\boldsymbol{w}^{\mathrm{T}}\Sigma_1\boldsymbol{w}$。

欲使同类样本的投影点尽可能接近、异类样本的投影点尽可能远离，则优化目标可表示为

$$\underset{\boldsymbol{w}}{\operatorname{argmax}}J(\boldsymbol{w})=\frac{\|\boldsymbol{w}^{\mathrm{T}}\boldsymbol{\mu}_0-\boldsymbol{w}^{\mathrm{T}}\boldsymbol{\mu}_1\|_2^2}{\boldsymbol{w}^{\mathrm{T}}\sum_0\boldsymbol{w}+\boldsymbol{w}^{\mathrm{T}}\sum_1\boldsymbol{w}}=\frac{\boldsymbol{w}^{\mathrm{T}}(\boldsymbol{\mu}_0-\boldsymbol{\mu}_1)(\boldsymbol{\mu}_0-\boldsymbol{\mu}_1)^{\mathrm{T}}\boldsymbol{w}}{\boldsymbol{w}^{\mathrm{T}}(\sum_0+\sum_1)\boldsymbol{w}} \tag{3-28}$$

定义类内散度矩阵 S_w 为

$$S_w=\sum_0+\sum_1=\sum_{\boldsymbol{x}\in X_0}(\boldsymbol{x}-\boldsymbol{\mu}_0)(\boldsymbol{x}-\boldsymbol{\mu}_0)^{\mathrm{T}}+\sum_{\boldsymbol{x}\in X_1}(\boldsymbol{x}-\boldsymbol{\mu}_1)(\boldsymbol{x}-\boldsymbol{\mu}_1)^{\mathrm{T}} \tag{3-29}$$

定义类间散度矩阵 S_b 为

$$S_b = (\boldsymbol{\mu}_0 - \boldsymbol{\mu}_1)(\boldsymbol{\mu}_0 - \boldsymbol{\mu}_1)^{\mathrm{T}} \tag{3-30}$$

则式（3-28）可改写为

$$\underset{w}{\operatorname{argmax}} J(w) = \frac{w^{\mathrm{T}} S_b w}{w^{\mathrm{T}} S_w w} \tag{3-31}$$

根据观察可得，求解式（3-31）等价于求解类内散度矩阵 S_w 和类间散度矩阵 S_b 的广义瑞利（Rayleigh）商。

Rayleigh 商的定义为：对于矩阵 A，当矩阵 A 为 Hermite 矩阵（即自共轭矩阵，$A^H = A$），$0 \neq x \in C^n$，A 的 Rayleigh 商为

$$R(A, x) = \frac{x^H A x}{x^H x} \tag{3-32}$$

Hermite 矩阵的特征值与它的 Rayleigh 商的极值间存在关系：A 的 Rayleigh 商最大值等于 A 的最大特征值。

广义 Rayleigh 商的定义为：当矩阵 A 为 Hermite 矩阵，矩阵 B 为 Hermite 正定矩阵，$0 \neq x \in C^n$，矩阵 A 相对于矩阵 B 的广义 Rayleigh 商为

$$R(A, B, x) = \frac{x^H A x}{x^H B x} \tag{3-33}$$

广义特征值与广义 Rayleigh 商的极值有类似性质：将广义特征值从大到小排列为 $\lambda_1 \geq \lambda_2 \geq \cdots \geq \lambda_n$，则有：

$$\lambda_1 = \max_{x \neq 0} R(A, B, x), \lambda_n = \min_{x \neq 0} R(A, B, x) \tag{3-34}$$

故通过令 $w = S_w^{-\frac{1}{2}} w'$，将广义 Rayleigh 商转换为 Rayleigh 商求解式（3-31）。最终可得

$$w = S_w^{-1}(\boldsymbol{\mu}_0 - \boldsymbol{\mu}_1) \tag{3-35}$$

故根据原始二类样例的 $\boldsymbol{\mu}_0, \Sigma_0, \boldsymbol{\mu}_1, \Sigma_1$，即可确定 w。

小结

1. 线性回归假设目标值与输入值之间线性相关，并试图寻找一条直线以尽可能地拟合数据点，用于回归任务。根据输入特征的维度，可分为一元线性回归和多元线性回归。

2. 逻辑回归是一种分类模型，是线性回归模型在分类任务上的应用。其基本思想是利用对数几率，将线性回归模型得到的预测数值转换为类别。

3. 线性判别分析可用于分类和降维。其核心思想是将样本投影到一条直线上，使同

类样本的投影点尽可能接近、异类样本的投影点尽可能远离。

4. 线性模型是一类简单高效、易于理解的模型，可用于建模数据中的线性关系。然而在实际应用中，数据本身不具有线性相关性，因此就有了以逻辑回归模型为代表的广义线性模型。然而更多时候，数据本身的特殊性限制了线性模型的应用，因此也诞生了更多的模型，如感知机、神经网络等，用于建模复杂数据。

习题

1. 请分析为什么有时候线性回归中没有偏置项 b。
2. 试述线性模型为什么具有良好的可解释性。
3. 请简要分析分类与回归的区别。
4. 试分析逻辑回归模型的优缺点。
5. 逻辑回归的损失函数是什么？为什么不使用 MSE 作为其损失函数？
6. 推导逻辑回归的损失函数。
7. 请比较逻辑回归和线性回归、神经网络的区别。
8. 为什么需要进行降维？请分析降维的必要性。
9. 结合 2.3.1 节，分析 PCA 和 LDA 的异同。
10. PCA 为什么要用协方差矩阵？

参考文献

[1] RYAN T P. Modern regression methods [M]. New York：John Wiley & Sons. 2008, 655.

[2] COLLINS M, SCHAPIRE R E, SINGER Y. Logistic regression, adaBoost and bregman distances [J]. Machine learning, 2002, 48(1-3)：253-285.

[3] PARK C H, PARK H. A comparison of generalized linear discriminant analysis algorithms [J]. Pattern recognition, 2008, 41(3)：1083-1097.

CHAPTER 4

第 4 章

聚类

"物以类聚，人以群分"。聚类就是根据事物的某些属性将事物聚类成簇，使簇中的对象具有较高的相似性，不同簇中的对象具有较低的相似性。聚类是一种无监督学习过程，与分类的根本区别在于分类需要先验知识，而聚类则不需要任何先验知识。在许多应用中，聚类分析作为一种数据预处理方法，是对数据进行进一步分析和处理的基础。

4.1 聚类任务

4.1.1 聚类任务描述

在无监督学习中，训练样本的标记信息是未知的，目的是通过学习未标记的训练样本来揭示数据的内在性质和规律，为进一步的数据分析提供基础。此类学习任务中研究最多、应用最广的是聚类（Clustering）。聚类是一种常见的数据分析方法，它将一个数据集中的样本分成几个不相交的子集，每个子集称为一个"簇"。通过这种划分，每个簇可能对应一些聚类算法事先不知道的潜在的概念，聚类过程可以自动形成数据中的簇结构。聚类的数学描述如下：

给定目标数据集 X 和数据间距离的度量标准 s，聚类任务则是自动构建对目标数据集 X 的一个划分结果 $C = \{C_1, C_2, \cdots, C_K\}$，其中 $C_i \subseteq X, i = 1, 2, \cdots, k$，且满足如下条件：

$$C_1 \cup C_2 \cup \cdots \cup C_K = X \tag{4-1}$$

$$C_i \cap C_j = \varnothing, i, j = 1, 2, \cdots, K, i \neq j \tag{4-2}$$

其中，$C_1, C_2, \cdots, C_K$ 称为类或簇。根据第一个条件，对象集合 X 中的每个对象必须属于某个类簇；根据第二个条件，对象集合 X 中的每个对象最多只属于一个类簇。

每个类簇可以通过一些特征来描述，有如下几种表示方式：
1) 通过类的中心或边界点表示一个类。
2) 使用对象属性的逻辑表达式表示一个类。
3) 使用聚类树中的节点表示一个类。

4.1.2 聚类算法的划分

聚类算法的研究架构大致可以分为 5 类，如图 4-1 所示。

1. 基于划分的聚类算法

给定包含 N 个对象的数据集，该方法构建数据集的 K 个分区，每个分区代表一个簇，并且 $K \leq N$。基于划分的聚类算法首先创建初始分区，然后使用迭代重定位技术，试图通过在分区之间移动对象来改进分区。即它将数据集分成 K 个组，满足每个组至少包含一个对象的要求，并且每个对象必须属于并且只属于一个组（硬分区）。属于该类的算法有：K-均值算法[1-2]、K-中心点算法[3]、围绕中心点的划分算法（Partitioning Around Medoid，PAM）[4]、大型应用中的聚类方法（Clustering LARge Application，CLARA）[5] 等。

2. 基于层次的聚类算法

基于划分的聚类算法只能得到单层聚类，基于层次的聚类算法将数据集分解为多层聚类，即可以在不同粒度上构建类簇。层的分解可以用树形图表示。根据层次分解方法的不同，可将基于层次的聚类算法分为凝聚法和分裂法。凝聚法（也称为自下向上的方法）首先将每个对象看作一个单独的集群，然后不断地合并相似的对象或集群，例如 AGNES 算法[6]。分裂法（也称为自上向下方法）最初将所有对象放在一个簇中，在迭代的每个步骤中，将一个簇拆分成更小的簇，直到每个对象都在一个单独的簇中或者满足算法终止条件，例如 DIANA 算法[7]。区别于基于划分的聚类算法，基于层次的聚类算法不需要预先指定类簇的数量，用户可以定义期望的聚类数量作为约束条件。

3. 基于密度的聚类算法

大多数聚类方法都是基于对象之间的距离来聚类。这种方法只能找到球形类，很难找到任意形状的类。基于密度的聚类算法只要相邻区域的密度（物体或数据点的数量）超过一定的阈值，就可以继续聚类。也就是说，对于给定类中的每个数据点，在给定范围内必须至少有一定数量的点。该方法可用于过滤噪声和离群数据，并找到具有任意形状的类。经典的基于密度的聚类算法包括 DBSCAN（Density Based Spatial Clustering of Applications with Noise）[8]、OPTICS（Ordering Points To Identify the Clustering Structure）[9] 等。

4. 基于网格的聚类算法

基于网格的聚类算法首先把对象空间划分成有限个单元构成的网状结构，所有的处理都是以网格单元为对象的。这种方法的主要优点是处理速度快，其处理时间独立于数据对象的数目，只与划分数据空间的单元数有关。属于该类的聚类算法有 STING（STatistical INformation Grid）算法[10]、WaveCluster 算法[11]、CLIQUE（CLustering In QUEst）算法[12] 等。

5. 基于模型的聚类算法

基于模型的聚类算法为每簇假定一个模型，然后去寻找能够很好地满足这个模型的数据样本。这类算法常常假定数据集是由一系列的概率分布所决定的。基于模型的聚类算法主要分为两类：基于统计学模型的聚类算法和基于神经网络模型的聚类算法。基于统计学模型的聚类算法有 COBWEB[13] 和 Autoclass[14]，基于神经网络模型的聚类算法有 SOM[15] 等。

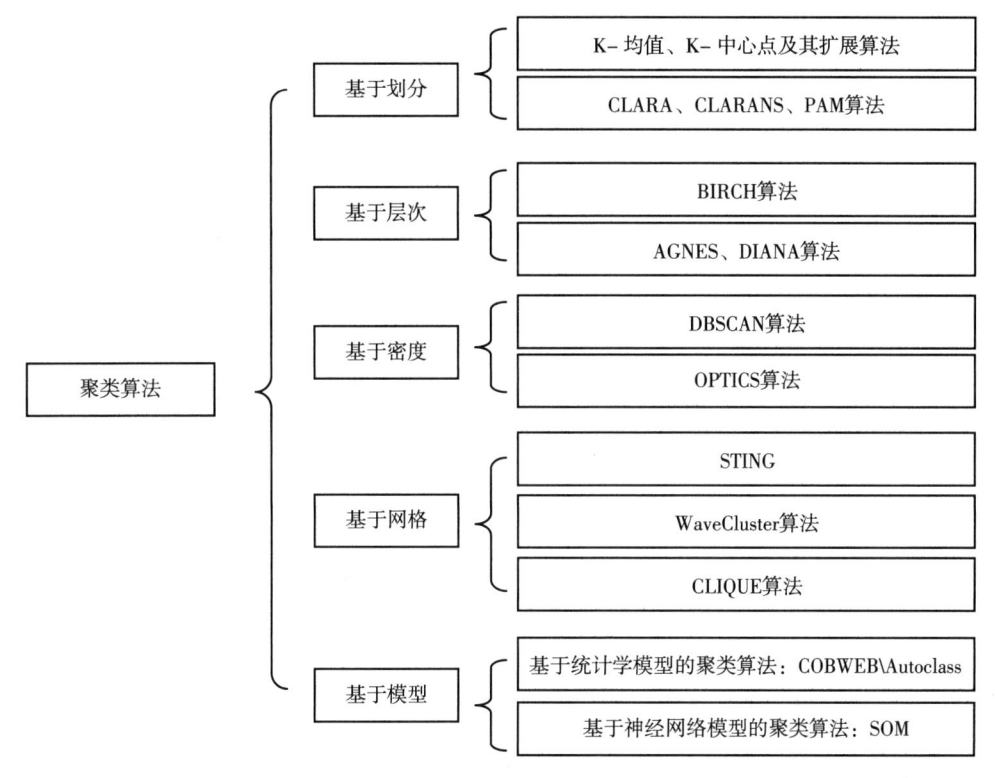

聚类算法
- 基于划分
  - K-均值、K-中心点及其扩展算法
  - CLARA、CLARANS、PAM算法
- 基于层次
  - BIRCH算法
  - AGNES、DIANA算法
- 基于密度
  - DBSCAN算法
  - OPTICS算法
- 基于网格
  - STING
  - WaveCluster算法
  - CLIQUE算法
- 基于模型
  - 基于统计学模型的聚类算法：COBWEB\Autoclass
  - 基于神经网络模型的聚类算法：SOM

图 4-1 聚类方法分类示意图

4.1.3 距离度量

距离度量是聚类任务中最基础的部分，如何衡量样本间的距离（相似度），对聚类的结果发挥着重要作用。假设两个含有 d 维特征的数据样本分别为 $X=(x_1,\cdots,x_d)$ 和 $Y=(y_1,\cdots,y_d)$，本节采用函数 $\mathrm{Dist}(X,Y)$ 来代表两个样本之间的距离，那么样本 X 和 Y 越相似，X 和 Y 之间的距离越相近，$\mathrm{Dist}(X,Y)$ 的值越小。

定义该距离测度函数必须满足下列准则：
1) $\mathrm{Dist}(X,Y) \geqslant 0$（任意两样本间的距离非负）；
2) 当且仅当 $X=Y$ 时，$\mathrm{Dist}(X,Y)=0$（样本到自身的距离为 0，到其他任意样本的距离都大于 0）；
3) $\mathrm{Dist}(X,Y)=\mathrm{Dist}(Y,X)$（距离具有对称性）；
4) $\mathrm{Dist}(X,Y) \leqslant \mathrm{Dist}(X,Z)+\mathrm{Dist}(Z,Y)$（距离满足三角不等式）。

目前常用的距离度量方式有：曼哈顿距离、欧氏距离、切比雪夫距离、闵可夫斯基距离、余弦距离等[16-18]。

1. 曼哈顿距离（Manhattan Distance）

曼哈顿距离是指在两个样本点之间行进时必须要沿着网格线前进，就如同沿着城市（如曼哈顿）的街道行进一样。对于一个具有正南正北、正东正西方向规则布局的城市街道，从一点到达另一点的距离正是在南北方向上旅行的距离加上在东西方向上旅行的距离，是将多个维度上的距离进行求和的结果。其距离公式表示为

$$\mathrm{Dist}(X,Y)=\|X-Y\|_1=\sum_{i=1}^{d}|x_i-y_i| \tag{4-3}$$

2. 欧氏距离（Euclidean Distance）

欧氏距离也称为欧几里得距离，是最为熟知的距离测度。欧氏距离代表样本点之间的绝对距离，定义如下：

$$\mathrm{Dist}(X,Y)=\|X-Y\|_2=\sqrt{\sum_{i=1}^{d}|x_i-y_i|^2} \tag{4-4}$$

3. 切比雪夫距离（Chebyshev Distance）

切比雪夫距离又称为 $L\infty$ 度量。两个样本点之间的切比雪夫距离定义为各个特征数值差的最大值，即

$$\mathrm{Dist}(X,Y)=\max_{1\leq i\leq d}|x_i-y_i| \tag{4-5}$$

4. 闵可夫斯基距离（Minkowski Distance）

闵可夫斯基距离又称为闵氏距离，是曼哈顿距离、欧氏距离和切比雪夫距离的推广。闵氏距离对应 Lp 范数，其中 p 是一个变参数，根据参数的不同，闵氏距离可以表示不同类型的距离。当 $p=1$ 时，就是曼哈顿距离；当 $p=2$ 时，就是欧氏距离；当 $p\to\infty$ 时，就是切比雪夫距离。

$$\mathrm{Dist}(X,Y)=\left(\sum_{i=1}^{d}|x_i-y_i|^p\right)^{\frac{1}{p}} \tag{4-6}$$

5. 余弦距离（Cosine Distance）

余弦相似度用向量空间中两个向量夹角的余弦值作为衡量两个样本间差异的大小，其计算公式为

$$\mathrm{Sim}(X,Y)=\frac{X\cdot Y}{\|X\|\|Y\|}=\frac{\sum_{i=1}^{d}x_i y_i}{\sqrt{\sum_{i=1}^{d}(x_i)^2}\sqrt{\sum_{i=1}^{d}(y_i)^2}} \tag{4-7}$$

那么余弦距离为

$$\mathrm{Dist}(X,Y)=1-|\mathrm{Sim}(X,Y)| \tag{4-8}$$

4.1.4 评价函数

聚类分析作为一个无监督学习任务，使用不同的聚类方法或者是不同的输入参数将

会得到不同的聚类结果,因此,最终的聚类结果需要进行验证和质量评价。一般来说,评价聚类的原则有两个:①紧密度,即类内更加紧密,类内距离更加接近;②分离度,即类与类之间的距离尽可能地远。基于这两个原则,根据是否有基准数据(Ground Truth),可以将评价方法分为两类:外部评价标准和内部评价标准。

1. 外部评价标准

在存在基准数据的情况下,需要用一定的度量指标评判聚类结果与基准数据的符合程度(基准是一种理想的聚类,通常由专家构建)。

(1) 聚类准确度(Cluster Accuracy,CA)

$$CA = \frac{\sum_{i=1}^{N} I(s_i, \text{map}(r_i))}{N} \tag{4-9}$$

其中,r_i 为聚类后的标签,s_i 为真实标签,N 为数据总的个数。I 表示指示函数,具体如下:

$$I(x,y) = \begin{cases} 1 & x=y \\ 0 & \text{其他} \end{cases} \tag{4-10}$$

聚类准确度计算聚类结果与真实数据的一致性程度,对应值越大表明聚类效果越好。

(2) 兰德指数(Rand Index,RI)

$$RI = \frac{a+b}{C_2^{n_{\text{samples}}}} \tag{4-11}$$

其中,C 表示实际类别信息,K 表示聚类结果,a 表示在 C 与 K 中都是同类别的元素对数,b 表示在 C 与 K 中都是不同类别的元素对数,$C_2^{n_{\text{samples}}}$ 表示数据集中可以组成的对数。兰德指数取值范围为 [0,1],值越大意味着聚类结果与真实情况越吻合。兰德指数越大表示聚类效果准确性越高,同时每个类内的纯度越高。

为了实现"在聚类结果随机产生的情况下,指标应该接近零",提出了调整兰德指数(Adjusted Rand Index,ARI),其定义为

$$ARI = \frac{RI - E[RI]}{\max(RI - E[RI])} \tag{4-12}$$

其中,$E[RI]$ 表示 RI 的期望。调整兰德指数的取值范围为 [-1,1],值越大意味着聚类结果与真实情况越吻合。从广义的角度来讲,调整兰德指数衡量的是两个数据分布的吻合程度。

(3) 标准互信息(Normalized Mutual Information,NMI)

标准互信息是将互信息(Mutual Information,MI)的值调整到 0 与 1 之间,如下所示:

$$\mathrm{NMI}(X;Y) = 2\frac{I(X;Y)}{H(X)+H(Y)} \tag{4-13}$$

$$H(X) = \sum_{i=1}^{n} p(x_i) \log_b \frac{1}{p(x_i)} = -\sum_{i=1}^{n} p(x_i) \log_b p(x_i) \tag{4-14}$$

其中，$I(\ ;\ )$ 表示互信息，H 表示熵，$p(x_i)$ 表示样本 x 属于类别 i 的概率。标准互信息的取值范围为 $[0,1]$，值越大，说明聚类结果与真实的聚类效果越相近。

2. 内部评价标准

当数据集结构未知，不存在基准数据时，评价聚类结果只能依赖数据集自身的特征和量值。此时主要考虑类内聚集程度和类间离散程度。

(1) CH 指标

CH（Calinski-Harabasz）指标定义为

$$\mathrm{CH}(K) = \frac{\mathrm{tr}(\boldsymbol{B})/(K-1)}{\mathrm{tr}(\boldsymbol{W})/(N-K)} \tag{4-15}$$

其中，$\mathrm{tr}(\boldsymbol{B}) = \sum_{j=i}^{k} \|z_j - z\|^2$ 表示簇间协方差矩阵的迹，$\mathrm{tr}(\boldsymbol{W}) = \sum_{j=1}^{k} \sum_{x^{(i)} \in zk} \|x_j - z_j\|^2$ 表示簇内协方差矩阵的迹，z 是整个数据集的均值，z_j 是第 j 个簇 c_j 的均值，N 代表聚类个数，K 代表当前的类。$\mathrm{CH}(K)$ 值越大，聚类效果越好，CH 主要计算簇间距离与簇内距离的比值。

(2) 邓恩指数（Dunn Validity Index，DVI）

假设给定数据集被划分为 K 个类簇，其中 Ω_m 和 Ω_n 表示任意的两个类簇，x_i, x_j 表示数据集中的任意两个样本点，那么邓恩指数可以定义为

$$\mathrm{DVI} = \frac{\min\limits_{0 < m \ne n < K} \left\{ \min\limits_{\forall x_i \in \Omega_m, \forall x_j \in \Omega_n} \{\|x_i - x_j\|\} \right\}}{\max\limits_{0 < m < K} \max\limits_{\forall x_i, x_j \in \Omega_m} \{\|x_i - x_j\|\}} \tag{4-16}$$

邓恩指数计算任意两个簇元素的最短距离（类间）除以任意簇中的最大距离（类内）。DVI 越大意味着类间距离越大同时类内距离越小。

(3) 轮廓系数（Silhouette Coefficient，SC）

对于数据中的每个样本点 o，计算 o 与 o 所属的簇 C_i 内其他对象（δ）之间的平均距离 $a(o)$：

$$a(o) = \frac{\sum_{\delta \in C_j, o \ne \delta} \mathrm{dist}(o, \delta)}{|C_i| - 1} \tag{4-17}$$

其中，$|C_i|$ 表示该簇内样本点的个数。$b(o)$ 是 o 到不包含 o 的所有簇的最小平均距离：

$$b(o) = \min_{C_j: 1 \le j \le K, j \ne i} \left\{ \frac{\sum_{\delta \in C_j} \mathrm{dist}(o, \delta)}{|C_j|} \right\} \tag{4-18}$$

其中，K 表示所有的簇个数。轮廓系数定义为

$$s(o) = \frac{b(o) - a(o)}{\max\{a(o), b(o)\}} \tag{4-19}$$

轮廓系数的值在-1 和 1 之间。$a(o)$ 的值反映样本点 o 所属的簇的紧凑性。该值越小，簇越紧凑。$b(o)$ 的值捕获 o 与其他簇的分离程度。$b(o)$ 的值越大，o 与其他簇越分离。当 o 的轮廓系数值接近 1 时，包含 o 的簇是紧凑的，并且 o 远离其他簇，该情况聚类效果最佳。当轮廓系数的值为负时，这意味在期望情况下，o 距离其他簇的对象比距离与自己同在簇的对象更近，该情况效果最差。

4.2 基于划分的聚类算法

基于划分的聚类算法的核心原则是"属于同一个类簇的点距离足够近，属于不同类簇的点之间距离足够远"。首先需要确定这堆散点聚成几类，然后挑选几个点作为初始中心点，不断地迭代更新该中心点直到最后达到收敛条件。本节主要介绍两个典型的基于划分的聚类算法：K-均值算法（K-Means）[1-2] 和 K-中心点算法[3]。

4.2.1 K-均值算法

K-均值算法也称为快速聚类法，在最小化误差函数的基础上将数据划分到 K 个预定义的类簇中。其中心思想为：在数据集中根据一定的策略选择 K 个样本点作为每个簇的初始中心，然后计算其他样本点到 K 个类簇中心点的距离，据此将数据划分到距离这 K 个点最近的类簇中。根据最新的类簇划分结果，重新计算每个簇的中心点，然后重新划分，直到每次划分的结果保持不变。其基本流程如算法 4-1 所示。

算法 4-1　K-均值算法流程

输入：样本集 D，类簇的个数 K，最大迭代次数 N
输出：簇划分（K 个簇，使平方误差最小）
1. 随机地选择 K 个数据样本，每个对象代表一个类簇的中心
2. 计算其他样本点到各个类簇中心的距离，并将样本点加入距离最小的类簇中
3. 重新计算每个类簇的中心
4. 不断重复 2、3，直到准则函数收敛

图 4-2 直观地描述了 K-Means 算法的核心流程。假设需要把图 4-2a 中的散点分成两簇，即 $K=2$。首先，图 4-2b 随机选取了两个质心，即图中的红色质心和蓝色质心，然后分别求所有样本点到这两个质心的距离。如图 4-2c 所示，经过计算样本和红色质心、蓝色质心的距离，得到了所有样本点第一轮迭代后的类别。接下来，如图 4-2d 所示，对当前标记为红色和蓝色的点分别求其新的质心，新的红色质心和蓝色质心的位

置已经发生了变动。图 4-2e 和图 4-2f 重复了在图 4-2c 和图 4-2d 的过程，即将所有点的类别标记为距离最近的质心的类别并求新的质心。最终所得到的两个类簇划分如图 4-2f 所示。

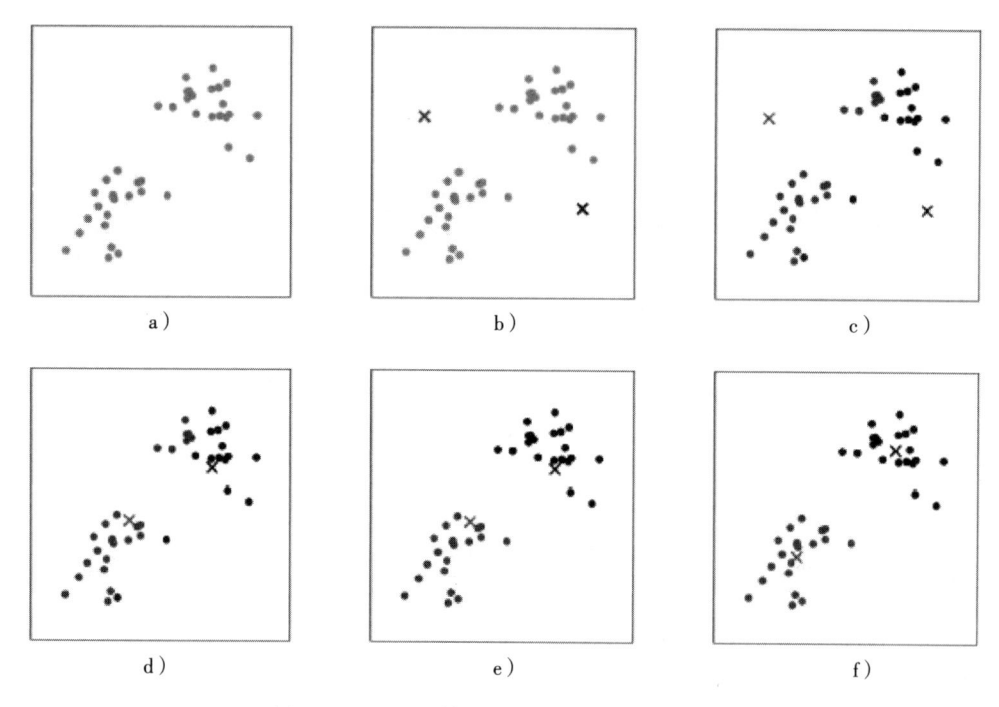

图 4-2 K-Means 算法流程示意图（详见彩插）

K-Means 算法简单高效、收敛速度快，被业界广泛地使用。然而 K-Means 算法也需要关注以下缺点。首先，该算法需要预先设定类簇的个数 K，对于未知结构的数据而言，类簇个数 K 的取值范围难以确定，从而导致每次聚类结果与类簇个数 K 的设置密切相关。由于初始值的不同，每次聚类结果也可能不一样。其次，K-Means 算法对噪声和离群值非常敏感，比如在距离中心远的地方手动添加一个噪声点，那么中心点的位置便会移动到较远地方；另外，K-Means 算法只能发现球状的簇，而不能发现无规则结构的簇划分。K-Means 用样本点到类簇中心的距离作为判别标准，其本质上已经假设了簇的数据样本服从高维球形分布，然而实际上数据样本完全服从这种分布的概率并不高。

4.2.2 K-中心点算法

在 K-Means 算法中，异常点和噪声数据对算法有较大影响。比如在距离中心远的地方手动添加一个噪声点，那么中心点的位置便会移动到较远地方，导致重新计算得到的质心偏离了聚簇的真实中心。为此，提出了 K-中心点算法。区别于 K-Means 算法，K-中心点算法在更新计算类簇的中心点时，计算的是样本点到其他所有点的距离之和最小的点，通过距离之和最短的计算方式可以减少某些孤立数据对聚类过程的影响。上述过程的计算量大于 K-Means，大约增加 $O(n)$ 的计算量，因此一般情况下 K-中心点算法更加适合小规模数据运算。K-中心点算法的流程如算法 4-2 所示。

算法 4-2　K-中心点算法流程

输入：样本集 D，簇的数目 K，最大迭代次数 N
输出：簇划分（K 个簇，使平方误差最小）
1. 在所有数据集合中选择 K 个点作为各个聚簇的初始中心点
2. 计算其余所有样本点到 K 个中心点的距离，并把每个点到 K 个中心点最短的聚簇作为自己所属的聚簇
3. 在每个聚簇中按照顺序依次选取点，计算该点到当前聚簇中所有点的距离之和，最终距离之和最小的点，则视为新的中心点
4. 不断重复 2、3，直到各个聚簇的中心点不再改变

4.3　基于层次的聚类算法

基于划分的聚类算法需要明确 K 值的选择，且存在初始聚类中心点选择的问题，这些都会影响到最终类簇的划分结果。而基于层次的聚类算法从层次的角度避免了 K 值和初始聚类中心点的选择问题。层次聚类即一层一层地进行聚类，此时逐层的方式可以是由上向下把大的类别分割（分裂法），也可以是由下向上对小的类别进行聚合（凝聚法）。与凝聚法相比，分裂法具有较高的时间复杂度。

分裂法指的是初始时将所有样本归为一个类簇，然后依据某种准则进行逐渐分裂，直到达到某种条件或者达到设定的分类数目。

凝聚法指的是初始时将每个样本点当作一个类簇，所以原始类簇的大小等于样本点的个数，然后依据某种准则合并这些初始的类簇，直到达到某种条件或设定的分类数目。

本节主要介绍基于层次的聚类算法的代表性工作：AGNES[6]、DIANA[7] 和 BIRCH[19]。

4.3.1　AGNES 算法

AGNES（AGglomerative NESting）是一种常用的基于层次的聚类算法。它首先将数据集中的每一个样本看作一个初始聚类，然后在算法运行的每一步找出距离最近的两个聚类簇进行合并，该过程不断重复，直到达到预设的聚类簇的个数。此时算法的关键是计算聚类簇之间的距离。每个簇实际上是一个样本集合，因此，计算聚类簇之间的距离可以转换成计算集合的某种距离。给定任意两个聚类簇 C_i 与 C_j，计算距离如下所述。

$$最小距离：d_{\min}(C_i, C_j) = \min_{x \in C_i, y \in C_j} \text{dist}(x, y) \tag{4-20}$$

最大距离：$d_{\max}(C_i, C_j) = \max\limits_{x \in C_i, y \in C_j} \text{dist}(x, y)$ (4-21)

平均距离：$d_{\text{avg}}(C_i, C_j) = \dfrac{1}{|C_i||C_j|} \sum\limits_{x \in C_i} \sum\limits_{y \in C_j} \text{dist}(x, y)$ (4-22)

由此可见，最小距离由两个簇的最近样本决定，最大距离由两个簇的最远样本决定，平均距离由两个簇的所有样本共同决定。

当分别使用 $d_{\min}$、$d_{\max}$ 和 d_{avg} 作为聚类距离时，AGNES 算法相对应地成为单链接、全链接和均链接算法。其具体的算法流程如算法 4-3 所示。

算法 4-3　AGNES 算法流程

输入：包含 n 个对象的样本集 D，终止条件簇的数目 K，聚类距离度量函数 d
输出：K 个簇划分
1. 将每个样本点视为一个初始簇
2. 利用距离函数 d 计算任意两个簇之间的距离
3. 根据距离合并簇，并对合并得到的聚类簇距离矩阵进行更新
4. 不断重复过程 2、3，直到达到预定义的簇个数 K

AGNES 算法逻辑结构清晰，程序设计实现简单。但是该算法的时间复杂度为 $O(n^2)$，不适合用于大规模数据集。同时，它依赖于设计的距离函数来决定合并点，一旦一组对象被合并，下一步的处理将在新生成簇的基础上进行。已做的处理不能撤销，因此若某一步未合理地合并，可能导致低质量的聚类结果。

4.3.2　DIANA 算法

DIANA（DIvisive ANAlysis）算法属于基于层次的聚类算法中的分裂法，其基本思想为：首先将所有的对象初始化到一个簇中，然后根据一些原则（比如最邻近的最大欧氏距离）进行类簇的动态划分，直到达到预先指定的簇数目或者两个簇之间的距离超过了某个阈值。算法流程如算法 4-4 所示。具体而言，DIANA 算法中用到以下两个定义。

簇的直径：给定一个类簇，类簇内所有样本点间的距离最大值，称为簇的直径。
平均相异度：平均距离。

算法 4-4　DIANA 算法流程

输入：包含 n 个对象的样本集 D，终止条件簇的数目 K
输出：K 个簇
1. 将所有样本点视为一个初始簇
2. For 每个样本点
3. 在所有簇中挑选出具有最大直径的簇
4. 计算每个样本点的平均相异度（即该样本点同其他所有样本点的距离长度的均值）

5. 挑选一个最大平均相异度的点放入分裂群,剩余的放入未分裂群中
6. 在未分裂群里找出到分裂群中点的最近距离不大于到未分裂群中点的最近距离的点,并将该点加入分裂群
7. 重复步骤6直到没有新的未分裂群中的点被分配给分裂群
8. 分裂群和未分裂群为被选中的簇分裂成的两个簇,与其他簇一起组成新的簇集合
9. END

算法优缺点：已做的分裂操作不能撤销，类之间不能交换对象。如果在某步没有选择好分裂点，可能会导致低质量的聚类结果。大数据集不太适用，且不再具有再分配能力，即如果样本点 A 在某次迭代过程中已经划分给类簇 C_1，那么在后面的迭代过程中 A 将永远属于类簇 C_1，这将影响聚类结果的准确性。

4.3.3 BIRCH 算法

前两种基于层次的聚类算法存在一个共性问题，依据设计的距离函数进行合并或者分裂操作，若距离函数不当，则导致低质量的聚类效果。为了解决该问题，形成了多阶段聚类算法，其核心思想是将层级聚类和其他聚类方法相结合。利用层次结构（Balanced Iterative Reducing and Clustering using Hierarchies，BIRCH）[19] 是一种典型的多阶段聚类算法，其最大的特点是能够利用有限的内存资源完成对大数据集的高质量聚类，同时通过单遍扫描数据集最小化输入/输出代价。其基本思想是：首先扫描整个数据集，建立一棵存放于内存的聚类特征（Clustering Feature，CF）树，它可以被看作数据的多层压缩，试图保留数据的内在聚类结构；然后采用某个选定的聚类算法，比如K-Means或者凝聚法，对CF树的叶节点聚类（每个叶节点是由若干个聚类特征组成的），把稀疏的簇当作离群点删除，而把更稠密的簇合并为更大的簇。算法流程如算法4-5所示。

算法4-5　BIRCH算法流程

输入：包含 n 个对象的样本集 D，终止条件簇的数目 K
输出：K 个簇，达到终止条件规定簇数目
1. 扫描所有数据，建立初始化的CF树
2. 将建立的CF树进行筛选，把稠密数据分成簇，稀疏数据作为孤立点
3. 利用其他的一些聚类算法，比如K-Means，对所有的CF元组进行聚类，建立一棵更好的CF树。主要目的是消除由于样本读入顺序导致的不合理的树结构，以及由于节点CF个数限制导致的树结构分裂
4. 利用生成的CF树的所有CF节点的质心，作为初始质心，对所有样本点按距离远近进行聚类。进一步减少了由于CF树的一些限制导致的聚类不合理的情况

聚类特征树：每个节点包括叶节点都有若干个CF，而内部节点的CF有指向子节点的指针，所有的叶节点用一个双向链表链接起来。聚类特征树中，有三个重要的参数：内部节点的最大CF数 B，叶节点的最大CF数 L，叶节点每个CF的最大样本半径阈值 T。比如一棵高度为3、B 为3、L 为2的CF树如图4-3所示。

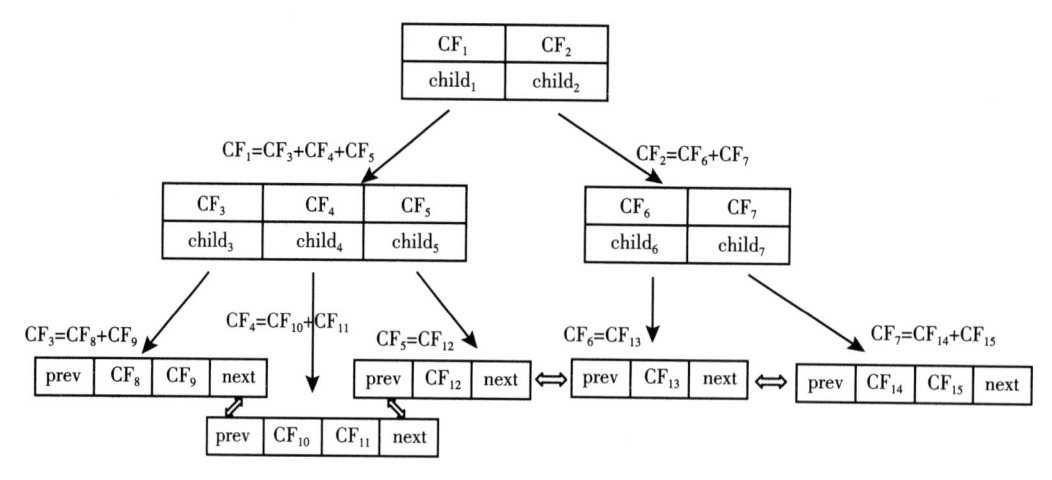

图 4-3　CF 树结构示意图

在 CF 树中，每一个 CF 都是一个三元组，可以用（N, **LS**, SS）表示。其中 N 代表了 CF 中总样本点的数量，矢量 **LS** 代表了 CF 中样本点各特征维度的和向量，标量 SS 代表了 CF 中样本点各特征维度的平方和。

如图 4-4 所示，在 CF 树中的某一个节点的某一个 CF 中，有 3 个样本（1,1）、（2,3）、（3,2）。则它对应的 $N = 3$，**LS** =（1+2+3,1+3+2）=（6,6），SS =（$1^2+2^2+3^2+1^2+3^2+2^2$）=（14+14）= 28。

CF 满足线性关系，即 $CF_1 + CF_2 = (N_1 + N_2, \mathbf{LS}_1 + \mathbf{LS}_2, SS_1 + SS_2)$。可以理解为：在 CF 树中，对于每个父节点中的 CF 节点，它的（N, **LS**, SS）三元组的值等于这个 CF 节点所指向的所有子节点的三元组之和。如图 4-3 所示根节点的 CF_1 的三元组

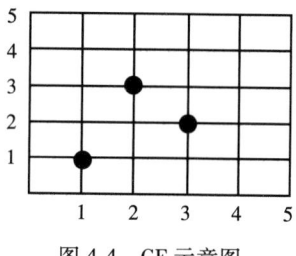

图 4-4　CF 示意图

的值，可以从它指向的 3 个子节点（CF_3、CF_4、CF_5）的值相加得到。这样在更新 CF 树的时候，可以很高效。CT 树的生成步骤如下所述。

①首先定义好 CF 树的参数：内部节点的最大 CF 数 B，叶节点的最大 CF 数 L，叶节点每个 CF 的最大样本半径阈值 T。

②最开始时，CF 树是空的。首先从训练集读入第一个样本点，生成一个三元组 A，此时三元组的 $N = 1$，将这个新的 CF 放入根节点。

③读入第二个样本点，发现这个样本点和第一个样本点 A 在半径为 T 的超球体范围内，即它们属于一个 CF，因此将第二个点也加入 CF_A，此时需要更新 A 的三元组的值。A 的三元组中 $N = 2$。然而如果该样本点距离第一个样本点 A 的距离大于 T，则需要重新划分出一个 CF_B，该样本点作为 CF_B 中的首个样本，生成一个新的 CF 三元组。

④重复上述步骤，划分所有样本点。如果新的数据进入节点后，距离所有 CF 中心的距离都大于 T，且 CF 个数在生成新的 CF 后大于 B，则该节点需要进行分裂。

如图 4-5 所示，叶节点 LN1 有两个 CF，LN2 有一个 CF。设定的叶节点的最大 CF 数 $L=2$。此时一个新的样本点离 LN1 节点最近，因此开始判断它是否在 sc1、sc2 这 2 个 CF 对应的超球体之内，但是它不在，因此需要建立一个新的 CF，即 sc6 来容纳它。但是 LN1 的 CF 个数已经达到最大值了，不能再创建新的 CF 了，此时需要将 LN1 叶节点分裂。

分裂时首先在 LN1 里所有的 CF 元组中，找到两个最远的 CF 作为这两个新叶节点的种子 CF，然后将 LN1 节点里所有的 CF sc1、sc2，以及新样本点的新元组 sc6 划分到两个新的叶节点上。将 LN1 节点划分后的 CF 树如图 4-5 所示。

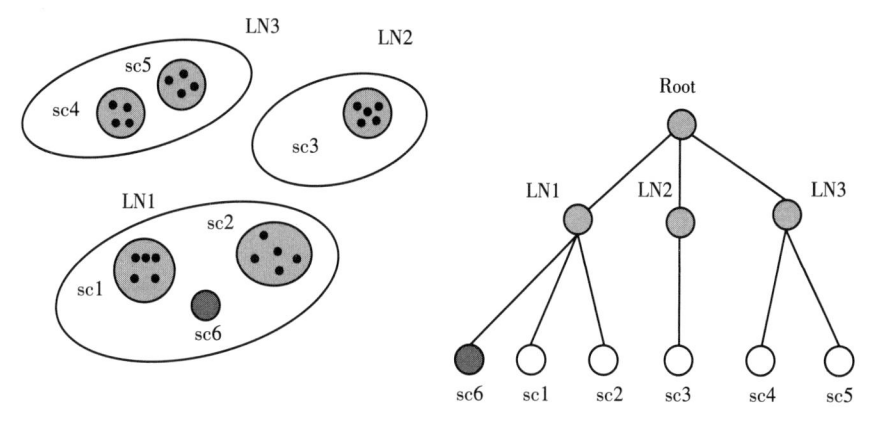

图 4-5 CF 树叶节点分裂前示意图

如果内部节点的最大 CF 数 $B=2$，则此时叶节点一分为二会导致根节点的最大 CF 数超了，因此根节点也要分裂，其分裂方式同叶节点分裂一样，分裂后的 CF 树如图 4-6 所示。

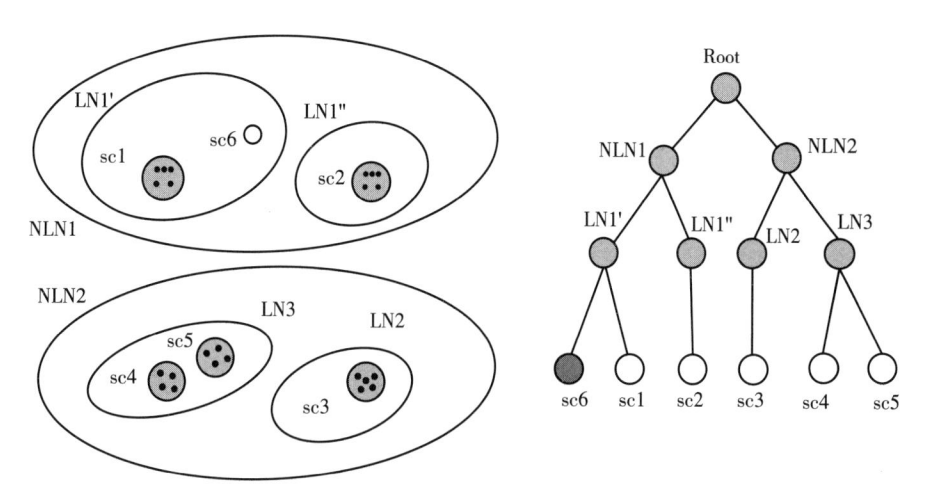

图 4-6 CF 树叶节点分裂后示意图

算法优缺点：只需要扫描一遍训练集就可以建立 CF 树，且树的增删改都很快，聚类的速度快；同时所有的样本都在磁盘上，CF 树仅存了 CF 节点和对应的指针，节约内存；同时可以识别噪声点，对数据集进行初步分类的预处理。但是 CF 树对每个节点的 CF 个数有限制，导致聚类的结果可能与真实的类别分布不同；且如果数据集的分布簇不是类似于超球体，或者说不是凸的，则聚类效果不好。

4.4 基于密度的聚类算法

基于划分的聚类算法和基于层次的聚类算法只能发现球状簇，很难构建任意形状的类簇划分。为了发现任意形状的类簇结构，可以把类簇看作数据空间中被稀疏区域分开的稠密区，由此可以构建基于密度的聚类算法。基于密度的聚类算法以数据集在空间分布上的稠密程度为依据进行聚类，不需要预先设定类簇的个数，因此特别适合对于未知结构的数据集进行聚类。其指导思想为：只要一个区域中点的密度大于某个阈值，就把它加到与之相近的聚类中。对于簇中的每个对象，在给定的半径邻域中至少要包含最小数目个对象。本节主要介绍基于密度的聚类算法的典型代表：DBSCAN 算法[8]。

DBSCAN 算法

具有噪声的基于密度的聚类方法（Density-Based Spatial Clustering of Applications with Noise，DBSCAN）是一种典型的基于密度的聚类算法，它可以在带有"噪声"的空间数据集中发现任意形状的类簇结构。与 K-Means、BIRCH 这些一般只适用于凸样本集的聚类算法相比，DBSCAN 既适用于凸样本集，也适用于非凸样本集。

在学习 DBSCAN 算法之前，首先学习密度聚类的几个常见概念。

对象的 ϵ-邻域：对于任意对象 $x_j \in D$，其 ϵ-邻域包含样本集 D 中与 x_j 距离不大于 ϵ 的样本，即 $N_\epsilon(x_j) = \{x_i \in D | \text{dist}(x_i, x_j) \leq \epsilon\}$。

核心对象：如果一个对象 x_j 的邻域至少包含 MinPts 个样本，即 $|N_\epsilon(x_j)| \geq \text{MinPts}$，则 x_j 是一个核心对象。

直接密度可达：如果对象 x_j 在对象 x_i 的邻域内，且 x_i 是一个核心对象，则称 x_j 从 x_i 出发是直接密度可达的。

密度可达：对于对象 x_i 和 x_j，如果存在一个样本序列 $p_1, p_2, \cdots, p_n$，其中 $p_1 = x_i$，$p_n = x_j$，并且 p_{i+1} 由 p_i 直接密度可达，则称 x_j 是由 x_i 密度可达。密度可达是非等价关系。

密度相连：对于对象 x_i 和 x_j，如果样本中存在一个对象 x_k，使得 x_i 和 x_j 均由 x_k 密度可达，则称 x_i 和 x_j 密度相连。密度相连是等价关系。

噪声：一个基于密度的簇是基于密度可达的最大的密度相连对象的集合。不包含在任何簇中的对象被认为是"噪声"。

边界对象：边界对象是非核心对象，但落在某个核心对象的邻域内。

可以通过图 4-7 对上述概念进行理解，其中设置 MinPts = 5。红色的点都是核心对象，

因为其 ϵ-邻域至少有 5 个样本。黑色的样本是非核心对象。所有核心对象直接密度直达的样本在以红色核心对象为中心的超球体内，如果不在超球体内，则不能直接密度直达。图中用绿色箭头连起来的核心对象组成了密度可达的样本序列。在这些密度可达的样本序列的 ϵ-邻域内所有的样本相互都是密度相连的。

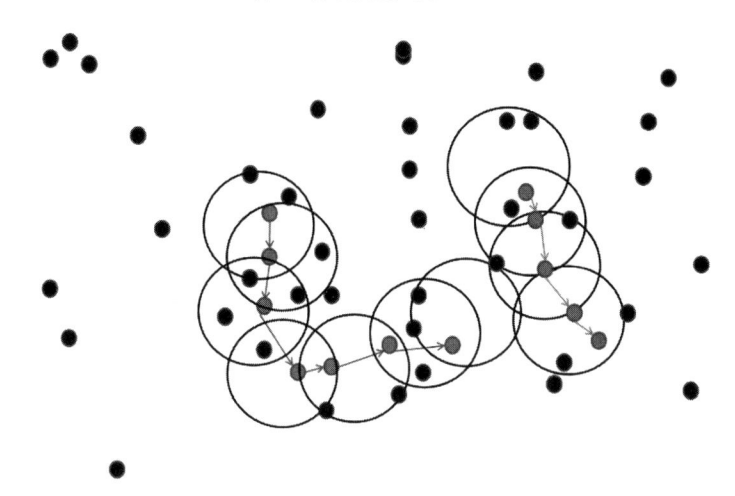

图 4-7 密度聚类的几个概念定义示意图（详见彩插）

DBSCAN 的聚类可以定义为：由密度可达关系导出的最大密度相连的样本集合，即为聚类的一个类簇。

DBSCAN 的簇里面可以有一个或者多个核心对象。如果只有一个核心对象，则簇里其他的非核心对象样本都在这个核心对象的 ϵ-邻域内；如果有多个核心对象，则簇里的任意一个核心对象的 ϵ-邻域中一定有一个其他的核心对象，否则这两个核心对象无法密度可达。这些核心对象的 ϵ-邻域里所有的样本的集合组成了一个 DBSCAN 聚类簇。

对于簇样本集合的形成，首先任意选择一个没有类别的核心对象作为种子，然后找到所有这个核心对象能够密度可达的样本集合，即为一个聚类簇。接着继续选择另一个没有类别的核心对象去寻找密度可达的样本集合，这样就得到另一个聚类簇。一直运行到所有核心对象都有类别为止。DBSCAN 算法的主要流程如算法 4-6 所示。

算法 4-6　DBSCAN 算法流程

输入：包含 n 个样本的数据集 D，半径参数 ϵ，邻域密度阈值 MinPts
输出：所有生成的簇，达到密度要求
1. 从数据库中抽取一个未处理过的样本
2. 如果抽出的样本点是核心对象，那么找出所有从该样本点密度可达的对象，形成一个簇
3. 如果抽出的样本点是边界对象，跳出本次循环，寻找下一个样本点
4. 不断重复 1、2、3，直到所有样本点均被处理

作为基于密度聚类算法的典型代表，DBSCAN 算法可以克服球状簇的约束，能够基于样本点的密度信息构建任意形状的类簇结构，尤其是当数据内部结构未知时，具有广泛的适应性。模型对于异常点不敏感，可以有效处理数据集中包含的噪声数据，表现出良好的稳定性。此外，模型的执行过程对数据的处理顺序不敏感。然而模型对于邻域半径和邻域密度阈值敏感。若参数选择不当，则直接影响聚类的质量。此外，如果样本集的密度分布不均匀，聚类间距离相差很大时，聚类质量比较差。

小结

1. 聚类任务的核心是距离的度量和聚类效果的评估。本章列举了常见的距离度量方式：曼哈顿距离、欧氏距离、闵氏距离和余弦距离。同时，根据聚类的紧密度和分离度两个准则列举了常见的评估方式：聚类准确度、兰德指数、标准互信息、CH 指数、邓恩指数、轮廓系数。

2. 基于划分的聚类算法遵循"类内的点的距离足够近，类间的距离足够远"的原则，迭代地将一堆数据点划分开。因此，这种启发式的算法需要预先设定 K 值，对于最先的 K 个点的选取很敏感，对于噪声和离群值也非常敏感。

3. 基于层次的聚类算法是对给定的数据进行层次分解，直到满足某种条件为止。按照其层次分解的顺序，可以分为凝聚法和分裂法。它从层次的角度避免了 K 值和初始聚类中心的选择问题。但是它时间复杂度高，错误容易累积。

4. 基于密度的聚类算法以数据集在空间分布上的稠密程度为依据进行聚类，不需要预先设定簇的数量，同时可以克服基于距离的算法只能发现凸聚类的缺点，可以发现任意形状的簇，但是它对于距离的阈值、邻域样本数阈值较敏感，这些值选取不当，聚类效果则较差。

习题

1. 试分析什么是聚类算法，列举聚类算法的应用场景。
2. 试分析如何根据 K-Means 算法的不足进行优化。
3. 假设将 A1(2,10)、A2(2,5)、A3(8,4)、B1(5,8)、B2(7,5)、B3(6,4)、C1(1,2)、C2(4,9)此 8 个点聚类成 3 个簇，距离函数是欧氏距离。假设初始选择 A1、B1、C1 分别作为每个聚类的中心，用 K-中心点算法来求出：
   1) 第一次循环执行后的三个聚类中心。
   2) 最终的三个簇。
4. 假设存在五个点 A1(0,2)、A2(0,0)、A3(1.5,0)、A4(5,0)、A5(5,2)，计算其欧氏距离矩阵，并利用 AGNES 算法求出分类簇。
5. 在习题 4 的基础上，利用 DIANA 算法求出分类簇。

6. 如图 4-8 所示，试描述 a、b 与 c 之间的关系。（核心对象、边界对象、直接密度可达、密度可达、密度相连等。）

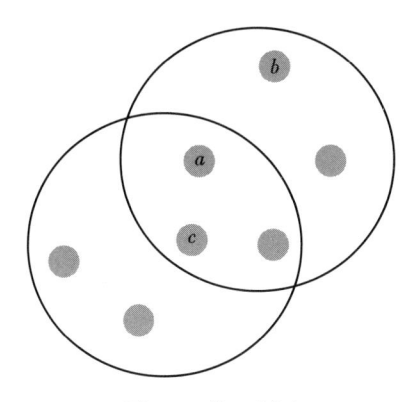

图 4-8　第 6 题图

7. 试从时间复杂度、聚类数目是否指定、对噪声点是否敏感、适合数据的规模、聚类效果等多个方面分析 K-Means 算法、层次聚类算法、DBSCAN 算法的性能。

*8[一]. 试根据某数据集利用 Python 工具实现 K-Means、AGNES、DBSCAN 等算法聚类分析，并分析比较各个方法的聚类结果。（数据集链接：https://pan.baidu.com/s/1oAPzrFr_5ULU4iqUreYREw，提取码：ush4。）

参考文献

[1] FORGEY E. Cluster analysis of multivariate data: efficiency vs. interpretability of classification [J]. Biometrics, 1965, 21(3): 768-769.

[2] KRISHNA K, MURTY M N. Genetic K-means algorithm [J]. IEEE transactions on systems, man, and cybernetics, Part B (cybernetics), 1999, 29(3): 433-439.

[3] PARK H S, JUN C H. A simple and fast algorithm for K-medoids clustering [J]. Expert systems with applications, 2009, 36(2): 3336-3341.

[4] KAUFMAN L. Partitioning around medoids (program PAM) [J]. Finding groups in data, 1990, 344: 68-125.

[5] WEI C P, LEE Y H, HSU C M. Empirical comparison of fast clustering algorithms for large data sets [C] //Proceedings of the 33rd Annual Hawaii International Conference on System Sciences. New York: IEEE, 2000: 10.

[6] CHAN T F, XU J, ZIKATANOV L. An agglomeration multigrid method for unstructured grids [J]. Contemporary mathematics, 1998, 218: 67-81.

㊀　带 * 号的为选做题。——编辑注

[7] PATNAIK A K, BHUYAN P K, RAO K V K. Divisive Analysis (DIANA) of hierarchical clustering and GPS data for level of service criteria of urban streets [J]. Alexandria engineering journal, 2016, 55(1): 407-418.

[8] ESTER M, KRIEGEL H P, SANDER J, et al. A density-based algorithm for discovering clusters in large spatial databases with noise [C] //KDD. 1996, 96(34): 226-231.

[9] ANKERST M, BREUNIG M M, KRIEGEL H P, et al. OPTICS: ordering points to identify the clustering structure [J]. ACM SIGMOD record, 1999, 28(2): 49-60.

[10] WANG W, YANG J, MUNTZ R. STING: A statistical information grid approach to spatial data mining [C] //VLDB. 1997, 97: 186-195.

[11] SHEIKHOLESLAMI G, CHATTERJEE S, ZHANG A. Wavecluster: a multi-resolution clustering approach for very large spatial databases [C] //VLDB. 1998, 98: 428-439.

[12] AGRAWAL R, GEHRKE J, GUNOPULOS D, et al. Automatic subspace clustering of high dimensional data for data mining applications [C] //Proceedings of the 1998 ACM SIGMOD International Conference on Management of Data. 1998: 94-105.

[13] FISHER D H. Knowledge acquisition via incremental conceptual clustering [J]. Machine learning, 1987, 2: 139-172.

[14] CHEESEMAN P, KELLY J, SELF M, et al. Autoclass: a Bayesian classification system [M] //Machine Learning Proceedings 1988. Burlington: Morgan Kaufmann, 1988: 54-64.

[15] VESANTO J, ALHONIEMI E. Clustering of the self-organizing map [J]. IEEE Transactions on neural networks, 2000, 11(3): 586-600.

[16] XU R, WUNSCH D. Survey of clustering algorithms [J]. IEEE Transactions on neural networks, 2005, 16(3): 645-678.

[17] BERKHIN P. A survey of clustering data mining techniques [J]. Grouping multidimensional data: recent advances in clustering, 2006: 25-71.

[18] RAI P, SINGH S. A survey of clustering techniques [J]. International journal of computer applications, 2010, 7(12): 1-5.

[19] ZHANG T, RAMAKRISHNAN R, LIVNY M. BIRCH: a new data clustering algorithm and its applications [J]. Data mining and knowledge discovery, 1997, 1: 141-182.

CHAPTER 5

第 5 章

分类

  分类任务建立输入数据与类别标签之间的映射关系，其核心在于基于已知数据学习一个分类模型，对输入数据的类别信息进行预测输出。根据分类模型在训练过程中是否使用类别标签数据，分类算法可以分为有监督分类、半监督分类和无监督分类。有监督分类算法使用带有类标签信息的样本进行学习；半监督分类算法是在无类标签样例的帮助下训练有类标签的样本，获得比只用有类标签的样本训练得到的分类器性能更优的分类器，弥补有类标签样本不足的缺陷；无监督分类算法适用于类别标签缺失的情况，只根据数据本身的特征进行分类。

  本章将主要介绍有监督分类问题。在有监督分类任务中，必须事先知道样本数据集所对应的全部类别信息，并且所有待分类的样本都默认对应唯一的类别信息（注释：如果一个样本对应多个类别信息，属于多任务分类，不在本章的讨论范围）。同时分类问题往往采用经验性方法构造映射规则，即一般情况下的分类问题缺少足够的信息来构造100%正确的映射规则，而是通过对经验数据的学习实现一定概率意义上的正确分类，因此所训练出的分类器并不是一定能将每个待分类项准确映射到其真实类别。分类器的质量与分类器构造方法、待分类数据的特性以及训练样本数量等诸多因素有关。

  分类器的构造一般包括训练和分类两个阶段。如图 5-1 所示，在训练阶段，根据带有标签的训练数据集 $\{(x_1,y_1),(x_2,y_2),\cdots,(x_T,y_T)\}$ 利用某种方法学习一个分类器 $Y=f(X)$；在分类阶段，使用训练好的分类器对新输入样本 x_{T+1} 进行分类，即预测其输出的类标记 y_{T+1}。

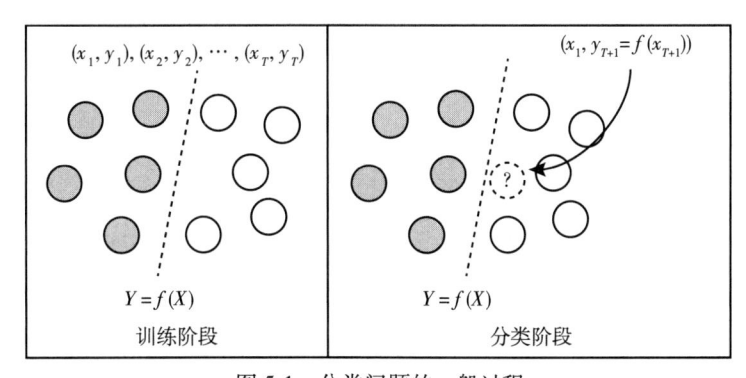

图 5-1 分类问题的一般过程

分类方法有很多，包括 K-最近邻法[1]、决策树、贝叶斯分类器、支持向量机、感知机（详见 6.2 节）、神经网络（详见第 6、7 章）等。本章重点介绍三个经典的分类算法：决策树、贝叶斯分类器和支持向量机。同时针对单分类器的学习能力受限问题，系统性地介绍经典的集成学习算法：Boosting 和 Bagging。

5.1 决策树

决策树（Decision Tree）是一种树形结构，其中每个内部节点表示一个属性上的测试，每个分支代表一个测试输出，每个叶节点代表一种类别。决策树上从根节点到任一叶节点的路径表示一个判别规则，代表的是对象属性与对象值之间的一种映射关系。基于这些映射关系，可以实现对输入实例的分类工作。决策树学习过程通常包括三个步骤：特征选择、决策树生成和决策树剪枝。

5.1.1 决策树模型与学习

分类决策树模型是一种描述对实例进行分类的树形结构。决策树由节点和有向边组成。节点有两种类型：一种是内部节点，表示一个特征或属性；另一种是叶节点，表示一个类标签。图 5-2 是一个决策树示意图，其中方框和圆分别表示内部节点和叶节点。

给定训练数据集 $D = \{(x_1, y_1), (x_2, y_2), \cdots, (x_N, y_N)\}$，其中 $x_i = (x_i^{(1)}, x_i^{(2)}, \cdots, x_i^{(n)})^T$ 为输入实例（特征向量），n 为特征个数，$y_i \in \{1, 2, \cdots, K\}$ 为类标记，$i = 1, 2, \cdots, N$，N 为样本容量。决策树构建本质上是从训练数据集中归纳出一组分类规则。图 5-3 给出了一个识别鸢尾属植物的决策树示例。首先需要判断"花瓣宽度"。如果"花瓣宽度小于等于 0.8cm"，则判断"山鸢尾"；如果"花瓣宽度小于 1.75cm"，则判断"花瓣长度是否大于 4.95cm"。依次推理，直到最终的叶节点。决策树中从根节点到任一叶节点的路径构成了一条判断规则。借助于这些规则对植物进行分类识别。

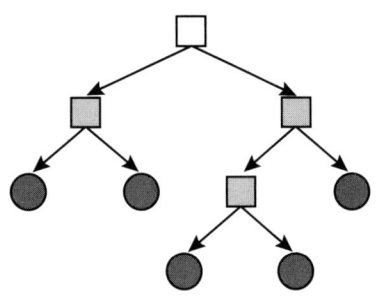

图 5-2 决策树模型

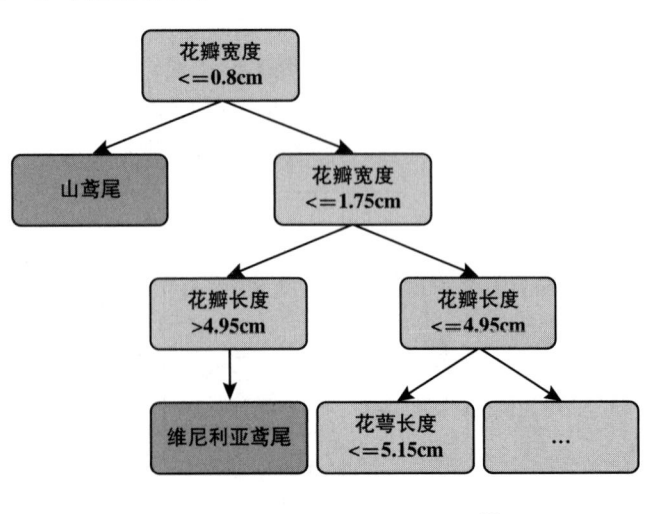

图 5-3 识别鸢尾属植物决策树实例

决策树学习的算法通常是一个递归地选择最优特征，并根据该特征对训练数据进行分割，使得在各个子数据集上都是最好分类的过程。生成决策树的一般过程如算法 5-1 所示。

算法 5-1　决策树算法流程

输入：训练数据集 D，特征集 X；
输出：决策树 T

1. 若训练样本集 D 中所有实例属于同一类 C_k，则 T 为单节点树，并将类 C_k 作为该节点的类标记，返回 T；（单类情况）
2. 若 $X=\varnothing$，则 T 为单节点树，并将 D 中实例最多的类 C_k 作为该节点的类标记，返回 T；（无特征情况）
3. 从 X 中选择最优划分属性 X_g；
4. 对 X_g 的每一值 x_i，依 $X_g=x_i$ 将 D 分割为若干子集 D_i，将 D_i 中实例最多的类作为类标记，构建子节点，由节点及其子节点构成树 T，返回 T；
5. 对第 i 个子节点，以 D_i 为训练集，以 $X-\{X_g\}$ 为特征集，递归地调用步骤 1~5，得到子树 T_i，返回 T_i。

需要注意的是，可以将训练数据完全分类正确的决策树可能有多个，也可能一个也没有。在机器学习领域，往往需要找到一个与训练数据矛盾较小同时具有良好泛化能力的决策树。另外，按照以上方法生成的决策树可能对训练数据有很好的分类能力，但对未知的测试数据却未必有很好的分类能力，即有可能发生过拟合现象。所以需要对已生成的决策树进行剪枝，将树变得更简单，从而使它具有更好的泛化能力。如果特征数量很多，也需要在决策树学习时，对特征进行选择，只留下对训练数据有足够分类能力的特征。

决策树分类算法包含特征选择、决策树的生成与决策树的剪枝过程。决策树的生成对应于模型的局部选择，决策树的剪枝对应于模型的全局选择。

5.1.2　特征选择

选择最优特征是生成决策树中的关键一步。如果利用一个特征进行分类的结果与随机分类的结果没有很大差别，则认为这个特征是没有分类能力的。就经验上而言，扔掉这样的特征对决策树学习的精度影响不大。在特征选择过程中，往往选择那些可以对数据进行有效分类的特征。度量特征有效性的准则是信息增益[2]或信息增益比[3]。

特征选择的核心原则是被选择的特征可以将无序数据变得更加有序。在特征选择前后信息发生的变化称为信息增益，获得信息增益最高的特征就是最好的选择，所以必须先学习如何计算信息增益。

集合信息的度量称为香农熵（Shannon Entropy），或者简称熵（Entropy）。熵是信息论（Information Theory）中的一个核心概念，是对信息量化度量的一个概念。设 X 是一个取值有限的离散随机变量，其概率分布为

$$P(X=x_i)=p_i, i=1,2,\cdots,n$$

则随机变量 X 的熵定义为

$$H(X)=-\sum_{i=1}^{n} p_i \ln p_i \qquad (5\text{-}1)$$

熵越大，随机变量的不确定性就越大，即越无序。反之，随机变量的不确定性就越小，表现为高度的有序性。由此可见，信息熵也可以说是随机变量有序化程度的一个度量。

条件熵 $H(Y|X)$（Conditional Entropy）表示在已知随机变量 X 的条件下随机变量 Y 的不确定性。它定义为在给定条件 X 下，Y 的条件分布概率的熵对 X 的数学期望：

$$H(Y|X)=\sum_{i=1}^{n} p_i H(Y|X=x_i) \qquad (5\text{-}2)$$

当熵和条件熵中的概率由参数估计（特别是最大似然估计）得到时，所对应的熵与条件熵分别称为经验熵和经验条件熵。

信息增益（Information Gain）表示在已知随机变量 X 的条件下，随机变量 Y 的不确定性减少的程度。具体而言，特征 X 对训练数据集 D 的信息增益 $g(D,X)$，定义为训练数据集 D 的经验熵 $H(D)$ 与特征 X 在给定条件下训练数据集 D 的经验条件熵 $H(D|X)$ 之差，即

$$g(D,X)=H(D)-H(D|X) \qquad (5\text{-}3)$$

给定训练数据集 D 和特征 X，经验熵 $H(D)$ 表示对训练数据集 D 进行分类的不确定性。而经验条件熵 $H(D|X)$ 表示在特征 X 给定的条件下对训练数据集 D 进行分类的不确定性。两者的差值即为信息增益，表示特征 X 的引入对数据集 D 分类的不确定性的减少程度。显然，对于训练数据集 D 而言，信息增益依赖于特征，不同的特征往往具有不同的信息增益，信息增益大的特征具有更强的分类能力。著名的 ID3 算法（详见 5.1.3 节）就是应用信息增益准则选择特征。

设训练数据集为 D，$|D|$ 表示其样本容量，即样本个数。设有 K 个类 $\{C_k\}$，$k=1$, $2,\cdots,K$，$|C_k|$ 为属于类 C_k 的样本个数，$\sum_{k=1}^{K}|C_k|=|D|$。设特征 X 有 n 个不同的取值 $\{x_1,x_2,\cdots,x_n\}$。根据特征 X 的取值将 D 划分为 n 个子集 $D_1,D_2,\cdots,D_n$，$|D_i|$ 为子集 D_i 的样本个数，$\sum_{i=1}^{n}|D_i|=|D|$。记子集 D_i 中属于类 C_k 的样本集合为 D_{ik}，即 $D_{ik}=D_i \cap C_k$，$|D_{ik}|$ 为 D_{ik} 的样本个数。信息增益的计算方法如算法 5-2 所示。

算法 5-2　信息增益的计算方法

输入：训练数据集 D 和特征 X；
输出：特征 A 对训练数据集 D 的信息增益 $g(D,X)$
1. 计算数据集 D 的经验熵 $H(D)$

$$H(D)=-\sum_{k=1}^{K} \frac{|C_k|}{|D|} \log_2 \frac{|C_k|}{|D|} \qquad (5\text{-}4)$$

(续)

2. 计算特征 X 对数据集 D 的条件经验熵 $H(D|X)$

$$H(D|X) = \sum_{i=1}^{n} \frac{|D_i|}{|D|} H(D_i) = -\sum_{i=1}^{n} \frac{|D_i|}{|D|} \sum_{k=1}^{K} \frac{|D_{ik}|}{|D|} \log_2 \frac{|D_{ik}|}{|D_i|} \tag{5-5}$$

3. 计算信息增益 $g(D,X)$

表 5-1 部分鸢尾花数据集（三分类：山鸢尾、变色鸢尾、维尼利亚鸢尾）

	花萼长度（cm）	花萼宽度（cm）	花瓣长度（cm）	花瓣宽度（cm）	是否感染
1	5.1	3.5	1.4	0.2	山鸢尾
2	4.9	3.0	1.4	0.2	山鸢尾
3	4.7	3.2	1.3	0.2	山鸢尾
4	4.6	3.1	1.5	0.2	山鸢尾
5	5.4	3.9	1.7	0.4	山鸢尾
6	6.6	2.9	4.6	1.3	变色鸢尾
7	4.9	2.4	3.3	1.0	变色鸢尾
8	5.6	2.9	3.6	1.3	变色鸢尾
9	5.6	3.0	4.5	1.5	变色鸢尾
10	5.7	2.8	4.1	1.3	变色鸢尾
11	5.9	3.0	5.1	1.8	维尼利亚鸢尾
12	6.2	3.4	5.4	2.3	维尼利亚鸢尾
13	6.5	3.0	5.2	2.0	维尼利亚鸢尾
14	6.3	2.5	5.0	1.9	维尼利亚鸢尾
15	6.7	3.0	5.2	2.3	维尼利亚鸢尾

例 5.1 以表 5-1 所给的鸢尾花数据集 D 为例，围绕鸢尾花的分类识别问题，根据信息增益准则选择最优特征。

解：首先计算经验熵 $H(D)$

$$H(D) = -\frac{5}{15}\log_2\frac{5}{15} - \frac{5}{15}\log_2\frac{5}{15} - \frac{5}{15}\log_2\frac{5}{15} = 1.585$$

分别以 X_1、X_2、X_3、X_4 表示花萼长度、花萼宽度、花瓣长度、花瓣宽度等 4 种特征，那么每种特征的信息增益分别为：

$$g(D,X_1) = H(D) - \left[\frac{9}{15}H(D_{11}) + \frac{6}{15}H(D_{12})\right]$$

$$= 1.585 - \left[\frac{9}{15}\left(-\frac{5}{9}\log_2\frac{5}{9} - \frac{4}{9}\log_2\frac{4}{9} - 0\right) + \frac{6}{15}\left(-\frac{5}{6}\log_2\frac{5}{6} - \frac{1}{6}\log_2\frac{1}{6} - 0\right)\right]$$

$$= 1.585 - (0.595 + 0.260) = 0.730$$

这里的 D_{11}、D_{12} 分别是 D 中 X_1（花萼长度）取值为花萼长度 $<5.9\text{cm}$、花萼长度 $\geqslant 5.9\text{cm}$ 的样本子集。类似地，D_{21}、D_{22} 分别是 D 中 X_2（花萼宽度）取值为花萼宽度 $<3.0\text{cm}$、花萼宽度 $\geqslant 3.0\text{cm}$ 的样本子集；D_{31}、D_{32} 分别是 D 中 X_3（花瓣长度）取值为花瓣长度 $<2.0\text{cm}$、花瓣长度 $\geqslant 2.0\text{cm}$ 的样本子集；D_{41}、D_{42} 分别是 D 中 X_4（花瓣宽度）取值为花瓣宽度 $<1.0\text{cm}$、花瓣宽度 $\geqslant 1.0\text{cm}$ 的样本子集。那么：

$$g(D,X_2) = H(D) - \left[\frac{5}{15}H(D_{21}) + \frac{10}{15}H(D_{22})\right]$$

$$= 1.585 - \left[\frac{5}{15}\left(-\frac{4}{5}\log_2\frac{4}{5} - \frac{1}{5}\log_2\frac{1}{5} - 0\right) + \frac{10}{15}\left(-\frac{5}{10}\log_2\frac{5}{10} - \frac{1}{10}\log_2\frac{1}{10} - \frac{4}{10}\log_2\frac{4}{10}\right)\right]$$

$$= 1.585 - (0.241 + 0.907) = 0.537$$

$$g(D,X_3) = H(D) - \left[\frac{5}{15}H(D_{31}) + \frac{10}{15}H(D_{32})\right]$$

$$= 1.585 - \left[\frac{5}{15}\left(-\frac{5}{5}\log_2\frac{5}{5} - 0 - 0\right) + \frac{10}{15}\left(-\frac{5}{10}\log_2\frac{5}{10} - \frac{5}{10}\log_2\frac{5}{10} - 0\right)\right]$$

$$= 1.585 - (0.0 + 0.667) = 0.918$$

$$g(D,X_4) = H(D) - \left[\frac{5}{15}H(D_{41}) + \frac{10}{15}H(D_{42})\right]$$

$$= 1.585 - \left[\frac{5}{15}\left(-\frac{5}{5}\log_2\frac{5}{5} - 0 - 0\right) + \frac{10}{15}\left(-\frac{5}{10}\log_2\frac{5}{10} - \frac{5}{10}\log_2\frac{5}{10} - 0\right)\right]$$

$$= 1.585 - (0.0 + 0.667) = 0.918$$

对比可知，特征 X_3（花瓣长度）和特征 X_4（花瓣宽度）的信息增益值最大，故选择特征 X_3 或 X_4 作为最优特征。

信息增益值的大小是相对于训练数据集而言的，并没有绝对意义。在分类问题困难时，也就是说在训练数据集的经验熵较大时，信息增益值会偏大；反之，信息增益值会偏小。由此可见，信息增益对可取值数目较多的属性有所偏好。为此，考虑引入信息增益率对信息增益进行校正，这是特征选择的另一准则。

特征 X 对训练数据集 D 的**信息增益率** $g_R(D,X)$（Information Gain Ratio）定义为其信息增益 $g(D,X)$ 与训练数据集 D 的经验熵 $H(D)$ 之比：

$$g_R(D,X) = \frac{g(D,X)}{H(D)} \tag{5-6}$$

著名的 C4.5 算法（详见 5.1.3 节）采用了信息增益率来进行特征选择。需要注意的是，信息增益率对可取值较少的属性有所偏好，因此 C4.5 算法并不是直接选择信息增益率最大的特征，而是采用一种启发式的方式：先选择那些信息增益高于平均水平的特征，再从中选择信息增益率最高的特征。

5.1.3 决策树的生成

本节介绍两个经典的决策树生成算法：ID3 算法[4] 和 C4.5 算法[3]。

ID3 算法的核心是在决策树各个节点上应用信息增益准则选择特征，递归地构建决策树。具体方法是：从根节点开始，对节点计算所有特征的信息增益，选择信息增益最大的特征作为节点的特征，由该特征的不同取值建立子节点；再对子节点递归地调用以上方法，构建决策树；直到所有特征的信息增益均很小或没有特征可以选择为止。ID3 相当于用最大似然法进行概率模型的选择，算法流程如算法 5-3 所示。

算法 5-3　ID3 算法流程

输入：训练数据集 D，特征集 X，阈值 ε；
输出：决策树 T。
1. 若 D 中所有实例属于同一类 C_k，则 T 为单节点树，并将类 C_k 作为该节点的类标记，返回 T；（单类情况）
2. 若 $X=\varnothing$，则 T 为单节点树，并将 D 中实例最多的类 C_k 作为该节点的类标记，返回 T；（无特征情况）
3. 按式（5-3）计算 X 中特征对 D 的**信息增益**，选择信息增益最大的特征 X_g；
4. 如果 X_g 的信息增益小于阈值 ε，则置 T 为单节点树，并将 D 中实例最多的类 C_k 作为该节点的类标记，返回 T；
5. 否则，对 X_g 的每一值 x_i，依 $X_g=x_i$ 将 D 分割为若干子集 D_i，将 D_i 中实例最多的类作为类标记，构建子节点，由节点及其子节点构成树 T，返回 T；
6. 对第 i 个子结点，以 D_i 为训练集，以 $X-\{X_g\}$ 为特征集，递归地调用步骤 1~5，得到子树 T_i，返回 T_i。

例 5.2　结合表 5-1 中的鸢尾花数据集，利用 ID3 算法建立决策树。

解　利用例 5.1 的结果，由于特征 X_3（花瓣长度）和特征 X_4（花瓣宽度）的信息增益值最大，所以任意选择特征 X_3 作为根节点的特征。它将数据集 D 划分为两个子集 D_1（花瓣长度<2.0cm）和 D_2（花瓣长度≥2.0cm）。

由于 D_1 只有同一类的样本点，所以它成为一个叶节点，节点的类标记为"山鸢尾"。

而对 D_2 则需从特征 X_1（花萼长度）、X_2（花萼宽度）、X_4（花瓣宽度）中选择新的特征，计算各个特征的信息增益：

$$H(D_2)=-\frac{5}{10}\log_2\frac{5}{10}-\frac{5}{10}\log_2\frac{5}{10}=1.0$$

$$\begin{aligned}g(D_2,X_1)&=H(D_2)-H(D_2|X_1)\\&=1.0-\left[\frac{4}{10}\left(-\frac{4}{4}\log_2\frac{4}{4}-0-0\right)+\frac{6}{10}\left(-\frac{5}{6}\log_2\frac{5}{6}-0-\frac{1}{6}\log_2\frac{1}{6}\right)\right]=1.0-0.390=0.610\end{aligned}$$

$$\begin{aligned}g(D_2,X_2)&=H(D_2)-H(D_2|X_2)\\&=1.0-\left[\frac{5}{10}\left(-\frac{4}{5}\log_2\frac{4}{5}-\frac{1}{5}\log_2\frac{1}{5}-0\right)+\frac{5}{10}\left(-\frac{4}{5}\log_2\frac{4}{5}-\frac{1}{5}\log_2\frac{1}{5}-0\right)\right]\\&=1.0-0.722=0.278\end{aligned}$$

$$g(D_2,X_4)=H(D_2)-H(D_2|X_4)$$
$$=1.0-\left[\frac{10}{10}\left(-\frac{5}{10}\log_2\frac{5}{10}-\frac{5}{10}\log_2\frac{5}{10}-0\right)\right]=1.0-1.0=0.0$$

选择信息增益最大的特征 X_1（花萼长度）作为节点的特征，将数据集 D_2 划分为两个子集 D_4（花萼长度<5.9cm）、D_5（花萼长度≥5.9cm）。然后分别对数据子集 D_4 和 D_5 选择信息增益最大的特征进行划分，其方式同数据子集 D_2 计算方式一致，直至得到所有的叶节点。

信息增益值的大小与训练数据集的经验熵相关，其表现出对可取值数目较多的属性有所偏好，从而导致 ID3 模型具有数据偏好。为此，在 C4.5 算法中引入信息增益率对信息增益进行校正。区别于 ID3 算法直接选择信息增益率最大的特征，C4.5 算法采用一种启发式的方式：先选择那些信息增益高于平均水平的特征，再从中选择信息增益率最高的特征。C4.5 算法流程如算法 5-4 所示。

算法 5-4　C4.5 算法流程

输入：训练数据集 D，特征集 X，阈值 ε；
输出：决策树 T
1. 若 D 中所有实例属于同一类 C_k，则 T 为单节点树，并将类 C_k 作为该节点的类标记，返回 T；（单类情况）
2. 若 $X=\emptyset$，则 T 为单节点树，并将 D 中实例最多的类 C_k 作为该节点的类标记，返回 T；（无特征情况）
3. 按式（5-6）计算 X 中特征对 D 的**信息增益比**，选择信息增益比最大的特征 X_g；
4. 如果 X_g 的信息增益比小于阈值 ε，则置 T 为单节点树，并将 D 中实例最多的类 C_k 作为该节点的类标记，返回 T；
5. 否则，对 X_g 的每一值 x_i，依 $X_g=x_i$ 将 D 分割为若干子集 D_i，将 D_i 中实例最多的类作为标记，构建子节点，由节点及其子节点构成树 T，返回 T；
6. 对第 i 个子节点，以 D_i 为训练集，以 $X-\{X_g\}$ 为特征集，递归地调用步骤 1~5，得到子树 T_i，返回 T_i。

5.1.4　决策树的剪枝

决策树生成算法利用特征选择准则递归地生成决策树，往往对训练数据的分类很准确，但对未知测试数据的分类却极易出现过拟合现象。过拟合的原因在于学习时过多地考虑如何提高对训练数据的正确分类，从而使得形成的规格过于复杂，降低了规则的通用性。解决这一问题的一般性方法是对已生成的决策树进行简化，降低决策树的复杂度，即决策树剪枝技术。具体而言，剪枝就是从已生成的树上裁掉一些子树或者叶节点，并将其根节点或父节点作为新的叶节点，从而提升决策树模型的泛化能力。决策树剪枝的基本策略有"预剪枝"（Pre-Pruning）和"后剪枝"（Post-Pruning）。

预剪枝是指在决策树生成过程中，对每个节点在划分前先进行估计。若当前节点的划分不能带来决策树泛化性能的提升，则停止划分并将当前节点标记为叶节点。算法 5-5 即为预剪枝的算法流程。

算法 5-5　预剪枝的算法流程

输入：训练数据集 D，验证数据集 V，特征集 X；
输入：决策树 T
1. 若 D 中所有实例属于同一类 C_k，则 T 为单节点树，并将类 C_k 作为该节点的类标记，返回 T；（单类情况）
2. 若 $X=\emptyset$，则 T 为单节点树，并将 D 中实例最多的类 C_k 作为该节点的类标记，返回 T；（无特征情况）
3. 从 X 中按照特征选择方法，选择最优特征 X_g；
4. 将 D 中实例最多的类 C_k 作为该节点的类标记，并计算验证集 V 中被分类为该类的实例数 $|T_{C_k}|$，并初始化 $|T_{x_i}|=0$；
5. 对 X_g 的每一值 x_i，依 $X_g=x_i$ 将 D 分割为若干子集 D_i，将 V 分割为若干子集 V_i，将 D_i 中实例最多的类作为标记，计算 V_i 中被分类为该类的数量 $|T_{C_i}|$，$|T_{x_i}|=|T_{x_i}|+|T_{C_i}|$；
6. 若 $|T_{C_k}|\geq|T_{x_i}|$，则进行剪枝，即将分支节点标记为叶节点，并将 D 中实例最多的类 C_k 作为该节点的类标记；
7. 对 X_g 的每一值 x_i，依 $X_g=x_i$ 将 D 分割为若干子集 D_i，将 D_i 中实例最多的类作为标记，构建子节点，由节点及其子节点构成树 T，返回 T；
8. 对第 i 个子节点，以 D_i 为训练集，以 $X-\{X_g\}$ 为特征集，递归地调用步骤 1~7，得到子树 T_i，返回 T_i。

后剪枝则是先从训练集生成一棵完整的决策树，然后自底向上地对非叶节点进行考察。若将该节点对应的子树替换为叶节点能带来决策树泛化的提升，则将该子树替换为叶节点。

错误率降低剪枝[5]（Reduced-Error Pruning，REP）是一种典型的后剪枝方法。首先可用数据被分成两个样例集合：一个训练集用来自动生成决策树；一个验证集用来评估已生成的决策树在未知数据上的精度，确切地说是用来评估修剪这个决策树的效果。这个方法的动机是：即使分类器可能会被训练集中的随机错误和巧合规律所误导，但验证集不大可能表现出同样的随机波动。所以验证集可以用来对过度拟合训练集中的虚假特征进行检验。该剪枝方法考虑将决策树上的每个节点作为修剪的候选对象，具体过程如算法 5-6 所示。

算法 5-6　REP 算法

输入：生成算法产生的决策树 T，参数 α；
输出：剪枝后的决策树 T_α
1. 计算每个节点的经验熵；
2. 递归地从树的叶节点向上回溯，设一组叶节点回溯到其父节点之前与之后的整体树分别为 T_B 和 T_A，其对应测试集的损失函数值分别是 $L_\alpha(T_B)$ 和 $L_\alpha(T_A)$。如果 $L_\alpha(T_B)\leq L_\alpha(T_A)$ 则进行剪枝，即将父节点变为新的叶节点；
3. 返回 2，直至不能继续为止。

REP 是最简单的后剪枝方法之一。但是由于使用独立的测试集，与原始决策树相比，修改后的决策树可能偏向于过度修剪。这是因为训练集中很稀少的实例可能不会出现在测试集中，在剪枝时对应的分枝会被剪掉。所以如果训练集过小，通常不考虑采用 REP 算法。尽管如此，REP 算法仍然作为一种基准来评价其他剪枝算法的性能。它对于两阶段决策树学习方法的优点和缺点提供了一个很好的学习思路。由于验证集没有参与决策树的创建，所以用 REP 剪枝后的决策树对于测试样例的偏差要好很多，在一定程度上能够解决过拟合问题。

5.2 贝叶斯分类

贝叶斯分类是一类算法的统称，这类算法均以贝叶斯定理为基础，故统称为贝叶斯分类。本节主要介绍朴素贝叶斯分类算法的原理及参数估计方法。

5.2.1 贝叶斯决策论

贝叶斯决策在不完全情报下，对部分未知的状态用主观概率估计，然后用贝叶斯公式对发生概率进行修正，最后再利用期望值和修正概率做出最优决策。下面以多分类任务为例来进行分析。

对于一个 N 分类问题，即类别空间为 $y=\{c_1,c_2,\cdots,c_N\}$。μ_{ij} 表示将一个真实标签为 c_j 的样本被误分类为标签 c_i 所产生的损失。此时，基于后验概率 $P(c_i|\boldsymbol{x})$ 可获得将样本 $\boldsymbol{x}$ 分类为 c_i 所产生的期望损失，即"条件风险"：

$$R(c_i|\boldsymbol{x})=\sum_{j=1}^{N}\mu_{ij}P(c_i|\boldsymbol{x}) \tag{5-7}$$

分类任务的目标是寻找一个分类器 $f:\boldsymbol{x}\to y$ 使得总体风险最小化，此时有总体风险：

$$R(f)=E_{\boldsymbol{x}}[R(f(\boldsymbol{x})|\boldsymbol{x})] \tag{5-8}$$

显然，对于每个样本 $\boldsymbol{x}$，若分类器 f 能使得条件风险 $R(f(\boldsymbol{x})|\boldsymbol{x})$ 最小化，则总体风险 $R(f)$ 也将被最小化。即贝叶斯判定准则：在每个样本上选择条件风险最小的类别标记，就可以使得总体风险最小化。此时有：

$$f^*(\boldsymbol{x})=\arg\min_{c\in y}R(c|\boldsymbol{x}) \tag{5-9}$$

此时，f^* 称为贝叶斯最优分类器，与之对应的总体风险 $R(f^*)$ 称为贝叶斯风险。具体而言，若目标是最小化分类错误率，则误判损失 μ_{ij} 可写为

$$\mu_{ij}=\begin{cases}0,i=j\\1,\text{其他}\end{cases} \tag{5-10}$$

此时，条件风险可写为

$$R(c|\boldsymbol{x})=1-P(c|\boldsymbol{x}) \tag{5-11}$$

于是，最小化分类错误率的贝叶斯最优分类器为

$$f^*(\boldsymbol{x})=\arg\max_{c\in y}P(c|\boldsymbol{x}) \tag{5-12}$$

即对每个样本 $\boldsymbol{x}$，选择能使后验概率 $P(c|\boldsymbol{x})$ 最大的类别标记。基于贝叶斯定理，$P(c|\boldsymbol{x})$ 可写为

$$P(c|\boldsymbol{x})=\frac{P(c)P(\boldsymbol{x}|c)}{P(\boldsymbol{x})} \tag{5-13}$$

其中，$P(c)$ 表示类"先验概率"；$P(\boldsymbol{x}|c)$ 表示样本 $\boldsymbol{x}$ 相对于类 c 的类"条件概率"或"似然"；$P(\boldsymbol{x})$ 与类标记无关。

因此估计 $P(c|\boldsymbol{x})$ 的问题就转化为如何基于训练数据集 D 来估计类先验概率 $P(c)$ 和类条件概率 $P(\boldsymbol{x}|c)$。类先验概率 $P(c)$ 表示样本空间中各类样本所占的比例。根据大数定理，当训练集中包含足量的独立同分布样本时，类先验概率 $P(c)$ 可通过各类样本出现的频率进行估计。而类条件概率 $P(\boldsymbol{x}|c)$ 涉及 $\boldsymbol{x}$ 关于所有类别的联合概率，直接根据样本出现频率来估计将会遇到严重的困难。下面将介绍此类概率的参数估计方法。

5.2.2 参数估计方法

估计类条件概率，常用方法是先假设数据属于某种概率分布，再根据训练样本对概率分布的参数进行估计。具体而言，假设类 c 的条件概率 $P(\boldsymbol{x}|c)$ 具有确定的形式并且被参数向量 $\boldsymbol{\theta}_c$ 唯一确定，则参数估计就是利用训练数据集 D 估计参数 $\boldsymbol{\theta}_c$。为明确起见，将 $P(\boldsymbol{x}|c)$ 记为 $P(\boldsymbol{x}|\boldsymbol{\theta}_c)$。事实上，贝叶斯分类器的训练过程就是参数估计的过程。

最大似然估计（Maximum Likelihood Estimation，MLE）[6] 是一种对数据进行采样，完全基于统计来估计概率分布参数的经典方法。它的主要思想是对于给定的观测数据，期望从所有的参数中找出能最大概率生成观测数据的参数作为估计结果。

令 D_c 表示训练数据集 D 中类别标签为 c 的样本组成的集合，假设这些样本是独立同分布的，则参数 $\boldsymbol{\theta}_c$ 对于数据集 D_c 的似然（条件概率）是：

$$P(D_c|\boldsymbol{\theta}_c)=\prod_{\boldsymbol{x}\in D_c}P(\boldsymbol{x}|\boldsymbol{\theta}_c) \tag{5-14}$$

对 $\boldsymbol{\theta}_c$ 进行最大似然估计，就是找到一个参数值 $\hat{\boldsymbol{\theta}}_c$，使得似然 $P(D_c|\boldsymbol{\theta}_c)$ 最大化，即

$$\hat{\boldsymbol{\theta}}_c=\arg\max_{\boldsymbol{\theta}_c}P(D_c|\boldsymbol{\theta}_c) \tag{5-15}$$

5.2.3 朴素贝叶斯

朴素贝叶斯[7] 是基于贝叶斯定理与特征条件独立性假设的分类方法。从 5.2.2 节中不难发现，基于贝叶斯公式（5-13）来估计后验概率 $P(c|\boldsymbol{x})$ 的主要困难在于：类条件概

率 $P(\boldsymbol{x}|c)$ 是所有属性的联合概率，难以直接估计。为克服这个问题，朴素贝叶斯分类器采用了"属性条件独立性假设"：对已知类型，假设所有属性相互独立，即假设每个属性独立地对分类结果产生影响。

基于属性条件独立性假设，对贝叶斯公式重写为

$$P(c|\boldsymbol{x})=\frac{P(c)P(\boldsymbol{x}|c)}{P(\boldsymbol{x})}=\frac{P(c)}{P(\boldsymbol{x})}\prod_{i=1}^{m}P(x_i|c) \tag{5-16}$$

其中，m 为属性数目，x_i 为 $\boldsymbol{x}$ 在第 i 个属性上的取值。

根据贝叶斯判定准则，可以得到朴素贝叶斯分类器的表达式为

$$f_{nb}(\boldsymbol{x})=\underset{c\in y}{\arg\max}P(c)\prod_{i=1}^{m}P(x_i|c) \tag{5-17}$$

令 D_c 表示训练集 D 中第 c 类样本组成的集合，若有充分的独立同分布样本，则可容易地估计出类先验概率：

$$P(c)=\frac{|D_c|}{|D|} \tag{5-18}$$

对离散属性而言，令 D_{c,x_i} 表示 D_c 中在第 i 个属性上取值为 x_i 的样本组成的集合，则条件概率 $P(x_i|c)$ 可估计为

$$P(x_i|c)=\frac{|D_{c,x_i}|}{|D_c|} \tag{5-19}$$

例 5.3 试由表 5-1 中部分数据学习一个朴素贝叶斯分类器，选择花萼长度作为特征 $X^{(1)}$，花萼宽度作为特征 $X^{(2)}$，花瓣长度作为特征 $X^{(3)}$，取值的集合分别为 $A_1=\{$花萼长度<5.9cm，花萼长度$\geqslant 5.9$cm$\}$，$A_1=\{$花萼宽度<3.0cm，花萼宽度$\geqslant 3.0$cm$\}$，$A_2=\{$花瓣长度<1.8cm，花瓣长度$\geqslant 1.8$cm$\}$，Y 为类标记，$Y\in B=\{$山鸢尾，变色鸢尾，维尼利亚鸢尾$\}$，求确定样本 $x=$（花萼长度 6.0cm，花萼宽度 4.0cm，花瓣长度 2.0cm）的类标记 y。

解 根据式（5-18）和式（5-19），计算下列概率：

$$P(Y=山鸢尾)=\frac{5}{15}, P(Y=变色鸢尾)=\frac{5}{15}, P(Y=维尼利亚鸢尾)=\frac{5}{15}$$

$$P(X^{(1)}=(花萼长度<5.9\text{cm})|Y=山鸢尾)=\frac{5}{5},$$

$$P(X^{(1)}=(花萼长度\geqslant 5.9\text{cm})|Y=山鸢尾)=\frac{0}{5}$$

$$P(X^{(1)}=(花萼长度<5.9\text{cm})|Y=变色鸢尾)=\frac{4}{5},$$

$$P(X^{(1)}=(花萼长度\geqslant 5.9\mathrm{cm})|Y=变色鸢尾)=\frac{1}{5}$$

$$P(X^{(1)}=(花萼长度< 5.9\mathrm{cm})|Y=维尼利亚鸢尾)=\frac{0}{5},$$

$$P(X^{(1)}=(花萼长度\geqslant 5.9\mathrm{cm})|Y=维尼利亚鸢尾)=\frac{5}{5}$$

$$P(X^{(2)}=(花萼宽度< 3.0\mathrm{cm})|Y=山鸢尾)=\frac{0}{5},$$

$$P(X^{(2)}=(花萼宽度\geqslant 3.0\mathrm{cm})|Y=山鸢尾)=\frac{5}{5}$$

$$P(X^{(2)}=(花萼宽度< 3.0\mathrm{cm})|Y=变色鸢尾)=\frac{4}{5},$$

$$P(X^{(2)}=(花萼宽度\geqslant 3.0\mathrm{cm})|Y=变色鸢尾)=\frac{1}{5}$$

$$P(X^{(2)}=(花萼宽度< 3.0\mathrm{cm})|Y=维尼利亚鸢尾)=\frac{1}{5},$$

$$P(X^{(2)}=(花萼宽度\geqslant 3.0\mathrm{cm})|Y=维尼利亚鸢尾)=\frac{4}{5}$$

$$P(X^{(3)}=(花瓣长度< 1.8\mathrm{cm})|Y=山鸢尾)=\frac{5}{5},$$

$$P(X^{(3)}=(花瓣长度\geqslant 1.8\mathrm{cm})|Y=山鸢尾)=\frac{0}{5}$$

$$P(X^{(3)}=(花瓣长度< 1.8\mathrm{cm})|Y=变色鸢尾)=\frac{5}{5},$$

$$P(X^{(3)}=(花瓣长度\geqslant 1.8\mathrm{cm})|Y=变色鸢尾)=\frac{0}{5}$$

$$P(X^{(3)}=(花瓣长度< 1.8\mathrm{cm})|Y=维尼利亚鸢尾)=\frac{0}{5},$$

$$P(X^{(3)}=(花瓣长度\geqslant 1.8\mathrm{cm})|Y=维尼利亚鸢尾)=\frac{5}{5}$$

对给定的样本 $x=$（花萼长度6.0cm，花萼宽度4.0cm，花瓣长度2.0cm）计算：

$$P(Y=山鸢尾)P(X^{(1)}=(花萼长度\geqslant 5.9\mathrm{cm})|Y=山鸢尾)$$
$$P(X^{(2)}=(花萼宽度\geqslant 3.0\mathrm{cm})|Y=山鸢尾)$$
$$P(X^{(3)}=(花瓣长度\geqslant 1.8\mathrm{cm})|Y=山鸢尾)=\frac{5}{15}\times\frac{0}{5}\times\frac{5}{5}\times\frac{0}{5}=0$$

$P(Y=$变色鸢尾$)P(X^{(1)}=($花萼长度$\geq 5.9\text{cm})|Y=$变色鸢尾$)$

$P(X^{(2)}=($花萼宽度$\geq 3.0\text{cm})|Y=$变色鸢尾$)$

$P(X^{(3)}=($花瓣长度$\geq 1.8\text{cm})|Y=$变色鸢尾$)=\dfrac{5}{15}\times\dfrac{1}{5}\times\dfrac{1}{5}\times\dfrac{0}{5}=0$

$P(Y=$维尼利亚鸢尾$)P(X^{(1)}=($花萼长度$\geq 5.9\text{cm})|Y=$维尼利亚鸢尾$)$

$P(X^{(2)}=($花萼宽度$\geq 3.0\text{cm})|Y=$维尼利亚鸢尾$)$

$P(X^{(3)}=($花瓣长度$\geq 1.8\text{cm})|Y=$维尼利亚鸢尾$)=\dfrac{5}{15}\times\dfrac{5}{5}\times\dfrac{4}{5}\times\dfrac{5}{5}=0.267$

由 5.2.2 节可知,似然函数是根据已有数据构建的。但如果某个种类没有样本,其他类别携带的信息就会被训练集中未出现的类别"抹去"。为了避免这种情况,在估计概率值时通常要进行"平滑"(Smoothing),常用"拉普拉斯修正"(Laplacian Correction)。具体而言,令 N 表示训练集 D 中可能的类别数,N_i 表示第 i 个属性可能的取值数,有下面修正策略:

$$\widehat{P}(c)=\dfrac{|D_c|+1}{|D|+N} \tag{5-20}$$

$$\widehat{P}(x_i|c)=\dfrac{|D_{c,x_i}|+1}{|D_c|+N_i} \tag{5-21}$$

对连续属性可考虑概率密度函数,假定 $P(x_i|c)\sim N(\mu_{c,i},\sigma^2_{c,i})$ 其中 $\mu_{c,i}$ 和 $\sigma^2_{c,i}$ 分别是第 c 类样本在第 i 个属性上取值的均值和方差,则有

$$P(x_i|c)=\dfrac{1}{\sqrt{2\pi}\sigma_{c,i}}\exp\left(-\dfrac{(x_i-\mu_{c,i})^2}{2\sigma^2_{c,i}}\right) \tag{5-22}$$

5.2.4 EM 算法

在之前的讨论中,我们假设已知训练样本的所有属性值。然而在一些情况下,得到的观测数据只能呈现数据的部分特性,而无法得到所有的属性值。此时,经典的朴素贝叶斯方法将不再适用。为此,引入了 EM 算法来解决此类问题。

最大期望[8](Expectation-Maximization,EM)算法被用于寻找依赖于隐变量的概率模型中参数的最大似然估计。EM 算法解决问题的思路是使用启发式的迭代方法,先猜想隐变量(EM 算法的 E 步);接着基于观察数据和猜测的隐变量共同极大化对数似然,求解模型参数(EM 算法的 M 步)。由于模型中的隐变量是猜测的,所以当前得到的模型参数还不能达到很好的效果,可以基于当前得到的模型参数,继续猜测隐含数据(EM 算法的 E 步),然后继续极大化对数似然,求解模型参数(EM 算法的 M 步)。以此类推,不断地迭代下去,直到模型分布参数基本无变化,算法收敛,找到合适的模型参数,具体的算法如算法 5-7 所示。

算法 5-7　EM 算法

输入：观测值 Y，隐变量 Z，联合概率分布 $P(Y,Z|\theta)$，条件概率分布 $P(Z|Y,\theta)$；
输出：模型参数 θ

1. 选择参数的初始值 θ_0，开始迭代；
2. E 步：θ_t 为第 t 次迭代后的参数估计值，在第 $t+1$ 次迭代时，基于 θ_t 推断隐变量 Z 的期望：

$$Q(\theta,\theta_t) = \mathbb{E}_Z[\ln P(Y,Z|\theta)|Y,\theta_t] = \sum_Z \ln P(Y,Z|\theta)P(Z|Y,\theta_t) \tag{5-23}$$

其中，$P(Z|Y,\theta_t)$ 指在给定观测值 Y 和当前参数估计值 θ_t 下的隐变量 Z 的条件概率分布；

3. M 步：求参数最大期望似然，确定第 $t+1$ 次迭代后的参数估计值 θ_{t+1}：

$$\theta_{t+1} = \arg\max_\theta Q(\theta,\theta_t) \tag{5-24}$$

4. 重复步骤 2 和步骤 3，直到收敛。

从上面的描述可以看出，EM 算法是迭代求解最大值的算法，同时算法在每一次迭代时分为两步：E 步和 M 步。逐步迭代更新隐含数据和模型分布参数，直到收敛，即得到理想的模型参数。

5.3　支持向量机

支持向量机（Support Vector Machine，SVM）[9] 是一类监督学习方法，对数据进行二元分类的广义线性分类器（Generalized Linear Classifier），其决策边界是对学习样本求解的最大边距超平面（Maximum-Margin Hyperplane）。当训练数据线性可分时，可通过硬间隔最大化（Hard Margin Maximization）学习一个线性可分支持向量机；当训练数据不是线性可分时，通常使用核函数（Kernel Function），将样本映射到一个更高维的特征空间，使得样本在这个特征空间内线性可分，最终得到一个非线性支持向量机；当训练数据在原始空间和特征空间都不易线性可分时，可通过软间隔最大化（Soft Margin Maximization）学习一个支持向量机。

5.3.1　间隔与支持向量

给定训练数据集 $D = \{(\boldsymbol{x}_1,y_1),(\boldsymbol{x}_2,y_2),\cdots,(\boldsymbol{x}_n,y_n)\}$，$y_i \in \{-1,+1\}$，分类学习最基本的想法就是在训练数据集 D 的样本空间中找到一个划分超平面，将不同类别的样本分开。但能将训练样本分开的划分超平面可能有很多。如图 5-4 所示，如何寻找一个超平面，使得分类器的效果和泛化能力最优，就是支持向量机需要解决的问题。

直观上看，应该去找位于两类训练样本"正中间"

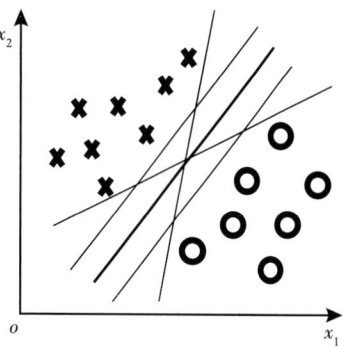

图 5-4　存在多个划分超平面可将训练样本分开

的划分超平面,即图 5-4 中加粗的那个超平面,因为该超平面可以容忍训练样本出现局部扰动的范围最大。

在样本空间中,划分超平面可通过如下线性方程来描述:

$$\boldsymbol{\omega}^T x + b = +1 \tag{5-25}$$

其中,$\boldsymbol{\omega}=(\omega_1,\omega_2,\cdots,\omega_n)$ 为法向量,决定超平面的方向;b 为偏移项,决定超平面与原点之间的距离。通过此方程,划分超平面可被法向量 $\boldsymbol{\omega}$ 和偏移项 b 唯一确定,对应的超平面记为 $(\boldsymbol{\omega},b)$。样本空间中任意点 x 到超平面 $(\boldsymbol{\omega},b)$ 的距离可写为

$$l = \frac{|\boldsymbol{\omega}^T x + b|}{\|\boldsymbol{\omega}\|} \tag{5-26}$$

若超平面 $(\boldsymbol{\omega},b)$ 可正确分类,对于 $(x_i,y_i)\in D$,若 $y_i=+1$,则有 $\boldsymbol{\omega}^T x+b>0$;若 $y_i=-1$,则有 $\boldsymbol{\omega}^T x+b<0$。令

$$\begin{cases} \boldsymbol{\omega}^T x_i + b \geqslant +1, y_i = +1 \\ \boldsymbol{\omega}^T x_i + b \leqslant -1, y_i = -1 \end{cases} \tag{5-27}$$

如图 5-5 所示,距离超平面最近的几个训练样本点可使式(5-27)中等号成立,它们被称为"支持向量",不同类的支持向量到超平面的距离之和如式(5-28)所示,也被称为"间隔"。

$$d = \frac{2}{\|\boldsymbol{\omega}\|} \tag{5-28}$$

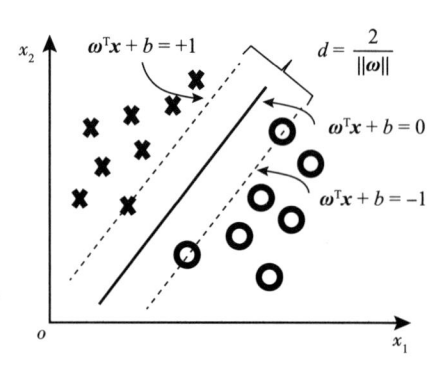

图 5-5 支持向量与间隔示意图

在支持向量机中,需要找到一个间隔最大的划分超平面,即满足式(5-27)中约束的参数 $\boldsymbol{\omega}$ 和 b,使得 d 最大,即

$$\max_{\boldsymbol{\omega},b} \frac{2}{\|\boldsymbol{\omega}\|}$$

$$\text{s. t. } y_i(\boldsymbol{\omega}^T x_i + b) \geqslant 1, i=1,2,\cdots,n \tag{5-29}$$

式(5-29)等价于最大化 $\|\boldsymbol{\omega}\|^{-1}$。为了方便,可等价于最小化 $\|\boldsymbol{\omega}\|^2$。上式可重写为

$$\min_{\boldsymbol{\omega},b} \frac{1}{2} \|\boldsymbol{\omega}\|^2$$

$$\text{s. t. } y_i(\boldsymbol{\omega}^T x_i + b) \geqslant 1, i=1,2,\cdots,n \tag{5-30}$$

这就是支持向量机的基本型。

5.3.2 对偶问题

从上节中,可以得到最大间隔划分超平面所对应的模型:
$$f(\boldsymbol{x})=\boldsymbol{\omega}^T\boldsymbol{x}+b \tag{5-31}$$

其中,$\boldsymbol{\omega}$ 和 b 是模型参数。支持向量机的基本型本身其实是一个凸二次优化问题,能直接用现有的优化算法进行求解。这里给出一种更高效的办法。

对支持向量机的基本型,即式(5-30)使用拉格朗日乘子法可得到其"对偶问题"。由于式(5-30)中目标函数是凸函数,同时约束条件不等式是仿射的。根据凸优化理论,可以通过拉格朗日函数将优化目标转化为无约束的优化函数。具体来说,对式(5-30)的约束添加拉格朗日乘子 $\alpha_i \geqslant 0$,优化目标转化为

$$L(\boldsymbol{\omega},b,\boldsymbol{\alpha})=\frac{1}{2}\|\boldsymbol{\omega}\|^2+\sum_{i=1}^{n}\alpha_i(1-y_i(\boldsymbol{\omega}^T\boldsymbol{x}_i+b)) \tag{5-32}$$

其中,$\boldsymbol{\alpha}=(\alpha_1,\alpha_2,\cdots,\alpha_n)$。由于引入了拉格朗日乘子,最终的优化目标变成:

$$\min_{\boldsymbol{\omega},b}\max_{\boldsymbol{\alpha}} L(\boldsymbol{\omega},b,\boldsymbol{\alpha}) \tag{5-33}$$

由于这个优化函数满足 KKT(Karush-Kuhn-Tucker)条件,即满足:

$$\begin{cases} \alpha_i \geqslant 0 \\ y_i f(\boldsymbol{x}_i)-1 \geqslant 0 \\ \alpha_i(y_i f(\boldsymbol{x}_i)-1)=0 \end{cases} \tag{5-34}$$

根据 KKT 条件,对于任意训练样本 $(\boldsymbol{x}_i,y_i)$,总有 $\alpha_i=0$ 或 $y_i f(\boldsymbol{x}_i)=1$。若 $\alpha_i=0$,则该样本将不会在上式求和中出现,也就不会对 $f(\boldsymbol{x})$ 有任何影响;若 $\alpha_i>0$,则必有 $y_i f(\boldsymbol{x}_i)=1$,所对应的样本点位于最大间隔边界上,是一个支持向量。这显示出支持向量机的一个重要性质:训练完成后,大部分训练样本都不需要保留,最终模型仅与支持向量有关。

由此可见,通过求解拉格朗日方程将优化问题转化为等价的对偶问题,即优化目标转化为

$$\max_{\boldsymbol{\alpha}}\min_{\boldsymbol{\omega},b} L(\boldsymbol{\omega},b,\boldsymbol{\alpha}) \tag{5-35}$$

在上式中,可以先求优化函数对于 $\boldsymbol{\omega},b$ 的极小值。接着再求拉格朗日乘子 $\boldsymbol{\alpha}$ 的极大值。

首先求 $\min_{\boldsymbol{\omega},b} L(\boldsymbol{\omega},b,\boldsymbol{\alpha})$,即令 $L(\boldsymbol{\omega},b,\boldsymbol{\alpha})$ 对 $\boldsymbol{\omega}$ 和 b 的偏导为零可得:

$$\boldsymbol{\omega}=\sum_{i=1}^{n}\alpha_i y_i \boldsymbol{x}_i \tag{5-36}$$

$$0=\sum_{i=1}^{n}\alpha_i y_i \tag{5-37}$$

由式（5-36）可知 $\boldsymbol{\omega}$ 与 $\boldsymbol{\alpha}$ 的关系，将 $\boldsymbol{\omega}$ 替换为 $\boldsymbol{\alpha}$ 后可得到：

$$\min_{\boldsymbol{\omega},b} L(\boldsymbol{\omega},b,\boldsymbol{\alpha}) = \sum_{i=1}^{n}\alpha_i - \frac{1}{2}\sum_{i=1}^{n}\sum_{j=1}^{n}\alpha_i\alpha_j y_i y_j \boldsymbol{x}_i^{\mathrm{T}}\boldsymbol{x}_j \tag{5-38}$$

其次，求 $\min_{\boldsymbol{\omega},b} L(\boldsymbol{\omega},b,\boldsymbol{\alpha})$ 对 $\boldsymbol{\alpha}$ 的极大，得到：

$$\max_{\boldsymbol{\alpha}}\min_{\boldsymbol{\omega},b} L(\boldsymbol{\omega},b,\boldsymbol{\alpha}) = \max_{\boldsymbol{\alpha}} \sum_{i=1}^{n}\alpha_i - \frac{1}{2}\sum_{i=1}^{n}\sum_{j=1}^{n}\alpha_i\alpha_j y_i y_j \boldsymbol{x}_i^{\mathrm{T}}\boldsymbol{x}_j$$

$$\text{s.t.} \sum_{i=1}^{n}\alpha_i y_i = 0, \alpha_i \geq 0, i=1,2,\cdots,n \tag{5-39}$$

解出 $\boldsymbol{\alpha}$，求出 $\boldsymbol{\omega}$ 和 b 即可得到模型。

现在，核心问题变成了如何求解 $\boldsymbol{\alpha}$ 和 b。序列最小优化算法（Sequential Minimal Optimization，SMO）[10] 是其中一个著名的方法。SMO 采取了一种启发式的方法，每次只选择两个变量 α_i 和 α_j，并固定其他参数。这是因为在式（5-37）中，假如将 $\alpha_3,\alpha_4,\cdots,\alpha_n$ 固定，那么 α_1,α_2 的关系也就确定了。这样 SMO 算法将一个复杂的优化算法转化为一个简单的两变量优化问题，即 SMO 不断执行如下两个步骤直至收敛：

①选取一对需要更新的变量 α_i 和 α_j。
②固定 α_i 和 α_j 以外的参数，根据式子获得更新后的 α_i 和 α_j。

具体来说，仅考虑 α_i 和 α_j 时，对偶问题的约束可重写为

$$\alpha_i y_i + \alpha_j y_j = m, \alpha_i \geq 0, \alpha_j \geq 0 \tag{5-40}$$

其中

$$m = -\sum_{k \neq i,j}\alpha_k y_k \tag{5-41}$$

用式（5-40）消去对偶问题中的变量 α_j，则得到一个关于 α_i 的单变量二次规划问题，仅有的约束是 $\alpha_i \geq 0$。不难发现，这样的二次规划问题具有闭式解，于是不必调用数值优化算法即可有效地计算出更新后的 α_i 和 α_j。

如何计算偏移项 b 呢？注意到对任意支持向量 $(\boldsymbol{x}_k,y_k)$ 都有 $y_k f(\boldsymbol{x}_k)=1$，即

$$y_s\left(\sum_{i \in S}\alpha_i y_i \boldsymbol{x}_i^{\mathrm{T}}\boldsymbol{x}_s + b\right) = 1 \tag{5-42}$$

其中 $S = \{i \mid \alpha_i > 0, i=1,2,\cdots,n\}$ 为所有支持向量的下标集。

理论上，可选取任意支持向量并通过求解上式得到 b，但实际任务中常采用一种更鲁棒的做法——使用所有支持向量求解的平均值，即

$$b = \frac{1}{|S|}\sum_{s \in S}\left(y_s - \sum_{i \in S}\alpha_i y_i \boldsymbol{x}_i^{\mathrm{T}}\boldsymbol{x}_s\right) y_s\left(\sum_{i \in S}\alpha_i y_i \boldsymbol{x}_i^{\mathrm{T}}\boldsymbol{x}_s + b\right) = 1 \tag{5-43}$$

5.3.3 核函数

在前两节的讨论中,有一个重要的前提假设是——所有的训练样本是线性可分的,即存在一个划分超平面能将训练样本正确分开。然而在实际任务中,原始样本空间可能并不存在能正确划分两类训练样本的超平面。如图5-6所示的"异或"问题就不是线性可分的。

对训练样本不能线性可分的问题,可将样本从原始空间映射到一个高维特征空间,使得样本在高维特征空间中线性可分。如在图5-6中,若将原始的二维空间映射到一个合适的三维空间,就能找到一个适合的划分超平面,正确分类两类样本。

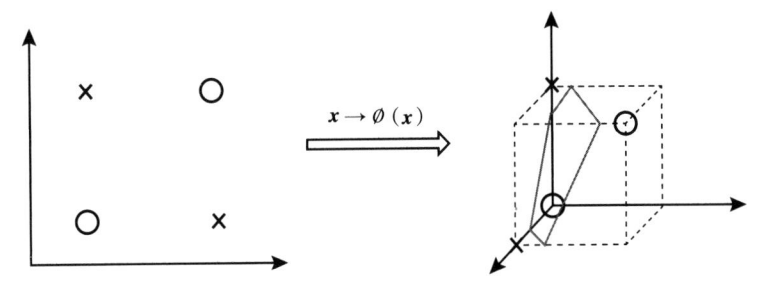

图 5-6 异或问题与非线性映射

依照上述方法,令 $\emptyset(\boldsymbol{x})$ 表示将 $\boldsymbol{x}$ 进行映射后的特征向量。于是,在特征空间中划分超平面所对应的模型可表示为

$$f(\boldsymbol{x})=\boldsymbol{\omega}^{\mathrm{T}}\emptyset(\boldsymbol{x})+b \tag{5-44}$$

其中,$\boldsymbol{\omega}$ 和 b 是模型参数。则有:

$$\begin{aligned}&\min_{\boldsymbol{\omega},b} \frac{1}{2}\|\boldsymbol{\omega}\|^2\\ &\text{s. t. } y_i(\boldsymbol{\omega}^{\mathrm{T}}\emptyset(\boldsymbol{x}_i)+b)\geqslant 1, i=1,2,\cdots,n\end{aligned} \tag{5-45}$$

其对偶问题是

$$\begin{aligned}&\max_{\boldsymbol{\alpha}} \sum_{i=1}^{n}\alpha_i-\frac{1}{2}\sum_{i=1}^{n}\sum_{j=1}^{n}\alpha_i\alpha_j y_i y_j \emptyset(\boldsymbol{x}_i)^{\mathrm{T}}\emptyset(\boldsymbol{x}_j)\\ &\text{s. t. } \sum_{i=1}^{n}\alpha_i y_i=0, \alpha_i\geqslant 0, i=1,2,\cdots,n\end{aligned} \tag{5-46}$$

求解上式涉及计算 $\emptyset(\boldsymbol{x}_i)^{\mathrm{T}}\emptyset(\boldsymbol{x}_j)$,它表示样本 $\boldsymbol{x}_i$ 与 $\boldsymbol{x}_j$ 在特征空间中的内积。由于特征空间维数可能很高,直接计算 $\emptyset(\boldsymbol{x}_i)^{\mathrm{T}}\emptyset(\boldsymbol{x}_j)$ 通常是困难的。为此,可以设计这样一个函数:

$$k(\boldsymbol{x}_i,\boldsymbol{x}_j)=\emptyset(\boldsymbol{x}_i)^{\mathrm{T}}\emptyset(\boldsymbol{x}_j) \tag{5-47}$$

即$\boldsymbol{x}_i$与$\boldsymbol{x}_j$在特征空间中的内积等于它们在原始样本空间通过函数$k(\cdot,\cdot)$计算的结果，这里的函数$k(\cdot,\cdot)$就是"核函数[11]"。借助于核函数，可以避免直接计算样本在高维特征空间中的内积，而将其转化为计算核函数的值。由此对偶问题可重写为

$$\max_{\alpha} \sum_{i=1}^{m}\alpha_i - \frac{1}{2}\sum_{i=1}^{m}\sum_{j=1}^{m}\alpha_i\alpha_j y_i y_j k(\boldsymbol{x}_i,\boldsymbol{x}_j)$$

$$\text{s.t.} \sum_{i=1}^{m}\alpha_i y_i=0, \alpha_i \geqslant 0, i=1,2,\cdots,n \tag{5-48}$$

求解即可得到

$$f(\boldsymbol{x})=\boldsymbol{\omega}^{\mathrm{T}}\emptyset(\boldsymbol{x})+b=\sum_{i=1}^{m}\alpha_i y_i k(\boldsymbol{x},\boldsymbol{x}_i)+b \tag{5-49}$$

显然，若已知合适映射$\emptyset(\cdot)$的具体形式，则可写出核函数$k(\cdot,\cdot)$。但在现实任务中通常难以确定$\emptyset(\cdot)$的形式。如何确定一个合适的核函数是当前的主要问题。为此，引入核矩阵 $\boldsymbol{K}$（Kernel Matrix）：

$$\boldsymbol{K}=\begin{pmatrix} k(\boldsymbol{x}_1,\boldsymbol{x}_1) & \cdots & k(\boldsymbol{x}_1,\boldsymbol{x}_j) & \cdots & k(\boldsymbol{x}_1,\boldsymbol{x}_n) \\ \vdots & \ddots & \vdots & \ddots & \vdots \\ k(\boldsymbol{x}_i,\boldsymbol{x}_1) & \cdots & k(\boldsymbol{x}_i,\boldsymbol{x}_j) & \cdots & k(\boldsymbol{x}_i,\boldsymbol{x}_n) \\ \vdots & \ddots & \vdots & \ddots & \vdots \\ k(\boldsymbol{x}_n,\boldsymbol{x}_1) & \cdots & k(\boldsymbol{x}_n,\boldsymbol{x}_j) & \cdots & k(\boldsymbol{x}_n,\boldsymbol{x}_n) \end{pmatrix}$$

有定理表明，只要一个对称函数$k(\cdot,\cdot)$对应的核矩阵半正定，它就能作为核函数使用。事实上，对于一个半正定核矩阵，总能找到一个与之对应的映射$\emptyset$。换言之，任何一个核函数都隐式地定义了一个称为"再生核希尔伯特空间[12]"（Reproducing Kernel Hilbert Space，RKHS）的特征空间。

通过前面的讨论可知，在分类时希望样本在特征空间内线性可分，因此特征空间的好坏对支持向量机的性能至关重要。于是，"核函数选择"就是支持向量机性能的最大变数。若核函数选择不合适，则会将样本映射到了一个不合适的特征空间，很可能导致分类器性能不佳。

下面列举几种常用的核函数

1) 多项式核（线性核）：$k(\boldsymbol{x}_i,\boldsymbol{x}_j)=(\boldsymbol{x}_i^{\mathrm{T}}\boldsymbol{x}_j)^l$，$l \geqslant 1$ 为多项式的次数。

2) 高斯核（非线性核）：$k(\boldsymbol{x}_i,\boldsymbol{x}_j)=\exp\left(-\frac{\|\boldsymbol{x}_i-\boldsymbol{x}_j\|^2}{2\sigma^2}\right)$，$\sigma>0$ 为高斯核的带宽（Width）。

3) Sigmoid核（非线性核）：$k(\boldsymbol{x}_i,\boldsymbol{x}_j)=\tanh(\beta\boldsymbol{x}_i^{\mathrm{T}}\boldsymbol{x}_j+\theta)$，$\beta>0$，$\theta<0$。

此外，核函数还可通过函数组合得到，例如：

1）若 k_1 和 k_2 为核函数，则对于任意正数 γ_1、γ_2，其线性组合也是核函数。

2）若 k_1 和 k_2 为核函数，则核函数的直积也是核函数。

3）若 k_1 为核函数，则对于任意函数 $g(\boldsymbol{x})$，$k(\boldsymbol{x},\boldsymbol{z}) = g(\boldsymbol{x})k_1(\boldsymbol{x},\boldsymbol{z})g(\boldsymbol{z})$ 也是核函数。

核函数的选择与具体应用场景密切相关。通常选择核函数的原则是：

1）如果特征维数很高，往往线性可分，使用多项式核函数。

2）如果样本数量很多，若使用非线性核，则会因大量的内积计算而使计算效率降低；通常选择手动添加一些特征，使得线性可分，然后可以使用多项式核函数。

3）如果特征维数低，样本数量正常，使用非线性核函数。

5.3.4 软间隔

在前面的讨论中，假定训练样本在样本空间或特征空间中是线性可分的，即存在一个超平面能将不同类的样本完全分开。然而，在实际任务中很难找到适合的核函数使训练样本在特征空间中线性可分；退一步讲，即便找到了某个核函数，也很难断定是否是由于过拟合造成的。

为此，要引入"软间隔"的概念。如图 5-7 所示，前面介绍的支持向量机要求所有样本均满足约束，即所有样本都必须划分正确，这称为"硬间隔"。而软间隔则是允许某些样本不满足约束，即

$$y_i(\boldsymbol{\omega}^\mathrm{T}\boldsymbol{x}_i+b) \geq 1 \qquad (5\text{-}50)$$

当然，为了达到分类的目的，在最大化软间隔的同时，不满足约束的样本应尽可能少。于是，优化目标可写为

$$\min_{\boldsymbol{\omega},b} \frac{1}{2}\|\boldsymbol{\omega}\|^2 + A\sum_{i=1}^{n} l_{0/1}(y_i(\boldsymbol{\omega}^\mathrm{T}\boldsymbol{x}_i+b)-1)$$
$$(5\text{-}51)$$

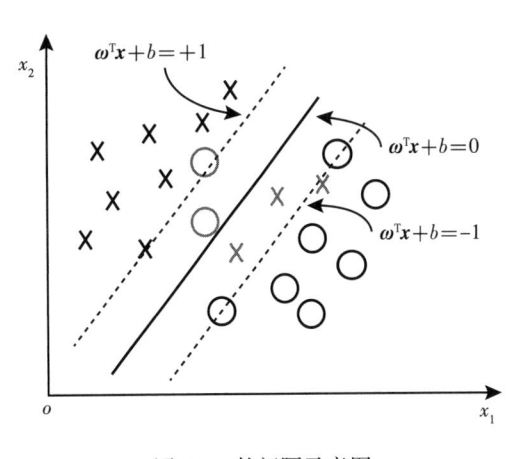

图 5-7 软间隔示意图

其中，$A>0$ 是一个常数，$l_{0/1}$ 是"0/1 损失函数"：

$$l_{0/1}(x) = \begin{cases} 1, & x<0 \\ 0, & \text{其他} \end{cases} \qquad (5\text{-}52)$$

显然，当 A 为无穷大时，优化目标迫使所有样本均满足约束；当 A 取有限值时，优化目标允许一些样本不满足约束。然而，$l_{0/1}$ 数学性质不好（不是凸函数且不连续），使得优化目标

不易直接求解。于是通常用其他一些函数来替代 $l_{0/1}$，称为"替代损失"。替代损失函数一般具有较好的数学性质，如它们通常是凸的连续函数且是 $l_{0/1}$ 的上界。如 hinge 损失 $l_{\text{hinge}}(x) = \max(0, 1-x)$、指数损失 $l_{\exp}(x) = \exp(-x)$、对率损失 $l_{\log}(x) = \log(1+\exp(-x))$。

若采用 hinge 损失，则优化目标变为

$$\min_{\boldsymbol{\omega},b} \frac{1}{2} \|\boldsymbol{\omega}\|^2 + A \sum_{i=1}^{n} \max(0, 1-y_i(\boldsymbol{\omega}^{\mathrm{T}} \boldsymbol{x}_i + b)) \tag{5-53}$$

引入"松弛变量" $\xi_i \geq 0$，可将上式重写为

$$\min_{\boldsymbol{\omega},b} \frac{1}{2} \|\boldsymbol{\omega}\|^2 + A \sum_{i=1}^{n} \xi_i$$
$$\text{s. t. } y_i(\boldsymbol{\omega}^{\mathrm{T}} \varnothing(\boldsymbol{x}_i) + b) \geq 1 - \xi_i, \xi_i \geq 0, i = 1, 2, \cdots, n \tag{5-54}$$

这就是"软间隔支持向量机"的表达式。

显然，上式中每个样本都有一个对应松弛变量，用以表征该样本不满足约束的程度。显然，这仍是一个二次规划问题。于是，拉格朗日乘子法得到的拉格朗日函数：

$$L(\boldsymbol{\omega}, b, \boldsymbol{\alpha}, \boldsymbol{\xi}, \boldsymbol{\mu}) = \frac{1}{2} \|\boldsymbol{\omega}\|^2 + C \sum_{i=1}^{n} \xi_i + \sum_{i=1}^{n} \alpha_i (1 - \xi_i - y_i(\boldsymbol{\omega}^{\mathrm{T}} \boldsymbol{x}_i + b))$$
$$- \sum_{i=1}^{n} \mu_i \xi_i \min_{\boldsymbol{\omega},b} \frac{1}{2} \|\boldsymbol{\omega}\|^2 + A \sum_{i=1}^{n} l_{0/1}(y_i(\boldsymbol{\omega}^{\mathrm{T}} \boldsymbol{x}_i + b) - 1) \tag{5-55}$$

其中，$\boldsymbol{\alpha}$ 和 $\boldsymbol{\mu}$ 是拉格朗日乘子。最后得到对偶问题：

$$\max_{\boldsymbol{\alpha}} \sum_{i=1}^{n} \alpha_i - \frac{1}{2} \sum_{i=1}^{n} \sum_{j=1}^{n} \alpha_i \alpha_j y_i y_j \boldsymbol{x}_i^{\mathrm{T}} \boldsymbol{x}_j$$
$$\text{s. t. } \sum_{i=1}^{m} \alpha_i y_i = 0, 0 \leq \alpha_i \leq C, i = 1, 2, \cdots, n \tag{5-56}$$

将上式与硬间隔下的对偶问题对比，两者唯一的差别就在于对偶变量的约束不同：前者是 $0 \leq \alpha_i \leq C$，后者是 $0 \leq \alpha_i$。于是，可采用 5.3.2 节中同样的算法求解；在引入核函数后能得到与之前同样的支持向量展式。

实际上，还可以把 0/1 损失函数换成别的替代损失函数以得到其他模型，这些模型的性质与所用的替代函数直接相关，但它们具有一个共性：优化目标中的第一项用来描述划分超平面的"间隔"大小，另一项 $\sum_{i=1}^{m} l(f(\boldsymbol{x}_i), y_i)$ 用来表述训练集上的误差，可写为形式

$$\min_{f} \Omega(f) + C \sum_{i=1}^{m} l(f(\boldsymbol{x}_i), y_i) \tag{5-57}$$

其中，第一项 $\Omega(f)$ 称为"结构风险"，用于描述模型 f 的某些性质；第二项 $\sum_{i=1}^{m} l(f(\boldsymbol{x}_i), y_i)$ 称为"经验风险"，用于描述模型与训练数据的契合程度；C 用于对二者进行折中。从经

验风险最小化的角度来看，$\Omega(f)$表述了希望获得某种性质的模型（例如复杂度小的模型），这为引入领域知识和用户意图提供了途径；该信息有助于削减假设空间，从而降低了最小化训练误差的过拟合风险。

5.4 集成学习

在机器学习任务中，往往希望通过训练得到一个稳定且在各个方面表现都较好的模型，但实际情况往往不那么理想，因为单一模型通常存在数据偏好，擅长于习得某些数据特征。为了提升模型的稳定性，集成学习（Ensemble Learning）组合多个弱监督模型得到一个更好更全面的强监督模型。集成学习潜在的思想是即便某一个弱分类器得到了错误的预测，其他的弱分类器也可以将错误纠正回来。

5.4.1 个体与集成

集成学习通过构建并结合多个学习器来完成学习任务。图5-8表示了集成学习的一般结构：先构建一组"个体学习器"，再用某种策略将它们结合起来。个体学习器通常由一个现有的学习算法从训练数据中产生，这样的集成是"同质"的（Homogeneous）。同质集成中的个体学习器也称"基学习器"（Base Learner），相应的算法称为"基学习算法"（Base Learning Algorithm）。集成也可包含不同类型的个体学习器，例如同时包含决策树和SVM，这样的集成是"异质"的（Heterogeneous）。异质集成中的个体学习器由不同的算法生成，常直接称为个体学习器。

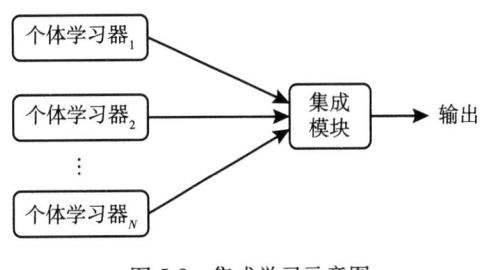

图 5-8 集成学习示意图

集成学习通常将多个学习器进行结合，常可获得比单一学习器显著优越的泛化性能。单一学习器的性能有好有坏，如何能获得比最好的单一学习器更好的性能？

考虑一个简单的例子：在二分类任务中，假定三个分类器在三个测试样本上的表现如图5-9所示，其中√表示分类正确，×表示分类错误，集成学习的结果通过简单投票法产生，"少数服从多数"。在图5-9a中，每个分类器只有66.6%的精度，但集成学习却达到了100%；在图5-9b中，三个分类器没有差别，集成之后性能没有提升；在图5-9c中，每个分类器的精度只有33.3%，集成学习的结果变得更糟，最后正确率为0。这个例子显示出：要获得好的集成模型，个体学习器应"好而不同"，即个体学习器要有一定的性能，并且不同个体学习器之间要有差异。事实上，如何产生并结合"好而不同"的个体学习器，正是集成学习研究的核心。

根据个体学习器的生成方式，目前集成学习方法大致分为两大类，一类是个体学习器之间存在强依赖关系、必须串行生成的序列化方法，如Boosting算法；另一类是个体学习器之间不存在强依赖关系、可同时生成的并行化方法，如 Bagging 算法。序列集成方法中参与训练的基学习器按照顺序生成（例如 AdaBoost 算法），它的基本原理是利用基学习器之间的依赖关系，通过对之前训练中错误标记的样本赋值较高的权重，从而达到提高整体预测效果的目的。并行集成方法中参与训练的基学习器并行生成（例如 Random Forest），它的基本原理是利用基学习器之间的独立性，结合相互独立的基学习器的结果提升预测效果。

	样本$_1$	样本$_2$	样本$_3$
C_1	√	×	√
C_2	√	√	×
C_3	×	√	√
集成	√	√	√

a）分类器集成性能提升

	样本$_1$	样本$_2$	样本$_3$
C_1	√	×	√
C_2	√	×	√
C_3	√	×	√
集成	√	×	√

b）分类器集成性能不变

	样本$_1$	样本$_2$	样本$_3$
C_1	√	×	×
C_2	×	×	√
C_3	×	√	×
集成	×	×	×

c）分类器集成性能下降

图 5-9　分类器集成效果

5.4.2　Boosting 算法

Boosting 算法[13] 是一类可将弱学习器提升为强学习器的算法。在分类问题中，它的基本思路是：从弱分类器出发，反复学习，得到一系列弱分类器，然后组合这些弱分类器，构成一个强分类器。大多数的 Boosting 算法都是改变训练数据的概率分布（训练数据的权值分布），针对不同的训练数据分布调用弱学习算法学习一系列弱分类器。Boosting 算法的示意图如图 5-10 所示。

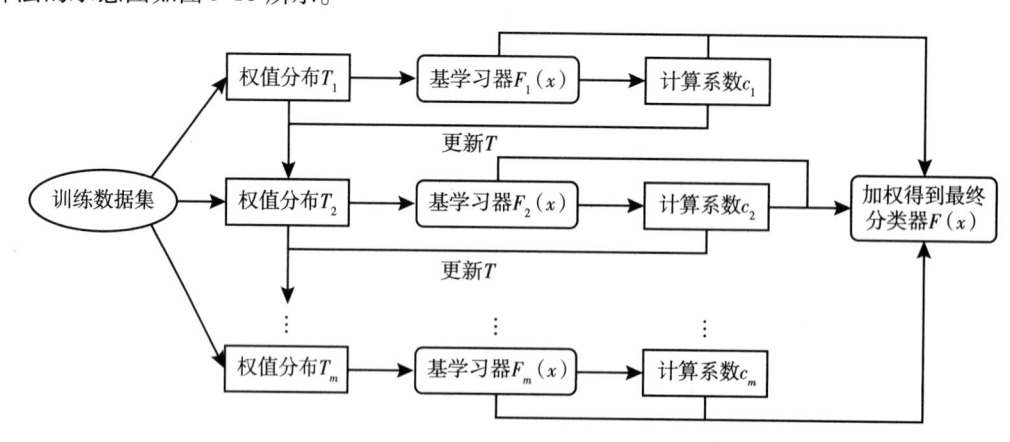

图 5-10　Boosting 算法示意图

Boosting 算法中最著名的代表是 AdaBoost 算法[14]。在改变训练数据的概率分布方面，该算法提高那些被前一轮分类器错误分类样本的权值，使得这些样本在训练后一轮弱分类器的过程中被赋予更高的权重。于是分类问题被一系列弱分类器"分而治之";在弱学习器的组合方面,该算法采取加权投票的方法:加大分类性能较好的弱分类器的权值,使之在投票中起较大作用。

下面以二分类为例说明 AdaBoost 算法,如算法 5-8 所示。

算法 5-8　AdaBoost 算法

输入:训练数据集 $D=\{(x_1,y_1),(x_2,y_2),\cdots,(x_n,y_n)\}$,$y_i \in \{-1,+1\}$,弱分类器;
输出:最终分类器 F

1. 初始化训练数据的权值分布 $T_1=(w_{11},w_{12},\cdots,w_{1n})$,$w_{1i}=\dfrac{1}{n}$,$i=1,2,\cdots,n$;

2. 对于每一个弱分类器来说,以第 m 轮为例:
   ① 使用具有权值分布 T_m 的训练数据集学习,得到弱分类器 $F_m(x)$;
   ② 计算 $F_m(x)$ 在训练数据集上的分类误差率:

$$e_m = \sum_{i=1}^{n} w_{mi} I(F_m(x_i) \neq y_i) \tag{5-58}$$

其中,$I(F_m(x_i) \neq y_i)$ 是示性函数(Indicator Function),当 $F_m(x_i) \neq y_i$ 时为 1,否则为 0。
   ③ 计算 $F_m(x)$ 的系数:

$$c_m = \frac{1}{2} \ln \frac{1-e_m}{e_m} \tag{5-59}$$

   ④ 更新训练数据集的权值分布:

$$T_{m+1} = (w_{m+1,1}, w_{m+1,2}, \cdots, w_{m+1,n}) \tag{5-60}$$

$$w_{m+1,i} = \frac{w_{mi}}{R_m} \exp(-c_m y_i F_m(x_i)), i=1,2,\cdots,n \tag{5-61}$$

$$R_m = \sum_{i=1}^{n} w_{mi} \exp(-c_m y_i F_m(x_i)) \tag{5-62}$$

3. 构建弱分类器的线性组合

$$F(x) = \mathrm{sign}\left(\sum_m c_m F_m(x)\right) \tag{5-63}$$

5.4.3　Bagging 算法

由 5.4.1 节可知,欲得到泛化性强的集成模型,每个基学习器应尽可能相互独立;虽然"独立"在现实任务中无法做到,但可以设法使基学习器尽可能具有较大的差异。给定一个训练数据集,一种可能的做法是对训练样本进行采样,产生出若干个不同的子集,再从每个数据子集中训练出一个基学习器。训练数据的不同将导致所形成的基学习器具有比较大的差异性。为了最大化基学习器间的差异,需要为每个基学习器构建有效的数据子集。为解决这个问题,可考虑使用相互有交叠的采样子集。

1. Bagging 算法

Bagging 算法[15]是并行式集成学习方法最著名的代表。Bagging 的基本流程如算法 5-9 所示。

算法 5-9　Bagging 算法

输入：训练数据集 $D=\{(\boldsymbol{x}_1,y_1),(\boldsymbol{x}_2,y_2),\cdots,(\boldsymbol{x}_m,y_m)\}$，弱学习算法 f，训练轮数 T；
输出：最终分类器 F
1. for $i=1,2,\cdots,T$
    有放回地采样 m 个样本，得到子训练集 D_i；
2. 对每个子训练集 D_i，训练基学习器 $f(D_i)$，结合各个基学习器构成最终分类器 F

$$F = \operatorname{argmax} \sum_{i=1}^{T} f(D_i) \tag{5-64}$$

Bagging 算法的示意图如图 5-11 所示。

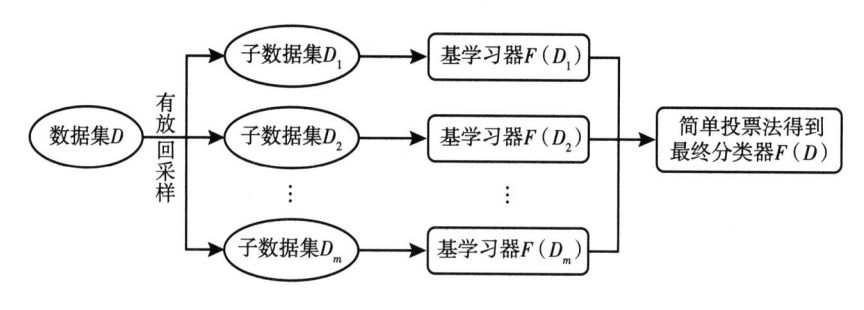

图 5-11　Bagging 算法示意图

在对预测输出进行结合时，Bagging 算法通常对分类任务使用简单投票法，对回归任务使用简单平均法。若分类预测时出现两个类收到同样票数的情形，则最简单的做法就是随机选择一个，也可进一步考察学习器投票的置信度来确定最终胜利者。

假定基学习器的计算复杂度为 $O(m)$，采样与投票/平均过程的复杂度为 $O(s)$，则 Bagging 的复杂度可以表示为 $(O(m)+O(s))$。由于采样与投票/平均过程的复杂度 $O(s)$ 很小，则集成算法 Bagging 与基学习算法具有同阶的复杂度。

2. 随机森林

随机森林（Random Forest，RF）[16] 是 Bagging 算法的一个扩展变体。随机森林在以决策树为基学习器、采用 Bagging 算法集成策略的基础上，进一步在决策树的训练过程中引入了随机属性选择。具体来说，传统决策树在选择划分属性时是在当前节点的属性集合（假设有 d 个属性）中选择一个最优属性；而在随机森林中，对基决策树的每个节点，先从该节点的属性集合中随机选择一个包含 k 个属性的子集，然后再从这个子集中选择一个最优属性用于划分。这里的参数 k 控制了随机性的引入程度：若令 $k=d$，则基决策树的构建与传统决策树相同；若令 $k=1$，则是随机选择一个属性用于划分；一般情况下，推荐值 $k=\log_2 d$。

随机森林简单、容易实现、计算开销小，并在很多现实任务中展现出了强大的性能。可以看出，随机森林对 Bagging 算法只做了小改动，但是与 Bagging 算法中基学习器的"多样性"仅通过样本扰动（初始训练集不同的采样）不同，随机森林中基学习器的多样性不仅来自样本扰动，还来自属性扰动，这就使得最终集成的泛化性能可通过基学习器之间差异度的增加而进一步提升。

随机森林的收敛性与 Bagging 算法相似。随机森林的起始性能往往相对较差，特别是在集成中只包含一个基学习器时。这很容易理解，因为通过引入属性扰动，随机森林中基学习器的性能往往有所降低。然而，随着基学习器数目的增加，随机森林通常会收敛到更低的泛化误差。值得一提的是，随机森林的训练效率常优于 Bagging 算法，因为在个体决策树的构建过程中，Bagging 算法使用的是"确定型"决策树，在选择划分属性时要对节点的所有属性进行考察，而随机森林使用的"随机型"决策树则只需要考察一个属性子集。

5.4.4 结合策略

假定集成包含 N 个基学习器 $\{f_1, f_2, \cdots, f_N\}$，其中 f_i 在实例 $\boldsymbol{x}$ 上的输出为 $f_i(\boldsymbol{x})$。本节介绍对 N 个基学习器进行融合的策略。

1. 平均法

对数值型输出 $f_i(\boldsymbol{x}) \in R$，最常见的集成策略为平均法。

（1）简单平均法

$$F(\boldsymbol{x}) = \frac{1}{N} \sum_{i=1}^{N} f_i(\boldsymbol{x}) \tag{5-65}$$

（2）加权平均法

$$F(\boldsymbol{x}) = \sum_{i=1}^{N} w_i f_i(\boldsymbol{x}) \tag{5-66}$$

其中，w_i 是基学习器 f_i 的权重，通常要求 $w_i \geq 0$，$\sum_{i=1}^{N} w_i = 1$。

加权平均法在集成学习中具有特别的意义，集成学习中的各种结合方法都可视为其特例或变体。加权平均法的权重一般是从训练数据中学习而得，现实任务中的训练样本通常不充分或存在噪声，这使得学习得到的权重不完全可靠，尤其是对规模比较大的集成来说，要学习的权重比较多，容易导致过拟合。因此，加权平均法未必一定优于简单平均法。一般而言，在基学习器性能相差较大时宜使用加权平均法，而在基学习器性能相近时宜使用简单平均法。

2. 投票法

对分类任务来说，学习器 f_i 将从类别标记集合 $\{c_1, c_2, \cdots, c_N\}$ 中预测出一个标记，最常见的结合策略是投票法。为了便于讨论，将 f_i 对样本 $\bm{x}$ 上的预测输出表示为一个 T 维向量 $(f_i^1(\bm{x}),f_i^2(\bm{x}),\cdots,f_i^T(\bm{x}))$，其中 $f_i^j(\bm{x})$ 是 f_i 在类别标记 c_j 上的输出。

（1）绝对多数投票法

$$F(\bm{x})=\begin{cases}c_j, & \sum_{i=1}^N f_i^j(\bm{x}) > 0.5 \sum_{k=1}^T \sum_{i=1}^N f_i^k(\bm{x}) \\ \text{拒绝}, & \text{其他}.\end{cases} \tag{5-67}$$

即若某标记得票过半数，则预测为该标记；否则拒绝预测。

（2）相对多数投票法

$$F(\bm{x})=c_{\operatorname*{argmax}_j \sum_{i=1}^N f_i^j(\bm{x})} \tag{5-68}$$

即预测为得票最多的标记，若同时有多个标记获得最高票，则从中随机选取一个。

（3）加权投票法

$$F(\bm{x})=c_{\operatorname*{argmax}_j \sum_{i=1}^T w_i f_i^j(\bm{x})} \tag{5-69}$$

与加权平均法类似，w_i 是 h_i 的权重，通常 $w_i \geq 0$，$\sum_{i=1}^T w_i = 1$。

投票法限制个体学习器输出值的类型。在现实任务中，不同类型的个体学习器可能产生不同类型的 $h_i^j(\bm{x})$ 值，常见的有以下几种。

1) 类标记：$f_i^j(\bm{x}) \in \{0,1\}$，若 h_i 将样本 $\bm{x}$ 预测为类别 c_j 则取值为 1，否则为 0。使用类标记的投票亦称为"硬投票"。

2) 类概率：$f_i^j(\bm{x}) \in [0,1]$，相当于后验概率 $P(c_j|\bm{x})$ 的一个估计。使用类概率的投票亦称为"软投票"。

虽然分类器估计出的类概率值一般都不太准确，但基于类概率进行结合却往往比直接基于类标记进行结合性能更好。需注意的是，不同类型的 $f_i^j(\bm{x})$ 不能混用，若基学习器的类别不同，则其类概率值不能直接进行比较；在此种情况下，可将概率输出转化为类别表示，然后再投票。

3. 学习法

当训练数据很多时，一种更为强大的结合策略是学习法，即通过一个元学习器对基学习器进行结合。Stacking 算法[17]是学习法的一个经典代表，它可以集成异质个体学习器。

Stacking 算法先从初始数据集中训练出 T 个基学习器 $f(\bm{x})$，然后"生成"一个新数据集 D' 用于学习元学习器 f'，最终元学习器的分类结果即为最终分类结果。Stacking 算法的基本流程如算法 5-10 所示。在这个新数据集中，基学习器的输出被当作样本输入，而初始样本的标记仍被当作样本标记。在训练阶段，一般通过交叉验证或留一法，用基学习器未使用的样本来产生元学习器的训练样本。

算法 5-10　Stacking 算法

输入：训练数据集 $D=\{(x_1,y_1),(x_2,y_2),\cdots,(x_m,y_m)\}$，$T$ 个基学习算法 f，元学习算法 f'；
输出：最终分类器 F
1. for $t = 1,2,\cdots,T$
　　训练基学习器 $f_t(D)$；
2. 得到新数据集 $D'=f_1(D),f_2(D),\cdots,f_T(D)$
3. 得到最终分类器 F

$$F=f'(D')=f'(f_1(D),f_2(D),\cdots,f_T(D)) \tag{5-70}$$

小结

1. 分类决策树模型是一种描述对实例进行分类的树形结构。决策树分类算法包含特征选择、决策树的生成与决策树的剪枝。经典的决策树生成算法 ID3 算法和 C4.5 算法分别用到了信息增益和信息增益比进行特征选择。可以使用基本的决策树剪枝策略——预剪枝和后剪枝，降低决策树的复杂度。

2. 朴素贝叶斯是基于贝叶斯定理与特征条件独立假设的分类方法。EM 算法被用于寻找依赖隐变量的概率模型中参数的最大似然估计。

3. 支持向量机的决策边界就是对学习样本求解的最大间隔超平面，在求解时可以转换为相应的对偶问题实现问题的高效求解。在面对训练数据不是线性可分时，引入核函数和软间隔来解决此类问题。

4. 经典的集成学习算法：Boosting（AdaBoost）和 Bagging（随机森林）以及多基学习器结合策略。

5. 本章主要介绍了三种有监督的分类方法。事实上，分类方法中的半监督分类也有很好的研究价值，它利用未标记数据，弥补有标记数据不足的缺陷。它可以对常用监督式学习算法进行延伸，这些算法首先试图对未标记数据进行建模，在此基础上再对有标记的数据进行预测。如果对此类方法感兴趣，推荐大家阅读《半监督学习》[18] 进一步学习。

习题

1. 给出例 5.2 生成决策树的全过程。
2. 根据表 5-1 所给的训练数据集，利用信息增益比生成决策树。
3. 用 C 语言编程实现一种决策树算法。
4. 用 Python 语言编程实现拉普拉斯修正的朴素贝叶斯分类器。
5. 试给出再生核希尔伯特空间的定义与特点。

6. 用 Python 语言编程实现一个使用核函数的支持向量机。
7. 试分析 Bagging 通常为何难以提升朴素贝叶斯分类器的性能。
8. 试分析随机森林为何比决策树 Bagging 集成的训练速度更快。
9. 阅读 Sklearn 包（Python）中的随机森林算法代码，并给出代码流程及注释。

参考文献

[1] COVER T, HART P. Nearest neighbor pattern classification [J]. IEEE transactions on information theory, 1967, 13(1): 21-27.
[2] HICK W E. On the rate of gain of information [J]. Quarterly Journal of experimental psychology, 1952, 4 (1): 11-26.
[3] QUINLAN J R. C4. 5: programs for machine learning [M]. Amsterdam: Elsevier, 2014.
[4] QUINLAN J R. Discovering rules by induction from large collections of examples [J]. Expert systems in the micro electronics age, 1979.
[5] QUINLAN J R. Simplifying decision trees [J]. International journal of man-machine studies, 1987, 27 (3): 221-234.
[6] MURSHUDOV G N, Vagin A A, Dodson E J. Refinement of macromolecular structures by the maximum-likelihood method [J]. Acta crystallographica section D: biological crystallography, 1997, 53(3): 240-255.
[7] DOMINGOS P, PAZZANI M. On the optimality of the simple Bayesian classifier under zero-one loss [J]. Machine learning, 1997, 29: 103-130.
[8] DEMPSTER A P, LAIRD N M, RUBIN D B. Maximum likelihood from incomplete data via the EM algorithm [J]. Journal of the royal statistical society: series B, 1977, 39(1): 1-22.
[9] CORTES C, VAPNIK V. Support-vector networks [J]. Machine learning, 1995, 20: 273-297.
[10] PLATT J. Sequential minimal optimization: a fast algorithm for training support vector machines [J]. 1998.
[11] ANDREW A M. An introduction to support vector machines and other kernel-based learning methods by Nello Christianini and John Shawe-Taylor, Cambridge Cambridge University Press, 2000.
[12] BERLINET A, THOMAS-AGNAN C. Reproducing kernel Hilbert spaces in probability and statistics [M] New York: Springer Science & Business Media, 2011.
[13] SCHAPIRE R E. The strength of weak learnability [J]. Machine learning, 1990, 5: 197-227.
[14] FREUND Y, SCHAPIRE R E. A decision-theoretic generalization of on-line learning and an application to boosting [J]. Journal of computer and system sciences, 1997, 55(1): 119-139.
[15] BREIMAN L. Bagging predictors [J]. Machine learning, 1996, 24: 123-140.
[16] BREIMAN L. Random forests [J]. Machine learning, 2001, 45: 5-32.
[17] WOLPERT D H. Stacked generalization [J]. Neural networks, 1992, 5(2): 241-259.
[18] VAN ENGELEN J E, HOOS H H. A survey on semi-supervised learning [J]. Machine learning, 2020, 109(2): 373-440.

CHAPTER 6

第6章

神经网络

受到生物神经网络的启发，20世纪40年代提出了人工神经网络的基本构架，其主要目的是模仿人脑神经元网络，根据网络的连接方式、权重值和激励函数实现数字信息的处理，是一种逻辑策略的表达，并被广泛应用于计算机智能控制、信息处理、模式识别等领域。本章主要对神经网络的基本概念、训练方法和典型神经网络模型进行介绍。

6.1 神经元模型

生物神经网络（Biological Neural Network）是指由神经元、细胞及触点相互缔结形成的网络，使得生物形成对周边环境感知和认知的能力，其中神经元（Neuron）是生物神经网络的基本组成结构。1904年生物学家首次发现神经元的组成结构，如图6-1所示。神经元通常具有多个树突结构，用于接收相邻神经元传递的信息，而且仅具有一条轴突，轴突尾端又延伸出多个轴突末梢，以向其他相连神经元传递信息。轴突末梢与下一个神经元的树突共同组成"突触"，主要用于传递信号，将电信号转化为化学信号，在下一个神经元转变为电信号。若综合电位超过"阈值"，神经元将被"激活"呈现兴奋状态，并继续向其他相连神经元发送化学信号——神经递质，进而改变其电位。若综合电位低于"阈值"则神经元呈现抑制状态。

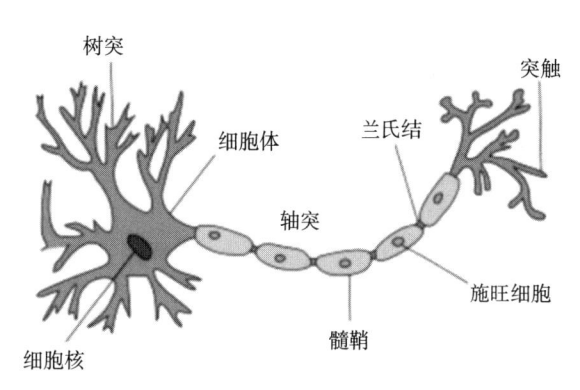

图6-1 典型生物神经元结构⊖

受生物神经网络的启发，1943年心理学家麦卡洛克（McCulloch）和数学家皮茨

⊖ https://commons.wikimedia.org/w/index.php?curid=7616130

(Pitts)等[1]参考生物神经元的行为特征,首次对神经元的兴奋抑制状态进行数据建模(即 M-P 神经元模型),并构造了一种可以进行分布式并行信息处理的数学模型,即人工神经网络(Artificial Neural Network,ANN),简称为神经网络。与生物神经网络类似,人工神经网络同样由大量神经元连接而成,其中各神经元之间的连接具有不同的权重,表示对另一神经元的影响程度。人工神经网络具有学习能力,通过调整人工神经元间的连接强度(可学习参数),达到处理信息的目的。

6.1.1 神经元模型的结构

神经元模型的结构如图 6-2 所示,其中每个神经元都可以接收与其相连接的多个其他神经元传递的信号,并通过带有特定权重的连接实现信号传递。核心工作机理为:神经元将所有接收到的信号进行整合计算,并与特定的阈值进行比较,然后通过特定激活函数的处理产生相应的输出信号。

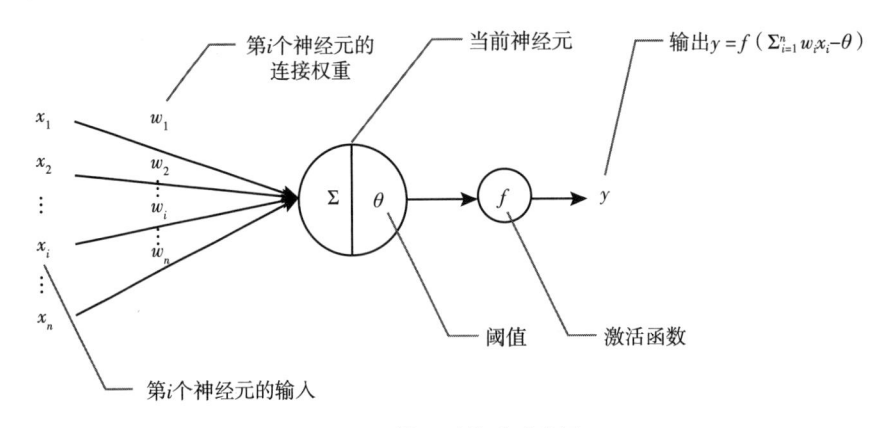

图 6-2 神经元模型示意图

其中,x_i 表示第 i 个神经元的输入;w_i 表示第 i 个神经元与当前神经元之间的连接权重,等同于生物神经元之间的连接强度,权值的大小表示突触结构连接强度;n 表示某一神经元接收神经元的输入信号数量,某一神经元可以接收多个神经元的输入,也可以将信号输出给其他多个神经元;θ 表示当前神经元的阈值或称偏置,表示若神经元超过阈值则被"激活"呈兴奋状态,否则转为抑制状态。最后将全部输入信号进行累加整合并输出,对应于生物神经元中的膜电位:

$$\text{net} = \sum_{i=1}^{n} w_i x_i - \theta \tag{6-1}$$

除当前神经元的电平阈值之外,神经元的激活还需要激励函数的参与,上述神经元的激活过程为

$$y = f(\text{net}) \tag{6-2}$$

式中，y 表示当前神经元的输出；函数 f 表示激活函数（Activation Function），其中 $\text{net}(t)$ 常被称为净激活（Net Activation）。若进一步用 $\boldsymbol{x}$ 表示输入向量，用 $\boldsymbol{w}$ 表示权重向量，那么当前神经元的输入向量和连接权值为

$$\boldsymbol{x}=(x_0,x_0,\cdots,x_n)$$

$$\boldsymbol{w}=\begin{pmatrix}w_0\\w_1\\.\\.\\.\\w_n\end{pmatrix} \tag{6-3}$$

同理，神经元的输出可表示为向量相乘的形式：

$$\text{net}=\boldsymbol{xw} \tag{6-4}$$

则激活过程为

$$y=f(\text{net})=f(\boldsymbol{xw}) \tag{6-5}$$

由上述介绍，可以发现 M-P 神经元模型具有以下四个特点：
1）神经元是一个多输入单输出的处理单元；
2）神经元的状态可以分为兴奋状态和抑制状态；
3）与生物神经元相同，神经元在输入信息的整合上具有空间整合特性及阈值特性；
4）记忆和知识是以神经元之间的连接体现的。

将生物神经元和 M-P 人工神经元模型进行对比（见表6-1），发现人工神经元模型与生物神经元具有高度的一致性。其中输入信号 $x_i(i=1,2,\cdots,n)$ 与输出信号 y 体现了"多输入单输出"的特点。权重值 w_i 的正负体现了"神经元的兴奋与抑制状态"这一特点。神经元对输入信号的整合和阈值 θ 则体现了第三个特点。生物神经元还具备时间整合的特性，即神经元所整合的膜电位是一段时间内的累积，而在人工神经元中并没有考虑时间整合，只考虑了空间整合，第四个特点则体现在模型的计算过程中。但 M-P 神经元模型具有一个显著的缺点，即需要预先对神经元之间的连接权重进行设置，权重连接不能动态调整，不具备学习能力。为此，1943 年心理学家赫布（Hebb）[7] 提出了赫布学习率，使得神经元之间的突触强度可以动态变化。

表 6-1　M-P 模型与生物神经元之间的对比

生物神经元	输入信号	连接强度	输出	总和	膜电位	电位阈值
M-P 模型	x_i	w_i	y	$\sum$	$\sum_{i=1}^{n}w_i x_i(t)$	θ

6.1.2 激活函数

1. 激活函数的概念

激活函数是人工神经网络中各个神经元上，对输入信息进行处理整合的函数，可以将神经元的输入映射成为输出。各神经元接收上一层连接的所有神经元的输入，然后进行信息整合，再经过激活函数产生相应的输出。在单层神经网络中神经元会将输入值传递给下一层。在多层神经网络中，神经元传递信息的过程由一个具体的函数关系进行表示，该函数即为激活函数（也称为激励函数）。

2. 激活函数的用途

若没有激活函数，神经网络即为最原始的**感知机**（Perceptron）。在感知机中，激活函数相当于 $f(x)=x$，神经元的输出都是上一层相连神经元输出的线性组合，输出与输入之间仅存在线性关系，缺乏对于复杂关系的拟合能力。为了增强网络的表示能力和学习能力，通常将非线性函数作为神经网络的激活函数，实现对任意复杂函数的逼近，从而大大提升神经网络的表达能力。激活函数需要具备以下几点性质。

1）**非线性**：为了对任意复杂函数进行近似，神经网络中需要存在非线性激活函数，从而增强网络的非线性表达能力。研究证明添加了非线性激活函数的神经网络可以近似任意通用函数。

2）**连续可微**：为了利用梯度下降法对神经网络进行优化，激活函数需要连续可微，否则无法在连续空间上进行求导，无法优化网络模型。

3）**有界**：有界的激活函数更加有利于基于梯度的神经网络训练过程，提高训练效率。

4）**平滑性**：存在单调导数的平滑函数在许多情况下对于神经网络的训练具有明显的优势。

5）**原点附近近似**：对于小的随机初始化权重，原点附近近似属性可以提高神经网络的学习效率；若没有这个属性，需要使用特定的权值对网络参数进行初始化，而不能随机赋值。

6.1.3 常见激活函数

阶跃函数（如图 6-3）是一种理想的激活函数，其将输入值映射为"0"或"1"两个输出值，其中"0"对应神经元抑制，"1"对应神经元兴奋，见式(6-6)。虽然这种激活方式与生物特征最为符合，但由于阶跃函数是不连续且不光滑的，无法被有效应用于神经网络的训练过程中。

$$\text{sgn}(x)=\begin{cases} 1 & (t>0) \\ -1 & (t\leqslant 0) \end{cases} \qquad (6\text{-}6)$$

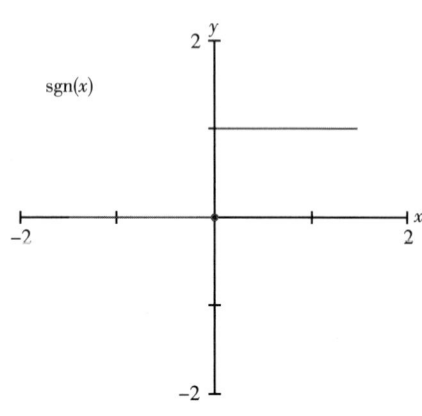

图 6-3 阶跃函数数学形式与几何表示

激活函数主要是将每个神经元的输出做一个非线性映射。目前常见的激活函数包括 Sigmoid、Tanh、ReLU、Swish、GELU 等。

1. Sigmoid 函数

Sigmoid 函数是指一类 S 形曲线函数，为两端饱和函数。其中常用的一种 Sigmoid 函数见式（6-7），可以看作是把一个实数域的输入"缩放"至(0,1)的范围内。

$$f(x)=\frac{1}{1+e^{-x}} \tag{6-7}$$

如图 6-4 所示，当输入值与 0 较为接近时，可以将该函数看作一个线性函数；当输入值小于 0 并且越来越小时，输入会被抑制到越来越接近于 0；当输入值大于 0 并且越来越大时，输入会被缩放到越来越接近于 1。这与生物神经元的行为特征是相似的，即不同的输入会使神经元处于兴奋（对应输入为 1）或者抑制（对应输入为 0）状态。与阶跃式激活函数相比，Sigmoid 函数具备连续可导、输出范围有限、优化稳定等优点。

然而 Sigmoid 函数的输出为[0,1]间的实数，且不是 0 均值的。另外，通过对函数求导发现，Sigmoid 导数在[$-\infty$,$+\infty$]上恒小于 0.25，这将会导致梯度消失和收敛速度缓慢等问题。具体为：在根据拟合梯度对模型进行训练时，误差通过最终层到初始层的逐层传播，得到各层的训练梯度。但由于 Sigmoid 导数恒小于 0.25 的特性，随着使用该激活函数隐藏层数量的增多，梯度相乘结果会慢慢趋近 0，导致前层权值几乎没有更新，造成梯度消失。而且 Sigmoid 非 0 均值输出且值域恒为正的特性，将导致模型训练时，梯度正负与模型输入绑定，从而造成局部梯度全为正或全为负，则在反向传播过程中模型权值只能向正方向或负方向更新，使得模型训练收敛缓慢。

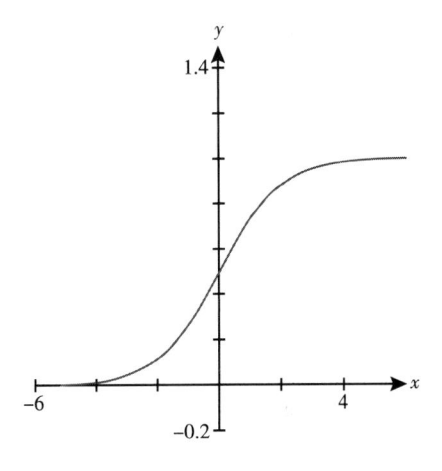

图 6-4 Sigmoid 函数几何表示

2. Tanh 函数

Tanh 函数也是一种 Sigmoid 型函数，其数学形式为

$$\tanh(x)=\frac{1-e^{-2x}}{1+e^{-2x}} \tag{6-8}$$

该函数的几何图像如图 6-5 所示，其解决了

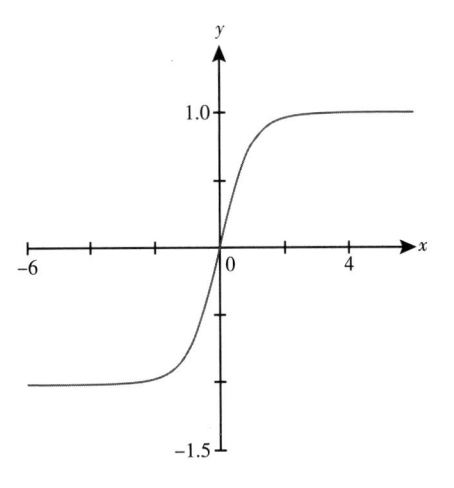

图 6-5 Tanh 函数几何表示

Sigmoid 函数输出非 0 均值的问题。与 Sigmoid 函数相比，Tanh 函数收敛速度更快，且输出值是以 0 为中心的，但是仍然存在梯度消失和幂运算的缺点。

3. ReLU 函数

修正线性单元（Rectified Linear Unit，ReLU）函数[3]亦被称为 Rectifier 函数[4]，是目前深度神经网络训练过程中应用最广泛的激活函数。

$$\mathrm{ReLU}(x)=\begin{cases}x & x>0 \\ 0 & x\leqslant 0\end{cases} \quad (6\text{-}9)$$

ReLU 实际上是一个斜坡函数，其数学形式如图 6-6 所示。其优点是：1）在正区间内解决了梯度消失的问题；2）由于只需要判断输入是否大于 0，因此计算速度非常快；3）其收敛速度远快于 Sigmoid 和 Tanh 等激活函数。

ReLU 的缺点可以概况为：1）ReLU 同样面临着输出不是 0 均值的问题；2）由于非 0 区间内直接为 0，可能会导致 Dead ReLU 问题，即某些神经元可能永远不会被激活，从而使相应的参数永远不会在学习的过程中被更新。

为了避免上述问题，提出了一系列 ReLU 的变体形式以提升激活函数的稳定性，并在实际模型中广泛使用。

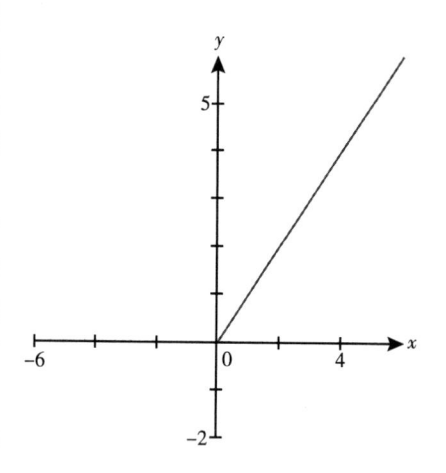

图 6-6 ReLU 函数几何表示

（1）LReLU 函数

渗漏整流线性单元（Leaky ReLU，LReLU）函数是经典激活函数 ReLU 的变体之一。LReLU 的定义见式（6-10），几何图像如图 6-7 所示。

$$\mathrm{LReLU}(x)=\begin{cases}x & (x>0) \\ \gamma x & (x\leqslant 0)\end{cases} \quad (6\text{-}10)$$

式中，γ 是一个十分小的常数。当 $x<0$ 时，函数仍保持一个较小的梯度，从而保证在神经元"抑制"状态下也能有非零值更新参数，从而避免 Dead ReLU 问题的出现。

（2）PReLU 函数

不同于 LReLU 中的静态常量，带参数的 ReLU（Parametric ReLU，PReLU）引入一个可学习的参数，不同神经元可以有不同的参数[5]，PReLU 函数的定义为

$$\mathrm{PReLU}(x)=\begin{cases}x & (x>0) \\ ax & (x\leqslant 0)\end{cases} \quad (6\text{-}11)$$

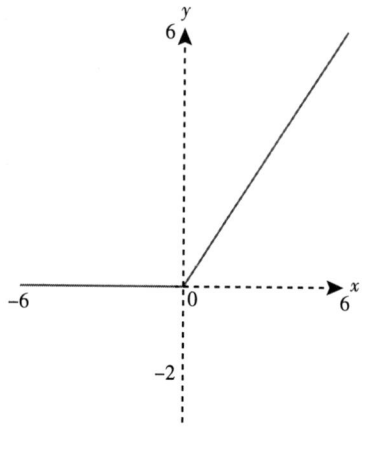

图 6-7 LReLU 函数几何图像

其几何图像如图 6-8 所示。PReLU 引入了一个随机的超参数 a，该参数可以通过反向传播的方式进行学习，这使得神经元能够选择负区域最好的梯度。同时超参数的特殊取值，将使 PReLU 退化为其他激活函数，如若 $a=0$ 则退化为 ReLU 函数，若 a 取较小的固定值则退化为 LReLU 函数。

（3）RReLU

随机纠正线性单元（Random ReLU，RReLU）函数也是 LReLU 的一个变体。RReLU 的数学定义如式（6-12）所示，其负值部分的斜率在训练中是随机的。如图 6-9 所示，RReLU 函数在训练过程中，参数 a 是从一个均匀分布 $U(l,u)$ 中随机抽取的数值，其中 $l<u$ 且 $u\in[0,1]$。在测试过程中，参数 a 变为固定值。因此，RReLU 能够通过参数 a 的随机抽取避免 Dead ReLU 问题，同时有正则化的效果，可避免训练时由于超参数过多导致的过拟合现象，计算也相对更简捷有效。

$$\mathrm{RReLU}(x)=\begin{cases} x & (x\geqslant 0) \\ ax & (x<0) \end{cases} \quad (6\text{-}12)$$

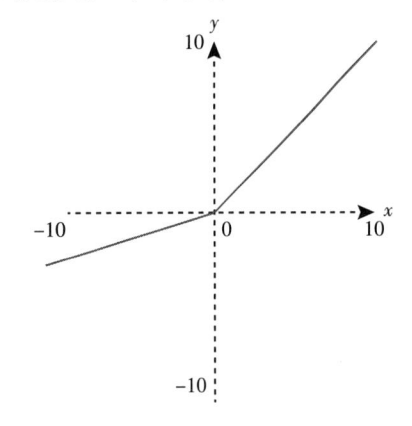

图 6-8　PReLU 函数几何图像

4. Swish 函数

Swish 函数[6] 是一种自门控（Self-Gated）激活函数，其数学形式为

$$\mathrm{Swish}(x)=x\sigma(\beta x) \quad (6\text{-}13)$$

式中，$\sigma(\cdot)$ 为 Sigmoid 函数，β 为可学习的参数或一个固定超参数，$\sigma(\cdot)\in(0,1)$ 可以看作一种软性的门控机制。当 $\sigma(\beta x)$ 接近于 1 时，门控单元处于"开"状态，激活函数的输出近似于 x 本身；当 $\sigma(\beta x)$ 接近于 0 时，门控单元的状态为"关"，激活函数的输出近似于 0。由其几何图像图 6-10 可知，Swish 函数可以看作线性函数和 ReLU 函数之间的非线性插值函数，其程度由参数 β 控制。

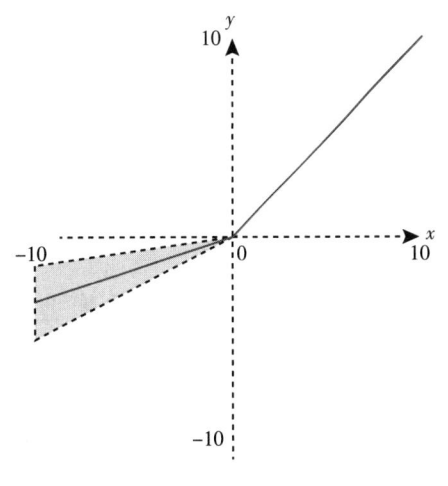

图 6-9　RReLU 函数几何图像

5. GELU 函数

高斯误差线性单元（Gaussian Error Linear Unit，GELU）函数[7] 也是一种通过门控机制来调整其输出值的激活函数，和 Swish 函数比较类似。

$$\mathrm{GELU}(x)=xP(X\leqslant x)=x\varPhi(x) \quad (6\text{-}14)$$

式中，$P(X \leqslant x)$ 是高斯分布 $\mathcal{N}(\mu, \sigma^2)$ 的累积分布函数，μ, σ 为超参数。

由于高斯分布的累积分布函数为 S 型函数，因此 GELU 函数可以用 Tanh 函数或 Sigmoid 函数来近似，其几何图像如图 6-11 所示。当使用 Sigmoid 函数近似时，GELU 相当于一种特殊的 Swish 函数。

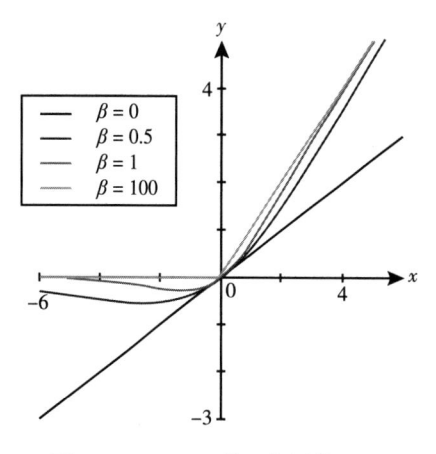

图 6-10 Swish 函数几何图像

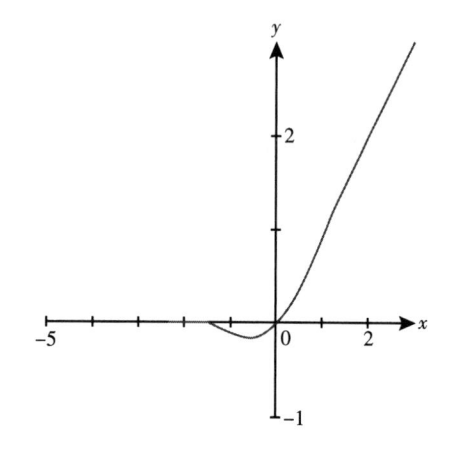

图 6-11 GELU 函数几何图像

6.2 感知机

6.2.1 感知机的概念及模型结构

1957 年，罗森布拉特（Frank Roseblatt）等人提出感知机（Perceptron，也称为感知器）。该模型主要是对生物神经元的简单模拟，其网络结构由两层神经元组成，是一种被广泛使用的线性分类器。感知机也具有和生物神经元对应的结构，如输入权重（连接强度）、阈值（电平阈值）、激活函数（神经元细胞）、输入输出的正负（兴奋或抑制状态）。

本书将神经网络中需要计算的层统称为计算层，并将拥有一个计算层的神经网络称为单层神经网络。如图 6-12 所示感知机的模型结构较为简单，对比 6.1 节中的 M-P 神经元模型结构，感知机包含输入输出两层神经元，其中输入层接收外界输入信号后，通过带权值的连接传递给输出层。

由 6.1 节可知，神经元输出是各神经元输入的加权和。若选择 sgn 阶跃函数作为感知机的激活函数，其输出为

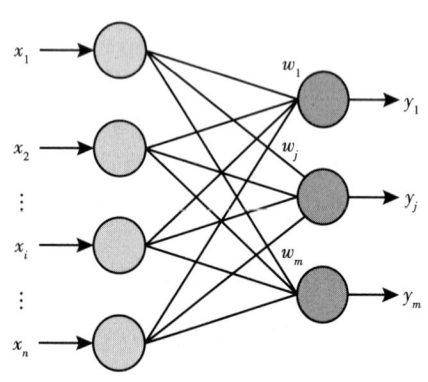

图 6-12 感知机模型结构

$$y_j=\text{sgn}(\text{net}_j-\theta_j)=\text{sgn}(\sum_{i=0}^{n}w_{ij}x_i)=\text{sgn}(\boldsymbol{w}_j^T\boldsymbol{x}) \tag{6-15}$$

为了方便计算，进一步采用二维下标 w_{ij} 来表示权值，下标中的 i 表示前一层神经元的序号（从上到下排序），j 则表示下一层中相连神经元的序号，例如 w_{12} 表示第一层的第一个神经元与下一层的第二个神经元相连。根据上述标记方式，更新后的感知机如图 6-13 所示。

那么其输出公式为

$$y_1=f(x_1w_{11}+x_2w_{21}+x_3w_{31})$$
$$y_2=f(x_1w_{12}+x_2w_{22}+x_3w_{32}) \tag{6-16}$$

观察上述计算公式，发现最终输出是输入的线性组合，因此可以利用矩阵形式对上述公式进行表示。假设向量 $\boldsymbol{x}=(x_1,x_2,x_3)^T$ 表示输入变量，向量 $\boldsymbol{y}=(y_1,y_2)^T$ 表示网络输出，那么系数矩阵可以用

$$\boldsymbol{W}=\begin{pmatrix}w_{11}&w_{12}\\w_{21}&w_{22}\\w_{31}&w_{32}\end{pmatrix}$$

来表示（2×3 矩阵），则式（6-16）可以改写为

图 6-13 权值标记示意图

$$f(\boldsymbol{Wx})=\boldsymbol{y} \tag{6-17}$$

6.2.2 感知机的效果

不同于 M-P 神经元模型中的静态权重，感知机中的权值可以在训练过程中进行学习和更新，具备一定的学习能力。根据 6.1.1 节中对感知机计算过程的推导，发现感知机与逻辑回归模型较为类似，可以实现线性分类任务。若使用决策分界来表示分类的效果，以二维数据为例，决策分界就是划出一条直线，将数据分布在直线的两侧。如果数据是三维的，则是划出一个平面，将数据分布在两个空间中。如图 6-14 所示为感知机在二维平面中的决策分界效果，即感知机的分类效果。

故感知机理论上只能做简单的线性分类任务，即决策分界是使用一条直线可分的图形，例如逻辑"与"和逻辑"或"问题。感知机计算过程中的传递过程决定了其只能解决线性问题，以两个输入分量 x_1 和 x_2 为例，此时节点 j 的输出为

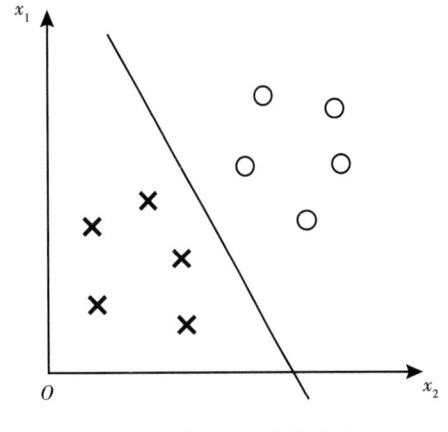

图 6-14 感知机的决策分界

$$y_j = \begin{cases} 1, & w_{1j}x_1 + w_{2j}x_2 - \theta_j > 0 \\ -1, & w_{1j}x_1 + w_{2j}x_2 - \theta_j < 0 \end{cases} \qquad (6\text{-}18)$$

需要求解的方程见式（6-19），并且由方程可知，可以进一步改变连接权值和神经元阈值使方程能够解决逻辑"与""或"问题。

$$w_{1j}x_1 + w_{2j}x_2 - \theta_j = 0 \qquad (6\text{-}19)$$

1. 逻辑"与"问题

令 $w_1 = w_2 = 1$，$\theta = 2$，其真值表如图 6-15 所示，可以解决逻辑"与"问题。

2. 逻辑"或"问题

令 $w_1 = w_2 = 1$，$\theta = 0.5$，则其真值表如图 6-16 所示，可以解决逻辑"或"问题。

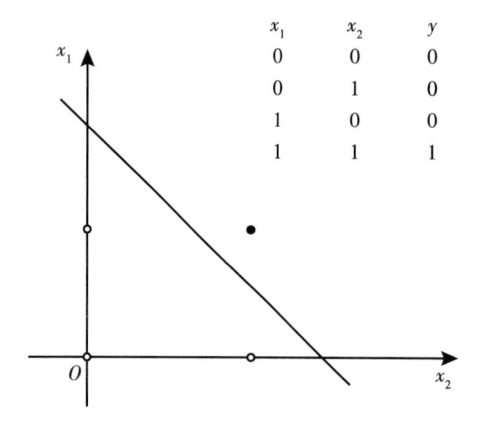

图 6-15 逻辑"与"问题真值表　　图 6-16 逻辑"或"问题真值表

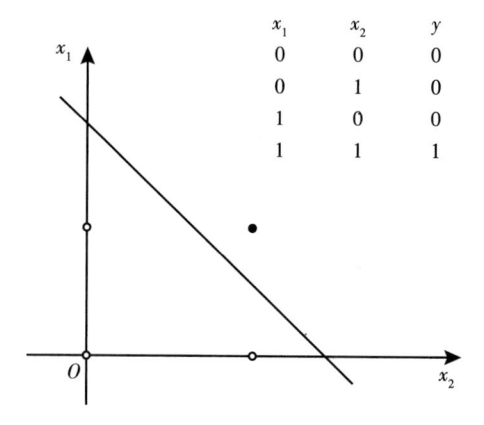

但是若要使用感知机来处理非线性问题，它就力不从心了。如图 6-17 所示的"异或"问题。"异或"问题是逻辑运算中的一种常见问题，例如 $a \oplus b$ 表示如果 a、b 两个值不相同，则异或结果为 1；如果 a、b 两个值相同，则异或结果为 0。由其真值表可以发现该决策分界无法用一条直线分割开来，因此单层感知机无法解决"异或"问题。

6.2.3 多层感知机的概念及模型结构

单层神经网络无法解决"异或"问题，但研究人员发现若在单层神经网络的基础上添加一个计算层，得到两层神经网络，则可以对"异或"问题进行有效解决，而且具有较好的非线性分类效果，这就是**多层感知机**。

多层感知机由两层神经网络组成，将隐藏层加入单层感知机的输入层和输出层之间，最终形成将样本正确分类的凸域，顺利解决"异或"问题和非线性分类问题。多层感知机的模型结构如图 6-18 所示。

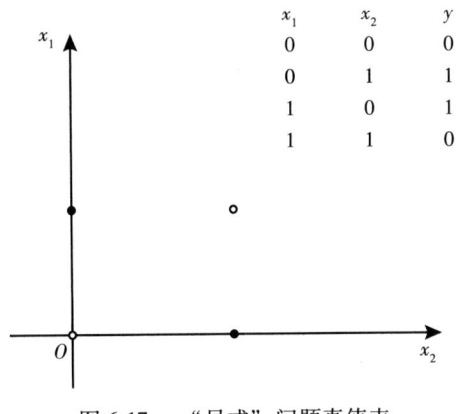

图 6-17 "异或"问题真值表

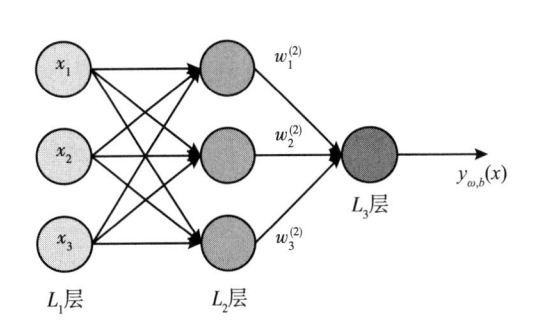

图 6-18 多层感知机的模型结构

图 6-18 中以 x_i^n 代表第 n 层的第 i 个节点，那么上述感知机中输出层的 y_1 和 y_2 分别被替换为 x_1^2 和 x_2^2，其计算过程如图 6-19 所示。最终 y（即输出）是通过中间层的 x_1^2、x_2^2 及第二个权值矩阵计算得到，其计算过程如图 6-20 所示。下面将以部分节点的计算过程为例进行详细描述。

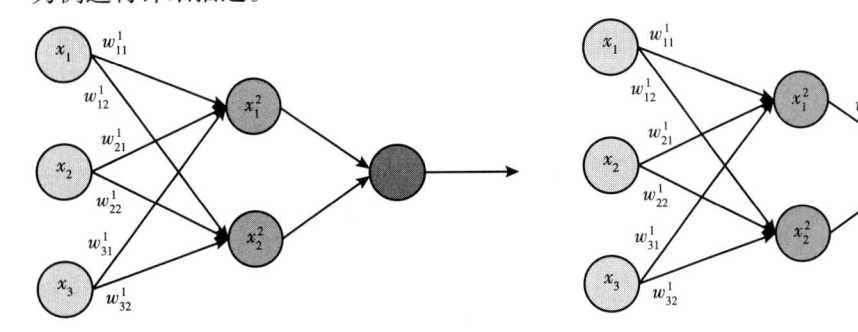

图 6-19 多层感知机的计算过程（一）

图 6-20 多层感知机的计算过程（二）

图 6-19 中间层两个神经元的计算过程为

$$x_1^2 = f(x_1^1 w_{11}^1 + x_2^1 w_{21}^1 + x_3^1 w_{31}^1)$$
$$x_2^2 = f(x_1^1 w_{12}^1 + x_2^1 w_{22}^1 + x_3^1 w_{32}^1) \tag{6-20}$$

最终输出的计算公式为

$$y = f(x_1^2 w_{11}^2 + x_2^2 w_{21}^2) \tag{6-21}$$

若使用矩阵运算来表达，整个计算过程可简化为

$$f(\boldsymbol{W}^1 \boldsymbol{x}^1) = \boldsymbol{x}^2$$
$$f(\boldsymbol{W}^2 \boldsymbol{x}^2) = y \tag{6-22}$$

使用矩阵形式可以简洁明了地表达运算过程，而且不会受到节点数目变化的影响。需要进一步说明的是，在多层感知机中，使用了更加平滑的 sigmoid 函数来代替 sgn 函数作为激活函数。至此困扰神经网络研究的"异或"问题被轻松解决，多层感知机（两层神经网络）的效用与价值在多种应用中得到了证实，并成功应用在语音识别、图像识别等多个领域。

6.3 误差反向传播算法

随着待解决问题复杂程度的增加，对感知机学习能力的要求越来越高。同时隐藏层的引入使得神经网络拥有更大的潜力，然而简单的感知机学习规则已经无法有效解决隐藏层网络的训练问题。因为隐藏层没有期望输出，所以无法利用感知机的学习规则进行有效学习，还存在训练优化困难等问题。直至 1986 年，鲁姆哈特（Rumelhar）和辛顿（Hinton）等人提出**反向传播**（BackPropagation，BP）算法并将其引入多层感知机中[8]，解决了多层感知的高计算量问题，从而催生了神经网络研究的第二次热潮。

6.3.1 误差反向传播算法的概念

多层神经网络权重参数的更新一直是限制神经网络学习能力的瓶颈。1986 年鲁姆哈特（Rumelhar）及辛顿（Hinton）等人提出**反向传播**算法，顺利解决了两层神经网络训练过程中权重更新难以计算的问题，为深度神经网络的快速发展奠定了基础。

神经网络参数学习的过程中需要用到梯度下降法（Gradient Descent），通过迭代式的求解方法，在损失函数最小化的前提下实现模型参数实例化。所谓梯度，就是指向标量场增长最快的方向。神经网络的训练过程就是找到最合适的权重使得网络的输入和预期输出之间的误差最小的过程。为了使得误差最小化，需要采用梯度下降法，对神经网络中各神经元之间的权重进行迭代更新，从而完成网络参数的最优化工程。但梯度下降法只能对带有明确函数关系的变量进行求导。在多层神经网络中由于隐藏层的存在，使得输入和输出之间不存在简单的函数映射关系，导致梯度下降算法无法直接应用。为了解决该问题，反向传播算法通过先将误差传播到隐藏层，然后再应用梯度下降算法，实现误差的传递计算过程，从而使得梯度下降法在深层神经网络的计算过程中得到有效的应用。

在神经网络模型中，由于结构复杂，直接计算所有参数的梯度是非常复杂的，而反向传播算法充分考虑神经网络的层次结构特性，提出了一种由最后一层到输入层逐层计算参数梯度的方法，因此被称为反向传播算法。反向传播算法的具体含义是，第 l 层中某个神经元的误差项可根据第 $l+1$ 层中所有与该神经元相连的神经元的误差项的权重之和求得。反向传播算法是一个迭代算法，其基本步骤为：

①根据输入前向计算每一层的状态和激活值直至输出层（即前向传播过程）；
②利用梯度的反向传播，计算每一层网络的误差；
③以误差变小为目标进行参数更新。

上述步骤重复迭代进行，直到满足设定的停止法则（比如相邻两次迭代的误差的差距很小），即可完成神经网络的训练过程。反向传播算法的伪代码如图 6-21 所示，具体过程将在 6.3.2 节与 6.3.3 节详细讲述。

```
BP_Train ( )
{
While 不满足设定停止法则 {
  for N组训练数据中样本 x {
    //信息前向传播过程
    for 各隐藏层及输出层 l {
      x^l = W^l a^{l-1} + b^l      //计算该层各单元的净输入
      a^l = f(x^l)                 //根据激活函数，计算该层各单元的输出
    }
  }
  //误差反向传播
  计算损失 E_total = 1/N E(y - o)
  for 网络各层 l {
    W^(l) = W^(l) - μ δE_total/δW^(l)     // 权重参数更新
    b^(l) = b^(l) - μ δE_total/δb^(l)     // 偏置参数更新
  }
}
}
```

图 6-21 反向传播算法伪代码

6.3.2 信息前向传播

本节以如图 6-22 所示的多层感知机（只含有一个隐藏层）为例介绍反向传播算法。输入数据 $\boldsymbol{x}=(x_1,x_2,x_3)^T$ 是 3 维向量，唯一的隐藏层有 3 个神经元节点，输出数据是二维向量。

神经网络中存在较多的全连接层，若利用单一的乘法计算，将会导致非常大的计算量，因此通常利用向量化的方式，将所有的参数叠加成矩阵，通过矩阵进行计算从而大大减小计算量。图 6-22 中神经网络的第 2 层神经元状态及激活值的计算过程为

$$x_1^2 = w_{11}^2 x_1 + w_{21}^2 x_2 + w_{31}^2 x_3 + b_1^2$$
$$x_2^2 = w_{12}^2 x_1 + w_{22}^2 x_2 + w_{32}^2 x_3 + b_2^2$$
$$x_3^2 = w_{13}^2 x_1 + w_{23}^2 x_2 + w_{33}^2 x_3 + b_3^2 \quad (6-23)$$

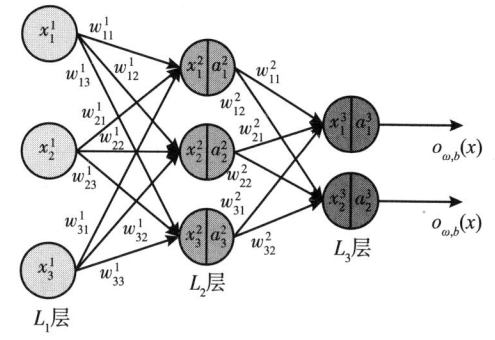

图 6-22 多层感知机结构及其参数示例

$$a_1^2 = f(x_1^2)$$
$$a_2^2 = f(x_2^2)$$
$$a_3^2 = f(x_3^2)$$

同理第 3 层神经元的状态及激活值的计算过程为

$$\begin{aligned}
x_1^3 &= w_{11}^3 a_1^2 + w_{21}^3 a_2^2 + w_{31}^3 a_3^2 + b_1^3 \\
x_2^3 &= w_{12}^3 a_1^2 + w_{22}^3 a_2^2 + w_{32}^3 a_3^2 + b_2^3 \\
a_1^3 &= f(x_1^3) \\
a_2^3 &= f(x_2^3)
\end{aligned} \qquad (6\text{-}24)$$

观察上式可总结出，第 l （$2 \leqslant l \leqslant L$）层神经元的状态及激活值可以向量化形式为

$$\begin{aligned}
\boldsymbol{x}^l &= \boldsymbol{W}^l \boldsymbol{a}^{l-1} + \boldsymbol{b}^l \\
\boldsymbol{a}^l &= f(\boldsymbol{x}^l)
\end{aligned} \qquad (6\text{-}25)$$

若感知机为 L 层，那么网络的最终输出可以表示为 $\boldsymbol{a}^L$，网络的前向传播过程见式 (6-26)。从输入开始依次经过所有的神经网络层得到最后的输出。

$$\boldsymbol{x} = \boldsymbol{a}^1 \rightarrow \boldsymbol{x}^2 \rightarrow \cdots \rightarrow \boldsymbol{a}^{L-1} \rightarrow \boldsymbol{x}^L \rightarrow \boldsymbol{a}^L = \boldsymbol{y} \qquad (6\text{-}26)$$

6.3.3 误差反向传播

信息前向传播过程是在已知各神经元的参数后，根据输入逐层得到网络输出的过程。但若想要得到网络中各个神经元的参数，需要利用误差反向传播算法。假设训练数据为 $\{(\boldsymbol{x}^{(1)}, \boldsymbol{y}^{(1)}), (\boldsymbol{x}^{(2)}, \boldsymbol{y}^{(2)}), \cdots, (\boldsymbol{x}^{(N)}, \boldsymbol{y}^{(N)})\}$，即共有 N 组训练数据，输出数据的维度为 n_L，即 $\boldsymbol{y}^{(i)} = (y_1^{(i)}, \cdots, y_{n_L}^{(i)})^{\mathrm{T}}$。

对于某一个训练数据 $(\boldsymbol{x}^{(i)}, \boldsymbol{y}^{(i)})$，其损失函数 $E_{(i)}$ 可写为

$$E_{(i)} = \frac{1}{2} ||\boldsymbol{y}^{(i)} - \boldsymbol{o}^{(i)}|| = \frac{1}{2} \sum_{k=1}^{n_L} (y_k^{(i)} - o_k^{(i)})^2 \qquad (6\text{-}27)$$

式中，$\boldsymbol{y}^{(i)}$ 为网络期望输出，$\boldsymbol{o}^{(i)}$ 为神经网络对输入，$\boldsymbol{x}^{(i)}$ 为计算之后产生的实际输出。

损失函数 $E_{(i)}$ 仅和权重矩阵 $\boldsymbol{W}^{(l)}$ 和偏置向量 $\boldsymbol{b}^{(l)}$ 相关，调整权重和偏置可以减少或增大损失（误差）。所有训练数据的总体（平均）损失为

$$E_{\text{total}} = \frac{1}{N} \sum_{i=1}^{N} E_{(i)} \qquad (6\text{-}28)$$

神经网络的训练目标即为调整权重和偏置使总体损失（误差）变小，从而求得使网络整体损失最小时各神经元所对应的参数。梯度下降法更新参数的过程见式 (6-29)，各层的权重参数及偏置参数可表示为 $w_{ij}^l, b_i^l, 2 \leqslant l \leqslant L$。

$$\boldsymbol{W}^l = \boldsymbol{W}^l - \mu \frac{\delta E_{\text{total}}}{\delta \boldsymbol{W}^l} = \boldsymbol{W}^l - \frac{\mu}{N} \sum_{i=1}^{N} \frac{\delta E_{(i)}}{\delta \boldsymbol{W}^l}$$

$$\boldsymbol{b}^l = \boldsymbol{b}^l - \mu \frac{\delta E_{\text{total}}}{\delta \boldsymbol{b}^l} = \boldsymbol{b}^l - \frac{\mu}{N} \sum_{i=1}^{N} \frac{\delta E_{(i)}}{\boldsymbol{b}^l} \tag{6-29}$$

由上式可得，若求出各训练数据的损失函数 $E_{(i)}$ 对参数的偏导数 $\frac{\partial E_{(i)}}{\partial \boldsymbol{W}^l}, \frac{\partial E_{(i)}}{\partial \boldsymbol{b}^l}$，即可得到该参数的迭代更新公式。在本章接下来的推导过程中，为方便起见将 $E_{(i)}$ 的下标去掉，直接记为 E，即单个训练数据的误差。下面将介绍利用反向传播算法求解单个训练数据误差对参数的偏导数的过程，首先利用上面的简单三层神经网络作为实例，然后再归纳出通用公式。

1. 输出层的权重参数更新

将损失函数 E 展开到隐藏层，可以得到：

$$E = \frac{1}{2} ||\boldsymbol{y} - \boldsymbol{o}|| = \frac{1}{2} ||\boldsymbol{y} - \boldsymbol{a}^3|| = \frac{1}{2}((y_1 - a_1^3)^2 + (y_2 - a_2^3)^2) \tag{6-30}$$

将 E 分别对输出层神经元的权重参数求偏导：

$$\frac{\delta E}{\delta w_{11}^3} = -(y_1 - a_1^3) f'(x_1^3) a_1^2 \tag{6-31}$$

具体利用链式法则求偏导，过程为

$$\frac{\delta E}{\delta w_{11}^3} = \frac{\delta E}{\delta x_1^3} \frac{\delta x_1^3}{\delta w_{11}^3} = \delta_1^3 a_1^2 \tag{6-32}$$

其中 $\delta_1^3 \triangleq \frac{\partial E}{\partial x_1^3} = \frac{\partial E}{\partial a_1^3} \frac{\partial a_1^3}{\partial x_1^3} = -(y_1 - a_1^3) f'(x_1^3)$，即得输出层神经元对权重参数的偏导。推广到一般情况，假设神经网络共 L 层，其损失函数对权重参数求偏导：

$$\delta_i^L = -(y_i - a_i^L) f'(x_i^L) \ (1 \leq i \leq n_L)$$
$$\frac{\delta E}{\delta w_{ij}^L} = \delta_i^L a_j^{L-1} \ (1 \leq i \leq n_L, 1 \leq j \leq n_{L-1}) \tag{6-33}$$

进一步将式（6-33）表达为矩阵形式：

$$\boldsymbol{\delta}^L = -(\boldsymbol{y} - \boldsymbol{a}^L) f'(\boldsymbol{x}^L)$$
$$\nabla_{\boldsymbol{W}^L} E = \boldsymbol{\delta}^L (\boldsymbol{a}^{L-1})^{\text{T}} \tag{6-34}$$

2. 隐藏层的权重参数更新

继续进行反向传播，推导 E 对隐藏层神经元的权重参数求偏导：

$$\frac{\delta E}{\delta w_{ij}^l} = \frac{\delta E}{\delta x_i^l}\frac{\delta x_i^l}{\delta w_{ij}^l} = \delta_i^l \frac{\delta x_i^l}{\delta w_{ij}^l} = \delta_i^l a_j^{l-1} \qquad (6\text{-}35)$$

其中，$\delta_i^l, 2 \leqslant l \leqslant L-1$ 的推导公式为

$$\delta_i^l = \frac{\delta E}{\delta x_i^l} = \sum_{j=1}^{n_{l+1}} \frac{\delta E}{\delta x_j^{l+1}} \frac{\delta x_j^{l+1}}{\delta x_i^l} = \sum_{j=1}^{n_{l+1}} \delta_j^{l+1} \frac{\delta x_j^{l+1}}{\delta x_i^l} \qquad (6\text{-}36)$$

式（6-36）中存在 $\frac{\delta E}{\delta x_i^{(l)}} = \sum_{j=1}^{n_{l+1}} \frac{\delta E}{\delta x_j^{l+1}} \frac{\delta x_j^{l+1}}{\delta x_i^l}$，是利用"函数之和的求导法则"及"求导的链式法则"计算得出的，计算方式为

$$\frac{\delta E}{\delta x_i^l} = \frac{\delta E}{\delta x_1^{l+1}} \frac{\delta x_1^{l+1}}{\delta x_i^l} + \frac{\delta E}{\delta x_2^{l+1}} \frac{\delta x_2^{l+1}}{\delta x_i^l} + \cdots + \frac{\delta E}{\delta x_{n_{l+1}}^{l+1}} \frac{\delta x_{n_{l+1}}^{l+1}}{\delta x_i^l} \qquad (6\text{-}37)$$

3. 输出层和隐藏层的偏置参数更新

将 E 对输出层及隐藏层神经元的偏置参数求偏导：

$$\frac{\delta E}{\delta b_i^l} = \frac{\delta E}{\delta x_i^l}\frac{\delta x_i^l}{\delta b_i^l} = \delta_i^l \qquad (6\text{-}38)$$

式中，$2 \leqslant l \leqslant L$。其对应的矩阵形式为

$$\nabla_{\boldsymbol{b}^{(l)}} E = \boldsymbol{\delta}^l \qquad (6\text{-}39)$$

4. 反向传播算法核心公式

完整介绍误差反向传播算法的计算流程后，可总结公式如下：

$$\begin{cases} \delta_i^l = \left(\sum_{j=1}^{n_{l+1}} \delta_j^{l+1} w_{ji}^{l+1}\right) f'(x_i^l), 2 \leqslant l \leqslant L \\ \delta_i^L = -(y_i - a_i^L) f'(x_i^L) \end{cases} \qquad (6\text{-}40)$$

对权重参数求偏导：

$$\frac{\delta E}{\delta w_{ij}^l} = \delta_i^l a_j^{l-1} \qquad (6\text{-}41)$$

对偏置求偏导：

$$\frac{\delta E}{\delta b_i^l} = \delta_i^l \qquad (6\text{-}42)$$

5. 反向传播算法计算步骤

利用反向传播算法的核心公式，可以实现根据某个训练数据的损失函数，求神经网络中所有参数的偏导数的过程，在神经网络训练过程中，反向传播算法的具体应用步骤

如下所示。

①初始化参数 $\boldsymbol{W}, \boldsymbol{b}$。一般将参数初始化为一个很小的，接近于0的随机值。

②利用前向传播公式计算每层的状态和激活值：

$$\boldsymbol{x}^l = \boldsymbol{W}^l \boldsymbol{a}^{l-1} + \boldsymbol{b}^l \tag{6-43}$$
$$\boldsymbol{a}^l = f(\boldsymbol{x}^l)$$

③首先计算输出层的 δ^L，以及第 $L-1$ 层到第 2 层依次计算隐藏层的 δ^l（$l = L-1, L-2, \cdots, 2$）。

④计算该训练数据的总损失函数对权重参数及偏置的偏导：

$$\frac{\delta E}{\delta w_{ij}^l} = \delta_i^l a_j^{l-1} \tag{6-44}$$
$$\frac{\delta E}{\delta b_i^l} = \delta_i^l$$

上述流程为求单个训练数据的损失函数对参数的偏导数，而网络实际训练过程中通常采用批量梯度下降法，即将一个批次的多个数据同时输入神经网络中进行计算。此时梯度下降的流程变为：首先利用反向传播算法的核心公式求得每一个训练数据的代价函数对参数的偏导数，然后利用下述公式更新参数：

$$\boldsymbol{W}^l = \boldsymbol{W}^l - \frac{\mu}{N} \sum_{i=1}^N \frac{\delta E_{(i)}}{\delta \boldsymbol{W}^l} \tag{6-45}$$
$$\boldsymbol{b}^l = \boldsymbol{b}^l - \frac{\mu}{N} \sum_{i=1}^N \frac{\delta E_{(i)}}{\delta \boldsymbol{b}^l}$$

迭代执行上述两个步骤，直到满足停止规则（如相邻两次迭代的误差差距很小，或者直接限制迭代次数）。

通过前文中对反向传播函数的总结和推导，可以发现利用反向传播算法，多层神经网络的输出层的误差可以逐层传递至所有的隐藏层以及输入层，从而使得网络中所有的参数可以根据误差进行更新，有效解决了深层神经网络误差难以传播导致难以训练的问题，是神经网络训练过程中最有效且最常用的算法。

6.4 其他常见的神经网络模型

6.4.1 玻尔兹曼机

玻尔兹曼机（Boltzmann Machine，BM）由辛顿（Hinton）等人在 1986 年提出[9]，是一种基于统计力学理论的随机神经网络。网络中的神经元仅存在未激活（用 0 表示）和激活（用1表示）两种状态，根据概率统计法则决定每个时刻的神经元状态。其中概率统计法则的表达形式与著名统计力学家玻尔兹曼（L. E. Boltzman）提出的玻尔兹曼分布较为相似，因此该网络被称为"玻尔兹曼机"。

在物理学中，玻尔兹曼分布描述了理想气体在受保守外力的作用（或保守外力的作用不可忽略）时，处于热平衡状态下的气体分子能量的分布规律。在统计学习方法中，如果将待学习模型视为高温物体，将学习的过程视为一个降温达到热平衡的过程，那么最终模型的能量将会收敛为一个分布，该分布在全局极小能量上下波动，这一过程被称为"模拟退火"。当能量收敛到最小（即热平衡）趋于稳定后，网络最稳定，此时网络是最优的。

玻尔兹曼机是由随机神经元全连接组成的反馈神经网络，且连接相互对称，由可见层和隐藏层组成，整体结构可以视为无向图，如图6-23所示。

其中 x_1, x_2, x_3 为可见层，x_4, x_5, x_6 为隐藏层，网络的能量函数定义为

$$E(X=x)=-\left(\sum_{i<j}w_{ij}x_ix_j+\sum_i b_ix_i\right) \tag{6-46}$$

式中，w 和 b 分别为权重和偏置；x 只有 $\{0,1\}$ 两种状态，分别代表激活和未激活。根据玻尔兹曼分布，一个系统在特定能量 Z 和温度 T 下的概率分布为

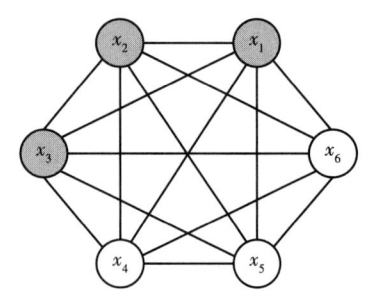

$$P(X=x)=\frac{1}{Z}\exp\left(\frac{-E(x)}{T}\right) \tag{6-47}$$

图6-23 玻尔兹曼机网络结构

同玻尔兹曼分布相似，当能量收敛到最小后，玻尔兹曼机网络参数逐渐趋于最优。在实际求解中，通常使用极大似然法估计最小化网络能量，利用模拟退火原理寻找网络的全局最优解，因此根据玻尔兹曼分布，$x_i=1$ 的概率为

$$p_i=\sigma\left(\frac{\Delta E_i(x_i)}{T}\right) \tag{6-48}$$

那么对于模型训练集 v（其中数据为 n 维向量，共有 N 组数据）的对数似然函数为

$$LL(W)=\frac{1}{N}\sum_{i=1}^{N}\log p(\hat{v}^{(n)}) \tag{6-49}$$

对每个训练向量 $p(v)$ 的对数似然函数求导数，得到相应的梯度，进一步利用传统神经网络中的梯度下降方法对参数进行更新，最终使得网络能量最小，找到网络的最优解。玻尔兹曼机通常以随机权重开始，通过反向传播学习或对比分歧（一种马尔可夫链用于确定两个信息增益之间的梯度）训练模型。

玻尔兹曼机常被用于解决两类不同的计算问题：一类是搜索问题（Search Problem），这类问题中，连接权值是固定的，它们共同表示一个代价函数，通过采样得到使代价函

数最低的二元状态向量。另一类是学习问题（Learning Problem），该问题将一组二元状态向量（即取值非 0 即 1 的向量）作为输入，玻尔兹曼机通过学习最终以高概率重现所有的输入数据，学习到的参数即为连接权重和各隐藏层单元的偏置。

一般玻尔兹曼机的结构比较复杂，可见层节点以及隐藏层节点之间均存在连接，难以求解其能量最小值，算法复杂性高，需要消耗大量的网络训练和学习时间，因此一般的玻尔兹曼机非常难以训练。为此，提出了受限玻尔兹曼机（Restricted Boltzmann Machine, RBM）结构，其对玻尔兹曼机的结构进行了简化，模型的训练更加容易，从而提升了模型的实用性。受限玻尔兹曼机是一种概率图模型，可以用随机神经网络进行解释，随机指的是受限玻尔兹曼机网络中的神经元是随机神经元，同样输出状态也是有未激活和激活两种状态，状态的具体取值则根据统计概率法则来决定。

与玻尔兹曼机相同，受限玻尔兹曼机同样由可见层和隐藏层组成，内部神经元层内无连接，因此受限玻尔兹曼机对应的图结构是一个二分图，如图 6-24 所示。

其中 n_v, n_h 分别代表可见层和隐藏层中神经元的数量，$\boldsymbol{v} = (v_1, v_2, \cdots, v_{n_v})^\mathrm{T}$ 代表可见层的状态向量，$\boldsymbol{h} = (h_1, h_2, \cdots, h_{n_h})^\mathrm{T}$ 代

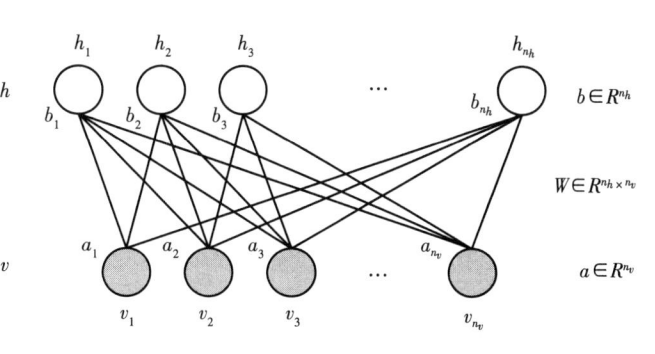

图 6-24 受限玻尔兹曼机示意图

表隐藏层的状态向量，$\boldsymbol{a} = (a_1, a_2, \cdots, a_{n_v})^\mathrm{T}$ 代表可见层的偏置向量，$\boldsymbol{b} = (b_1, b_2, \cdots, b_{n_h})^\mathrm{T}$ 代表隐藏层的偏置向量，$\boldsymbol{W} = (w_{i,j}) \in \mathrm{Re}^{n_h \times n_v}$ 代表隐藏层和可见层之间的权重矩阵，$w_{i,j}$ 代表隐藏层中第 i 个神经元和可见层中第 j 个神经元之间的权值。

受限玻尔兹曼机是一个基于能量的模型，需要定义能量函数，并根据能量函数得出一系列概率分布函数。对于一组给定的状态 $(\boldsymbol{v}, \boldsymbol{h})$，能量函数定义为

$$E_\theta(\boldsymbol{v}, \boldsymbol{h}) = -\sum_{i=1}^{n_v} a_i v_i - \sum_{j=1}^{n_h} b_j h_j - \sum_{i=1}^{n_v} \sum_{j=1}^{n_h} h_j w_{j,i} v_i \tag{6-50}$$

同样能量函数可用下述的矩阵向量形式表示：

$$E_\theta(\boldsymbol{v}, \boldsymbol{h}) = -\boldsymbol{a}^\mathrm{T} \boldsymbol{v} - \boldsymbol{b}^\mathrm{T} \boldsymbol{h} - \boldsymbol{h}^\mathrm{T} \boldsymbol{W} \boldsymbol{v} \tag{6-51}$$

状态 $(\boldsymbol{v}, \boldsymbol{h})$ 的联合概率分布可根据能量函数求出：

$$P_\theta(\boldsymbol{v}, \boldsymbol{h}) = \frac{1}{Z_\theta} \mathrm{e}^{-E_\theta(\boldsymbol{v}, \boldsymbol{h})} \tag{6-52}$$

式中，$Z_\theta = \sum_{v,h} \mathrm{e}^{-E_\theta(v,h)}$ 为归一化因子，也称为配分函数。

在实际问题中，重点要关注观测数据 v 的概率分布 $P_\theta(\boldsymbol{v})$，即为 $P_\theta(\boldsymbol{v}, \boldsymbol{h})$ 的边缘分

布，也称为似然函数，其计算方式为

$$P_\theta(\boldsymbol{v}) = \sum_h P_\theta(\boldsymbol{v},\boldsymbol{h}) = \frac{1}{Z_\theta}\sum_h e^{-E_\theta(\boldsymbol{v},\boldsymbol{h})} \tag{6-53}$$

同理，$P_\theta(\boldsymbol{h})$ 的计算过程为

$$P_\theta(\boldsymbol{h}) = \sum_v P_\theta(\boldsymbol{v},\boldsymbol{h}) = \frac{1}{Z_\theta}\sum_v e^{-E_\theta(\boldsymbol{v},\boldsymbol{h})} \tag{6-54}$$

而在实际计算过程中，归一化因子 Z_θ 的计算复杂度非常高，因此通常利用对数似然函数实现运算过程的简化。给定训练样本，受限玻尔兹曼机的训练目标是调整参数 θ，使网络尽可能地拟合训练样本，从而让得到的概率分布尽可能地符合训练数据的概率分布。假设训练样本集合为 $S=(v_1, v_2, \cdots, v_{n^s})$，包含 n^s 个训练样本，$\boldsymbol{v}^i = (v_1^i, v_2^i, \cdots, v_{n_v}^i)^{\mathrm{T}}, i=1, 2, \cdots, n_s$，且它们独立同分布。受限玻尔兹曼机的训练目标即为最大化似然函数 $L_{\theta,S} = \prod_{i=1}^{n_s} P(\boldsymbol{v}^i)$。通常通过对数操作将似然函数转化为连加形式 $\ln L_{\theta,S} = \ln \prod_{i=1}^{n_s} P(\boldsymbol{v}^i) = \sum_{i=1}^{n_s} \ln P(\boldsymbol{v}^i)$。为简洁起见，将 $L_{\theta,S}$ 记为 L_S。

最大化 L_S 常用的方法是梯度上升法，通过迭代的方法逐步逼近最优解，迭代公式为 $\theta := \theta + \eta \frac{\delta \ln L_S}{\delta \theta}$，其中 η 表示学习率，计算的关键为度量梯度 $\frac{\delta \ln L_S}{\delta \theta}$（即为 $\ln L_S$ 关于各个参数的偏导数 $\frac{\delta \ln L_S}{\delta w_{i,j}}, \frac{\delta \ln L_S}{\delta a_i}, \frac{\delta \ln L_S}{\delta b_i}$）。

总之，玻尔兹曼机通过学习建立单元之间的高阶相关模型，利用基于模型的能量函数中的隐藏单元和可见单元提高模型的表达能力，从而对具有复杂层次结构的数据进行建模。玻尔兹曼机的原理是自我完备的，在较多的数据集上可以表现出优越的性能。

6.4.2 深度信念网络

自从 20 世纪 50 年代神经网络开始发展以来，由于其良好的非线性表达能力和泛化能力而引起了广泛关注，但传统的神经网络中存在较大的局限。例如，当网络隐藏层和神经元数量增加之后会导致参数数量迅速增加，模型训练时间非常长，并且随着层数的增加，利用随机梯度下降方法很难找到最优解，容易陷入局部最优解，并出现梯度爆炸和梯度消失的现象，导致网络性能较差。由于这些问题的存在，2006 年辛顿提出了深度信念网络（Deep Belief Network，DBN）[10]，解决了深度神经网络的训练问题，从而深度学习开始大放异彩，推动了人工智能的快速发展。

深度信念网络由多个受限玻尔兹曼机堆叠而成，通过利用逐层进行训练的方式[11]，解决了深层神经网络训练过程中难以优化的问题。经过逐层训练，可以为整个网络赋予较好的权值，从而使得网络仅需要通过微调就可以达到较好的性能。深度信念网络的结构如图 6-25 所示。

深度信念网络在训练过程中利用无监督方式进行学习，过程如图 6-26 所示。首先将数据向量 x 和第一层隐藏层作为一个 RBM，训练该 RBM 的参数，包括各神经元之间的连接权重和偏置。然后固定该 RBM 的参数，把第一层的输出 h_1 视为可见向量，把第二层的输出 h_2 视为隐向量，训练第二个 RBM，得到其参数。然后将第二个 RBM 的参数进行固定，再训练由 h_2 和 h_3 构成的 RBM。通过该流程将整个深度信念网络中所有层的参数进行训练。训练过程中利用了吉布斯采样的思想，即先将可见向量值映射到隐藏单元，然后用隐藏单元重建可见向量，接着再将可见向量值映射给隐藏单元，迭代执行该步骤，直至网络中的所有参数得到训练。

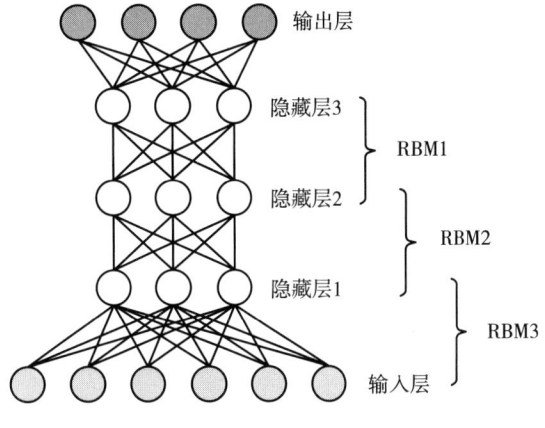

图 6-25　深度信念网络结构图

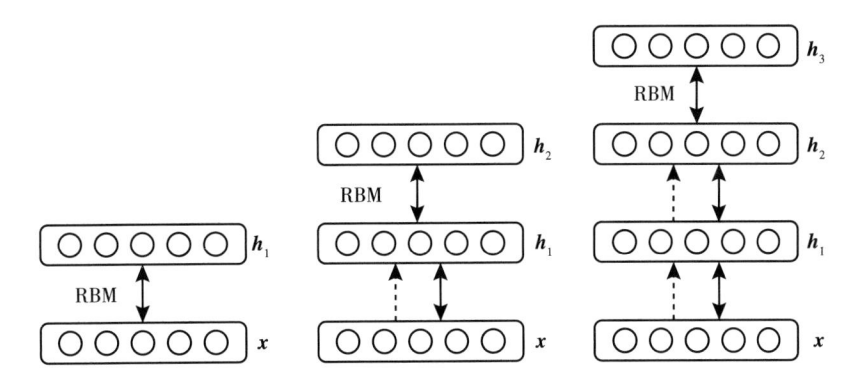

图 6-26　RBM 训练学习过程

通过依次对每一层 RBM 网络进行单独的无监督训练过程，保证了特征向量映射到不同的特征空间时尽可能多地保留特征信息。然后在网络的最后一层设置反向传播网络，将前面各层的 RBM 的输入作为反向传播网络的输入，利用有标签数据进行监督训练过程，实现最终整个网络的训练。由于逐层训练的方式，各层的 RBM 之间没有信息交流，无法保证特征提取过程中的全局最优，因此需要利用反向传播算法将误差进行反向传播，根据误差调整整个网络的参数。RBM 网络的训练过程类似于对一个深层反向传播网络进行权值参数的初始化过程，从而克服了随机初始化权值容易陷入局部最优以及训练时间较长的缺点。

深度信念网络既可以用于无监督学习，类似于自编码器，以尽可能地保留数据原始特征，降低特征的维度，同时也可以用于监督学习，作为分类器使用，使得分类错误率尽可能降低。深度信念网络的提出有效解决了深度神经网络难以训练的问题,推动了深度学习的快速发展。

6.4.3 脉冲神经网络

自反向传播算法被提出后,大部分的网络都是基于这个学习算法来更新权重。然而反向传播算法存在一个弱点:缺乏生物基础,与生物大脑中采用脉冲传递信息的方式仍有差距。这也激发了人类对强人工智能的进一步探索。近年来,模拟人脑神经元的**脉冲神经网络**(Spiking Neural Network,SNN)在类脑科学研究中占据核心地位。脉冲神经网络是一种受生物脑启发的基于脉冲序列处理信息的新一代人工神经网络,具备生物可解释性,甚至被认为是继人工神经网络及深度学习之后的第三代神经网络。第一个脉冲神经网络模型由霍奇金(Hodgkin)和赫胥黎(Huxley)于1952年提出[12],描述了动作电位是怎样产生并传播的。

脉冲神经网络的最大特点是用脉冲信号代替人工神经网络中连续的模拟信号来实现信息的传递。同时,使用了更为贴近生物神经元的脉冲神经元模型。区别于人工神经网络中神经元简单地将输入信号加权求和并利用激活函数输出,脉冲神经元接收到的输入信号直接影响神经元的状态(膜电位),当其膜电位上升至某个阈值时会产生脉冲信号,如图6-27所示。

神经元的状态由膜电势和激活阈值决定,神经元的膜电势由上一层神经元的突出后电势决定,突出后电势可以具体分为

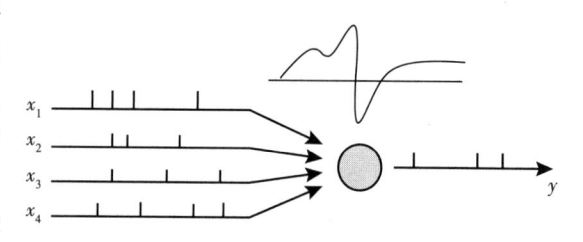

图 6-27 脉冲神经元模型

激励型(EPSP)和抑制性(IPSP),EPSP会提高神经元的膜电势,IPSP会降低神经元的膜电势。当神经元的膜电势升高到激活阈值时,神经元产生一个脉冲(Spike),该脉冲通过神经元的轴突传递到下一个神经元中,并且脉冲沿着突触传递的过程需要一定的时间,这个时间称为突触延迟。脉冲神经元从模型机理上可以分为四类:基于电流输入输出的膜电势模型(如积分点火 IAF 模型[13])、自然信息输入模型(如非马尔可夫模型[14])、药理刺激模型(如突触传递模型[15])和层级即时记忆模型(如 HTM 模型[16])。

脉冲神经元的输入是脉冲时间序列,因此需要将原始数据编码为脉冲时间序列。常用的编码方式有一维脉冲编码、稀疏脉冲编码、AER 脉冲编码。一维脉冲编码最为常用,该编码方式源于生物视觉神经网络中对信息的编码与首次脉冲发生的时刻相关,数据 $x \in [min,max]$,编码后的时间序列 $T \in [t_2, t_1]$,其编码规则为

$$T(x) = \frac{t_2 - t_1}{max - min} x + \frac{t_1 max - t_2 min}{max - min} \tag{6-55}$$

脉冲神经网络的结构与传统神经网络结构类似,具体可以分为静态结构和动态结构。静态结构是指层数和各层神经元的个数不变,只改变权重等参数,如多层前馈网络。动

态结构则是指网络中神经元的个数和连接都是变化的,如进化脉冲神经网络。多层前馈脉冲神经网络如图 6-28 所示,输入层为编码层,隐藏层为脉冲神经元,输出层是脉冲神经元或传统神经元,神经元之间的连接通常为多突触连接,以保证有足够的脉冲神经元被激活。在进化脉冲神经网络中,样本数据经输入层高斯神经元编码后,进入脉冲神经网络,根据数据特征动态生成新的神经元并加入相应类别的神经元储备池中。在进化脉冲神经网络中,最早被激活的神经元代表其类别。

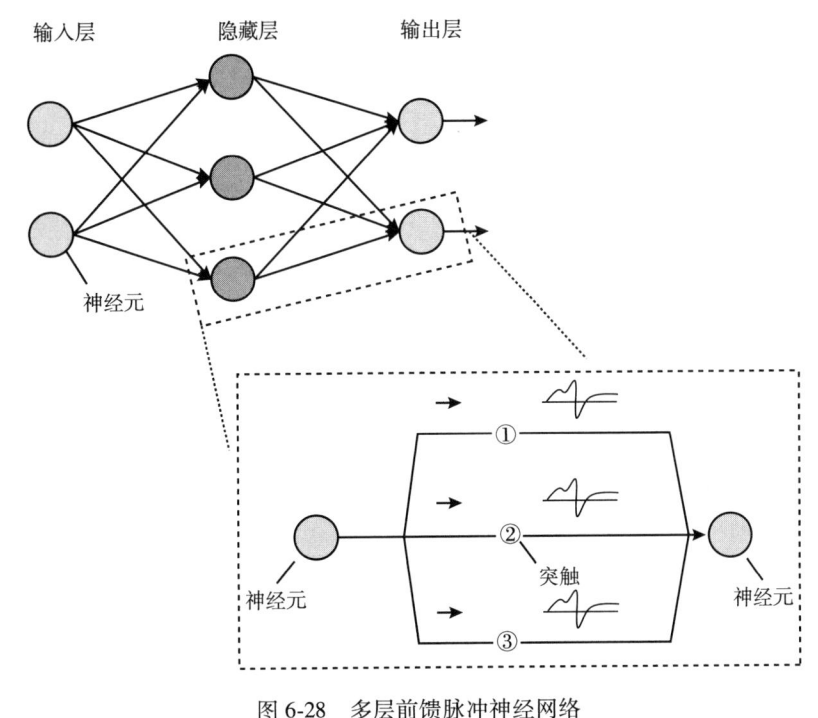

图 6-28 多层前馈脉冲神经网络

脉冲神经网络的学习算法可以分为有监督学习算法和无监督学习算法。

1. 无监督学习算法

无监督学习算法主要通过模拟生物神经网络内部的突触规则来训练神经网络。由 Hebb 学习率可知权重的调整只依赖于输入和输出的脉冲时间。马克兰(Markram)进一步提出脉冲时序依赖可塑性(Spike Timing Dependent Plasticity,STDP)学习规则[17],根据前后神经元激活的时间差调整权重,典型关系为

$$W(s) = \begin{cases} A_p \exp\left(\dfrac{-s}{T_p}\right), s \geqslant 0 \\ -A_d \exp\left(\dfrac{-s}{T_d}\right), s \leqslant 0 \end{cases} \quad (6\text{-}56)$$

式中，s 为神经元发出与接收脉冲的时间差，T_p 与 T_d 是权重增强与减弱的时间常数，A_p 与 A_d 为权重增强和减弱的增益。

2. 有监督学习算法

有监督学习算法常用的有梯度下降学习算法、监督 STDP 学习算法、基于脉冲序列卷积学习算法等。其中梯度下降学习算法最为典型，如可应用于多层前馈脉冲神经网络的 SpikeProp 算法[18] 就是梯度下降学习算法中的一种。该算法限制各神经元仅发出一次脉冲，如神经元 i 的膜电势为

$$V_i(t) = \sum_{i \in \Gamma_i} \sum_k w_{ij}^k (t - t_i^{\text{out}} - d_{ij}^k) \tag{6-57}$$

式中，Γ_i 为与该神经元连接的全部神经元，w_{ij}^k 表示两神经元之间的连接权重，t_i^{out} 为神经元 i 发出脉冲的时间，d_{ij}^k 则是当前连接的延迟。

该算法定义平方误差函数见式（6-58），然后根据反向传播算法进行训练。

$$E = \frac{1}{2} \sum_j (t_j^{\text{out}} - t_j^d)^2 \tag{6-58}$$

总之，脉冲神经网络具备以下特点：1）神经元的输入输出信号为脉冲信号，形式不同于之前，所以网络输入要进行额外的编码；2）神经元不需要额外的激活函数；3）不需要偏置；4）网络能耗更低，当神经元没有接收到输入时将不工作；5）采用了脉冲神经元结构，其运作机理更贴近真实的生物神经元。

同人工神经网络一样，脉冲神经网络也可以应用在信息处理等任务中。

1）机器人控制。将脉冲神经网络成功应用于机器人控制中[19]，利用摄像机、超声波传感器获取环境信息，编码后将时间序列输入一个三层的脉冲神经网络中，输出层则使用脉冲响应模型，根据输出结果控制左右两侧的电机的正传和反转，进而控制机器人前进或后退[20]。

2）类脑研究。卡萨博夫（Kasabov）[20] 设计基于储备池的脉冲神经网络处理脑电波信息，并取得了较好效果。其将采集到的脑电信息经编码器编码为脉冲序列，将脉冲序列送入设计的状态机 NeuCube 中，该状态机空间结构是仿照大脑结构设计的，内部使用动态进化脉冲神经网络进行分类，处理脑波信号。

3）模式识别。随着仿生设备的发展（如电子眼、电子鼻等仿生器官），作为最具有生物特性的脉冲神经网络，适合处理仿生设备的信息。沙卡尔（Sarkar）等[21] 提出利用脉冲神经网络，结合仿生电子鼻对气味进行分类。首先对电子鼻的信号利用高斯神经元进行编码，将其作为脉冲神经网络的输入并重点考虑首次脉冲时间；经训练后，该网络可有效区分气味，并优于传统的前馈神经网络。

通过对脉冲神经网络研究情况及进展的总结和分析，可以发现脉冲神经网络是未来人工智能的发展方向，是不可或缺的一部分。值得注意的是脉冲神经网络不需要先验知识，通过很少的样本即可学习到一个新类别特征。然而脉冲神经网络仍存在许多亟待解

决的问题，如脉冲神经网络计算资源需求大而产能少的特点，其落地的进程仍需要继续探索和实践。此外，目前脉冲神经元模型只关注神经元膜电压的变化，还无法完整地描述生物神经元内部的复杂机制。这些问题均为类脑智能当下及未来的研究热点和重点。同时人工智能的热潮将推动高性能、低功耗的脉冲神经网络芯片的发展，必将是人工智能的重要实现平台。

小结

1. 神经元模型是由生物神经元结构抽象而成的数学概念。神经元模型的工作机理是：将接收信号进行整合计算，并与特定阈值比较，通过激活函数的处理产生相应输出信号。其中，非线性的激活函数是模型的核心，控制是否继续发送信号，目前常用的激活函数有 Sigmoid、Tanh、ReLU、Swish、GELU 等。

2. 感知机是一种被广泛应用的线性分类模型，可以解决逻辑"与""或"等问题，其输入为实例的特征向量，输出则为实例类别。在感知机基础上增加计算层，得到的多层感知机具备非线性分类效果，能够有效解决"异或"问题和非线性分类问题。

3. 误差反向传播算法将误差由输出层逐层向前传播，再应用梯度下降算法，解决了多层感知机学习的高计算量问题。具体地，网络的学习过程由信息前向传播和误差反向传播组成，基本步骤可总结为：1）根据输入样例，计算每一层的状态和激活值直至输出层（即信息前向传播过程）；2）利用梯度的反向传播，计算每一层网络的误差；3）以误差变小为目标进行参数更新。

4. 人工神经网络目前已被广泛应用于各个领域，包括计算机智能控制、语音识别、模式识别等。神经网络模型的最新进展，包括玻尔兹曼机、深度信念网络及脉冲神经网络等，都致力于探索智能水平更高的网络模型。

习题

1. 人工神经元的特点是什么？神经网络的功能特点是由什么决定的？
2. 神经网络研究于 1970 年到 1980 年处于低潮的主要原因是什么？
3. 人工神经网络从哪几个关键方面试图模拟人类智能？
4. 若权值只能按照 1 或 -1 变化，对神经元的学习有何影响？试举例说明。
5. 反向传播网络有哪些长处与缺陷，尝试各列举出三条。
6. 已知以下样本分别属于两类：
A 类样本：$X^{(1)}=(5,1)^T$、$X^{(2)}=(7,3)^T$、$X^{(3)}=(3,2)^T$、$X^{(4)}=(5,4)^T$
B 类样本：$X^{(5)}=(0,0)^T$、$X^{(6)}=(-1,-3)^T$、$X^{(7)}=(-2,3)^T$、$X^{(8)}=(-3,0)^T$
1）判断两类样本是否线性可分；
2）试确定一直线，并使该线与两类样本中心连线相垂直；

3）请设计一单节点感知器，如用上述直线方程作为其分类判决方程 net＝0，写出感知器的权值与阈值；

4）用上述感知器对以下三个样本进行分类：

$$X=(4,2)^T、X=(0,5)^T、X=(\frac{36}{13},0)^T$$

7. 对于图6-29所示的多层前馈神经网络，试利用反向传播算法训练该神经网络，使其能够实现如下"异或"逻辑关系。

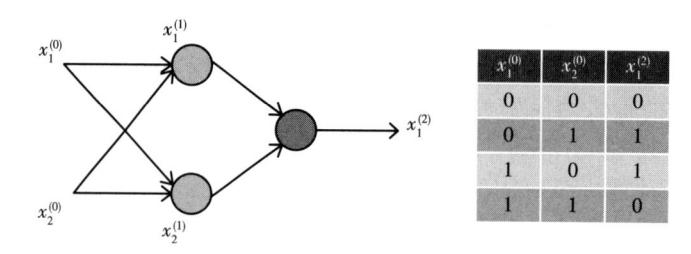

图 6-29　第7题图

要求：1）提交编写的程序；2）对已训练的反向传播网络进行测试，并画出相应的学习曲线。

8. 试根据图6-22推导完整的前向传播及反向传播算法中的更新公式。
9. 试对比受限玻尔兹曼机与玻尔兹曼机的区别。
10. 请简述脉冲神经网络相比非脉冲神经网络有何优缺点。

参考文献

[1] MCCULLOCH W S, PITTS W. A logical calculus of the ideas immanent in nervous activity [J]. The bulletin of mathematical biophysics, 1943, 5(4): 115-133.

[2] HEBB D O. The organization of behavior: a neuropsychological theory [M]. London: Psychology Press, 2005.

[3] NAIR V, HINTON G E. Rectified linear units improve restricted boltzmann machines [C] // Proceedings of the International Conference on Machine Learning, 2010: 807-814.

[4] GLOROT X, BORDES A, BENGIO Y. Deep sparse rectifier neural networks [C] //Proceedings of International Conference on Artificial Intelligence and Statistics, 2011: 315-323.

[5] HE K, ZHANG X, REN S, et al. Delving deep into rectifiers: surpassing human-level performance on imagenet classification [C] //Proceedings of the IEEE International Conference on Computer Vision, 2015: 1026-1034.

[6] RAMACHANDRAN P, ZOPH B, LE Q V. Searching for activation functions [J]. arXiv preprint arXiv: 1710. 05941, 2017.

[7] HENDRYCKS D, GIMPEL K. Gaussian error linear units [J]. arXiv preprint arXiv: 1606. 08415.

[8] RUMELHART D E, HINTON G E, WILLIAMS R J. Learning representations by back-propagating errors [J]. Nature, 1986, 323(6088): 533-536.

[9] HINTON G E, SEJNOWSKI T J. Learning and releaming in Boltzmann machines [J]. Parallel distributed processing: explorations in the microstructure of cognition, 1986: 282-317.

[10] HINTON G E, OSINDERO S, TEH Y W. A fast learning algorithm for deep belief nets [J]. Neural computation, 2006, 18(7): 1527-1554.

[11] BENGIO, YOSHUA, et al. Greedy layer-wise training of deep networks [J]. Advances in neural information processing systems 2007: 153.

[12] HODGKIN A L, HUXLEY A F. Propagation of electrical signals along giant nerve fibres [J]. Proceedings of the royal society of London. Series B-biological sciences, 1952, 140(899): 177-183.

[13] ABBOTT L F. Lapique's introduction of the integrate-and-fire model neuron [J]. Brain research bulletin, 1999, 50(5): 303-304.

[14] ELLIOT T. The mean time to express synaptic plasticity in integrate-and-express, stochastic models of synptic plasticity introduction [J]. Neural computation, 2011, 23(1): 124-159.

[15] COSTA R P, PADAMSEY Z, D' AMOUR J A, et al. Synaptic transmission optimazation predicts expression loci of long-term plasticity [J]. Neuron, 2017, 96(1): 177-189.

[16] FAN D, SHARAD M, SENGUPTA A, et al. Hierarchical temporal memory based on spin-neurons and resistive memory for energy-efficient brain-inspired computing [J]. IEEE trans on neural networks and learning systems, 2017, 27(9): 1907-1919.

[17] MARKRAM H, GERSTNER W, SJÖSTRÖM P J. Spike-timing-dependent plasticity: a comprehensive overview [J]. Frontiers in synaptic neuroscience, 2012, 4: 2.

[18] BOHTE S M, KOK J N, LA POUTRÉ J A. SpikeProp: backpropagation for networks of spiking neurons [C] //ESANN. 2000: 419-424.

[19] CAO Z, CHENG L, ZHOU C, et al. Spiking neural network-based target tracking control for autonomous mobile robots [J]. Neural computing & applications, 2015, 26(8): 1839-1847.

[20] KASABOV N K. NeuCube: A spiking neural network architecture for mapping, learning and understanding of spatio-temporal brain data [J]. Neural networks, 2014, 52(4): 62-76.

[21] SARKAR S T, BHONDEKAR A P, MACAS M, et al. Towards biological plausibility of electronic noses: a spiking neural network based approach for tea odour classification [J]. Neural networks, 2015, 71: 142-149.

CHAPTER7

第7章

深度学习网络

神经网络可以自动提取特征，不需要人为操作，第6章已经介绍了其基本概念、训练方法和典型的模型架构。深度学习网络则是试图加深神经网络，利用复杂结构或多重非线性变换构成的深度特征抽取层来对数据进行高层抽象，从而可以揭示样本数据的内在规律和表征层次。目前深度学习网络已经被应用于互联网、安防、医疗、教育、金融等行业，在语音、图像、自然语言处理、推荐系统等领域取得了显著成果。本章将重点介绍深度学习网络的三种典型框架（卷积神经网络、循环神经网络和图神经网络），并对深度神经网络的训练优化技术进行梳理。

7.1 深度学习网络概述

传统机器学习模型结构简单，其模型性能极大程度上依赖于人工特征工程，往往难以构建完备且有效的特征集对原始样本数据进行全面刻画和表示。区别于传统的机器学习模型，深度神经网络（Deep Neural Network，DNN）具有层次化的网络结构，能够借助更深的网络结构，自动学习数据的深度隐特征表示[1]。如图7-1所示，深度学习算法最大的优点是其避免了人工特征工程，依赖更加复杂的网络结构自动化地学习数据特征表示。

目前，深度神经网络模型的相关研究重点关注网络模型设计、高效学习策略、模型性能优化以及在不同任务中的应用[2]。与典型的神经网络模型相比，深度神经网络具有更深的网络结构。随着算力的飞速发展，模型的深度从早期的单层或者多层发展到目前的数百层。神经网络的层数直接决定了模型的抽象表示能力[3]——在每一层中使用较少的神经元来拟合更复杂的函数。模型深度越深，其特征表示能力越强，使得后续的预测更容易。这里需要强调，并非网络模型越深越好。首先，随着神经网络层次的加深，优化函数越来越容易陷入局部最优解，而这种"陷阱"也越来越偏离真正的全局最优解。通常基于有限数据训练的深层网络性能往往不如浅层网络。另一个不容忽视的问题是，随着网络层数的增加，"梯度消失"[4]现象愈演愈烈，导致模型无法真正学习数据的表示。

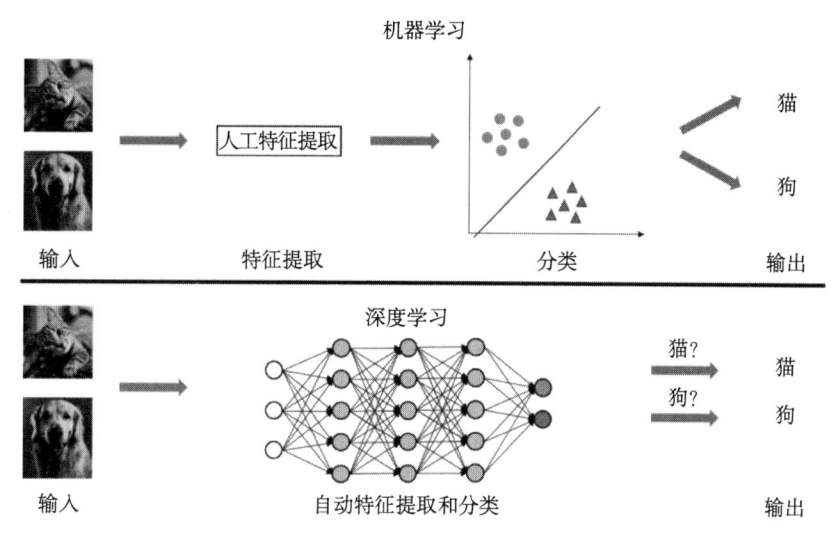

图 7-1 传统机器学习和深度学习

深度神经网络内部的神经网络层可以分为三类：输入层、隐藏层和输出层。一般来说第一层是输入层，最后一层是输出层，而中间的层都是隐藏层。最简单的神经网络结构为前馈神经网络[5]，如图 7-2 所示，各神经元分层排列，每个神经元只与前一层的神经元相连，接收前一层的输出，并输出给下一层，各层间没有反馈。

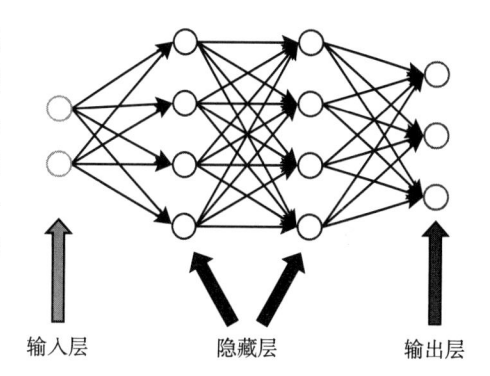

7.2 卷积神经网络

图 7-2 前馈神经网络结构

卷积神经网络（Convolutional Neural Network，CNN）是一种具有局部连接、权重共享等特性的深层前馈神经网络[6]。一般而言，卷积神经网络的典型架构如图 7-3 所示，由卷积层、池化层和全连接层交叉堆叠而成，并使用反向传播算法进行模型训练。卷积神经网络有三个结构上的特性：局部连接、权重共享以及特征汇聚。这些特性使得卷积神经网络能够一定程度上保持平移、缩放和旋转等操作的不变性[7]。

以图 7-3 为例，最左的图像数据为 CNN 的输入层，从计算机的角度其对应为若干个矩阵数据。卷积（Convolution）是卷积神经网络的典型操作，主要目的是从输入图像中提取局部特征，学习像素间的空间关系。激活函数引入非线性特性，有利于神经网络模型去学习和表达非线性的函数关系[8]。常用的激活函数包括 Sigmoid 和 ReLU 等。池化层（Pooling Layer）则主要是对数据进行下采样，学习数据的高阶抽象表示，其实质是对卷积层的输出结果进行压缩。常用的池化操作包括平均池化和最大池化。需要注意的是，池化层没有激活函数。模型的最后一层是全连接（Fully Connected，FC）层，其实就是一个普通的 DNN 结构。下面将详细介绍卷积神经网络中各个模块。

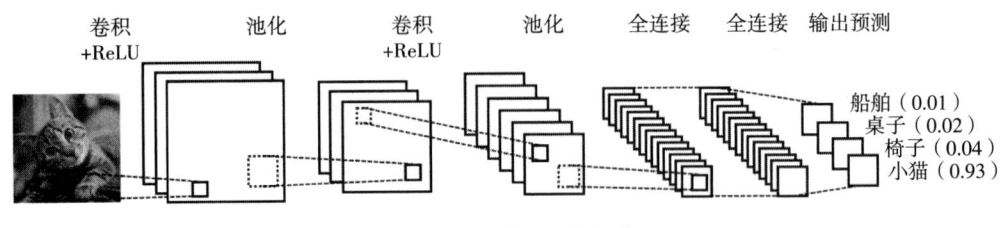

图 7-3 卷积神经网络架构

7.2.1 网络结构

1. 卷积层

一维卷积经常用在信号处理中，用于计算信号的延迟累积。假设 $x(t)$ 和 $w(t)$ 是两个可积函数，它们一维卷积的数学表达式为

$$S(t)=\int x(t-a)\omega(a)\mathrm{d}a \tag{7-1}$$

离散形式为

$$S(t)=\sum_a x(t-a)\omega(a) \tag{7-2}$$

用矩阵可以表示为（*表示卷积）

$$S(t)=(X*W)(t) \tag{7-3}$$

二维卷积的表达式为

$$S(i,j)=(X*W)(i,j)=\sum_m\sum_n x(i-m,j-n)\omega(m,n) \tag{7-4}$$

CNN 中的卷积公式和严格意义数学中的定义稍有不同，对于二维的卷积，定义为

$$S(i,j)=(X*W)(i,j)=\sum_m\sum_n x(i+m,j+n)\omega(m,n) \tag{7-5}$$

其中，W 称为卷积核，X 为卷积层的输入。如果 X 是一个二维的矩阵，则 W 是一个二维的矩阵；如果 X 是多维张量，则 W 也是一个多维的张量。

在图像处理领域，卷积操作的实质就是对图像的局部像素矩阵和卷积核矩阵对应位置的元素相乘然后再相加。卷积运算的示例如图 7-4 所示。给定一个 3×4 的二维矩阵作为输入，卷积核是一个 2×2 的矩阵。这里假设卷积操作是每次移动一个像素来卷积的，那么首先将输入矩阵的左上角 2×2 的子矩阵和卷积核进行卷积计算，即各个位置的元素相乘再相加，得到结果作为输出矩阵中 S_{00} 的元素，值为 $aw+bx+ey+fz$。接着，将卷积核向右平移一个像素调整输入数据信息，即将由(b,c,f,g)四个元素构成的矩阵和卷积核进行卷积操作，计算的结果对应输出矩阵 S 的元素。类似地，可以得到输出矩阵 S 的S_{02}，S_{10}，S_{11}，S_{12}的元素。最终卷积输出的矩阵为一个 2×3 的矩阵。

通过上述例子可以发现，图像边缘区域难以被卷积核捕获，同时在经过卷积操作后，输出矩阵比原始输入矩阵尺寸变小。为了让卷积后的矩阵大小与输入矩阵保持一致，常常使用填充（Padding）的方式进行扩充边缘，然后再进行卷积操作。典型的 Padding 操作实现方法是在原始图像的外围补 0，如图 7-5 所示（其中蓝色区域是原始图像，蓝色周围的灰色区域则是 Padding 操作的区域）。

2. 池化层

池化层可以有效地缩小参数矩阵的尺寸，从而减少最后连接层中的参数数量。所以池化层的引入不仅可以加快计算速度，而且能够防止过拟合。常见的池化方法包括最大池化和平均池化，即取对应区域的最大值或者平均值作为池化后的元素值。

下面以最大池化为例说明池化的一般性过程。最大池化的示例如图 7-6 所示。假设池化大小为 2×2，步幅为 2。首先对黄色的 2×2 区域进行池化。针对最大池化，选择目标区域中的最大值作为局部特征的量化表示。由于此区域中的最大值为 6，那么最大池化后在对应位置的数值为 6。由于步幅设置为 2，则目标区域将向右平移 2 格，对应蓝色填充的子阵。由于该区域中的最大值为 8，则最大池化后对应的输出为 8。类似地，可以计算其他部分的最大池化结果，如图 7-7 所示。通过池化操作，最终将原始输入数据从一个 4×4 的矩阵变成 2×2 的矩阵，实现了数据特征的压缩表示。

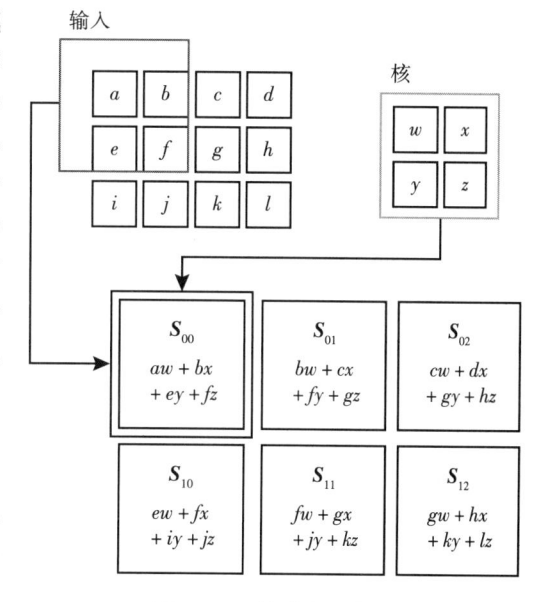

图 7-4 二维卷积示意图

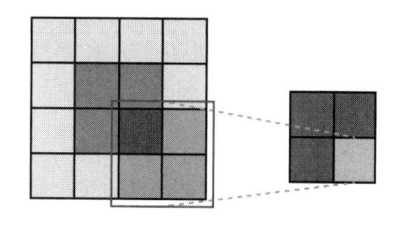

图 7-5 卷积方式 Padding（详见彩插）

在图像的卷积过程中，通常只存在少量的有用信息，大部分信息属于冗余信息，这部分冗余信息主要是源自卷积的逐步操作。引入池化操作能够避免大量冗余信息的介入，提高特征表示的有效性。

3. 全连接层

全连接层中的每一个节点都与上一层的所有节点相连，把前一层提取的具有类别区分性的局部特征综合起来。由于其全相连的特性，一般而言全连接层的参数也是最多的，在整个卷积神经网络中起到"分类器"的作用。在分类的同时，全连接层也可以减少特征位置对分类带来的影响。在实际使用中，全连接层可由卷积操作实现：对前层是全连接的全连接层可以转化为卷积核为 1×1 的卷积；而前层是卷积层的全连接层可以转化为卷积核为 $h*w$ 的全局卷积，h 和 w 分别为前层卷积结果的高和宽。

4. 归一化指数函数

归一化指数函数（或称为 Softmax 函数）能将一个含任意实数的 K 维向量 z "压缩"

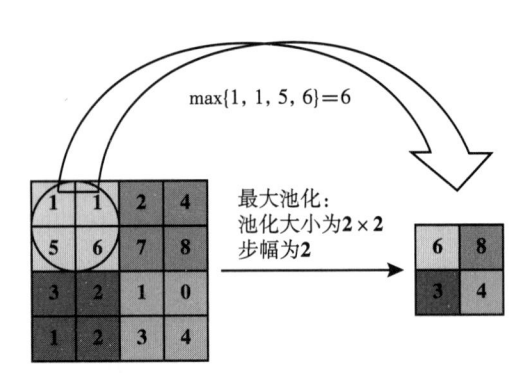

图 7-6 池化示意图（详见彩插）

到另一个 K 维实向量 $\sigma(z)$ 中，使得每一个元素的范围都在（0,1）之间，并且所有元素的和为 1。Softmax 函数被广泛地应用于多分类问题中，对全连接层的输出进行处理。通过将预测结果输入 Softmax 函数，进行非负性和归一化处理，最后可以得到 0~1 之内的分类概率。

具体而言，Softmax 层首先将模型的预测结果转化为指数函数，这样保证了概率的非负性。接下来，则是归一化处理，计算指数函数非负化操作后的结果在全部输出数据中的权重，从而获得对应分类的近似概率表达。如图 7-7 所示，当原始输入向量 (x_1,x_2,x_3) 为（2,0,-3）时，首先转化为指数函数（e^{x_1},e^{x_2},e^{x_3}）为

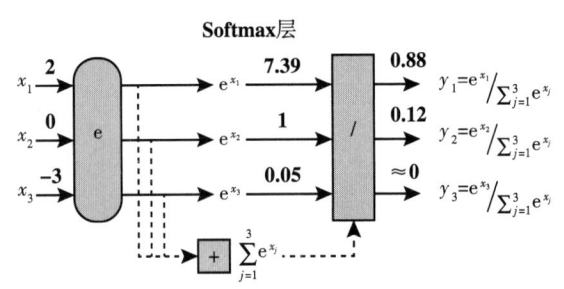

图 7-7 Softmax 作为输出层

（7.39,1,0.05），归一化处理时，三项指数和为 7.39+1+0.05 = 8.44，最后指数函数向量除以三项的和，结果为（0.88,0.12,0），通过 Softmax 函数被映射为(0,1)的值，而这些值的累和为 1（满足概率的性质），那么我们就可以将它理解成概率。在最后选取输出结果的时候，我们选取概率最大（也就是值对应最大的）的结果作为最终的分类输出结果。

7.2.2 经典模型

近年来，卷积神经网络在计算机视觉、自然语言处理、语音处理领域中的众多经典任务上都取得了卓越的性能，例如图像分类、图像分割（目标检测）[9]、图像风格转换[10]、文本分类[11]、语音合成[12]。图 7-8 显示了卷积神经网络的演化历史。卷积神经网络最早起源于神经认知机器模型。此时，卷积结构已经出现。1998 年，LeNet[13] 的提出使卷积神经网络的结构趋于完善。然后，随着 ReLU 和 Dropout 等网络构件的出现[14]，以及计算能力的飞速发展，卷积神经网络在 2012 年迎来了历史性的突破。AlexNet[15] 的

诞生意味着构建层次更深和更复杂的网络模型成为现实,并且具有飞跃性的性能提升。在 AlexNet 之后,卷积神经网络的发展分为了两类,一类是网络结构上的改进调整,另一类是网络深度的增加,如图 7-8 所示。随后几年,CNN 呈现爆发式发展,各种模型涌现出来。下面将简要介绍几个经典的卷积神经网络模型。

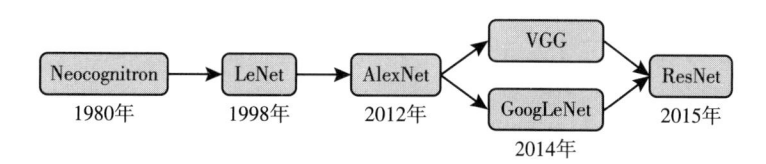

图 7-8 卷积神经网络的演化历史

图像处理领域经典的 CNN 模型如表 7-1 所示。

表 7-1 机器视觉领域经典的 CNN 模型概览

名称	年份	特点
LeNet-5[13]	1998	1. 卷积神经网络使用三个层作为一个系列:卷积、池化、非线性 2. 使用卷积提取空间特征 3. 使用映射到空间均值下采样 4. 双曲线或 S 形(Sigmoid)形式的非线性激活函数 5. 多层神经网络(MLP)作为最后的分类器
AlexNet[15]	2012	1. 成功使用 ReLU 作为 CNN 的激活函数,并验证其效果在较深的网络超过了 Sigmoid,成功解决了 Sigmoid 在网络较深时的梯度弥散问题 2. 训练时使用 Dropout 随机忽略部分神经元,以避免模型过拟合 3. 在 CNN 中使用重叠的最大池化,避免平均池化的模糊化效果。并且提出让步长比池化核的尺寸小,这样池化层的输出之间会有重叠和覆盖,提升了特征的丰富性 4. 提出了 LRN 层,对局部神经元的活动创建竞争机制,使得其中响应比较大的值变得相对更大,并抑制其他反馈较小的神经元,增强了模型的泛化能力
GoogLeNet[16]	2014	1. 提出了 Inception 结构,主要思路是用密集成分来近似最优的局部稀疏结构 2. 虽然移除了全连接,但是网络中依然使用了 Dropout,为了避免梯度消失,网络额外增加了 2 个辅助的 Softmax 用于向前传导梯度。对于整个网络的训练很有裨益。而在实际测试的时候,这两个额外的 Softmax 会被去掉
VGG[17]	2014	1. VGGNet 的结构非常简洁,整个网络都使用了同样大小的卷积核尺寸(3×3)和最大池化尺寸(2×2) 2. 几个小滤波器(3×3)卷积层的组合比一个大滤波器(5×5)卷积层好 3. 验证了通过不断加深网络结构可以提升性能
ResNet[18]	2015	引入残差块,可以跳过一层或多层来处理梯度消失问题,解决网络退化的问题

为了使大家进一步理解 CNN 的思想和特性,我们选取经典模型 LeNet-5 和 TextCNN[11] 具体介绍。

1. LeNet-5

LeNet-5 诞生于 1998 年，其架构如图 7-9 所示，是最早的卷积神经网络之一，并且推动了深度学习的发展。LeNet-5 包含七层（不包括输入层），每一层都包含可训练参数（权重），输入数据是 32×32 像素的图像。C 表示卷积层，S 表示池化层，F 表示全连接层。LeNet-5 的特征总结为如下几点：

1）卷积神经网络使用三个层作为一个系列：卷积、池化、非线性。
2）使用卷积提取空间特征。
3）使用映射到空间均值下采样。
4）双曲线或 S 形形式的非线性激活函数。
5）多层神经网络作为最后的分类器。
6）层与层之间的稀疏链接矩阵避免大的计算成本。

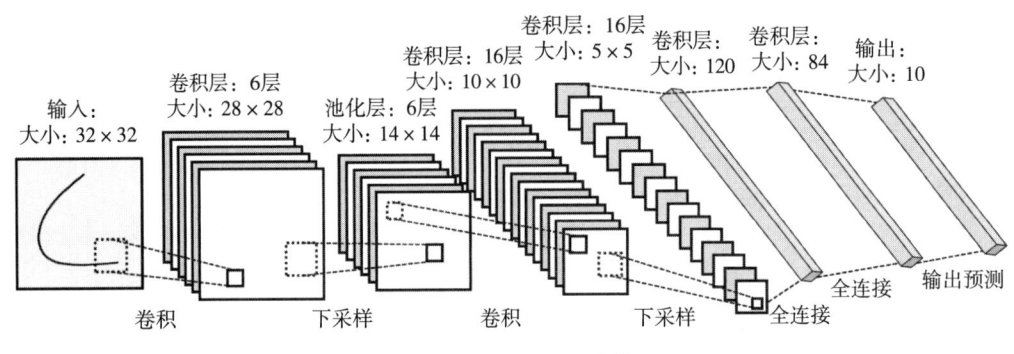

图 7-9 LeNet-5 网络[13]

2. TextCNN

传统的自然语言处理都是基于 RNN 序列化模型的。TextCNN[11] 首次将 CNN 应用于自然语言处理，使用 CNN 来做句子分类。通过 Word2vec 将单词转换为向量，而句子是由单词组成的，每个句子也就随之对应为一个矩阵。这就让句子在结构上与图像有了一定的相似之处，使用 CNN 来做句子的分类也就成为一种可行的办法。

TextCNN 的网络结构如图 7-10 所示。输入层就是句子中词语对应的词向量依次从上到下排列的，比如有 n 个词，词向量的维度是 k，则这个矩阵就是 $n×k$ 的矩阵。输入层通过 $h×k$ 的卷积核的卷积层之后得到列数为 1 的特征图（Feature Map），其中 h 表示纵向词语的个数。卷积之后通过激活函数得到特征值。特征值是由 h 个词语卷积再激活之后的值，也是当前层的输出。然后进行最大池化，选出最重要的特征，池化方案可以根据句子的长度来选择。这里池化层用 Max-over-time Pooling 的方法，即从之前的特征图中提取最大的值（一般的最大池化法认为从池化层中提取的最大值是最具有代表意义的或者是最重要的），最终提取出来成为一个一维向量。池化之后的一维向量通过全连接的方式接入一个 Softmax 层进行分类，且在全连接部分使用 Dropout，减少过拟合。

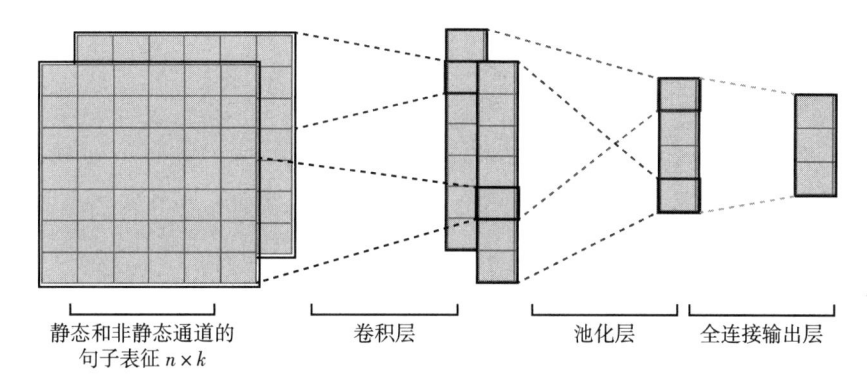

图 7-10 TextCNN 的网络结构[11]

7.3 循环神经网络

在现实世界中存在大量的序列数据，所蕴含的序列信息决定了事件本身。例如，在人类语言中，单词的顺序定义了所要表达的语义信息；在时间序列数据中，数据出现的先后次序定义了数据之间的时间关联；在基因组序列数据中，每个序列对应特异的蛋白质表达。为了对序列数据进行处理，需要一个能够学习和记忆数据先验知识（Prior Knowledge）的全新网络结构。因此，循环神经网络（Recurrent Neural Network，RNN）应运而生。

7.3.1 网络结构

RNN 是一类以序列数据为输入，在序列的演进方向进行递归且所有节点（循环单元）按链式连接的递归神经网络[19]。一个典型的 RNN 神经网络如图 7-11 所示。

由图 7-11 可以看出：一个典型的 RNN 网络包含一个输入 x、一个输出 h 和一个神经网络单元 A。与普通神经网络不同的是，神经网络单元 A 的状态不仅与输入和输出存在联系，而且与其自身的历史状态相关。这种网络结构揭示了 RNN 的实质：上一个时刻的网络状态信息将会作用于下一个时刻的网络状态。图 7-11 中的网络结构如果按照时间轴展开，则可以得到如图 7-12 所示的形式。

文本数据作为典型的序列数据之一，是自然语言处理领域中重点处理的数据对象。为此，下文将以文本序列数据为例进行举例说明。等号右边的等价 RNN 网络中最初始的输入是 x_0，输出是 h_0；这代表着 0 时刻 RNN 网络的输入为 x_0，输出为 h_0，网络神经元在 0 时刻的状态保存在 A 中。当下一个时刻，网络神经元的状态不仅仅由 1 时刻的输入 x_1 决定，也由 0 时刻的神经元状态决定。以此类推，直到时间序列的末尾 t 时刻。

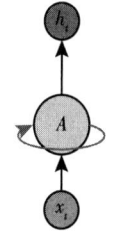

图 7-11 一个典型的 RNN 神经网络

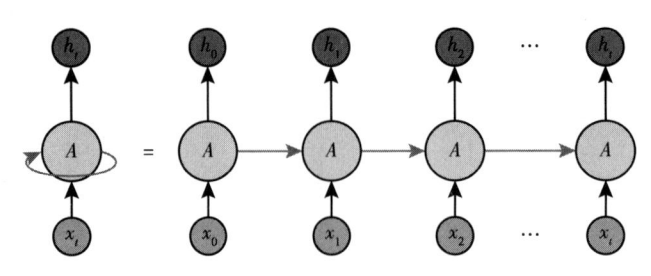

图 7-12　RNN 以时间序列展开

上述过程可以用一个简单的例子来论证。给定输入文本序列"I want to play basketball",由于文本数据本身是一个典型的序列化数据,序列中的单词之间存在上下文信息关联,即上下文语境。例如动词"play",后面应该会有一个名词,而这个名词需要相关的语境来决定,因此一句话也可以作为 RNN 的输入。给定文本序列中的 5 个单词以时序出现,将这 5 个单词编码后依次输入 RNN 中。首先是单词"I",它作为时序上第一个出现的单词被用作 x_0 输入,拥有一个 h_0 输出,并且改变了初始神经元 A 的状态。单词"want"作为时序上第二个出现的单词作为 x_1 输入,这时 RNN 的输出和神经元状态将不仅仅由 x_1 决定,也将由上一时刻的神经元状态(上一时刻的输入 x_0)决定。之后的情况与之相似,直到上述文本序列输入最后一个单词"basketball"。

图 7-13 为标准的 RNN 结构,共包含输入层、隐藏层、输出层三个部分。通过激活函数控制输出,层之间通过权值连接。激活函数是事先确定好的,那么神经网络模型"学"到的知识就存在"权值"中。如图 7-13 所示,给定 t 时刻的输入 x_t,则神经元状态 s_t 可以表达为

$$s_t = \phi(Ux_t + Ws_{t-1} + b) \tag{7-6}$$

其中,U 和 W 为系数矩阵,全局共享。b 为偏置向量,ϕ 为激活函数,一般为 tanh。另外,t 时刻的网络状态 s_t 作为该时刻的网络输出,同时还作为 $t+1$ 时刻神经元状态 s_{t+1} 的输入信号,建立起上下时刻间网络状态的关联。t 时刻网络的输出 o_t 可表达为

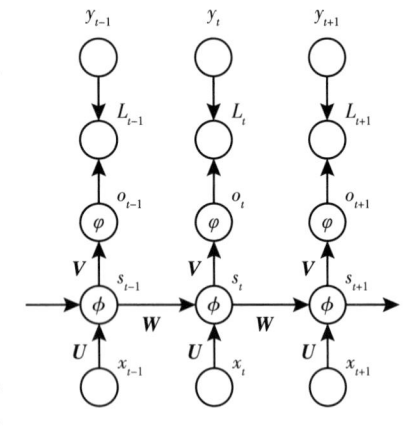

图 7-13　标准的 RNN 结构

$$o_t = \varphi(Vs_t + c) \tag{7-7}$$

其中,V 同 U 和 W 一样,是全局共享的系数矩阵,c 为偏置向量,一般为 Softmax 函数。为了更直观地表示网络模型,上述两个公式可表示为式(7-8)。求解 RNN 模型即确定 U、V 和 W 这三个参数的状态。

$$\begin{cases} s_t^* = Ux_t + Ws_{t-1} + b \rightarrow s_t = \phi(s_t^*) \\ o_t^* = Vs_t + c \rightarrow o_t = \varphi(o_t^*) \end{cases} \tag{7-8}$$

RNN 模型依据输入输出的规模，可以形成不同的结构，具体如图 7-14、图 7-15、图 7-16 所示。

7.3.2 长短期记忆网络

循环神经网络会记忆之前的信息，并利用之前的信息影响后面节点的输出。其隐藏层之间的节点是有连接的，隐藏层的输入不仅包括输入层的输出，还包括上一时刻隐藏层的输出。所以参数 W 在更新梯度时，必须考虑当前时刻的梯度和下一时刻的梯度，连乘带来了两个问题：梯度爆炸和梯度消失。梯度消失是指在神经网络中，多个 0—1 的导数连乘会使得梯度趋于 0；梯度爆炸是指在神经网络中，多个连续的权值相乘，如果权值过大，会使得梯度趋于无穷。此外，在前向传播过程中，初始时刻的输入对其后时刻的影响越来越小，即长距离依赖问题，相当于失去了"记忆"的能力。

为了解决 RNN 网络中存在的梯度爆炸和梯度消失问题以及模型的长距离依赖问题，长短期记忆（Long Short-Term Memory，LSTM）网络[20] 在处理序列数据时表现更优。具体而言，LSTM 网络构造精妙的门控单元将短期记忆与长期记忆结合起来，能够在一定程度上缓解梯度消失和梯度爆炸问题。

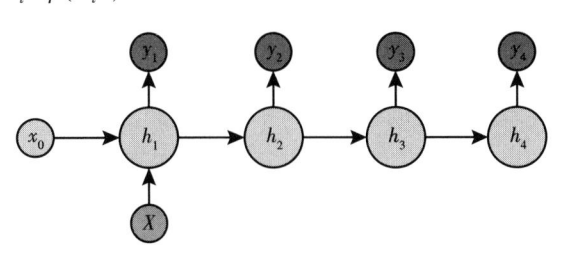

图 7-14 单输入多输出

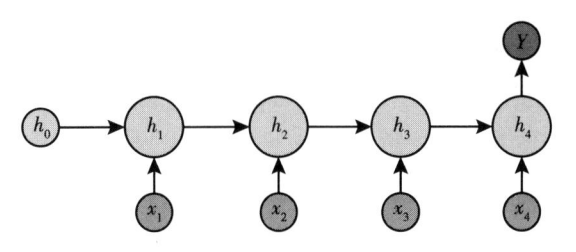

图 7-15 多输入单输出

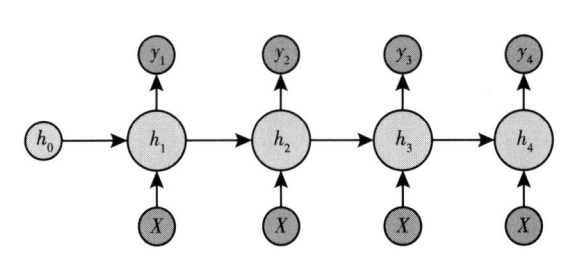

图 7-16 多输入多输出

标准的 RNN 模型中神经元状态 s_{t+1} 通过一个非常简单的结构实现，缺少对数据流的内部控制。针对 RNN 模型的不足，LSTM 网络重点考虑了神经元内部的结构设计。如图 7-17 所示，虽然 LSTM 网络具有与 RNN 类似的网状结构，但它具有更加复杂的门控结构，实现了不同神经元之间的高效信息交互。下面将重点介绍 LSTM 网络中的门控结构。

1. 遗忘门

此门的作用是遗忘，用来舍弃部分不重要的信息（h_{t-1} 与 x_t 输入 Sigmoid 函数，输出一个 0~1 的数值给隐藏层单元状态 f_t，0 是完全舍弃，1 是完全保留），如图 7-18 所示。

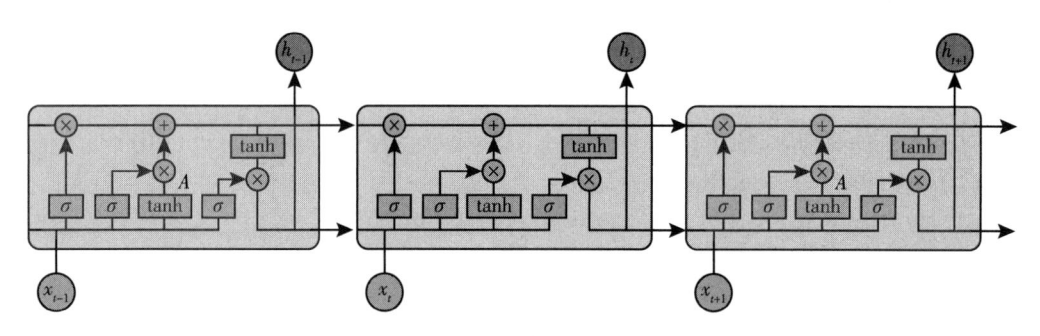

图 7-17 LSTM 网络中的重复模块包含四个交互的层

2. 更新门

更新门决定将什么样的信息存入状态里，由两部分组成：一部分是 Sigmoid 函数，用来决定什么信息需要更新；另一部分则是 tanh 函数，创建一个新的候选值向量 $\tilde{C}_t$，如图 7-19 所示。

在更新门中，$\tilde{C}_t$ 与 i_t 进行相乘，结果与遗忘门的输出相加实现将 C_{t-1} 更新至 C_t 这一过程。

3. 输出门

最后需要确定输出值，相当于对隐藏层单元的状态做处理后复制一份传给下一个隐藏层单元，具体操作为将状态通过 tanh 进行处理，并将处理后的数据和之前 h_{t-1} 与 x_t 两项进行 Sigmoid 处理所生成的 o_t 相乘以获得输出的部分 h_t，并输出给下一个隐藏层单元，如图 7-20 所示。

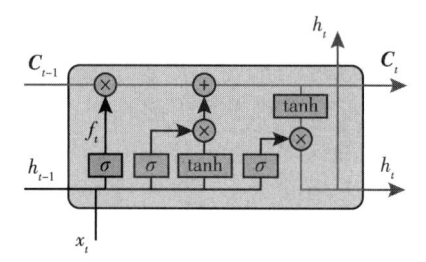

图 7-18 遗忘门

GRU（Gate Recurrent Unit）[21] 是 RNN 的另外一种经典变体，同样可以解决长期记忆缺失和反向传播中的梯度消失/爆炸等问题。与 LSTM 网络中的三个门控函数不同，GRU 模型仅包含更新门和重置门两个门控函数。因此，虽然 GRU 可以取得与 LSTM 网络相近的性能，但是可以大大提高训练效率。尤其是基于海量时序数据进行模型训练时，GRU 的训练时间代价更小。

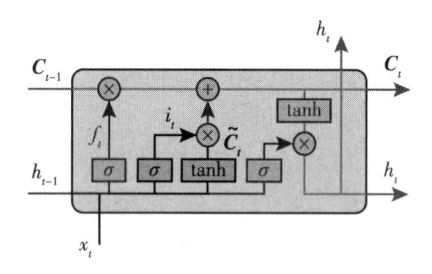

图 7-19 更新门

在涉及有序数据序列的问题中，例如时间序列预测和自然语言处理，上下文对于预测输出非常有价值，主要是由于序列中稍后出现的值通常受到之前出现的值的影响。因此，可以通过输入整个序列来确定这些

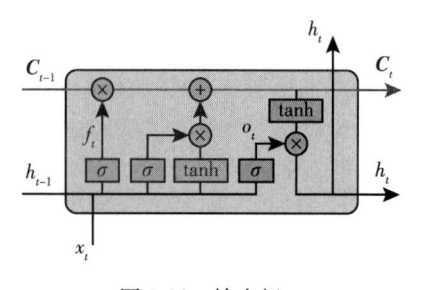

图 7-20 输出门

问题的上下文。目前 RNN 及其变体被广泛地应用在各类顺序数据处理任务中，其典型应用领域如表 7-2 所示。

表 7-2　RNN 的应用场景及经典模型

应用场景	描述	经典模型
机器翻译	输入为源语言中的一个序列数据（如英语），输出是目标语言序列数据（如汉语），比如谷歌翻译、有道翻译等	谷歌翻译：GNMT[22] 有道翻译：Transformer[23] 百度翻译：Deep Recurrent Models with Fast-Forward Connections[24]
情感分析	输入为一段文本或者一段评论数据，输出相应的打分数据来判别这段话的情感	Word2vec[25]+RNN
文本摘要	输入为一段文本序列，输出是这段文本序列的摘要序列	TextSum[26]
图像描述	输入为一张图片，输出是对这张图片的描述信息	NIC[27]
语音识别	输入为语音信号序列数据，输出为文本序列，比如 ASR 功能	RNN-T[28]
阅读理解	输入为一段文章和问题，对其分别编码，再对其进行解码，输出得到问题的答案	Match-LSTM[29]

7.4　图神经网络

以卷积神经网络为代表的深度学习模型虽然在提取欧氏空间数据特征方面取得了巨大的成功，但它在处理非欧氏空间数据时性能并不理想[30]。为了解决该问题，图神经网络（Graph Neural Network，GNN）对典型的卷积神经网络在非欧氏空间上进行了扩展，将卷积的思想从欧氏空间转移到了非欧氏空间，如图 7-21 所示。

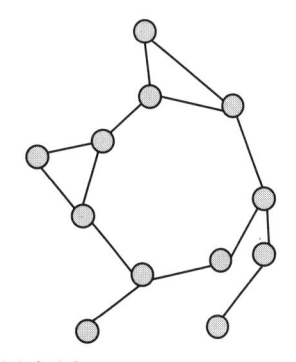

图 7-21　欧氏空间图与非欧氏空间图

例如，推荐系统可以基于用户和产品的历史交互向用户精准推送目标商品信息，其中用户之间的社交关系构成一个非欧氏空间图，其复杂性使得现有的深度学习算法在处理上面临很大的挑战。这是因为图是不规则的，每个图都有一个大小可变的无序节点，图中的每个节点都有不同数量的相邻节点。因此，在图像上很容易执行的卷积操作不再适用于图形。此外，现有深度学习算法的核心假设是数据样本相互独立。然而，在非欧氏空间图中的每个数据样本（节点）都与图中其他实际数据样本（节点）相连，这些边可以用来捕捉数据样本的相互依赖关系，但之前的深度学习算法对于此类数据的处理效果较差。

近年来，人们对深度学习方法在图上的扩展越来越感兴趣。在多方因素的成功推动下，研究人员借鉴了卷积网络、循环网络和深度自动编码器的思想，定义和设计了用于处理图数据的神经网络结构，由此一个新的研究热点——图神经网络（Graph Neural Network，GNN）应运而生。

7.4.1 网络结构

图神经网络通常具有以下特点：可以忽略节点的输入顺序；在计算过程中，节点的表示受其周围邻居节点的影响，而图本身连接不变；基于图结构的表示可以进行推理。通常，图神经网络由两个模块组成：传播模块（Propagation Module）和输出模块（Output Module）。

1. 传播模块

图中节点之间传递信息并更新状态。

1）aggregator：对于一个节点 v，通过聚合其周围节点的信息，学习其潜在表示 h_v。

$$h_v = f(X_v, X_{co[v]}, h_{ne[v]}, X_{ne[v]}) \tag{7-9}$$

式中，X_v 为节点 v 的特征向量；$X_{co[v]}$ 为其周围边的特征向量；$h_{ne[v]}$ 表示节点 v 周围邻居节点的状态嵌入；$X_{ne[v]}$ 表示周围节点的特征向量。

2）updater：更新节点的状态嵌入。

$$H^{t+1} = F(H^t, X) \tag{7-10}$$

式中，t 为第 t 轮迭代；X 为所有特征；H^t 为第 t 轮迭代中所有节点的嵌入表示。

2. 输出模块

基于节点和边的向量表示根据不同的任务定义目标函数。

$$o_n = g(h_n^T, x_n) \tag{7-11}$$

对于节点分类问题，模型输出最后一次迭代后每个节点对应的标签，其中 g 可以解释为前馈全连接神经网络。此时模型的损失函数为

$$\text{Loss} = \sum_{i=1}^{p} (t_i - o_i) \tag{7-12}$$

式中，t_i 为第 i 个节点的真实标签；o_i 为模型输出标签；p 为节点数量。

7.4.2 图神经网络模型

1. 图卷积网络（Graph Convolutional Network，GCN）

图卷积网络（图7-22）旨在将卷积操作推广到图领域。通常可分为频谱方法（Spectral Method）和空间方法（Spatial Method）。

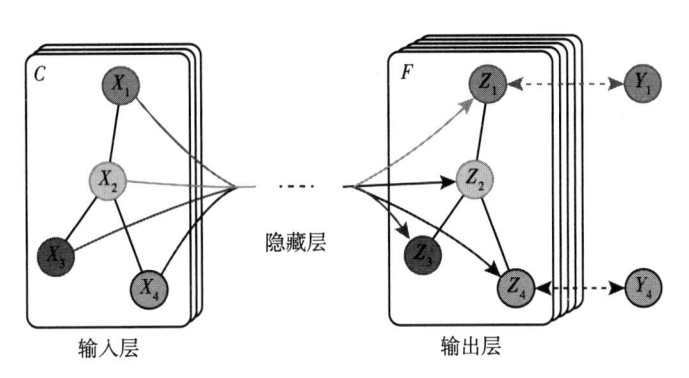

图 7-22 GCN 映射[31]

（1）频谱方法

图卷积的前向传播公式：

$$H^{(l+1)}=\sigma(\tilde{D}^{-1/2}\tilde{A}\tilde{D}^{-1/2}H^{(l)}W^{(l)}) \quad (7-13)$$

式中，$\tilde{A}=A+I_N$ 是无向图 G 的自环邻接矩阵，I_N 是单位矩阵；$\tilde{D}_{ii}=\sum_j\tilde{A}_{ij}$ 是 A 的度矩阵；$W^{(l)}$ 是可训练的权重矩阵，即网络的参数；$\sigma(\ )$ 是激活函数，比如 ReLU；$H^{(l)}$ 是第 l 层的激活矩阵，即网络的输出，$H(0)=X$，第一层为输入。

将图卷积通过傅里叶变换拓展到图的频域中，对于一个输入信号 $x \in \mathbf{R}^N$，在傅里叶域中取一个 $\theta \in \mathbf{R}^N$ 为参数的滤波器 $g_\theta=\mathrm{diag}(\theta)$。

$$g_\theta * x = U g_\theta U^T x \quad (7-14)$$

式中，U 是图的拉普拉斯矩阵 L 的特征向量矩阵。

$$L=I_N-\tilde{D}^{-\frac{1}{2}}\tilde{A}\tilde{D}^{-\frac{1}{2}}=U\Lambda U^T \quad (7-15)$$

拉普拉斯矩阵如式（7-15），Λ 是拉普拉斯矩阵 L 的特征值组成的对角矩阵。$U^T x$ 就是图上的傅里叶变换。也可以将 g_θ 看成是拉普拉斯矩阵 L 的一系列特征值组成的对角矩阵 $g_\theta(\Lambda)$。式（7-15）借助傅里叶变换，将原始信号 x 变换到频域，在频域乘上一个信号，再做傅里叶逆变换还原到空间域。依据傅里叶变换的特性，在频域相乘相当于空域卷积，避免了空域上对不确定结构的图进行卷积的问题。这是最原始的 GCN，但该方法的缺点是计算非常复杂，每次需要对矩阵进行分解，如果图的规模非常大，将带来巨大的计算开销。为了减少计算量，有人提出一个特殊的卷积核设计方法，即将$g_\theta(\Lambda)$用切比雪夫多项式进行 K 阶逼近。

切比雪夫多项式：

$$T_0(x)=1 \tag{7-16}$$

$$T_1(x)=x \tag{7-17}$$

$$T_k(x)=2xT_{k-1}(x)-T_{k-1}(x) \tag{7-18}$$

改进的卷积核：

$$g_\theta(\Lambda) \approx \sum_{k=0}^{K} \theta'_k T_k(\tilde{\Lambda}) \tag{7-19}$$

式中，$\tilde{\Lambda}=\dfrac{2}{\lambda_{max}}\Lambda-I_N$。$\lambda_{max}$ 是拉普拉斯矩阵 L 中最大的特征值；$\theta'_k \in \mathbf{R}^K$ 是切比雪夫多项式的系数。将该卷积核代入图卷积的公式：

$$g_\theta * x \approx \sum_{k=0}^{K} \theta'_k T_k(\tilde{L}) x \tag{7-20}$$

这个公式为拉普拉斯算子的 K 阶切比雪夫多项式形式，即它受到距离中央节点 K 步以内的节点影响。这里的加速版本的 GCN 将参数减少到了 K 个，并且不再需要对拉普拉斯矩阵做特征分解，直接使用即可。

（2）空间方法

在上述所有频谱方法中，学习的滤波器都取决于拉普拉斯的特征基向量，而后者取决于图的结构。这意味着在特定结构上训练的模型不能直接应用于具有不同结构的图。空间方法与频谱方法相反，直接在图上定义卷积，在空间相邻的邻居上进行运算。空间方法的主要挑战是定义大小不同的邻域的卷积运算并保持 CNN 的局部不变性，在这里不具体介绍。

2. 图注意力网络（Graph Attention Network）

以图注意力网络（图 7-23）[32]为例进行介绍，其主要特点是为节点的不同的邻居节点指定不同权重，节点-邻居节点对的计算可并行化，相比于 GCN 等网络，速度较快。

节点权重的计算：

$$\alpha_{ij}=\dfrac{\exp(\text{LeakyReLu}(\vec{a}^T[\bm{W}\vec{h}_i \parallel \bm{W}\vec{h}_j]))}{\sum_{k \in N_i} \exp(\text{LeakyReLu}(\vec{a}^T[\bm{W}\vec{h}_i \parallel \bm{W}\vec{h}_k]))} \tag{7-21}$$

节点信息的更新：

$$\vec{h}'_i = \sigma(\sum_{j \in N_i} \alpha_{ij} \bm{W}\vec{h}_j) \tag{7-22}$$

3. 图生成网络（Graph Generative Network）

图生成网络的目标是在给定一组观察到的图的情况下生成新的图。图生成网络的许多方法都是特定于领域的。例如，在分子图生成中，一些工作模拟了称为 SMILES 的分子图的字符串表示。目前存在几种通用的方法。一些工作将生成过程作为节点和边的交替形成因素，而另一些则采用生成对抗训练。这类方法要么使用 GCN 作为构建基块，要么使用不同的架构。

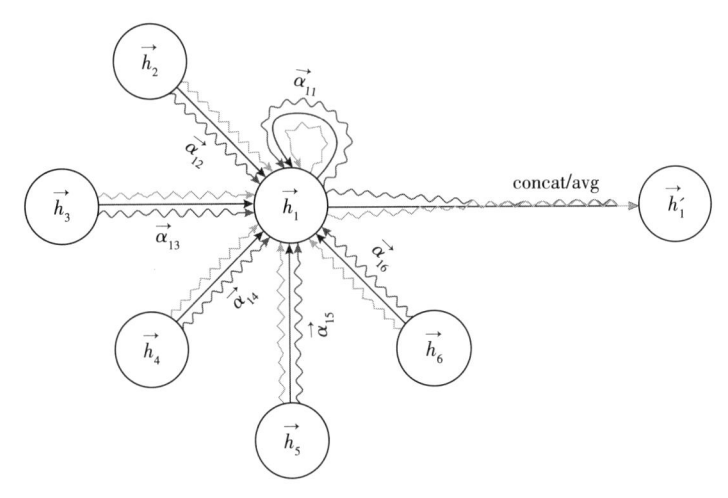

图 7-23 图注意力网络示意图

基于 GCN 的图生成网络主要有 MolGAN[33] 和 DGMG[34]。MolGAN 将 R-GCN（Relational GCN）、改进的 GAN 和强化学习（RL）目标集成在一起，以生成具有所需属性的图。GAN 由一个生成器和一个鉴别器组成，它们相互竞争以提高生成器的真实性。在 MolGAN 中，生成器试图提出一个伪图及其特征矩阵，而鉴别器的目标是区分伪样本和经验数据。此外，还引入了一个与鉴别器并行的奖励网络，以鼓励生成的图根据外部评价器具有某些属性。DGMG 利用基于空间的图卷积网络来获得现有图的隐藏表示。生成节点和边的决策过程是以整个图的表示为基础的。简而言之，DGMG 递归地在一个图中产生一个节点，直到达到某个停止条件。在添加新节点后的每一步，DGMG 都会反复决定是否向添加的节点添加边，直到决策的判定结果变为假。如果决策为真，则评估将新添加节点连接到所有现有节点的概率分布，并从概率分布中抽取一个节点。将新节点及其边添加到现有图中后，DGMG 将更新图的表示。

其他架构的图生成网络主要有 GraphRNN[35] 和 NetGAN[36] 等。GraphRNN 通过两层循环神经网络的深度图生成模型。图层次的 RNN 每次向节点序列添加一个新节点，而边层次的 RNN 生成一个二进制序列，指示新添加的节点与序列中以前生成的节点之间的连接。为了将一个图线性化为一系列节点来训练图层次的 RNN，GraphRNN 采用了广度优先搜索（BFS）策略。为了建立训练边层次的 RNN 的二元序列模型，GraphRNN 假定序列服从多元伯努利分布或条件伯努利分布。NetGAN 将 LSTM 网络与 Wasserstein-GAN 结合在一起,使用基于随机游走的方法生成图形。GAN 框架由两个模块组成:一个生成器和一个鉴别器。生成器尽最大努力在 LSTM 网络中生成合理的随机行走序列,而鉴别器则试图区分伪造的随机游走序列和真实的随机游走序列。训练完成后,对一组随机游走中节点的共现矩阵进行正则化,我们可以得到一个新图。

4. 图时空网络(Graph Spatial-Temporal Network)[37-38]

图时空网络同时捕捉时空图的时空相关性。时空图具有全局图结构,每个节点的输入随时间变化。例如,在交通网络中,每个传感器作为一个节点连续记录某条道路的交通速度,其中交通网络的边由传感器对之间的距离决定。图时空网络的目标可以是预测未来的节点值或标签,或者预测时空图标签。最近的研究仅仅探讨了 GCN 的使用、GCN 与 RNN 或 CNN 的结合,以及根据图结构定制的循环体系结构。

图神经网络最主要是提供了图嵌入(Graph Embedding)这一可以用来进行图表征学习的技术,将传统的图分析引入,扩展了深度学习对于非欧几里得数据的处理能力,提供了对非规则数据提取特征的方法,图神经网络有以下几个特点:①忽略节点的输入顺序;②在计算过程中,节点的表示受其周围邻居节点的影响,而图本身连接不变;③图结构的表示,使得可以进行基于图的解释和推理。基于这些特性,图神经网络被广泛应用于社交网络、推荐系统、金融风控、物理系统、分子化学、生命科学、知识图谱、交通预测等领域[39]。表 7-3 列出了 GNN 的应用场景和模型。

表 7-3 GNN 的应用场景及模型

应用场景	描述	模型
推荐系统	图神经网络用于社会化推荐中有天然的优势,很多社交关系可以表示为图的形式	文献[40—41]
计算机视觉	3D 点云数据中的点是离散存在的,点与点间的距离是确定点彼此间关系的基础。有了距离即可确定点与点之间的邻接关系。将距离转化成邻接关系,即可发挥 GNN 的优势	文献[42—43]
自然语言处理	句法结构虽然一般是树结构,但还可以用图的模型来处理,或有时候加一些边就变成了图	文献[44—45]
卫生保健	主要表现在药物发现方面,在药物关联网络中将每种药物建模为节点,将药物相互作用建模为节点标签,并扩展图神经网络以嵌入多视图药物特征和边缘	文献[46—47]
分子化学	给定物质(如蛋白质)结构,用节点表示物质中各种原子的组成部分。采用某种算法将每个节点用边连接起来生成物质的关系图,使用 GCN 来学习原子嵌入	文献[48—49]
知识图谱	知识图谱里的节点为关系实体,边为实体联系	文献[50—51]
交通预测	交通流具有复杂的空间和时间依赖性,空间上路网拓扑可以抽象为图,时间上一般用 LSTM 网络来处理	文献[52—53]

7.5 网络训练优化

训练深度神经网络以获得最佳性能是一项极具挑战性的任务。本节将重点介绍网络训练优化的常见问题及其解决方案。

优化算法是一种可以最小化或最大化目标函数（有时称为损失函数）的算法。目标函数通常是模型参数和数据的数学组合。例如，给定数据 x 和相对应的标签 Y，可以构建一个线性模型 $f(x) = Wx + b$，利用该模型可以根据输入 x 得到预测输出 $f(x)$。预测值和真实值之间的差值 $(f(x)-Y)^2$ 是损失函数。优化的目的在于找到合适的 W,b，使得上述损失函数的值达到最小。损失值越小，模型越接近真实情况。为了求解模型参数 (W,b)，通常使用优化算法指导模型参数优化的方向。一个好的优化算法可以更高效、更准确地训练模型的内部参数。

梯度下降法[54]是一类启发式的优化算法，通过寻找目标函数最小化以寻找最优解。给定目标函数、梯度方向，梯度下降法的计算过程就是沿梯度下降的方向求解极小值（也可以沿梯度上升方向求解极大值）。

通过梯度下降法，网络参数逐渐收敛到全局（或局部）最小值，但由于神经网络层数过多，需要通过反向传播算法，将误差逐层从输出层反向传播到输入层，实现网络参数的逐层更新。沿着给定梯度方向一步一步迭代便能快速收敛到函数最小值。这是梯度下降法的基本思路，从图7-24可以直观地理解其含义。

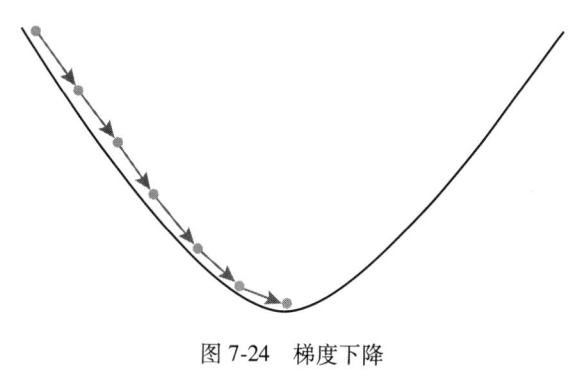

图7-24 梯度下降

梯度下降法的迭代公式如下：

$$\theta = \theta - \eta \nabla J(\theta) \tag{7-23}$$

式中，θ 是待训练的网络参数；η 是学习率，是一个常数；$J(\theta)$ 是损失函数；$\nabla J(\theta)$ 是关于模型参数 θ 的梯度。因为这里的损失函数是在整个数据集上进行计算得到的均值，所以每更新一次模型参数，就要对整个数据集进行一次计算，导致速度较慢，并且当数据集非常大时，计算开销巨大。

一般来说，学习率 η 在一开始要保持大些来保证收敛速度，在收敛到最优点附近时要小些以避免来回振荡。比较简单的方法是通过学习率衰减（Learning Rate Decay）的方式来实现，网络在训练的过程中自动调节学习率，学习率在训练初期下降较快，越接近最优解时下降越慢，在保证训练速度的同时，避免了在最优解附近振荡。

一种常用的衰减方法如下：

$$\alpha_t = \alpha_0 \frac{1}{1+\beta t} \tag{7-24}$$

式中，α_0 为初始学习率；β 为衰减率；t 为训练的轮数。

7.5.1 梯度爆炸与梯度消失

在深度神经网络训练过程中，可能会遇到梯度爆炸与梯度消失问题。这里需要深入认识梯度爆炸和梯度消失现象产生的根源。在误差反向传播过程中，误差项 δ^l 通过后一项 δ^{l+1} 计算得到：

$$\delta^l = \boldsymbol{W}^{l+1} \delta^{l+1} \odot \sigma'(z^l) \tag{7-25}$$

其中 l 为层数，$\boldsymbol{W}$ 为权重，$\odot$ 为乘法。式（7-25）中含有激活函数的导数 σ'。根据反向传播算法中的链式法则，随着误差反向传播深度的不断增加，σ' 累乘越多。如果激活函数的导数 σ' 大于 1 或者小于 1，通过链式乘法将导致梯度更新以指数形式增大（趋向于 ∞，对应梯度爆炸）或者减小（趋向于 0，对应梯度消失）。从本质上而言，梯度消失和梯度爆炸是一回事，只是表现的形式不同。为了解决梯度消失问题，通常采用以下三种方法。

1）梯度裁剪。梯度裁剪通过设置阈值限定梯度的有效范围。当梯度 $\boldsymbol{g}$ 大于给定阈值时，令 $\boldsymbol{g} = \dfrac{\boldsymbol{g}}{\|\boldsymbol{g}\|_2}$ 再乘以一个给定值以缩小 $\boldsymbol{g}$。由于向量除以自身的模后方向不变，所以缩放后的梯度与原始梯度保持同向。

2）使用 ReLU、LeakyReLU 等激活函数。ReLU 函数作用在两个不同的区域，输入值为负时输出为 0，输入值为正时输出值等于输入值。ReLU 的输入值为负时，输出始终为 0，其一阶导数也始终为 0，这样会导致神经元不能更新参数，这种现象学名为"Dead Neuron"。为了解决 ReLU 函数的这个缺点，在 ReLU 函数的负半区间引入一个泄露（Leaky）值，称为 LeakyReLU 函数。LeakyReLU 输入小于 0 的部分，值为负，且有微小的梯度。

3）残差网络。残差单元以跳层连接的形式实现，即将单元的输入直接与单元输出加在一起，再传递给后续网络层。实验表明，残差网络可以很好地解决网络梯度爆炸问题，在层数相同的前提下具有更快的收敛速度。这也使得设计更深的网络模型结构成为可能。

7.5.2 梯度下降优化策略

7.4.1 节介绍了梯度下降法的最基本形式。在此基础上，研究人员提出了多个变种，以提升梯度优化的时效性和稳定性，其中最优秀的代表为 Momentum[55]、RMSProp[56] 和 Adam[57] 等。本节中，θ 是待训练的网络参数；η 是学习率，是一个常数；$J(\theta)$ 是损失函数；$\nabla J(\theta)$ 是关于模型参数 θ 的梯度。计算训练集所有的样本误差，对其求和再取平均值作为目标函数。权重向量沿其梯度相反的方向移动，从而使当前目标函数减少得最多。

因为在执行每次更新时,需要在整个数据集上计算所有的梯度,所以全梯度下降法的速度会很慢,同时,全梯度下降法无法处理超出内存容量限制的数据集。本小节从最经典的梯度下降法开始,介绍了几个改进版的梯度下降法。

1. 随机梯度下降(Stochastic Gradient Descent)法

$$\theta = \theta - \eta \nabla J(\theta, x_i, y_i) \tag{7-26}$$

在梯度下降过程中,每次模型更新都需要对全部样本计算梯度,从而导致计算开销巨大,训练效率低下。为此,引入随机梯度下降法,该方法每次更新仅使用一条样本进行损失计算,即式(7-26)中的样本对(x_i, y_i)。随机梯度下降可以避免大规模的误差计算,但是每条样本都会对模型进行更新,从而导致模型频繁更新,训练过程中的损失函数波动较大,形成的模型参数方差高,收敛不稳定。综上所述,随机梯度下降法可以帮助网络探索新的参数更新方向,更好地发现局部极值点,但是频繁的更新和波动会导致模型的损失收敛不稳定。

2. 小批量梯度下降(Mini Batch Gradient Descent)法

小批量梯度下降法是全梯度下降法和随机梯度下降法的折中,即在计算损失时,既不是直接计算整个数据集的损失,也不是只计算一条样本的损失,而是计算一批样本的损失。由此可见,小批量梯度下降法一定程度上可以兼顾以上两种方法的优点。

$$\theta = \theta - \eta \frac{1}{B} \sum_{i=1}^{B} \nabla J(\theta, x_i, y_i) \tag{7-27}$$

式中,B为批量大小。因此批量大小的设置对于模型性能具有重要的影响。特别地,当批量大小为1时,则变成了随机梯度下降;若批量大小与数据集大小一致时,则变成了全梯度下降算法。

3. 动量(Momentum)梯度下降法

为了解决传统的梯度下降法收敛很慢的问题,动量梯度下降法在梯度下降法的基础上做了修改。动量梯度下降法因为引入了动量,用之前积累的动量来替代真正的梯度,因此能够对梯度下降法起到加速的作用。在第t次迭代时,使用计算负梯度的"加权移动平均"作为参数的更新方向,其中ρ为动量因子,通常为0.9,α为学习率,g_t为t时刻的梯度。

$$\nabla \theta_t = \rho \nabla \theta_{t-1} - \alpha g_t \tag{7-28}$$

每个参数的实际更新差值取决于最近一段时间内梯度的加权平均值。当参数的梯度方向在最近一段时间内不一致时,实际参数更新幅度变小;相反,当在最近一段时间内的梯度方向一致时,实际参数更新幅度变大,起加速作用。一般而言,迭代开始时,梯度方向比较一致,动量法会起到加速作用,可以更快地到达最优点。在迭代的后期,梯度方向不一致,在收敛值附近振荡。动量法会减慢速度,增加稳定性。动量能够让梯度下降法沿着下降的方向逐渐扩大幅度以对梯度下降法进行加速。

$$V(t)=\gamma V(t-1)+\eta \nabla J(\theta) \quad (7\text{-}29)$$

$$\theta=\theta-V(t) \quad (7\text{-}30)$$

从式（7-30）可以看出，当前的梯度方向（$\nabla J(\theta)$的正负号）和 $V(t-1)$ 的方向相同时，$V(t)>\eta \nabla J(\theta)$，因此参数 θ 的变化幅度会增大，从而加快梯度下降法的幅度；而当方向不同时，会逐步减小当前更新的幅度。这样可以有效地对梯度下降法进行加速，同时提高模型的稳定性。

4. 自适应梯度法（Adagrad 算法）

在小批量梯度下降法中，所有参数的学习率相同。然而对于稀疏数据，样本出现的频率不同，不适合采用相同的学习率。希望对于出现频率较低的参数采用更大的学习率，使得参数能得到更广泛的更新。为此，Adagrad[58]算法根据每个参数的前一个梯度，对参数的学习率进行动态调整，使得每个参数具有不同的学习率。具体形式为

$$g_{i,t}=g_{i,t-1}+\nabla J(\theta_{i,t})^2 \quad (7\text{-}31)$$

$$\theta_{i,t}=\theta_{i,t-1}-\frac{\eta}{\sqrt{g_{i,t}+\varepsilon}}\nabla J(\theta_{i,t}) \quad (7\text{-}32)$$

式中，$\nabla J(\theta_{i,t})$ 代表第 i 个参数在第 t 次迭代中的梯度变化；为了防止分母为 0，在式（7-32）中引入微小常量 ε，其一般取值为 1×10^{-8}。

在训练过程中，Adagrad 算法使得每个参数都有各异的学习率，并且学习率会随前一次梯度平方和而衰减。Adagrad 算法避免了重复手动调整学习率和学习率固化的问题，只需要在模型训练前初始学习率一次即可。随着迭代次数的增加，式（7-32）中的分母逐步变大，学习率会越来越小。这意味着随着模型迭代次数的增加，模型训练后期的参数更新也将更加困难。

5. AdaDelta

AdaDelta[59]算法是 Adagrad 算法的改进版本，主要是为了解决 Adagrad 算法在训练后期学习速度变小的问题。区别于 Adagrad 算法将历史所有梯度平方和累加的策略，AdaDelta 算法增加一个衰减系数 w，以减少最早的梯度对当前训练的影响，从而避免学习率无限下降的问题。

$$g_{i,t}=wg_{i,t-1}+(1-w)\nabla J(\theta_{i,t})^2 \quad (7\text{-}33)$$

$$\theta_{i,t}=\theta_{i,t-1}-\frac{\eta}{\sqrt{g_{i,t}+\varepsilon}}\nabla J(\theta_{i,t}) \quad (7\text{-}34)$$

6. 自适应矩估计（Adam 算法）

既然不同的参数可以有不同的学习率，那么不同的参数也可以有不同的动量。受此思想启发，Adam 算法[57]不仅给每个参数设置了学习率，而且每个参数都引入了动量。这种更新优化策略，可以让每个参数的更新更加独立，提高了模型训练的速度和

稳定性。

$$V(t)=\rho_1 V(t-1)+(1-\rho_1)\nabla J(\theta) \tag{7-35}$$

$$g_t=\rho_2 g_{t-1}+(1-\rho_2)\nabla J(\theta)^2 \tag{7-36}$$

$$\widetilde{V}_t=\frac{V(t)}{1-\rho_1} \tag{7-37}$$

$$\widetilde{g}_t=\frac{g_t}{1-\rho_2} \tag{7-38}$$

$$\theta_t=\theta_{t-1}-\frac{\eta}{\sqrt{\widetilde{g}_t+\varepsilon}}\widetilde{V}_t \tag{7-39}$$

一般而言，ρ_1 设置为 0.9，ρ_2 设置为 0.999。Adam 算法相当于先把原始梯度做一个指数加权平均，再做一次归一化处理，然后再更新梯度值。

7.5.3 过拟合消减优化策略

在机器学习中，通常假设数据满足独立同分布，即希望利用训练数据集训练得到的模型可以对测试集中的数据进行合理解释。然而，在实际情况中，数据独立同分布的假设往往不成立，例如数据的分布可能会发生变化（分布漂移），当前的数据量可能太小难以估计整个数据集的分布等，从而导致已训练模型在训练数据集上出现过拟合问题。

从图 7-25 可以看出，随着训练轮次的增加，模型的复杂度在不断地增加。同时，模型在训练数据上的训练误差在逐渐减小。然而，当模型的复杂度达到一定程度时，模型在验证集中的误差会随着模型的复杂度而增大。即训练模型对训练集之外的数据表现出较差的泛化能力，此时则认为模型出现了过拟合问题。

1. 早停策略

模型泛化能力通常由其在验证集上的性能来量化。理想的泛化误差是当模型在训练集中的误差减小时，验证集中的误差性能不会变差。相反，当模型在训练集中表现良好而在验证集中表现较差时，

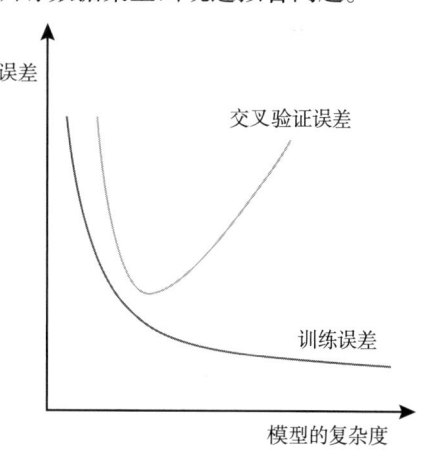

图 7-25 模型的过拟合

则认为模型出现了过拟合现象。为了避免过拟合问题，常常采用早停策略：在训练过程中，当模型在训练集上的精度有所提高，而在测试集上的精度没有提高甚至下降时，则需要停止训练，从而避免继续训练导致的过拟合问题。

早停策略的主要步骤可以概况如下：

① 首先将原始训练数据集划分成训练集和验证集。

②利用训练集进行模型训练，并每隔一个周期（可以包含 M 轮，M 是自定义的）计算模型在验证集上的误差，对于模型的整体泛化能力进行评估。

③当模型在验证集上的误差比上一个或几个周期训练结果差时，终止模型训练。

④最终选择上一个或几个周期迭代结果中的参数作为模型的最终参数。

2. 随机失活机制

Dropout[14] 被广泛地应用在深度神经网络中，用来缓解模型过拟合问题。Dropout 的工作机制可以概况为：在前向传播过程中，让神经元的激活值以一定的概率 p 停止工作，实现局部特征的随机选择（见图 7-26），避免对部分局部特征的强依赖性，从而提升模型的泛化能力。

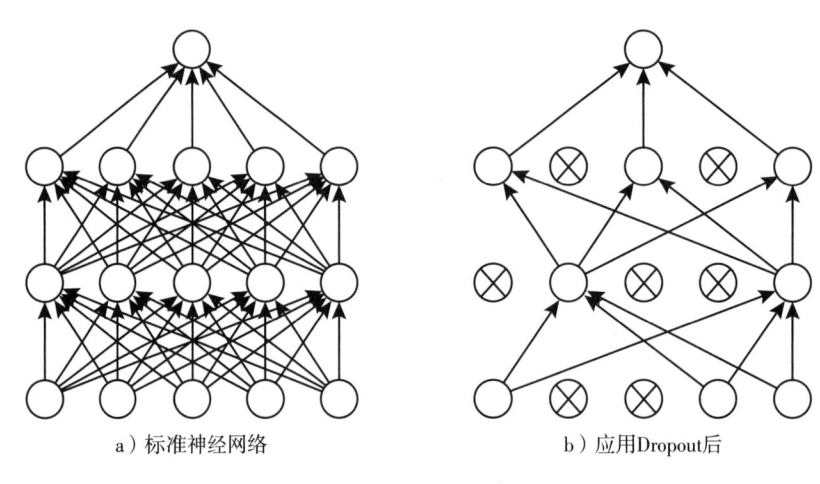

a）标准神经网络　　　　　b）应用Dropout后

图 7-26　Dropout 示意图

给定网络输入 x 和目标输出 y，在一次训练过程中，首先把 x 通过网络前向传播，然后误差反向传播以决定如何更新参数让网络进行学习。在引入 Dropout 机制后，训练过程可以概况为：

①首先随机删掉网络中一定比例的隐藏神经元，输入输出神经元保持不变（图 7-27 中虚线为部分临时被删除的神经元）。

②然后将输入 x 通过修改后的网络前向传播，将得到的训练误差沿着修改后的网络进行反向传播。一小批训练样本执行完这个过程后，在没有被删除的神经元上按照随机梯度下降法更新对应的参数(W,b)。

③恢复被删除的神经元（此时被删除的神经元保持原样，而没有被删除的神经元已经有所更新），重复这一过程。

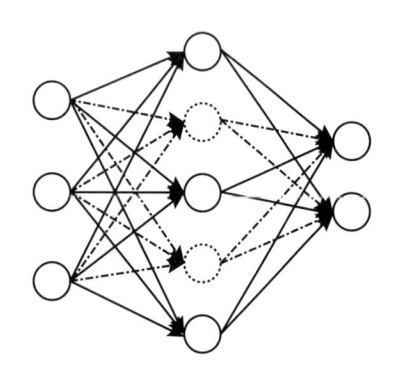

图 7-27　部分临时被删除的神经元

3. 正则化项

防止模型过拟合,最常用的方法是正则化,即在模型的目标函数中引入惩罚项,以限制模型的参数。其中 L_1 范数和 L_2 范数是最常用的正则化项。L_1 范数是模型中全部参数的绝对值之和,L_2 范数是模型所有参数平方和的平方根。

L_1 正则:

$$L(\theta)^* = L(\theta) + \lambda \sum_i^n |\theta_i| \tag{7-40}$$

L_2 正则:

$$L(\theta)^* = L(\theta) + \lambda \sum_i^n \theta_i^2 \tag{7-41}$$

神经网络正则化:

$$L(\theta)^* = L(\theta) + \lambda_2 \sum_i^n |\theta_i| + \lambda_2 \sum_i^n \theta_i^2 \tag{7-42}$$

式中,θ 表示网络层待学习的参数;$L(\theta)$ 为原目标函数;λ 则控制正则项的权重,较大的取值将较大程度约束模型复杂度,反之亦然。

小结

深度学习主要是对人工神经网络的延伸,它的目的主要是模拟人脑的机制来解释图像,深度学习通过组织底层特征来形成更加高级的高层特征来表示属性和类别。本章首先简要地介绍了深度学习网络出现的背景,以及与传统机器学习的区别,然后根据所解决任务的不同以及各自的特点,引出了三种神经网络架构 CNN、RNN 和 GNN。7.2 节从一个图像处理的例子切入,让大家直观地理解 CNN 中的层次架构和激活函数,随后就网络结构进行介绍,包括卷积、池化、全连接和归一化指数函数,并在 7.2.2 中梳理了 CNN 的发展脉络,介绍了经典的模型 LeNet-5 和 TextCNN,加深对 CNN 网络和具体应用的理解。7.3 节介绍 RNN,首先由一个典型的 RNN 包含的输入、输出和神经网络单元开始详细介绍 RNN 结构和一些典型结构。针对 RNN 的损失函数导致的梯度消失和梯度爆炸,对 LSTM 网络进行了门结构的分析并给出了 RNN 的应用场景及经典模型。7.4 节介绍图神经网络,从欧氏图和非欧氏图的区别入手,将 GNN 的结构进行了讲解并详细推导了 GCN 的公式。最后在 7.5 节介绍了网络训练和优化中最常见的问题,包括梯度消失和梯度爆炸问题以及过拟合问题及其解决方案(梯度下降法和过拟合消减优化策略),并在其中穿插了学习率衰减和批量归一化处理的讲解。

习题

1. ReLu 激活函数在零点是否可导?

2. 如何处理神经网络中的过拟合问题？
3. CNN 中填充的作用是什么？
4. 为什么 LSTM 网络相比于 RNN 能够解决长短期依赖的问题？
5. CNN 权值共享是什么？
6. 请解释池化层和卷积层的作用。
7. 怎样把 CNN 和 RNN 结合起来对视频进行分类？
8. RNN 为什么会梯度爆炸，如何解决？
9. 图神经网络相比于其他神经网络具有哪些方面的优势？
*10. 编码实现常用激活函数。
*11. 编码实现 CNN、RNN、GNN。

参考文献

[1] BENGIO Y. Learning deep architectures for AI [M]. New York: Now Publishers Inc, 2009.

[2] DENG L, HINTON G, KINGSBURY B. New types of deep neural network learning for speech recognition and related applications: an overview [C] //2013 IEEE International Conference on Acoustics, Speech and Signal Processing, 2013: 8599-8603.

[3] FAN Z, LIU C, CAI D, et al. Research on black spot identification of safety in urban traffic accidents based on machine learning method [J]. Safety science, 2019, 118: 607-616.

[4] HOCHREITER S. The vanishing gradient problem during learning recurrent neural nets and problem solutions [J]. International journal of uncertainty, fuzziness and knowledge-based systems, 1998, 6(02): 107-116.

[5] BEBIS G, GEORGIOPOULOS M. Feed-forward neural networks [J]. IEEE potentials, 1994, 13(4): 27-31.

[6] LECUN Y, BOSER B, DENKER J S, et al. Backpropagation applied to handwritten zip code recognition [J]. Neural computation, 1989, 1(4): 541-551.

[7] GOODFELLOW I, BENGIO Y, COURVILLE A, et al. Deep learning [M]. Cambridge: MIT press, 2016.

[8] NWANKPA C, IJOMAH W, GACHAGAN A, et al. Activation functions: comparison of trends in practice and research for deep learning [J]. arXiv preprint arXiv: 1811. 03378, 2018.

[9] CHEN C L P, LI H, WEI Y, et al. A local contrast method for small infrared target detection [J]. IEEE transactions on geoscience and remote sensing, 2013, 52(1): 574-581.

[10] JING Y, YANG Y, FENG Z, et al. Neural style transfer: a review [J]. IEEE transactions on visualization and computer graphics, 2019, 26(11): 3365-3385.

[11] ZHANG Y, WALLACE B. A sensitivity analysis of (and practitioners' guide to) convolutional neural networks for sentence classification [J]. arXiv preprint arXiv: 1510. 03820, 2015.

[12] SENIOR A W, CHUN B, SCHUSTER M. Speech synthesis using deep neural networks: U. S. Patent 8, 527, 276 [Z]. 2013-09-03.

[13] LECUN Y, BOTTOU L, BENGIO Y, et al. Gradient-based learning applied to document recognition [J].

Proceedings of the IEEE, 1998, 86(11): 2278-2324.

[14] SRIVASTAVA N, HINTON G, KRIZHEVSKY A, et al. Dropout: a simple way to prevent neural networks from overfitting [J]. The journal of machine learning research, 2014, 15(1): 1929-1958.

[15] KRIZHEVSKY A, SUTSKEVER I, HINTON G E. Imagenet classification with deep convolutional neural networks [J]. Advances in neural information processing systems, 2012, 25: 1097-1105.

[16] SZEGEDY C, LIU W, JIA Y, et al. Going deeper with convolutions [C] //Proceedings of the IEEE Conference on Computer Vision and Pattern Recognition. 2015: 1-9.

[17] SIMONYAN K, ZISSERMAN A. Very deep convolutional networks for large-scale image recognition [J]. arXiv preprint arXiv: 1409. 1556, 2014.

[18] HE K, ZHANG X, REN S, et al. Deep residual learning for image recognition [C] //Proceedings of the IEEE Conference on Computer Vision and Pattern Recognition. 2016: 770-778.

[19] GOODFELLOW I, BENGIO Y, COURVILLE A, et al. Deep learning [C]. Cambridge: The MIT Press, 2016.

[20] HOCHREITER S, SCHMIDHUBER J. Long short-term memory [J]. Neural computation, 1997, 9(8): 1735-1780.

[21] CHO K, MERRIENBOER B V, GULCEHRE C, et al. Learning phrase representations using RNN encoder-decoder for statistical machine translation [J]. Computer science, 2014.

[22] WU Y, SCHUSTER M, CHEN Z, et al. Google's neural machine translation system: bridging the gap between human and machine translation [J]. arXiv preprint arXiv: 1609. 08144, 2016.

[23] VASWANI A, SHAZEER N, PARMAR N, et al. Attention is all you need [J]. arXiv preprint arXiv: 1706. 03762, 2017.

[24] ZHOU J, CAO Y, WANG X, et al. Deep recurrent models with fast-forward connections for neural machine translation [J]. Transactions of the association for computational linguistics, 2016, 4: 371-383.

[25] RONG X. Word2vec parameter learning explained [J]. arXiv preprint arXiv: 1411. 2738, 2014.

[26] NALLAPATI R, ZHOU B, GULCEHRE C, et al. Abstractive text summarization using sequence-to-sequence RNNs and beyond [J]. arXiv preprint arXiv: 1602. 06023, 2016.

[27] VINYALS O, TOSHEV A, BENGIO S, et al. Show and tell: lessons learned from the 2015 MSCOCO image captioning challenge [J]. IEEE transactions on pattern analysis and machine intelligence, 2016, 39(4): 652-663.

[28] RAO K, SAK H, PRABHAVALKAR R. Exploring architectures, data and units for streaming end-to-end speech recognition with RNN-transducer [C] //2017 IEEE Automatic Speech Recognition and Understanding Workshop (ASRU). New York: IEEE, 2017: 193-199.

[29] WANG S, JIANG J. Machine comprehension using match-LSTM and answer pointer [J]. arXiv preprint arXiv: 1608. 07905, 2016.

[30] WU Z, PAN S, CHEN F, et al. A comprehensive survey on graph neural networks [J]. IEEE transactions on neural networks and learning systems, 2020.

[31] KIPF T N, WELLING M. Semi-supervised classification with graph convolutional networks [J]. arXiv preprint arXiv: 1609. 02907, 2016.

[32] VELIČKOVIĆ P, CUCURULL G, CASANOVA A, et al. Graph attention networks [J]. arXiv preprint

arXiv: 1710. 10903, 2017.

[33] DE CAO N, KIPF T. MolGAN: an implicit generative model for small molecular graphs [J]. arXiv preprint arXiv: 1805. 11973, 2018.

[34] LI Y, VINYALS O, DYER C, et al. Learning deep generative models of graphs [J]. arXiv preprint arXiv: 1803. 03324, 2018.

[35] YOU J, YING R, REN X, et al. GraphRNN: generating realistic graphs with deep auto-regressive models [C] //International Conference on Machine Learning. PMLR, 2018: 5708-5717.

[36] BOJCHEVSKI A, SHCHUR O, ZÜGNER D, et al. NetGAN: generating graphs via random walks [C] //International Conference on Machine Learning. PMLR, 2018: 610-619.

[37] SEO Y, DEFFERRARD M, VANDERGHEYNST P, et al. Structured sequence modeling with graph convolutional recurrent networks [C] //International Conference on Neural Information Processing. Springer, Cham, 2018: 362-373.

[38] LI Y, YU R, SHAHABI C, et al. Diffusion convolutional recurrent neural network: data-driven traffic forecasting [J]. arXiv preprint arXiv: 1707. 01926, 2017.

[39] ZHOU J, CUI G, ZHANG Z, et al. Graph neural networks: a review of methods and applications [J]. arXiv preprint arXiv: 1812. 08434, 2018.

[40] YING R, HE R, CHEN K, et al. Graph convolutional neural networks for web-scale recommender systems [C] //Proceedings of the 24th ACM SIGKDD International Conference on Knowledge Discovery & Data Mining. 2018: 974-983.

[41] WU S, TANG Y, ZHU Y, et al. Session-based recommendation with graph neural networks [C] //Proceedings of the AAAI Conference on Artificial Intelligence. 2019, 33(01): 346-353.

[42] QI X, LIAO R, JIA J, et al. 3D graph neural networks for RGB-D semantic segmentation [C] //Proceedings of the IEEE International Conference on Computer Vision. 2017: 5199-5208.

[43] QI S, WANG W, JIA B, et al. Learning human-object interactions by graph parsing neural networks [C] //Proceedings of the European Conference on Computer Vision (ECCV). 2018: 401-417.

[44] SONG L, ZHANG Y, WANG Z, et al. A Graph-to-Sequence Model for AMR-to-Text Generation [C] //ACL (1). 2018.

[45] YAO L, MAO C, LUO Y. Graph convolutional networks for text classification [C] //Proceedings of the AAAI Conference on Artificial Intelligence. 2019, 33(01): 7370-7377.

[46] RHEE S, SEO S, KIM S. Hybrid approach of relation network and localized graph convolutional filtering for breast cancer subtype classification [J]. arXiv preprint arXiv: 1711. 05859, 2017.

[47] SHANG J, XIAO C, MA T, et al. GameNet: graph augmented memory networks for recommending medication combination [C] //Proceedings of the AAAI Conference on Artificial Intelligence. 2019, 33 (01): 1126-1133.

[48] KEARNES S, MCCLOSKEY K, BERNDL M, et al. Molecular graph convolutions: moving beyond fingerprints [J]. Journal of computer-aided molecular design, 2016, 30(8): 595-608.

[49] FOUT A M. Protein interface prediction using graph convolutional networks [D]. Fort Collins: Colorado State University, 2017.

[50] SCHLICHTKRULL M, KIPF T N, BLOEM P, et al. Modeling relational data with graph convolutional

networks [C] //European Semantic Web Conference. 2018: 593-607.

[51] HAMAGUCHI T, OIWA H, SHIMBO M, et al. Knowledge transfer for out-of-knowledge-base entities: a graph neural network approach [C] //Proceedings of the 26th International Joint Conference on Artificial Intelligence. 2017: 1802-1808.

[52] GUO S, LIN Y, FENG N, et al. Attention based spatial-temporal graph convolutional networks for traffic flow forecasting [C] //Proceedings of the AAAI Conference on Artificial Intelligence. 2019, 33(01): 922-929.

[53] WANG X, MA Y, WANG Y, et al. Traffic flow prediction via spatial temporal graph neural network [C] //Proceedings of The Web Conference 2020. 2020: 1082-1092.

[54] BARTHOLOMEW-BIGGS M. The steepest descent method [J]. Nonlinear optimization with financial applications, 2005: 51-64.

[55] QIAN N. On the momentum term in gradient descent learning algorithms [J]. Neural networks, 1999, 12(1): 145-151.

[56] TIELEMAN T, HINTON G. Lecture 6.5-RMSProp: divide the gradient by a running average of its recent magnitude [J]. COURSERA: Neural networks for machine learning, 2012, 4(2): 26-31.

[57] KINGMA D P, BA J. Adam: a method for stochastic optimization [J]. arXiv preprint arXiv: 1412.6980, 2014.

[58] DUCHI J, HAZAN E, SINGER Y. Adaptive subgradient methods for online learning and stochastic optimization [J]. Journal of machine learning research, 2011, 12(7).

[59] ZEILER M D. Adadelta: an adaptive learning rate method [J]. arXiv preprint arXiv: 1212.5701, 2012.

CHAPTER 8

第 8 章

高级神经网络框架

随着深度学习技术的爆炸式发展，越来越多复杂的网络模型被提出，并在语音、视频、图像、推荐等各类领域中取得了显著的性能提升。第 7 章介绍了三类经典的深度神经网络。在此基础上，本章重点介绍高级神经网络框架，具体包括自编码器、编-解码器框架、注意力机制以及生成对抗网络。

8.1 自编码器

自编码器（AutoEncoder）是一种通过无监督的方式对高维数据进行特征提取与特征表示的模型。自编码器的发展历史最早可以追溯到 1986 年[1]，而当时由于数据高维稀疏导致模型计算复杂，难以进行优化，导致其并没有受到广泛的关注。直到 2006 年，Hinton 等人[2] 在自编码器中引入了非线性主元分析泛化算法，采用梯度下降来逐层优化受限玻尔兹曼机，从而实现对原始数据的抽象表示，极大地降低了特征的维度，至此自编码器才受到了广泛的关注。

8.1.1 预备知识

本节首先给出一些基本概念的定义。

信息量：x 的信息量定义为 x 出现概率的倒数 $I(x) = \log \dfrac{1}{P(x)}$

熵：平均信息量 $H(P) = \sum P(x) \log \dfrac{1}{P(x)}$

交叉熵：$H(P,Q) = \sum P(x) \log \dfrac{1}{Q(x)}$

相对熵（KL 散度）：$D_{\mathrm{KL}}(P \| Q) = H(P,Q) - H(P) = \sum P(x) \log \dfrac{P(x)}{Q(x)}$

JS 散度：$D_{\mathrm{JS}}(P \| Q) = \dfrac{1}{2} D_{\mathrm{KL}}\left(P \Big\| \dfrac{P+Q}{2}\right) + \dfrac{1}{2} D_{\mathrm{KL}}\left(Q \Big\| \dfrac{P+Q}{2}\right)$

交叉熵、KL 散度（Kullback-Leibler Divergence）、JS 散度（Jensen-Shannon Divergence）

三者都是用来衡量两个概率分布之间的差异性的指标。当分布 $P(x)$ 和 $Q(x)$ 的相似度越高，KL 散度越小。KL 散度具有不对称性与非负性。根据 KL 散度的定义可以发现其具有不对称性，即 $D(P\|Q) \neq D(Q\|P)$。非负性则是指相对熵的值是非负值，即 $D(P\|Q) > 0$。JS 散度是 KL 散度的一种变体形式。从定义中可以看出，JS 散度具有对称性，即 $\mathrm{JS}(P\|Q) = \mathrm{JS}(Q\|P)$。

8.1.2 自编码器架构

自编码器的基本框架如图 8-1 所示，共包含两个模块：编码模块和解码模块。在编码过程中，编码器 g 将输入样本 x 映射到特征空间 z；在解码过程中，解码器 f 将抽象特征 z 映射回原始空间，得到了重构样本 $\tilde{x}$。整个模型的优化目标则是通过最小化重构误差 $L(x, f(g(x)))$ 进而优化编码器和解码器，使得模型获得对输入 x 的特征表示能力。

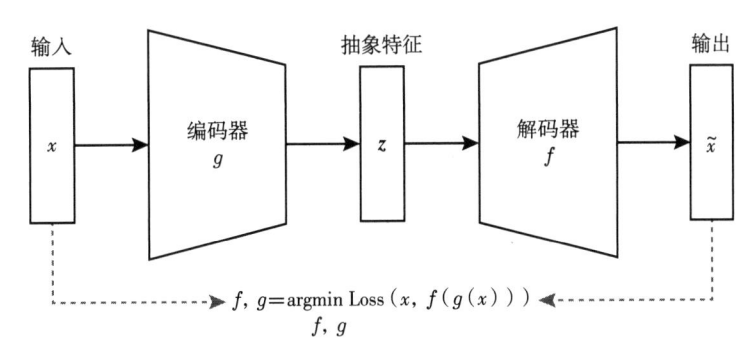

图 8-1 自编码器基本框架

对于自编码器模型来说，编码器部分通过渐进式地降低网络节点数量从而达到数据压缩的目的，解码器部分则是基于数据的抽象表示，渐进式地逐层增加神经元的数量，最终实现对输入样本的重构。自编码器的应用极其广泛。本章将重点介绍几种代表性的自编码器，包括降噪自编码器、堆栈自编码器和稀疏自编码器。

8.1.3 经典自编码器模型

1. 降噪自编码器

早期的自编码器常用于学习特征的低维表示，但由于模型复杂度和数据噪声等问题的影响，训练得到的模型鲁棒性较差，形成的特征往往不能够准确地表征原始数据。针对这一问题，降噪自编码器（Denoising AutoEncoder）[3] 通过在输入数据中添加随机噪声，使学习得到的编码器参数 W 具有较强的鲁棒性，从而得到更为通用的特征表示。

降噪自编码器的基本结构如图 8-2 所示，其中 x 表示原始数据，g_θ 表示编码器，f_θ 表示解码器。可以发现，对于原始输入数据 x，首先依照随机映射 $\hat{x} \sim qD(\hat{x}|x)$ 对输入数据进行破坏，得到添加噪声数据后的数据 $\hat{x}$。一般存在两种方式：其一是原始数据随机掩码，

即针对每一个输入 x，按照一定的比例 v 将 x 中的值强制设为 0 便得到了 $\hat{x}$，其中 v 为超参数，这种破坏方式与 Dropout 机制类似，不同的是 Dropout 是隐藏层中的神经元置为 0；其二则是原始数据增加高斯噪声，即针对每一个输入 x，加入高斯噪声得到 $\hat{x}$。

除了对输入数据加入噪声以外，降噪自编码器的其余部分与标准自编码器基本相同，原始数据通过编码器编码后得到特征表示 z：

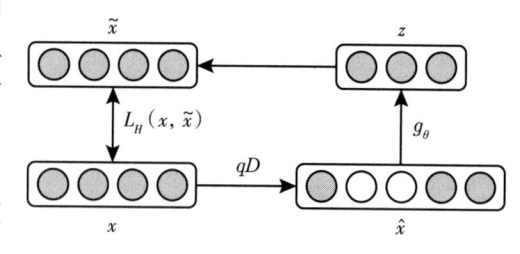

图 8-2　降噪自编码器基本架构[3]

$$z = g_\theta(\hat{x}) = s(W\hat{x} + b) \tag{8-1}$$

其中，s 为激活函数，W 为权重矩阵，b 为偏置向量。得到特征表示后再通过解码器得到重构的数据表示 $\tilde{x}$：

$$\tilde{x} = f_\theta(\tilde{x}) = s(W'\tilde{x} + b') \tag{8-2}$$

从模型设计的角度来说，重构得到的数据表示 $\tilde{x}$ 与原始数据 x 之间的差距越小越好。降噪自编码器使用交叉熵计算两个数据分布之间的距离：

$$L_H(x,\tilde{x}) = -\sum_{i=1}^{d} x\log(\tilde{x}) + (1-x)\log(1-\tilde{x}) \tag{8-3}$$

通过迭代训练 g_θ 与 f_θ 两组映射关系的权重，使得误差函数最小，即尽可能保证 $\tilde{x}$ 近似于 x，降噪自编码器即可对输入数据特征进行有效提取。

2. 堆栈自编码器

加深网络层数是提升神经网络性能的一种直观而又高效的方法，但网络参数的增多又会使得网络难以优化。事实上，相当多的工作都在围绕如何加深网络层数同时又能保证模型能够收敛到更好的局部最优点。堆栈自编码器[4]（Stacked AutoEncoder，SAE）可以用来解决这一问题。堆栈自编码器又称为深度自编码器（Deep AutoEncoder），在经典自编码器的基础上，增加其隐藏层的深度，并设计了特殊的优化方法以获得更好的特征提取能力和训练效果。

图 8-3 为 SAE 的网络结构。可以发现，整个 SAE 网络是由 L 个自编码器堆叠而成。每个自编码器中，隐藏层充当了编码器，而重构层即为解码的过程。

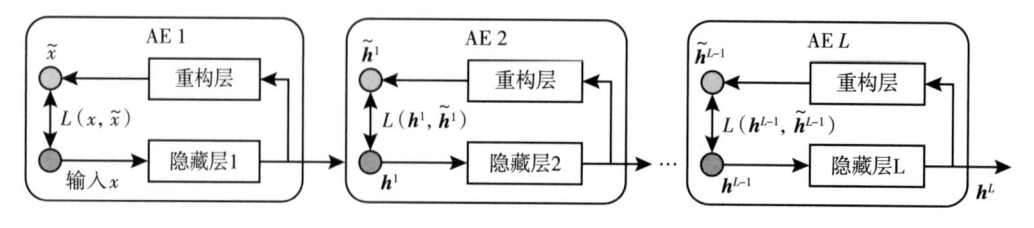

图 8-3　SAE 网络结构[4]

为了解决网络层数过深难以优化的问题，SAE 设计了一种分层训练的策略。整个过程可分为逐层训练与微调两个过程：

（1）逐层训练

训练隐藏层 1 时，整个网络结构由输入层、隐藏层 1 与重构层构成。通过一个隐藏层学习输入数据的特征表达 $\boldsymbol{h}^1$，再通过重构层对 $\boldsymbol{h}^1$ 进行重构得到 $\tilde{x}$。最终优化重构损失 $L(x,\tilde{x})$。该层能够学习到原始输入的一阶特征表示。

训练隐藏层 2 时，需要把原始数据输入前面已经训练好的自编码器 1 中，对于每一个输入 x，都可以得到它对应的一阶特征表示 $\boldsymbol{h}^1$，再用这些一阶特征作为自编码器 2 的输入，学习得到二阶特征 $\boldsymbol{h}^2$，并进行数据重构，优化重构损失 $L(\boldsymbol{h}^1,\tilde{\boldsymbol{h}}^1)$。

重复上述过程，一直到第 L 层自编码器。将原始数据依次输入自编码器 1 至自编码器 $L-1$ 中，得到第 $L-1$ 阶特征。再使用同样的方式对自编码器 L 进行训练，优化损失 $L(\boldsymbol{h}^{L-1},\tilde{\boldsymbol{h}}^{L-1})$。最终将这 L 层自编码器结合起来构建成一个完整的堆栈自编码器网络。

（2）微调

经过第一步的逐层预训练后，得到了网络权重参数更加合理的初始化设置，之后可以像训练普通的深层网络一样，通过输出层的损失函数，利用梯度下降等方法来迭代求解最优参数。

逐层优化过程相比于直接训练可以带来一定的性能提升，因为预训练好的网络在一定程度上拟合了训练数据的结构，使得整个网络的初始值处于更加合适的状态，便于在有监督阶段加快迭代收敛，这种做法逐步借鉴了迁移学习或元学习的思想。后续研究提出了更好的初始化策略，再加上常用的 Dropout 机制以及各种归一化方法，深层网络的训练逐渐不再是一个挑战。

3. 稀疏自编码器

通过前面的介绍可知，自编码器尝试学习一个映射 $\boldsymbol{h}_{W,b}(x) \approx x$。换句话说，它尝试逼近一个恒等函数，从而使得 $\hat{x}$ 接近于输入 x。虽然表面上恒等函数不具有学习的意义，但如果限制解码器中隐藏层的节点数小于输入层的节点数，可以迫使自编码器学习数据内部的规律，从而得到输入数据的降维表示。稀疏自编码器[5]的设计思路即为如此，其最大的特点是输入层和输出层节点数量相同，而隐藏层节点的数量小于数据层和输出层。稀疏自编码器可以认为是一种特殊的自编码器网络，在要求输入数据和输出数据尽可能相似的前提下，使得隐藏层尽可能稀疏。

稀疏自编码器中，隐藏层节点的数量一般较少。但实际上，通过添加一定的约束，也可以使得隐藏层节点的数量大于输入节点的数量，而其中的大部分节点被抑制，只有小部分被激活，便可以达到同样的效果。这里所谓的抑制指的就是神经元输出值的大小。如果神经元使用的非线性激活函数是 Sigmoid 函数，当神经元的输出接近 1 时为激活，接近 0 时为抑制；如果采用 Tanh 函数，当神经元的输出接近 1 时为激活，接近 -1 时为抑制。一般而言，不会直接指定隐藏层中被抑制的神经元，而是指定一个稀疏性参数 ρ 去表示隐藏层神经元的平均活跃程度。例如，当 $\rho=0.1$ 时，隐藏层节点中只有10%的神经元被激活，其余神经元都处于抑制状态。

为了使模型在训练时的平均激活程度达到预定值，通常需要引入一个度量来衡量隐藏层实际激活程度与期望激活程度之间的差异，再将这个差异引入损失函数作为正则项。考虑使用KL散度表示真实激活程度 $\hat{\rho}$ 与期望激活程度 ρ 之间的差异：

$$\sum \mathrm{KL}(\rho|\hat{\rho}) \tag{8-4}$$

具体来说，$\alpha_j(x^i)$ 表示在给定输入为 x^i 的情况下，自编码神经网络隐藏神经元 j 的激活程度，隐藏层神经元 j 的平均活跃度为

$$\hat{\rho}_j = \frac{1}{m}\sum_{i=1}^{m}[\alpha_j(x^i)] \tag{8-5}$$

其中，m 为前一层神经元的数量，其与真实激活程度之间的差异可以被作为一个惩罚项加入优化目标：

$$\sum_{j=1}^{s}\mathrm{KL}(\rho\|\hat{\rho}_j) = \sum_{j=1}^{s}\rho\log\frac{\rho}{\hat{\rho}_j} + (1-\rho)\log\frac{1-\rho}{1-\hat{\rho}_j} \tag{8-6}$$

其中，s 是隐藏层中神经元的数量；索引 j 代表隐藏层中的每一个神经元。当 $\rho=\hat{\rho}_j$ 时，$\mathrm{KL}(\rho|\hat{\rho}_j)=0$，并且随着 $\hat{\rho}_j$ 与 ρ 之间的差异增大而单调递增。举例来说，图8-4 表示 $\rho=0.2$ 的情况下相对熵值 $\mathrm{KL}(\rho|\hat{\rho}_j)$ 与随 $\hat{\rho}_j$ 的变化趋势。

可以看出，相对熵在 $\hat{\rho}_j = \rho$ 时达到最小值0；而当 $\hat{\rho}_j$ 接近0或1时，相对熵则变得非常大（趋向于无穷）。所以，最小化这一惩罚因子可以使得 $\hat{\rho}_j$ 靠近 ρ。综上所述，稀疏自编码器的总体代价函数为

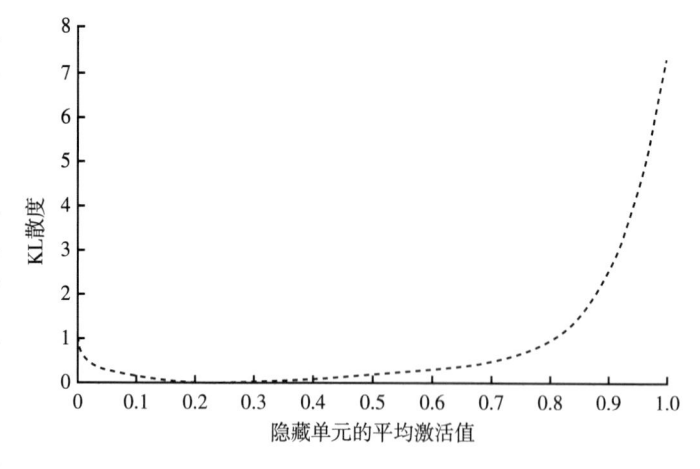

图8-4 相对熵随 ρ 的变化曲线

$$J_{\mathrm{sparse}}(\boldsymbol{W},\boldsymbol{b}) = J(\boldsymbol{W},\boldsymbol{b}) + \beta\sum_{j=1}^{s_2}\mathrm{KL}(\rho|\hat{\rho}_j) \tag{8-7}$$

其中，$J(\boldsymbol{W},\boldsymbol{b})$ 为无稀疏约束的损失函数；β 为控制稀疏性惩罚因子的权重。由于隐藏层神经元的激活取决于网络的权重 $\boldsymbol{W}$ 和偏置 $\boldsymbol{b}$，因此 $\hat{\rho}_j$ 项间接地取决于 $\boldsymbol{W}$ 和 $\boldsymbol{b}$。

8.1.4 变分自编码器

上一小节介绍了三种不同的自编码器结构,这些模型都更加关注如何从原始数据中获取到更加具有代表性的、鲁棒的数据特征,但这些模型无法学习这些特征的具体分布以及特征和数据之间的对应关系。换一个角度,如果能够了解到隐式特征所具有的语义信息及其分布,就可以通过调整这些特征分布,让生成器按照需求生成所期望的数据。本小节所介绍的变分自编码[6]便是这样的一种性能强大的生成模型。

本节首先将通过一个示例说明变分自编码器的作用,以及其与普通自编码的区别,如图 8-5 所示。在人脸图像编码任务中,假设编码器得到的人脸隐式编码每一个维度都具有一定的语义,而任何人脸图像都可以由肤色、性别、发型等特征唯一表示。那么在给定人脸图像后,通过编码器都能够得到其在隐空间中的向量表示,然后将该隐式向量输入解码器,便能重构出原始人脸图像。

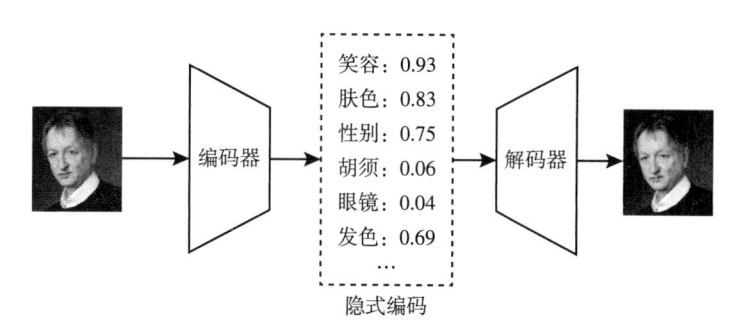

图 8-5　自编码器隐式特征建模示例

那么是否可以通过对隐式向量进行微调,从而达到控制重构出的人脸图像的目的呢?答案是肯定的。但是这个数值显然不是随意调整的,应当有一个合适的取值范围,在这个范围内进行数值调整,能够得到期望的人脸图像。不妨直接让编码器学习隐式特征的分布,而不是输出单一的离散数值,如图 8-6 所示。

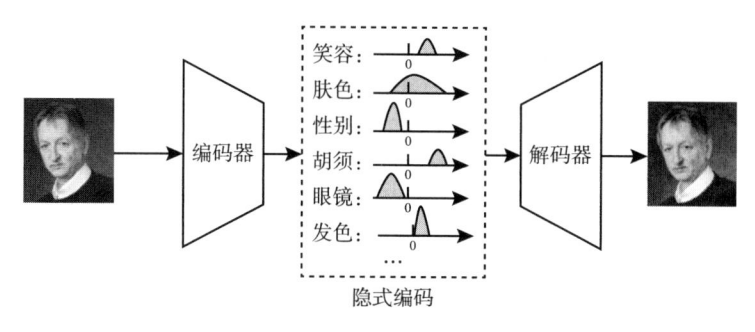

图 8-6　VAE 使用分布表示隐式编码

显而易见，与传统的自编码器相比，变分自编码器中的编码过程输出的是"取值范围"，更准确地说，输出的是一个隐向量的概率分布 $p(z)$。在解码时，模型将从这个隐向量 z 的特征分布中进行随机采样，得到一个向量作为解码器的输入，从而生成不同的图像信息。

变分自编码器包含编码器、解码器和损失函数三部分。其中编码器是一个神经网络，输入样本数据 x，输出隐向量 z 的概率分布。编码器参数为 θ，则整个编码器可以表示为 $q_\theta(z|x)$。以人脸图像编码任务为例，假设图像分辨率为 28×28，则 x 的维度为 784。编码器需要将 784 维的数据 x 映射到隐空间中，且隐空间的维度远小于 784。这就要求编码器必须学习将数据有效压缩到这个低维空间的方法。此外，由于编码器输出的是 z 的概率分布，所以计算 z 的过程实际上可以分为两个步骤：

①假设 z 服从正态分布，则编码器首先输出与样本对应的正态分布的相关参数（均值、方差），该参数对于每一个数据点都是不同的；

②将噪声与该分布融合，从中采样获得隐状态表示 z。

解码器同样是一个神经网络，输入是隐向量 z，输出是数据的概率分布，它的参数是 ϕ，因此解码器可以表示为 $p_\phi(x|z)$。仍旧以人脸图像编码任务为例，假设每个像素取值只能为 0 或 1，则一个像素的概率分布可以使用伯努利分布表示。解码器输入 z 后，输出 784 个伯努利参数，每个参数表示对应的输出图像数据中的一个像素的取值。

变分自编码器的损失函数为具有正则项的负对数似然函数。由于不同的数据点之间并没有共享隐向量，因此每个数据点的损失 l_i 是独立的，总损失是所有样本数据损失之和 $\mathcal{L}=\sum_{i=1}^N l_i$。而单个样本数据 x_i 的损失 l_i 为

$$l_i(\theta,\phi)=-E_{z\sim q_\theta(z|x_i)}\left[\log p_\phi(x_i|z)\right]+\mathrm{KL}(q_\theta(z|x_i)\|p(z)) \tag{8-8}$$

该损失函数由两部分构成。第一部分为重构损失，也就是输入数据与生成数据之间的差异，保证了生成数据的质量。第二部分的 KL 散度是一个正则项，用于衡量编码器生成的概率分布 $q_\theta(z|x_i)$ 与期望的概率分布 $p(z)$ 之间的距离。在变分自编码器中，$p(z)$ 被假定为标准正态分布，即 $p(z)=\mathcal{N}(0,1)$。正则项的目的是使 $p(z|x_i)$ 也接近正态分布。如果没有正则项，模型为了减小重构损失，会不断减小随机性，也就是编码器输出的方差。当方差趋近于 0 时，无论如何采样，都只会得到近乎确定的结果（样本均值），这样变分自编码器会慢慢退化为普通的自编码器，失去了生成多样化数据的能力。因此，变分自编码器需要让编码的隐向量 z，即 $p_\theta(z|x_i)$ 接近正态分布。如果编码器输出的 z 不服从标准正态分布，将会在损失函数中对编码器施加惩罚。变分自编码器的基本框架如图 8-7 所示。

变分自编码器的概率图模型如图 8-8 所示。隐向量 z 从先验分布 $p(z)$ 中采样得到，然后数据点 x 从以 z 为条件的分布 $p(x|z)$ 中产生。整个模型定义了数据和隐向量的联合分布 $p(x,z)=p(x|z)p(z)$。

上面谈到的是如何根据隐向量 z 重构数据 x，但如何得到数据 x 对应的隐向量 z 呢？或者说如何计算后验概率 $p(z|x)$。根据式 (8-9) 所示的贝叶斯定理，如果能够了解 $p(x)$ 的具体分布，直接从 $p(x)$ 中进行采样即可得到期望的样本数据。

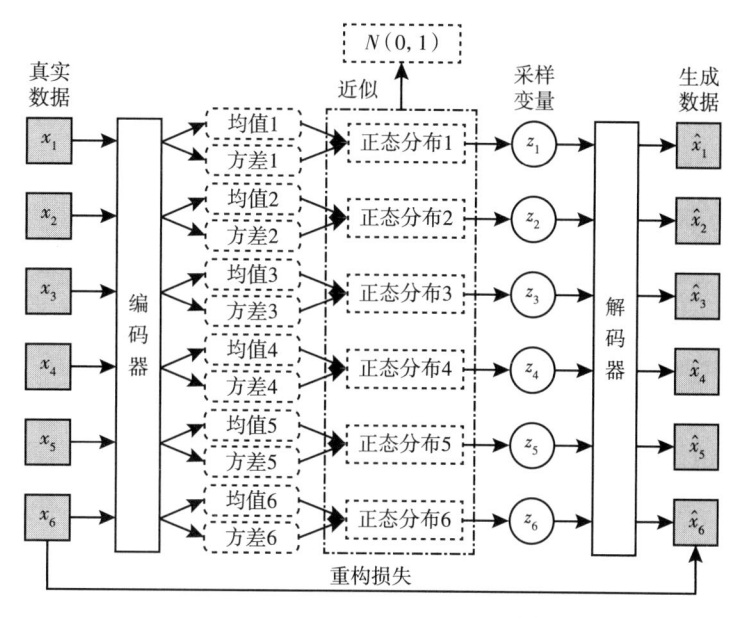

图 8-7 变分自编码的基本框架[6]

$$p(z|x) = \frac{p(x|z)p(z)}{p(x)} \tag{8-9}$$

假设用分布 $q_\lambda(z|x)$ 来近似后验分布，λ 是一个参数。在变分自编码器中，后验分布是正态分布，因此 λ 就是每个样本数据隐向量的均值和方差 $\lambda_{x_i} = (\mu_{x_i}, \sigma^2_{x_i})$。这也说明了每个数据点的后验分布是不同的。实际上要求解 $q_\lambda(z|x)$，期望得到每个样本数据 x_i 所对应的分布参数 λ_{x_i}。为了度量分布 $q_\lambda(z|x)$ 与真实分布 $p(z|x)$ 的近似程度，可以使用 KL 散度进行衡量：

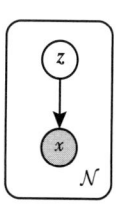

图 8-8 变分自编码器的概率图模型

$$\text{KL}(q_\lambda(z|x) \| p(z|x)) = E_q[\log q_\lambda(z|x)] - E_q[\log p(x,z)] + \log p(x) \tag{8-10}$$

现在的目标就变成了找到使得 KL 散度最小的参数 λ^*。则最优的后验分布可以表示为

$$q_{\lambda^*}(z|x) = \underset{\lambda}{\operatorname{argmin}} \text{KL}(q_\lambda(z|x) \| p(z|x)) \tag{8-11}$$

但上述表达式由于涉及 $p(x)$，依然无法计算，因而引入式（8-12）。则 $p(x)$ 可以表示为

$$\text{ELBO}(\lambda) = E_q[\log p(x,z)] - E_q[\log q_\lambda(z|x)] \tag{8-12}$$

$$\log p(x) = \text{ELBO}(\lambda) + \text{KL}(q_\lambda(z|x) \| p(z|x)) \tag{8-13}$$

考虑到 KL 散度始终大于等于 0，且 $\log p(x)$ 恒定，则最小化 KL 散度等价于最大化

ELBO。在变分自编码器模型中,每个数据点对应的隐向量 z 是独立的,因此公式 ELBO 可以被分解成所有数据点对应的计算项之和。因而该计算过程可以使用随机梯度下降法进行学习,由于训练过程中不同批次之间的数据相互独立,所以只需要最大化一个批次中的 ELBO 即可。每个数据点的 ELBO 为

$$\mathrm{ELBO}_i(\lambda) = E_{z \sim q_\lambda(z|x_i)}[\log p(x_i|z)] - \mathrm{KL}(q_\lambda(z|x_i) \| p(z)) \tag{8-14}$$

使用一个编码器网络 $q_\theta(z|x)$ 建模 $q_\lambda(z|x)$,该编码器网络输入数据 x,输出参数 λ。再使用一个解码器网络 $p_\phi(x|z)$ 建模 $p(x|z)$,该解码器网络输入隐向量和参数,输出重构数据分布。θ 和 ϕ 是推断网络和生成网络的参数。此时可以使用这两个网络来重写上述 ELBO:

$$\mathrm{ELBO}_i(\theta, \phi) = E_{z \sim q_\theta(z|x_i)}[\log p_\phi(x_i|z)] - \mathrm{KL}(q_\theta(z|x_i) \| p(z)) \tag{8-15}$$

可以看到,$\mathrm{ELBO}_i(\theta, \phi)$ 与上一小节中的损失函数 $l_i(\theta, \phi)$ 极为相似,只相差一个负号,最小化损失函数 $l_i(\theta, \phi)$ 相当于最大化 $\mathrm{ELBO}_i(\theta, \phi)$,两者在本质上并无区别。

8.2 编-解码器框架

编-解码器(Encoder-Decoder)是深度学习中常见的一个模型框架。例如上一节中的自编码器即为编-解码器架构中解码器与编码器对称的一种特殊情况。准确来说,编-解码器并不是一个具体的模型,而是一个通用的框架,其中编码器和解码器端可以采用任意的神经网络模型,包括 CNN、RNN 等,同时可以接收任意形式的输入数据,包括图像、语音、文本等。编-解码器框架有一个最显著的特征就是它是一种端到端学习的算法,可以利用标注数据对网络结构进行训练,从而取得较好的效果。

8.2.1 编-解码器基本框架

最基础的编解码框架包含三个部分,即编码器、解码器以及连接两者的中间隐状态向量。编码器负责将输入向量 x 编码成一个固定大小的状态向量 c,继而传递给解码器,解码器再根据状态向量进行解码生成相应的输出 Y,如图 8-9 所示。

其中值得注意的是,隐向量 c 的维度一般是固定的,不会根据输入数据的维度产生变化。因此当输入数据中包含信息量较大时,编码过程会产生较大的信息损失。实际上,编码器将输入编码为固定大小的状态向量的过程实际上是一个"信息有损压缩"过程。如果信息量越大,那么这个转化向量的过程对信息的损失就越大。

8.2.2 经典编-解码结构模型

1. Seq2Seq

Seq2Seq[7](Sequence-to-sequence)模型是自然语言处理领域的一个典型模型,可以

实现输入文本序列到输出文本序列的映射。其最显著的特点是输入序列和输出序列的长度是可变的。在 Seq2Seq 框架提出之前，深度神经网络在图像分类等问题上取得了非常好的效果。这些模型的输入和输出通常可以表示为固定维度的向量。如果长度稍有变化，会使用补零等操作。然而，在自然语言处理领域中，输入和输出数据的长度通常是动态变化的。为了应对这种情况，Seq2Seq 框架应运而生。Seq2Seq 是一种典型的编-解码框架，其中编码器、解码器均由 RNN 及其变体构成，如图 8-10 所示。

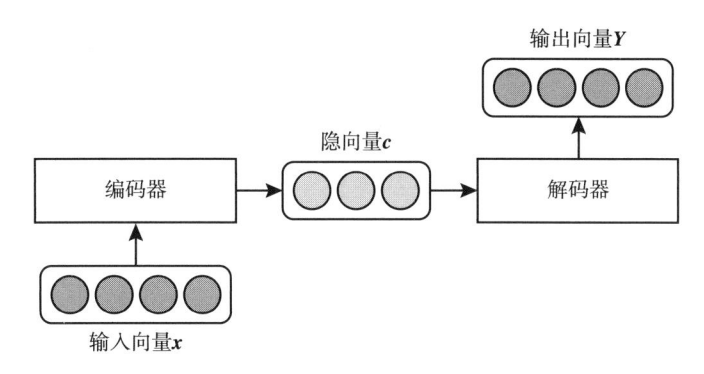

图 8-9 编-解码器基本框架

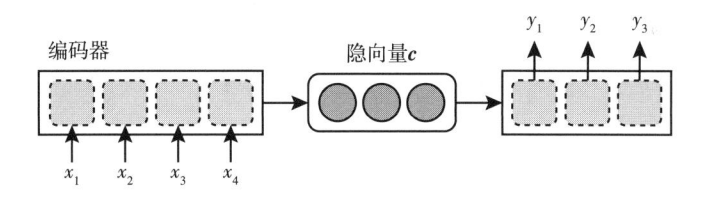

图 8-10 Seq2Seq 基本框架[7]

其中每一个灰色的小方格代表一个 RNN 单元（或 LSTM、GRU 单元）。模型的输入与输出均为序列数据，并且没有长度限制。基于这种特性，Seq2Seq 模型被广泛应用在自然语言处理的各类任务中，例如机器翻译、对话系统等，通过对任意长度的输入文本序列进行编码，得到隐向量表示，在解码过程中根据解码状态自动决定输出序列长度。

2. Show and Tell

在图像处理领域，编-解码器框架同样得到了广泛的应用。Show and Tell[8] 模型就是一个典型的代表。该模型主要关注图像描述生成任务，根据图像内容生成相应的自然语言描述，如图 8-11 所示。

Show and Tell 模型充分体现了编-解码器模型的思想。编码器提取输入图像中的特征，再利用解码器解码提取出的图像信息，生成图像相应的描述。Show and Tell 模型的内部结构如图 8-12 所示，编码器采用 CNN 提取图片特征，利用预训练模型 InceptionV3 初始化 CNN 的参数。解码器采用 LSTM 模型，初始时刻输入图像的特征向量，进行顺序解码生成图像描述文本序列。

击球手准备在球场上挥杆，
裁判看着

一辆大公共汽车紧挨着
一幢高楼

图 8-11　图像描述生成任务示例

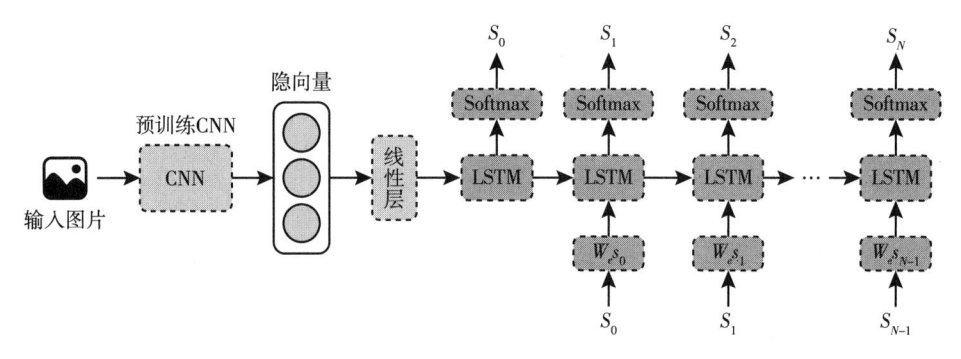

图 8-12　Show and Tell 模型架构[8]

对于训练集的一张图片 I，其对应的描述为序列 $S = \{S_1, S_2, \cdots, S_i, \cdots\}$（其中 S_i 代表句子中的单词）。对于模型 θ，给定输入图片 I，模型生成序列 S 的概率为

$$P(S|I;\theta) = \Pi_{t=0}^{N} P(S_t|S_0, S_1, \cdots, S_{t-1}, I; \theta) \tag{8-16}$$

拆解成连乘的形式后，问题就变成了建模条件概率 $P(S_t|S_0, S_1, \cdots, S_{t-1}, I; \theta)$。将似然函数取对数，得到对数似然函数：

$$\log P(S|I;\theta) = \sum_{t=0}^{N} \log P(S_t|S_0, S_1, \cdots, S_{t-1}, I; \theta) \tag{8-17}$$

模型的训练目标就是最大化全部训练样本的对数似然之和：

$$\theta^* = \arg\max_{\theta} \sum_{(I,S)} \log P(S|I;\theta) \tag{8-18}$$

其中 (I,S) 为训练样本对。这种最大似然估计的方式等价于使用对数损失函数的经验风险最小化。模型训练完成后，在实际推断过程中根据输入图片 I，推断出概率最高的输出序列，即为最终生成的图像描述文本：

$$\mathop{\mathrm{argmax}}_{S} P(S|I;\theta^*) \tag{8-19}$$

8.3 注意力机制

注意力（Attention）机制[9]指的是处理一个问题时把"注意力"放到重要的位置上，而忽略其他无关信息。例如，人们在观看一张照片时，第一眼一定落到这张照片中具有显著特征的位置上，通常不需要看清楚整个图片的全部内容，就可以获取图片的关键信息。神经网络中的注意力机制是一种资源分配方案，通过将计算资源分配给更重要的任务，解决有限计算能力条件下的信息过载问题。在神经网络学习中，一般来说，模型的参数越多，模型的表达能力越强，存储在模型中的信息越多，然而这将导致信息过载问题。通过引入注意力机制，关注对当前任务更关键的信息，过滤掉无关信息，可以有效提高任务处理的效率和准确性。

从注意力机制的应用对象出发，可以将注意力机制分为两类：空间注意力（Spatial Attention）机制和时间注意力（Temporal Attention）机制。空间注意力机制常用于图像处理任务中，用于对不同区域的信息进行筛选；而时间注意力机制则常用于文本序列、语音序列等时序数据中。从注意力的作用机制上，可以分为软注意力机制和硬注意力机制。软注意力机制会关注所有的数据，即所有的位置都会计算出相应的注意力权值，不会设置筛选条件。硬注意力机制会在生成注意力权重后筛选掉一部分不符合条件的注意力，让它们的注意力权值为0，即可以理解为不再关注这些不符合条件的数据。

8.3.1 标准注意力机制

在标准编-解码器框架中，输入数据被编码为语义向量 c，解码过程仅根据语义向量进行解码，这就导致解码过程平等地考虑输入序列中的所有数据。例如在机器翻译任务中，输入的英文句子是"Trump lost the election"，目标的翻译结果是"特朗普输了选举"。在未考虑注意力机制的模型当中，模型认为"特朗普"这个词的翻译受到 Trump、lost、the 和 election 这四个词的影响，且权重相同。但实际上"特朗普"的翻译应该重点受到单词 Trump 的影响，其他输入词的影响应该是非常小的。显然，在未考虑注意力机制的编-解码器模型中，无法体现不同输入的重要程度。

而带有注意力机制的编-解码器模型则可以从输入序列中学习到每一个元素的重要程度，在不同的解码时刻考虑不同的输入信息，从而生成更加准确的结果。因此，注意力机制可以看作是编码器和解码器之间的接口，它向解码器提供来自每个编码器隐藏状态的信息，从而使模型能够选择性地关注输入序列的重要部分，从而学习它们之间的"对齐"。编码器将输入的序列元素进行编码时，得到的不再是一个固定的语义编码，而是多个语义编码，且不同的语义编码由不同的序列元素以不同的权重参数组合而成。注意力机制的原理如图 8-13 所示。

在注意力机制下，不同解码时刻存在不同的语义编码，按照不同输入元素的重要程度进行加权求和得到：

$$C_i = \sum_{j=0}^{T_x} a_{ij} f(x_j) \qquad (8-20)$$

其中，参数 i 表示解码时刻，a_{ij} 表示序列中的第 j 个元素，T_x 表示 x 序列的长度，$f(x_j)$ 表示对元素 x_j 的编码。a_{ij} 可以看作是一个概率，反映了元素 h_j 对 C_i 的重要性，可以使用 Softmax 公式进行计算：

$$a_{ij} = \frac{\exp(e_{ij})}{\sum_{k=1}^{T_x} \exp(e_{ik})} \qquad (8-21)$$

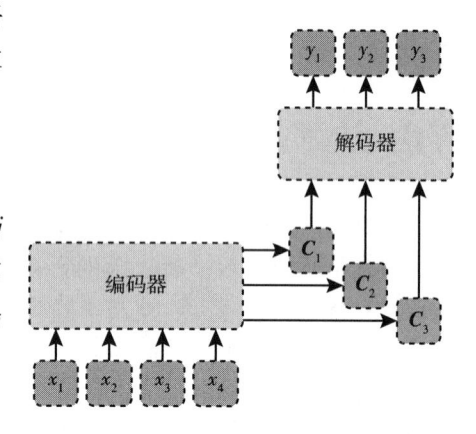

图 8-13 注意力模型中的对齐机制

其中，e_{ij} 反映待编码的元素和其他元素之间的匹配度。当匹配度越高时，说明该元素对其影响越大，则 a_{ij} 值也就越大。因此，a_{ij} 的计算过程如图 8-14 所示。

其中，h_j 表示编码器第 j 个神经元的输出，$F(h_j^e, h_i^d)$ 表示预测与目标的匹配打分函数。

8.3.2 注意力形式

本节从计算区域、所用信息、结构层次和模型等方面对注意力的形式进行归类。

1. 计算区域

根据注意力的计算区域，可以分成以下几种。

软注意力（Soft Attention）：这是比较常见的注意力方式，对所有元素

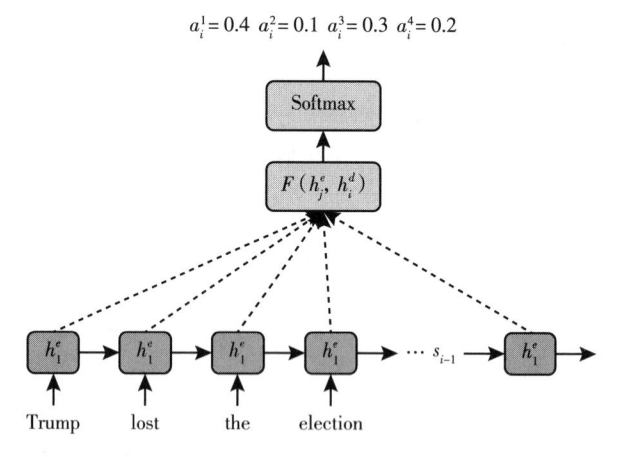

图 8-14 注意力机制中权重的计算过程

计算出概率分布，每个元素会得到一个对应的权重。这种方式融合了所有元素的信息，再基于重要性进行加权量化，可以较好地保留输入的原始信息。但是由于需要所有数据对的关联性，往往需要耗费大量的计算资源，执行效率较低。

硬注意力（Hard Attention）：通过精准定位某些元素，为这些元素赋予不同的注意力权重，而其他输入元素的权重直接置零。由于无关信息会被直接忽略，这种注意力机制对对齐方式要求较高。如果没有正确对齐，将会对解码过程产生较大影响。

全局注意力（Global Attention）：在计算上下文向量时考虑编码器所有的隐藏层状

态，注意力向量通过比较当前目标隐藏状态和每个源隐藏状态计算得出。

局部注意力（Local Attention）：全局注意力的缺点在于解码时必须关注源序列中的所有位置，较为消耗资源。而局部注意力的思想是对每个目标单词只选择一部分源序列进行上下文向量预测。

2. 所用信息

在对输入元素进行重要性权重量化的过程中，需要考虑使用信息的范围，包括内部信息和外部信息。其中，内部信息指的是输入本身的数据信息，而外部信息指的是除输入以外的额外信息。

通用注意力（General Attention）：利用外部信息进行注意力得分的计算，这种方式利用到了外部信息，常用于需要构建两段文本关系的任务。例如在阅读理解任务中，需要根据问题在文章中寻找正确的答案，需要构建问题和文章的关联。假设将问题文本映射为问题向量 q，将 c 和文章所有单词的词向量进行拼接，输入 LSTM 模型中进行建模。那么在该模型中，文章中所有词向量共享同一个问题向量，解码时每一步都使用文章在该步下的词向量对问题向量 q 计算注意力得分，这里文章中所有单词的词向量就属于外部信息。

自注意力（Self Attention）[10]：这种方式只使用输入元素的内部信息，根据输入元素之间的上下文关系计算相应的注意力得分，从而得到每个元素更加高质量的向量表示。

3. 结构层次

根据是否划分层次关系，可以将注意力机制分为单层注意力和多层注意力。

单层注意力：利用每个信息源对输入元素进行一次注意力得分计算。

多层注意力：一般用于处理文本等具有层次关系的模型，例如对于包含多个句子的文档的注意力处理，第一层分别对每个句子使用注意力计算出句向量（也就是单层注意力），第二层对所有句向量再做注意力计算出一个文档向量（也是一个单层注意力），最后利用文档向量实现具体任务。

8.3.3 Transformer 模型

Transformer[10] 模型一经提出，就引起了极大的反响，具有极强的语义特征提取能力、长距离特征捕获能力、任务综合特征抽取能力以及并行计算能力。Transformer 模型抛弃了传统的 RNN 和 CNN 神经网络结构，整个网络结构完全由自注意力机制组成，更加准确地说，Transformer 模型由且仅由注意力结构和前馈神经网络组成。整个 Transformer 模型由包括 6 层编码器和 6 层解码器在内的 12 个基本块组成。

Transformer 模型的详细结构如图 8-15 所示。Transformer 模型整体基于编-解码器架构，编码器端和解码器端由 6 个相同的编码器或解码器组成。模型首先对输入数据利用 Word2vec 等词嵌入方法得到对应的词向量表示，然后利用位置编码得到序列中每个单词的位置编码向量，将词向量与位置编码向量相加和作为编码器端的输入向量表示。输入向量经过多头注意力模块得到加权之后的特征向量 Z。在继续向后传播之前，为了构造更深层次的网络模型，在每个编码器和解码器的每个子层（自注意力层、前馈神经网络层）的周围都存在一个残差连接结构，主要为了解决深度神经网络的退化问题，使得较深的神经网络在训练过程中易于优化。利用求和/归一化层计算残差结果，通过将原始输入与经过多头注意力层得到的特征向量 Z 求和，然后进行归一化，得到这一子层的输出。紧接着将该输出作为前馈神经网络的输入，同样经过一个残差连接，得到整个编码阶段的输出。

解码器通过处理输入序列开始工作，每个时间步产生一个输出，并且该输出将作为下一时刻的输入提供给最底层的解码器，直到解码产生终止符号才会结束解码过程。在模型训练过程中，解码器输入序列同样要经过词嵌入和位置编码得到对应的向量表示，然后经过自注意力模块。与编码阶段不同的是，在解码器中，自注意力层只允许处理输出序列中更靠前的位置，即只能处理当前时刻之前的数据，经过多头注意力层得到特征向量后，还要经过一个编-解码器注意力层，用来确定解码器解码当前时刻单词时对编码过程中哪些时刻单词更加关注。该模块仍然采用自注意力的结构来实现，该自注意力层的输出再经过前馈神经网络得到解码阶段的最终输出。该输出是一个实数向量，为了转换为对应的单词，将其经过一个全连接神经网络，映射到大小与词表大小相同的向量空间中，得到不同单词的得分，然后通过一个 Softmax 层将这些分数转换为概率值，概率最高的单元对应的单词就是当前时刻的输出。

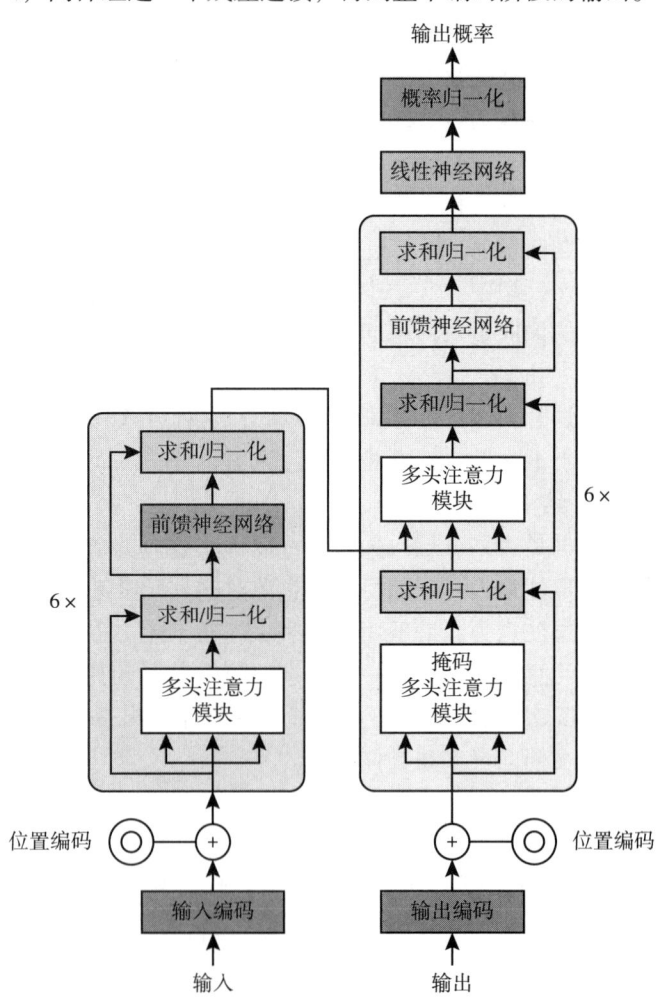

图 8-15 Transformer 模型结构图[10]

Transformer 模型具有较低的计算复杂度，较高的并行计算能力，因此在大规模训练过程中 Transformer 的训练速度非常快，具有很大的应用前景。并且由于利用了自注意力机制，而不是序列输入结构，Transformer 模型可以更好地捕捉序列中的长期依赖，更加有效地捕捉上下文信息，因此特征抽取的能力也更加强大。

8.4 生成对抗网络

生成对抗网络[11]（Generative Adversarial Network，GAN）自 2014 年提出以来，掀起来了一股研究热潮。GAN 由生成器和判别器两部分组成，其中生成器网络生成数据，判别器网络试图区分真实数据和生成器网络创建的虚假数据。生成器尽可能迷惑判别器，而判别器尽可能区分生成样本和真实样本。通过对抗训练的策略，生成器和判别器的能力不断提升，使得生成器具备生成高质量样本的能力。

8.4.1 GAN 的基本原理

GAN 的基本结构如图 8-16 所示，其中 $G(z)$ 表示生成器，$D(x)$ 表示判别器。生成器 $G(z)$ 以随机噪声 z 作为输入并生成样本数据，提供给判别器 $D(x)$。判别器以真实数据或生成数据作为输入，并预测当前输入是真实数据还是生成数据。

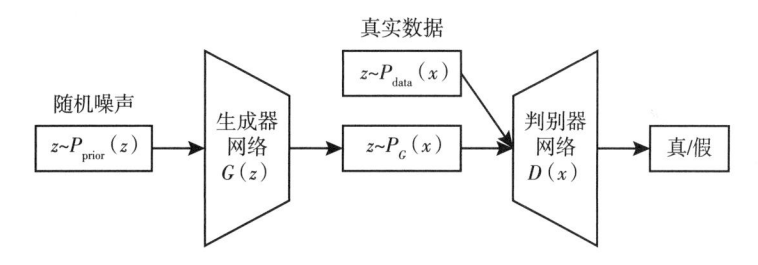

图 8-16 GAN 的基本结构

在平衡点，也就是极大极小博弈的最优点，生成器对生成数据进行建模，而判别器则认为生成器生成结果为真实数据的概率为 0.5，即无法判断生成器生成数据是否为真实数据：

$$\min_G \max_D V(G,D) = E_{x \sim P_{\text{data}}}[\log D(x)] + E_{x \sim P_G}[\log(1 - D(G(z)))] \tag{8-22}$$

作为一种无监督的学习模型，GAN 可以在无标注数据的情况下进行模型训练，因此受到了广泛的关注，而其强大的生成能力更是在诸多领域得到了广泛应用。

本质上，GAN 是学习真实数据的分布 $P_{\text{data}}(x)$，该分布空间中的所有数据与真实数据较为接近，而在这个空间之外的数据则都更接近噪声。如图 8-17 所示，随机从正态分布中采样得到一组向量，无论输入向量如何，通过生成器 G 之后得到的 $G(x)$ 总是服从某个分布 $P_G(x)$，该分布即为生成器学习到的概率分布。对抗学习的过程就是希望这个分布越来越接近真实数据的分布 $P_{\text{data}}(x)$。GAN 的优化目标即为寻找一个衡量两种分布距离的方法，然后更新生成的参数使得这个距离最小：

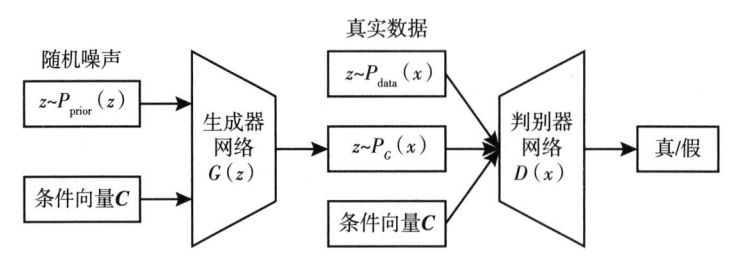

$$G^* = \underset{G}{\mathrm{argmin}}\,\mathrm{Div}(P_G, P_{\mathrm{data}}) \tag{8-23}$$

图 8-17 GAN 的本质——生成分布尽可能逼近真实分布

由于实际情况中通常难以获得真实的数据分布 $P_{\mathrm{data}}(x)$ 与生成的数据分布 $P_G(x)$，可以考虑通过从实际数据与生成器生成的数据中进行采样，从而求出 $P_{\mathrm{data}}(x)$ 与 $P_G(x)$ 的近似分布。

当生成器 G 固定时，GAN 的目标函数为

$$V(G,D) = E_{x \sim P_{\mathrm{data}}}[\log D(x)] + E_{x \sim P_G}[\log(1 - D(G(z)))] \tag{8-24}$$

在训练 D 时，优化目标：

$$D^* = \underset{D}{\mathrm{argmin}}\,V(D,G) \tag{8-25}$$

即通过调整 D 中的参数，使得 V 最大：

$$\begin{aligned}
V &= E_{x \sim P_{\mathrm{data}}}[\log D(x)] + E_{x \sim P_G}[1 - \log D(x)] \\
&= \int_x P_{\mathrm{data}}(x)\log D(x)\,dx + \int_x P_G(x)\log(1 - D(x))\,dx \\
&= \int_x [P_{\mathrm{data}}(x)\log D(x) + P_G(x)\log(1 - D(x))]\,dx
\end{aligned} \tag{8-26}$$

当 x 给定时，最大化 V 等价于最大化：

$$P_{\mathrm{data}}(x)\log D(x) + P_G(x)\log(1 - D(x)) \tag{8-27}$$

由于 $P_{\mathrm{data}}(x)$ 与 $P_G(x)$ 中不包含待优化的 D 中的参数，可令 $a = P_{\mathrm{data}}(x)$，$b = P_G(x)$，将 $D(x)$ 表示为 D，则等价于最大化：

$$f(D) = a\log(D) + b\log(1 - D) \tag{8-28}$$

令：

$$\frac{df(D)}{dD} = a \times \frac{1}{D} + b \times \frac{1}{1-D} \times (-1) = 0 \tag{8-29}$$

则有：

$$a \times \frac{1}{D^*} = b \times \frac{1}{1-D^*}$$

$$a \times (1-D^*) = b \times D^*$$

$$D^* = \frac{a}{a+b} \tag{8-30}$$

也即

$$D^*(x) = \frac{P_{\text{data}}(x)}{P_{\text{data}}(x) + P_G(x)} \tag{8-31}$$

将 $D^*(x)$ 带入 $V = \int_x [P_{\text{data}}(x) \log D(x) + P_G(x) \log(1-D(x))] \mathrm{d}x$，有：

$$\begin{aligned}
V &= \int_x P_{\text{data}}(x) \log \frac{P_{\text{data}}(x)}{P_{\text{data}}(x) + P_G(x)} \mathrm{d}x + P_G(x) \log \left(\frac{P_G(x)}{P_{\text{data}}(x) + P_G(x)} \right) \mathrm{d}x \\
&= \int_x P_{\text{data}}(x) \log \frac{\frac{1}{2} P_{\text{data}}(x)}{\frac{P_{\text{data}}(x) + P_G(x)}{2}} \mathrm{d}x + P_G(x) \log \left(\frac{\frac{1}{2} P_G(x)}{\frac{P_{\text{data}}(x) + P_G(x)}{2}} \right) \mathrm{d}x \\
&= -2\log 2 + \int_x P_{\text{data}}(x) \log \frac{P_{\text{data}}(x)}{\frac{P_{\text{data}}(x) + P_G(x)}{2}} \mathrm{d}x + P_G(x) \log \left(\frac{P_G(x)}{\frac{P_{\text{data}}(x) + P_G(x)}{2}} \right) \mathrm{d}x \\
&= -2\log 2 + \mathrm{KL}\left(P_{\text{data}} \| \frac{P_{\text{data}} + P_G}{2} \right) + \mathrm{KL}\left(P_G \| \frac{P_{\text{data}} + P_G}{s} \right) = -2\log 2 + 2\mathrm{JSD}(P_{\text{data}} \| P_G)
\end{aligned} \tag{8-32}$$

由于 $-2\log 2$ 为常数项，所以该优化目标只和 P_{data} 与 P_G 之间的 JS 距离有关。

再次回顾最小化生成分布 P_G 与真实分布 P_{data} 之间的距离的问题：

$$G^* = \underset{G}{\arg\min} \mathrm{Div}(P_G, P_{\text{data}}) \tag{8-33}$$

但无法求出两者的真实分布，而需要通过采样得到近似分布。现在当固定 G 时，得到一个 P_{data} 与 P_G 的距离度量：

$$D^* = \underset{D}{\arg\max} V(D, G) = -2\log 2 + 2\mathrm{JSD}(P_{\text{data}} \| P\_G) \tag{8-34}$$

则 GAN 的目标函数可表示为

$$\underset{G}{\min} \underset{D}{\max} V(G, D) = E_{x \sim P_{\text{data}}}[\log D(x)] + E_{x \sim P_G}[\log(1 - D(G(z)))] \tag{8-35}$$

训练判别器（固定生成器的参数）为

$$\max_D V(G,D) = E_{x \sim P_{\text{data}}}[\log D(x)] + E_{x \sim P_G}[\log(1-D(x))] \tag{8-36}$$

训练生成器（固定判别器的参数）为

$$\min_G V(G,D) = E_{z \sim P_z}[\log(1-D(G(z)))] \tag{8-37}$$

8.4.2 经典 GAN 模型

1. CGAN

与其他生成模型相比，GAN 不再需要一个假设的数据分布，即不需要指定 $p(x)$，而是对一个分布进行直接采样，从而能够在理论上完全逼近真实数据，这也是 GAN 的最大优势之一。但由于没有预处理过程，GAN 的建模过程过于自由，对于较大或像素较多的图像，仅使用简单 GAN 方法不太可控，难以确定生成的内容。为了解决 GAN 过于自由的问题，考虑对 GAN 进行约束，这也是 CGAN（Condition GAN）[12] 的由来。通过在生成模型和判别模型的建模中引入条件变量 C，利用附加信息 C 向模型中添加条件，指导数据生成过程。这些条件变量 C 可以基于各种信息，如类别标签、图像恢复的部分数据以及来自不同模态的数据。如果条件变量 C 是一个类别标签，CGAN 可以视为将纯无监督 GAN 转化为有监督模型的改进。这种简单直接的改进被证明是非常有效的，并在后续的相关工作中得到了广泛的应用。

CGAN 是对原始生成对抗网络的扩展。生成器和鉴别器都添加附加信息 C 作为条件，C 可以为任意信息，如类别信息或其他模式的数据。附加信息 C 作为输入层的一部分发送到鉴别模型和生成模型。在生成模型中，结合先验输入噪声 $p(z)$ 和条件信息 y，形成联合隐含层表示。该对抗训练框架在隐含层表示的构成上具有相当的灵活性。同样，CGAN 的目标函数是一个具有条件概率的极小极大值博弈：

$$\min_G \max_D V(G,D) = E_{x \sim P_{\text{data}}}[\log D(x|y)] + E_{z \sim P_z(z)}[\log(1-D(G(z|y)))] \tag{8-38}$$

2. StackGAN

在 Text-to-Image 任务中，CGAN 将描述文本作为条件分别输入生成器和判别器，可以用于生成与文本对应的图像，但 CGAN 生成的图像都是只包含了描述文本中的基本特征，并不能很好地表现出文本中的细节部分，分辨率很低。那么如何根据一段描述性文本生成一张高分辨率图像呢？StackGAN[13] 可以根据给定的描述文本，生成一张 256×256 的高分辨率图像。它采用了一种逐步递进的思想，将高分辨率图像的生成分为两个阶段来操作，如图 8-18 所示。首先在第一阶段描绘出图像的基本轮廓和相关的颜色分布；第二阶段根据给定的文本和第一阶段生成的低分辨率图像，纠正低分辨率图像中的缺陷，并添加更多的细节，使得生成的图像更接近真实数据，具有更高的分辨率。

StackGAN 的网络架构如图 8-18 所示，分为两个阶段。Stage-I GAN：根据给定的文本描绘出主要的形状和基本颜色组合,并从随机噪声向量中绘制背景布局,生成低分辨率图像;Stage-Ⅱ GAN:修正第一阶段生成的低分辨率图像中的不足之处,再添加一些细节部分,生成高分辨率图像。

具体而言,第一阶段开始时,文本描述 t 首先经编码器编码得到描述文本的嵌入向量 φ_t。在此之前,该问题的典型处理方法是将非线性变换得到的条件隐变量输入 G 中。但是由于隐变量的空间维度很高,在数据量有限的情况下,往往会造成数据流形上的不连续性,不易用来训练 G。

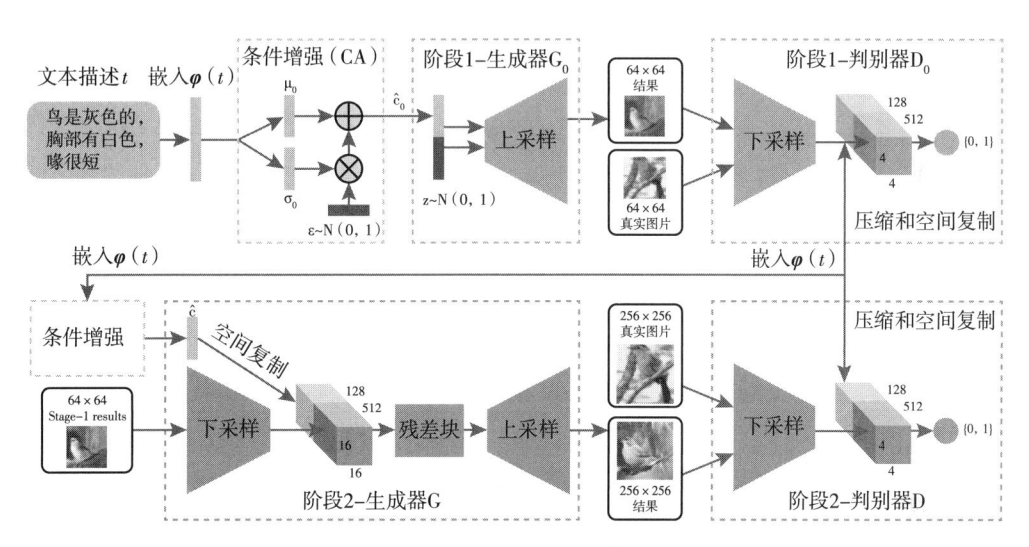

图 8-18 StackGAN 的基本结构[13](详见彩插)

为了缓解这个问题,StackGAN 提出了一种条件增强技术,它会利用 φ_t 生成一个新的条件标量 $\hat{c}$,代替 φ_t 输入 G 中,其中 $\hat{c}$ 是从 $N(\mu(\varphi_t),\Sigma(\varphi_t))$ 中随机采样得到的,$\mu(\varphi_t)$ 和 $\Sigma(\varphi_t)$ 都是关于 φ_t 的函数。通过该策略可以在一定程度上缓解图像文本配对数据很少的问题,而且也有助于增强条件流形对小扰动的鲁棒性,即当描述文本变化不大时,生成的图像不至于差别很大。

进一步地,为了增强多样性、数据流形上的平滑性以及避免过拟合的出现,StackGAN 还添加了正则化项:

$$D_{KL}(N(\mu(\varphi_t),\Sigma(\varphi_t)) \| N(0,I)) \tag{8-39}$$

式(8-39)度量了随机采样的高斯分布和标准高斯分布之间的 KL 散度。这样做有利于根据一段固定的描述生成更多样性的图像。下面通过式子理解 StackGAN 整体运算流程。基本 GAN 的目标函数为

$$\min_G \max_D V(G,D) = E_{x \sim P_{\text{data}}} \log D(x_i) + E_{z \sim P_z(z)} \log(1 - D(G(z_i))) \tag{8-40}$$

CGAN 在此基础上做了改进,对 G 和 D 都添加了一个条件 y,使其可以根据条件生成指定的图像,目标函数为

$$\min_G \max_D V(G,D) = E_{x \sim P_{\text{data}}} \log D(x_i|y) + E_{z \sim P_z(z)} \log(1-D(G(z_i|y))) \tag{8-41}$$

在 StackGAN 的第一阶段,G_0 和 D_0 的目标函数见式(8-42),以 $\hat{c}_0$ 和随机变量 z 为条件,交替地最大化 L_{D_0} 和最小化 L_{G_0} 来训练判别器 D_0 和生成器 G_0,使得 G 生成更逼真同时符合文本描述的低分辨率图像,D 尽可能地精准判别真实图像和生成图像。

$$L_{D_0} = E_{(I_0,t) \sim P_{\text{data}}}[\log D_0(I_0, \varphi_t)] + E_{z \sim P_z, t \sim P_{\text{data}}}[\log(1-d_0(G_0(z,\hat{c}_0),\varphi_t))]$$

$$L_{G_0} = E_{z \sim p_z, t \sim P_{\text{data}}}[\log(1-D_0(G_0(z,\hat{c}_0),\varphi_t))] + \lambda D_{\text{KL}}(N(\mu_0(\varphi_t), \Sigma_0(\varphi_t))|N(0,I)) \tag{8-42}$$

其中,I_0 表示真实图像;λ 表示正则化系数,平衡 L_{G_0} 中的两项。

在 StackGAN 的第二阶段,根据第一阶段的输出和描述文本,完成低分辨率图像中忽略的细节部分,生成更接近真实的高分辨率图像。令第一阶段的输出记为 $s_0 = G_0(z, \hat{c}_0)$,那么对于第二阶段的 G 和 D 来说,目标函数见式(8-43)。以 s_0 和高斯分布的隐变量 $\hat{c}$ 为条件,生成器 G 和判别器 D 在第二层 GAN 中被训练,以最大化 L_D 和最小化 L_G。

$$L_D = E_{(I,t) \sim P_{\text{data}}}[\log D(I,\varphi_t)] + E_{s_0 \sim p_{G_0}, t \sim P_{\text{data}}}[\log(1-D(G(s_0,\hat{c}),\varphi_t))]$$

$$L_G = E_{s_0 \sim P_{G_0}, t \sim P_{\text{data}}}[\log(1-D(G(s_0,\hat{c}),\varphi_t))] + \lambda D_{\text{KL}}(N(\mu(\varphi_t), \Sigma(\varphi_t))|N(0,I)) \tag{8-43}$$

需要强调的是,G 的输入中并没有噪声 z,这是因为第一阶段的输出 s_0 中保存了之前输入的噪声信息。这里 $\hat{c}$ 和 φ_t 分别与第一阶段中使用的 $\hat{c}_0$ 和 φ_t 相同,但是通过不同的网络架构来产生不同的高斯分布中的均值和标准差。

3. InfoGAN

经典的 GAN 存在无约束、不可控、噪声信号难以解释等问题。InfoGAN[14] 在一定程度上解决了可约束 GAN 生成的难题。InfoGAN 在训练过程中学习数据的可解释特征,通过设定输入生成器的隐编码来控制生成数据的特征。

InfoGAN 将输入生成器的随机噪声分成了两部分:一部分是随机噪声 z,另一部分是由若干隐变量拼接而成的隐变量 c。其中,c 会有先验的概率分布,可以离散也可以连续,用来代表生成数据的不同特征。为了让隐变量 c 能够与生成数据的特征产出关联,引入了互信息来对 c 进行约束,因为 c 对生成数据 $G(z,c)$ 具有可解释性,那么 c 和 $G(z,c)$ 应该具有较高的相关性,即它们之间的互信息较大。互信息是两个随机变量之间依赖程度的度量,互信息越大就说明生成网络在根据 c 的信息生成数据时,隐编码 c 的信息损失越低,即生成数据保留的 c 的信息越多。因此,希望 c 和 $G(z,c)$ 之间的互信息 $I(c,G(z,c))$ 越大越好,故模型的目标函数为

$$\min_G \max_D V_{1(G,D)} = V(D,G) - \lambda I(c, G(z,c)) \tag{8-44}$$

但是在 c 与 $G(z,c)$ 的互信息的计算中，真实的 $P(c|x)$ 难以获得，因此在具体的优化过程中，模型采用了变分推断的思想，引入了变分分布 $Q(c|x)$ 来逼近 $P(c|x)$，它是基于最优互信息下界的轮流迭代实现最终的求解，于是 InfoGAN 的目标函数为

$$\min_G \max_D V_{\text{InfoGAN}(D,G,Q)} = V(D,G) - \lambda L_{1(G,Q)} \tag{8-45}$$

InfoGAN 的基本结构如图 8-19 所示。其中，真实数据只是用来跟生成数据混合在一起进行真假判断，并根据判断的结果更新生成器和判别器，从而使生成的数据与真实数据接近。生成数据既要参与真假判断，还需要和隐变量 C_{vector} 求互信息，并根据互信息更新生成器和判别器，从而使得生成图像中保留了更多隐变量 C_{vector} 的信息。

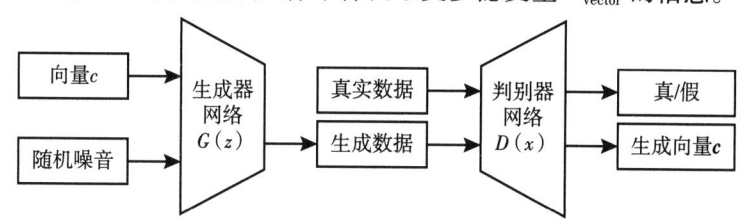

图 8-19 InfoGAN 的基本结构[14]

因此可以对 InfoGAN 的内部结构进行拆分，如图 8-20 所示，其中判别器 D 和 Q 共用所有卷积层，只是最后的全连接层不同。从另一个角度来看，G-Q 联合网络相当于是一个自编网络，G 相当于一个编码器，而 Q 相当于一个解码器，生成数据相当于对输入隐变量 c 的编码。

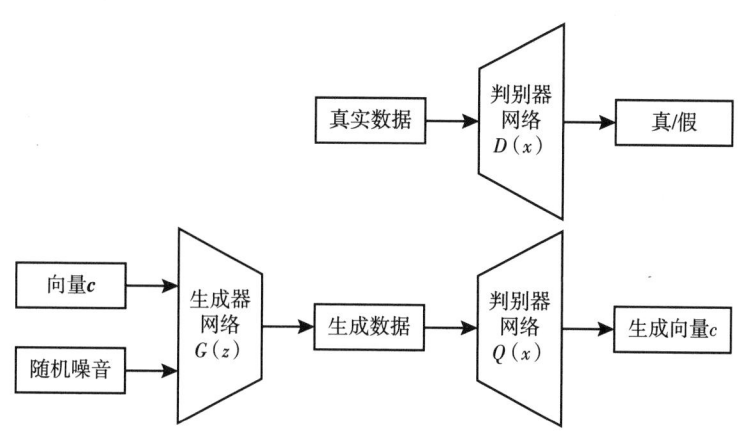

图 8-20 InfoGAN 的内部结构[14]

8.4.3 生成对抗网络的应用

目前生成对抗网络在计算机视觉、自然语言处理等多个领域都取得了广泛的应用。

在计算机视觉领域，主要应用方向有图像超分辨率、图像合成以及视频处理等；自然语言处理领域则主要集中在信息检索与文本生成两个领域。本节对现有的 GAN 模型进行简要梳理，梳理了其在不同领域的代表性工作，如表 8-1 所示。

表 8-1 现有典型 GAN 应用

领域	应用	模型	贡献
计算机视觉	超分辨率	SRGAN[15]	首次将 GAN 引入图像超分辨率领域，提出感知损失函数评估图像之间的感知相似度
		TGAN[16]	将张量稀疏编码引入超分辨率，采用稀疏编码作为生成网络，残差网络作为鉴别网络
	图像合成	DR-GAN[17]	结合人脸正面化与姿态不变的人脸特征表示任务，提出非纠缠表示学习的生成对抗网络，从而分离出与姿势无关的人脸特征
		TP-GAN[18]	用全局和局部两个方向来同时生成正向脸部。并用多种 Loss 结合的方式解决了脸部旋转的真实性并保留了原有身份
		IGAN[19]	通过 GAN 学习自然图像流形，作为对编辑图像的输出约束，实现用户涂鸦风格转换
	纹理合成	MGAN[20]	通过预计算进行实时纹理合成，速度相较之前的工作提升 1~2 个数量级
		SGAN[21]	将输入噪声分布空间从单个向量扩展到整个空间张量，生成的纹理图像具有极高的质量与伸缩性
	视频处理	MoCoGan[22]	采用无监督的对抗训练来学习分离对象和动作
		DR-NET[23]	提出了新的对抗损失使视频特征分解为与内容相关的部分和与姿势相关的部分，可分别应用于视频分类与行为识别
序列化数据	文本处理	IR-GAN[24]	基于 GAN 思想，结合生成式检索模型与判别式检索模型，并克服了两者的缺点，在信息检索问题上取得了显著的效果
		DSGAN[25]	首次使用 GAN 用于关系抽取降噪任务，作为插件直接应用于现有的各关系分类的模型中，提升关系分类的效果
		SeqGAN[26]	将强化学习引入对抗生成网络，使用策略梯度缓解了离散数据不可导的问题

小结

本章对典型的高级神经网络框架进行了全面而详细的介绍，这些高级神经网络框架的发展为人工智能领域的发展产生了巨大的推动作用，针对不同类型的任务特性，不同的网络架构被提出，以解决相应的问题。

1. 自编码器是一种通过无监督的方式对高维数据进行特征提取与特征表示的模型。通过编码器对数据进行压缩，提取数据中隐含的潜在特征，再通过解码器对数据抽象表示进行还原，实现对输入样本的重构，从而实现对数据特征的高效提取。

2. 编-解码器框架由编码器和解码器组成,通过编码器将任意形式的原始输入数据(包括语音、图像、文本等)编码为语义向量表示,再通过解码器生成相应的输出结果。编-解码器框架是一个端到端学习的算法,可以利用大量标注数据对网络进行训练,从而实现输入到输出的映射。

3. 注意力机制可以使得深度神经网络模型在处理信息时将"注意力"集中到重要的位置上,而忽略其他无关信息,解决在有限计算能力条件下的信息过载问题,从而过滤掉无关信息,有效提高任务处理的效率和准确性。

4. GAN 通过生成器和判别器之间的对抗训练过程,生成器尽可能迷惑判别器,而判别器要尽可能区分生成器生成的样本和真实样本,从而使得生成器和判别器的能力不断提升,使得生成器逐渐具备生成高质量数据样本的能力,为人工智能赋予真正的创造性。

习题

1. 变分自编码为什么要使用正态分布,是否可以使用均匀分布等其他分布?
2. 基于 MNIST 手写数字数据集实现自编码器模型。
3. 实现基础的基于编-解码器架构的中英文翻译模型。
4. 在基于编-解码器架构的中英文翻译模型上进一步添加注意力机制,并进一步对比分析注意力产生的作用。
5. 对比分析不同计算区域下注意力机制的异同点。
6. 基于 Transformer 模型实现中英文翻译模型,并对比分析 Transformer 模型与 RNN 模型的性能差距。
7. 为什么 StackGAN 的两阶段的生成方式可行?
8. 为什么条件增强技术能够增强模型的鲁棒性和生成图像的多样性?
9. 基于 Condition GAN 实现人脸图像生成。
10. 为什么 GAN 无法直接应用于自然语言处理领域进行文本的生成?可以利用哪些改进措施规避这些缺点。

参考文献

[1] BOURLARD H, KAMP Y. Auto-association by multilayer perceptrons and singular value decomposition [J]. Biological cybernetics, 1988, 59(4): 291-294.

[2] HINTON G E, SALAKHUTDINOV R R. Reducing the dimensionality of data with neural networks [J]. Science, 2006, 313(5786): 504-507.

[3] VINCENT P, LAROCHELLE H, BENGIO Y, et al. Extracting and composing robust features with denoising autoencoders [C] //Proceedings of the 25th International Conference on Machine Learning. 2008: 1096-1103.

[4] ZABALZA J, REN J, ZHENG J, et al. Novel segmented stacked autoencoder for effective dimensionality reduction and feature extraction in hyperspectral imaging [J]. Neurocomputing, 2016, 185: 1-10.

[5] NG A. Sparse autoencoder [J]. CS294A lecture notes, 2011, 72(2011): 1-19.

[6] KINGMA D P, WELLING M. Auto-encoding variational bayes [J]. arXiv preprint arXiv: 1312.6114, 2013.

[7] SUTSKEVER I, VINYALS O, LE Q V. Sequence to sequence learning with neural networks [J]. Advances in neural information processing systems, 2014, 27: 3104-3112.

[8] VINYALS O, TOSHEV A, BENGIO S, et al. Show and tell: a neural image caption generator [C] // Proceedings of the IEEE Conference on Computer Vision and Pattern Recognition. 2015: 3156-3164.

[9] BAHDANAU D, CHO K H, BENGIO Y. Neural machine translation by jointly learning to align and translate [C] //3rd International Conference on Learning Representations. 2015.

[10] VASWANI A, SHAZEER N, PARMAR N, et al. Attention is all you need [J]. Advances in neural information processing systems, 2017, 30: 5998-6008.

[11] GOODFELLOW I J, POUGET-ABADIE J, MIRZA M, et al. Generative adversarial nets [C] // Proceedings of the 27th International Conference on Neural Information Processing Systems-Volume 2. 2014: 2672-2680.

[12] MIRZA M, OSINDERO S. Conditional generative adversarial nets [J]. arXiv preprint arXiv: 1411.1784, 2014.

[13] ZHANG H, XU T, LI H, et al. Stackgan: Text to photo-realistic image synthesis with stacked generative adversarial networks [C] //Proceedings of the IEEE International Conference on Computer Vision. 2017: 5907-5915.

[14] CHEN X, DUAN Y, HOUTHOOFT R, et al. InfoGAN: interpretable representation learning by information maximizing generative adversarial nets [C] //Neural Information Processing Systems (NIPS). 2016.

[15] LEDIG C, THEIS L, HUSZÁR F, et al. Photo-realistic single image super-resolution using a generative adversarial network [C] //Proceedings of the IEEE Conference on Computer Vision and Pattern Recognition. 2017: 4681-4690.

[16] ZHU C, XU L, LIU X Y, et al. Tensor-generative adversarial network with two-dimensional sparse coding: application to real-time indoor localization [C] //2018 IEEE International Conference on Communications (ICC). 2018: 1-6.

[17] TRAN L, YIN X, LIU X. Representation learning by rotating your faces [J]. IEEE transactions on pattern analysis and machine intelligence, 2018, 41(12): 3007-3021.

[18] HUANG R, ZHANG S, LI T, et al. Beyond face rotation: global and local perception gan for photorealistic and identity preserving frontal view synthesis [C] //Proceedings of the IEEE International Conference on Computer Vision. 2017: 2439-2448.

[19] ZHU J Y, KRÄHENBÜHL P, SHECHTMAN E, et al. Generative visual manipulation on the natural image manifold [C] //European Conference on Computer Vision. 2016: 597-613.

[20] LI C, WAND M. Precomputed real-time texture synthesis with markovian generative adversarial networks [C] //European Conference on Computer Vision. 2016: 702-716.

[21] JETCHEV N, BERGMANN U, VOLLGRAF R. Texture synthesis with spatial generative adversarial

networks [J]. arXiv preprint arXiv：1611. 08207, 2016.
[22] TULYAKOV S, LIU M Y, YANG X, et al. Mocogan：decomposing motion and content for video generation [C] //Proceedings of the IEEE Conference on Computer Vision and Pattern Recognition. 2018：1526-1535.
[23] DENTON E, BIRODKAR V. Unsupervised learning of disentangled representations from video [C] //Proceedings of the 31st International Conference on Neural Information Processing Systems. 2017：4417-4426.
[24] LIU Z, DENG J, LI L, et al. IR-GAN：image Manipulation with Linguistic Instruction by Increment Reasoning [C] //Proceedings of the 28th ACM International Conference on Multimedia. 2020：322-330.
[25] QIN P, XU W, WANG W Y. DSGAN：generative adversarial training for distant supervision relation extraction [C] //Proceedings of the 56th Annual Meeting of the Association for Computational Linguistics. 2018：496-505.
[26] YU L, ZHANG W, WANG J, et al. Sequence generative adversarial nets with policy gradient [J]. arXiv preprint arXiv：1609. 05473, 2016.

第二篇

社会网络分析篇

CHAPTER9

第9章

网络结构与联系

社会计算发展的早期阶段，大规模的统计和定性研究为度量和发现宏观尺度的社会现象和规律提供了有效手段。然而，这类研究难以从微观尺度上解释个体间是如何发生交互并形成联系，进而发展为宏观尺度上的社会行为的。1908年德国社会学家奥尔格·西梅尔在著作《社会学：社会形式的调查》[1]中指出：社会学分析不仅是主观分析，更是一种可以定量化的科学。

1953年阿纳托尔·拉波波特第一次提出了三元闭包概念[2]，它解释了社会网络演化的基本结构和性质。1973年马克·格兰诺维特发表的《弱联系的力量》[3]一文中提出了弱联系与强联系的概念，使得三元闭包性质的定义和解释更为成熟。格兰诺维特发现多数人是通过私人联系找到工作，这里的私人联系往往只是人际关联较弱的熟人关系（弱联系），而非人际关联较强的亲人、朋友关系（强联系）。他认为弱联系比强联系更能穿越不同的社会群体，因此能触及更多的人，跨越更大的社会距离。

为了更好地从微观层面理解社会关系的形成机理，本章重点介绍三元闭包、强联系与弱联系和网络社区划分的理论。本章主要回答以下三个问题：信息如何通过社会网络流动，不同的节点如何在这个过程中扮演结构上不同的角色，以及这些结构如何随着时间的推移塑造网络本身的演变。

9.1 三元闭包

9.1.1 三元闭包定义

三元闭包是社会网络理论中的一个重要概念，它指的是在一个社交圈内，若两个人有一个共同的朋友，则这两个人在未来成为朋友的可能性就会提高[4]。如图9-1 a所示，若B和C有一个共同的朋友A，则他们成为朋友的概率就会增加，如图9-1 b所示。最为直观的解释为：在A的连接作用下，B和C彼此见面的概率增加。

在分析网络之前，首先定义"网络快照"：本章讨论的主要是静态网络状态，即在特定时刻对网络的拓扑关系进行固化，并通过特定建模手段进行拓扑呈现。图9-1 a和

图 9-1 b 是两个时刻网络结构的快照。虽然这种数据本质上是静态的，但快照之间的变化可以用来分析网络结构随时间的演化，特别是边的形成和消失机制。从图 9-1 可以看出，三元闭包原则是建立在三角形社交联系之上的。三角形社交联系可以分为以下两类。

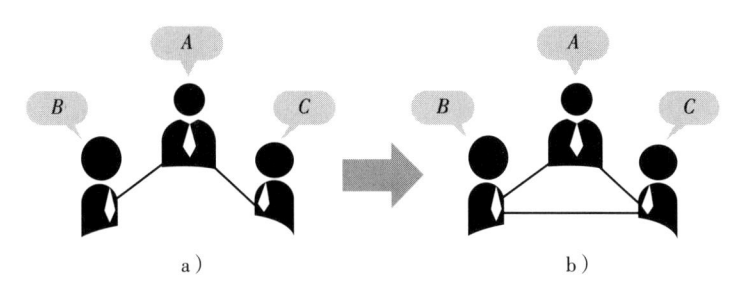

图 9-1 三元闭包原则

1) **开三角形**：由两个无向联系相连接的三个节点组成的三角形。
2) **闭三角形**：由三个无向联系相连接的三个节点组成的三角形。

以图 9-1 为例，在 B 和 C 没有认识之前（对应网络快照图 9-1 a），A、B 和 C 形成开三角形；在 B 和 C 认识后（对应网络快照图 9-1 b），A、B 和 C 则形成闭三角形。三角形联系的封闭在直觉上是非常自然的，第一个原因是当 B 和 C 有一个共同的朋友 A 时，B 和 C 有了更多的机会见面。第二个原因是 B 和 C 都是 A 的朋友这一事实给了 B 和 C 相互信任的基础，而这正是任意一对没有联系的人可能缺乏的。第三个原因是基于 A 可能不得不将 B 和 C 结合在一起的动机：如果 A 与 B 和 C 是朋友，那么如果 B 和 C 彼此不是朋友，它就成为这些联系中潜在压力的来源。这一前提建立在社会心理学早期工作的理论基础上[5]。

由此可见，三元闭包显示了一种由开三角形向闭三角形转换的趋势，是分析网络如何随时间演变的一个良好模型。应用三元闭包原理则可以预测网络中一部分联系的形成，以及网络连通性的发展[6]。然而如何度量网络中连接的发展趋势呢？

9.1.2 聚集系数

给定图 $G=(V,E)$，其中包含一系列节点 V 和连接它们的边 E，而 e_{ij} 表示连接节点 i 和节点 j 之间的边。聚集系数是基于三角形社交结构的度量指标，可量化网络节点倾向于聚集在一起的程度。

1. 局部聚集系数

给定节点 v_i，局部聚集系数 C_i^l 指的是节点 v_i 的相邻节点之间的连接数与它们所有可能存在连接数量的比值。其中，全局聚集系数旨在度量整个网络的聚集性，而局部聚集系数给出了单个节点的聚集性度量。下面分别介绍针对节点 v_i 计算的局部聚集系数 C_i^l 和针对网络整体计算的全局聚集系数 C^g。

(1) 有向图局部聚集系数

$$C_i^l = \frac{|\{e_{jk}\}|}{k_i(k_i-1)} : v_j, v_k \in N_i, e_{jk} \in E \tag{9-1}$$

其中，N_i 为节点 v_i 的邻居节点集合，k_i 为节点 v_i 的邻居节点个数。

(2) 无向图局部聚集系数

$$C_i^l = \frac{2|\{e_{jk}\}|}{k_i(k_1-1)} : v_j, v_k \in N_i, e_{jk} \in E \tag{9-2}$$

2. 全局聚集系数

全局聚集系数则是给定网络拓扑结构中闭合三角形所占的比例，简化的计算方法如下：

$$C^g = \frac{闭合三角形数量}{总三角形数量} \tag{9-3}$$

全局聚集系数也可以通过计算每一个节点的局部聚集系数，然后取平均值。

如图 9-2 所示，计算两个网络的全局聚集系数 C^g，以及两幅无向图中节点 G 的局部聚集系数 C_G^l。全局聚集系数计算如下：

针对图 9-2a，所有三元组为 $\{A,(B,F)\}$、$\{F,(A,E)\}$、$\{E,(F,G)\}$、$\{E,(F,D)\}$、$\{E,(D,G)\}$、$\{D,(C,E)\}$、$\{D,(C,G)\}$、$\{D,(E,G)\}$、$\{C,(D,G)\}$、$\{G,(C,E)\}$、$\{G,(C,D)\}$、$\{G,(D,E)\}$，封闭三元组为 $\{E,(D,G)\}$、$\{D,(C,G)\}$、$\{D,(E,G)\}$、$\{C,(D,G)\}$、$\{G,(C,D)\}$、$\{G,(D,E)\}$，故：

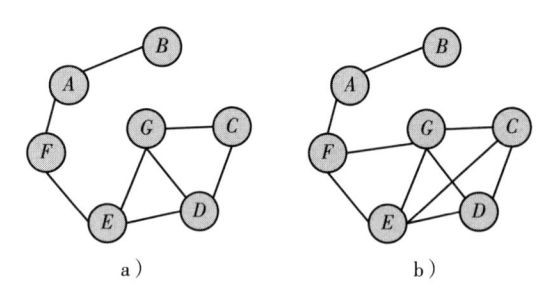

图 9-2 全局聚集系数计算

$$C^g = \frac{6}{12} = \frac{1}{2} \tag{9-4}$$

针对图 9-2b，所有三元组为 $\{A,(B,F)\}$、$\{F,(A,E)\}$、$\{F,(A,G)\}$、$\{F,(E,G)\}$、$\{E,(C,D)\}$、$\{E,(C,F)\}$、$\{E,(C,G)\}$、$\{E,(F,D)\}$、$\{E,(D,G)\}$、$\{E,(F,G)\}$、$\{D,(C,E)\}$、$\{D,(C,G)\}$、$\{D,(E,G)\}$、$\{C,(D,E)\}$、$\{C,(D,G)\}$、$\{C,(E,G)\}$、$\{G,(C,E)\}$、$\{G,(C,D)\}$、$\{G,(C,F)\}$、$\{G,(D,E)\}$、$\{G,(F,D)\}$、$\{G,(F,E)\}$，封闭三元组为 $\{F,(E,G)\}$、$\{E,(C,D)\}$、$\{E,(C,G)\}$、$\{E,(D,G)\}$、$\{E,(F,G)\}$、$\{D,(C,E)\}$、$\{D,(C,G)\}$、$\{D,(E,G)\}$、$\{C,(D,E)\}$、$\{C,(D,G)\}$、$\{C,(E,G)\}$、$\{G,(C,E)\}$、$\{G,(C,D)\}$、$\{G,(D,E)\}$、$\{G,(F,E)\}$，则有：

$$C^g = \frac{15}{22} \tag{9-5}$$

节点 G 的局部聚集系数计算如下：

针对图 9-2 a，节点 G 的邻居节点 $N_G = \{E, D, C\}$，$k_G = 3$ 故：

$$C_G^l = \frac{2 \times 2}{3 \times 2} = \frac{2}{3} \tag{9-6}$$

针对图 9-2 b，节点 G 的邻居节点 $N_G = \{F, E, D, C\}$，$k_G = 4$ 故：

$$C_G^l = \frac{2 \times 4}{4 \times 3} = \frac{2}{3} \tag{9-7}$$

9.2 强联系与弱联系

在现实生活中，格兰诺维特发现多数人是通过熟人而非亲密朋友找到现有工作的[3]。这结论似乎超过我们的意料：你的密友大概在你失业的时候最有动力帮助你，那么为什么那些更疏远的熟人能够为找到新工作提供关键的信息呢？

宋人疑邻的故事大家耳熟能详，宋人相信儿子的预测，但是却不相信邻居的好心劝告。但是，为什么宋人对儿子与邻居的态度不同呢？

直观来讲，第一个故事中，由于你与密友的较频繁的信息分享，以及相似的社会关系，密友可以接触到的求职信息你也可以接触到。而社会关系中距离较远的熟人却因为平时交往少，接触的信息有所不同，故而可以带来寻找工作的新信息。在第二个故事中，由于宋人与儿子的亲属关系相比于邻居的熟人关系而言，是一种更强的信任关系，因此宋人会相信自己的儿子而不是邻居。

下面我们从人际联系（Interpersonal）和网络结构（Structural）两个方面来探究为什么不同的人会带来不同的信息，以及为什么会对不同的人采取不同的策略。

9.2.1 人际关系的强度

如图 9-3 a 所示为简单社交网络示例中考虑找工作的行为。用户 A 有三个朋友（B、D、E），这三人与 A 的关联都较强。A 与 B、D 和 E 都相互认识。同时，B、D 和 E 相互熟悉，将倾向于拥有相似的信息来源，接触相似的观点，那么他们给 A 只能带来相似甚至相同的就业机会。而 A 与 F 关联较弱，但是 F 可以接触到 B、C、D 都无法接触到的人，例如 G 和 H，从而可以带给 A 更多的就业选择。图 9-3 b 直观地展示了社会中每个人都与一个强联系构成的核心群联系，并与群中的人频繁交流，具有稳定且高强度的拓扑稳定性，同时也存在联系不频繁的弱联系，弱联系促成了不同群之间的信息流动，有助于维持群体的动态性和多样性。总体的强联系与弱联系的作用及特征汇总如表 9-1 所示。

S表示强联系，W表示弱联系

a）

b）

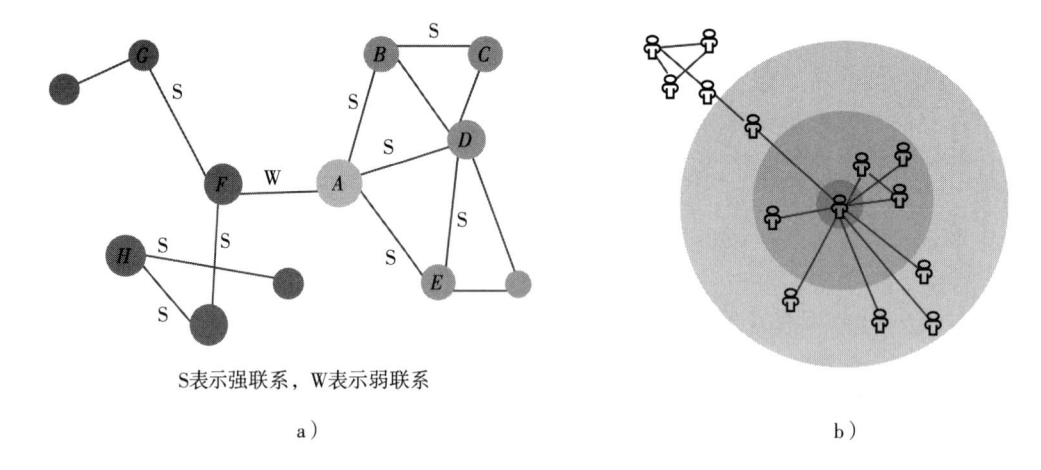

图9-3 社交网络中的强弱联系示意图

表9-1 强联系与弱联系的作用及特征

	强联系	弱联系
作用	从信息传递来看，强联系是一种重要的可直接利用的信息，可作为社会融合的一种重要动力。在人际联系方面，强联系维系着群体或组织内部成员之间的联系，可在大部分人之间建立起信任、理解和包容	弱联系是人们跨越自身信息的闭塞去获取其他类型信息和资源的桥。与相似度高的信息网络相比，弱联系可形成一个允许信息在更大范围内得到广泛传播的社会结构，信息传递不仅速度极快，而且可获得低成本和高效能的传播效率
特征	**长期性**：强联系常常是通过双方长期的合作、交流等方式建立起来的，且是多元的	**广泛性**：弱联系产生的概率非常高，如火车上一起聊天的陌生人，聚会上偶然认识的朋友等都可能产生弱联系
	中介性：强联系可以充当没有联系的个体之间的网络桥梁。对于广泛的非物质资源（如社会身份）来说，强联系是必要的通道	**中介性**：弱联系可在群体之间建立纽带联系，维持着不同群体成员之间的联系
	高信用度：包含着彼此之间的信任、稳定、合作与默契，一旦建立强联系后，可保持较高信任度	**异质性**：存在弱联系的个体在文化、思想、教育、收入、爱好、社会地位等方面一般存在较大差异，故而弱联系并没有达到各方面很匹配的程度
	高稳定性：即双方至少有一个共同联系人，可形成闭合的三角形联系，这样的联系较为稳定	**弱稳定性**：一般连接不同群体，稳定性较弱，容易受到外部因素的影响

在明确了强联系和弱联系的作用和特征之后，结合人际关系的强度提出以下假设来进一步定义强三元闭包原则：

1）假设在社会网络中有 AB 和 AC 边。如果两条边都是强联系，则很可能 B 和 C 之间形成连边。

2）强三元闭包性质。若节点 A 与节点 B 和 C 的联系均为强联系，且 B 和 C 之间无任何连接，则称节点 A 违反了强三元闭包性质；否则，称其满足强三元闭包性质。

根据强三元闭包性质对图 9-3 a 中的节点进行分析。发现图中的所有节点均满足强三元闭包性质。但是如果删除 DE 边则违反了强三元闭包性质：节点 A 与 D、E 均为强联系，而节点 D 与节点 E 之间却没有边进行连接。值得注意的是，当一个节点只有一条强联系连接时，是不会违反强三元闭包原则的，如节点 C。

在考虑人际关系的强度后可以更好地解释强三元闭包。当 A 与 B、A 与 C 都有强联系的情况下，B 与 C 都会和 A 逐渐相似，那么 B 和 C 之间相似的可能性就变大，他们成为朋友的概率也会增加。

9.2.2 捷径与桥

接下来从网络结构层面解释三元闭包对信息流通的作用。首先定义与网络结构相关的概念。

1）跨度：边两端点在没有该边情况下的实际距离。在图 9-4 a 中，节点 A 和节点 B 的跨度为 3。

2）捷径：若边 A-B 的端点 A 和 B 没有共同朋友，则称边 A-B 为捷径。如图 9-4 a 所示，删除 A-B 边将使节点 A 和 B 之间的距离增加至 2 以上。

3）桥：已知 A 和 B 相连，若去掉连接 A 和 B 的边会导致 A 和 B 分属不同的连通分量，则该边称为桥。桥为 A、B 间唯一路径，如图 9-4 b。

以图 9-4 a 所示的社交网络为例，AB 捷径的跨度为 3。捷径，特别是其中跨度较大的捷径，其作用和桥无明显差异，只是不那么极端。由图 9-4 a 可以发现，节点 A 就是通过捷径 AB 找到与工作相关的信息，因为在 A 所属的紧密关联的群体内的每个人掌握的信息多数 A 早已知道了；而捷径则可以跨越不同的群体而带来更多样的信息。

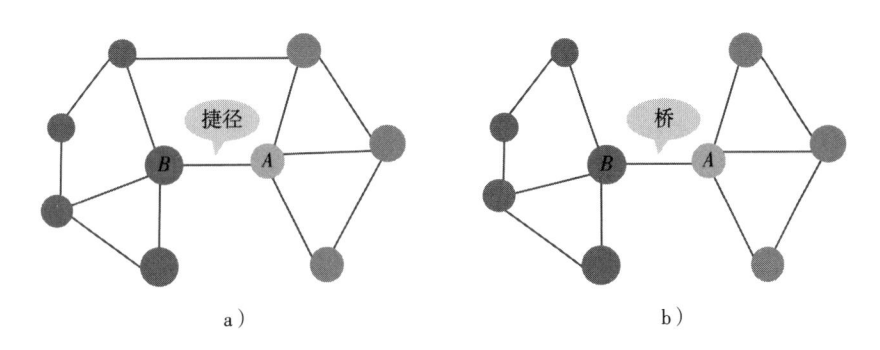

图 9-4 捷径和桥

4）长连边：两节点间跨度较大的连边。如图 9-5 所示，红色节点间红色的连边即为捷径，随着跨度增大，蓝色节点对应的连边被称为"长连边"。

直观来说，长连边很可能是一种弱联系。各种理论[7] 和预测模型[8-9] 表明，长连边缺乏足够的共同邻居来加强他们的关系，因此可能会迅速消失，所以由长连边进行信息传播可能会受到限制[10]。其次，长连边很容易被演变成新的"短连边"。通过三元闭包理论，一个人可以向其朋友介绍他们的长连边，从而形成共同的邻居并将长连边转换为短连边。最终，因为可能存在其他路径传递类似的信息，所以长连边在很大程度上会变得多余。

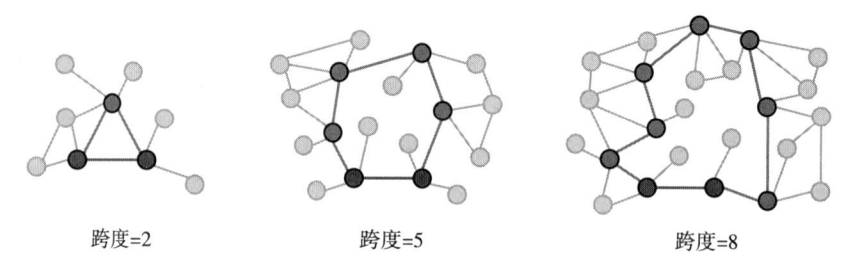

跨度=2　　　　　　跨度=5　　　　　　跨度=8

图9-5　长连边和短连边（详见彩插）

虽然长连边从结构上来讲属于弱关系，因为其对应的节点接触频率低，联系强度低，但许多研究表明，长连边对于新信息和传染性行为的广泛传播至关重要[11]。Park 等人[12]使用来自四大洲的 11 个文化多样网络数据（包括 5600 万 Twitter 用户和 5800 万手机用户），发现长连边几乎与紧密小圈子内的社交联系一样强大。

首先，Park 发现了社会联系的强度与用户联系长度的关联。图 9-6 显示了 8 个 Twitter 网络和 3 个电话网络的结果。可以看出，在图 9-6 a 与图 9-6 b 中，随着联系长度的增加，联系强度都首先骤降然后逐渐提升。

a)

b)

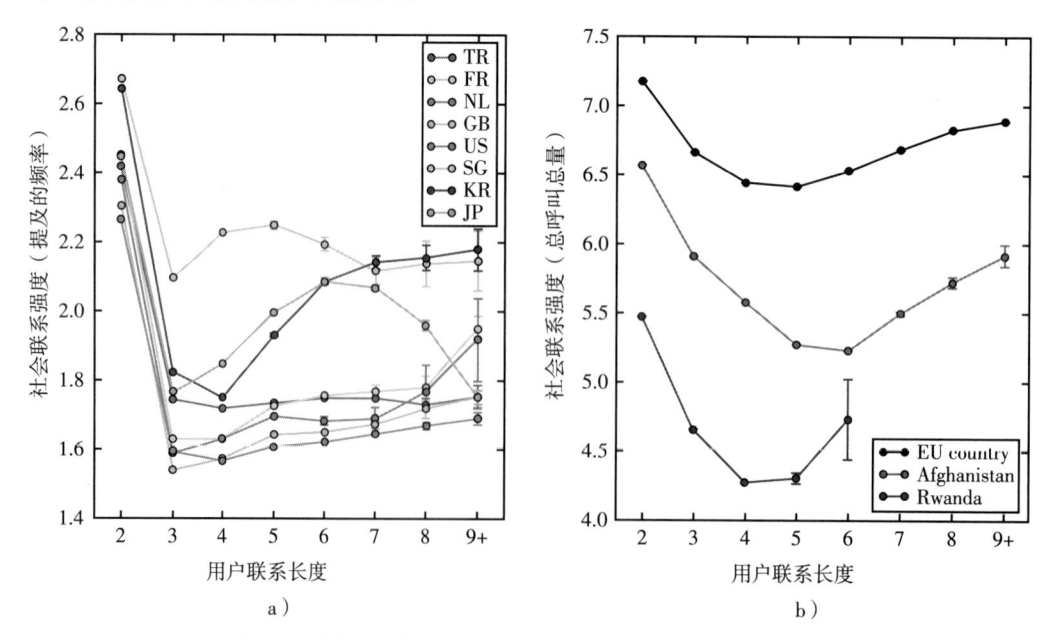

图9-6　社会联系的强度与用户联系长度的关联（详见彩插）

Park 将这些高强度的长连边称为网络"虫洞",以借用宇宙学中的术语来捕捉这种可能性:网络"虫洞"表现出一种可以远程连接广阔的网络空间范围的特性。图 9-7 描绘了新加坡的 Twitter 网络(最小的网络),并将长度大于 6 以及强度大于中值强度的关系,显示为弯曲的黄色曲线。可以看出,黄色曲线仅占所有关系的 0.46%,但却达到了大面积网络的覆盖,显示了网络虫洞通过直接链接节点来显著缩小网络。

来自上海交通大学的最新的 Nature 研究工作[13]为了进一步确定这一结论的鲁棒性,分别调查阶段周期为一周、一个月或半年等关系强度的变化,结合了实证分析和计算建模,以提供长连边的动态分析视角。

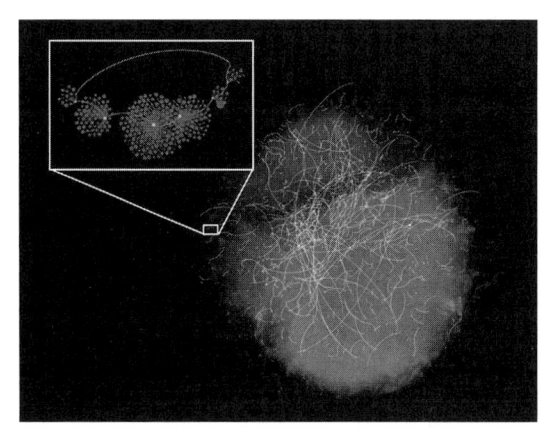

图 9-7 新加坡的 Twitter 网络(详见彩插)

图 9-8 展示了不同长连边的关系频率与关系强度的动态发展。图 9-8 中每个阶段代表一个季度(3 个月)。由图 9-8 a 可以看出,长连边(关系范围≥6)似乎与关系范围=2 的长连边一样密切。由图 9-8 b 可以看出长连边(关系范围≥6)的强度随时间降低的程度最小。

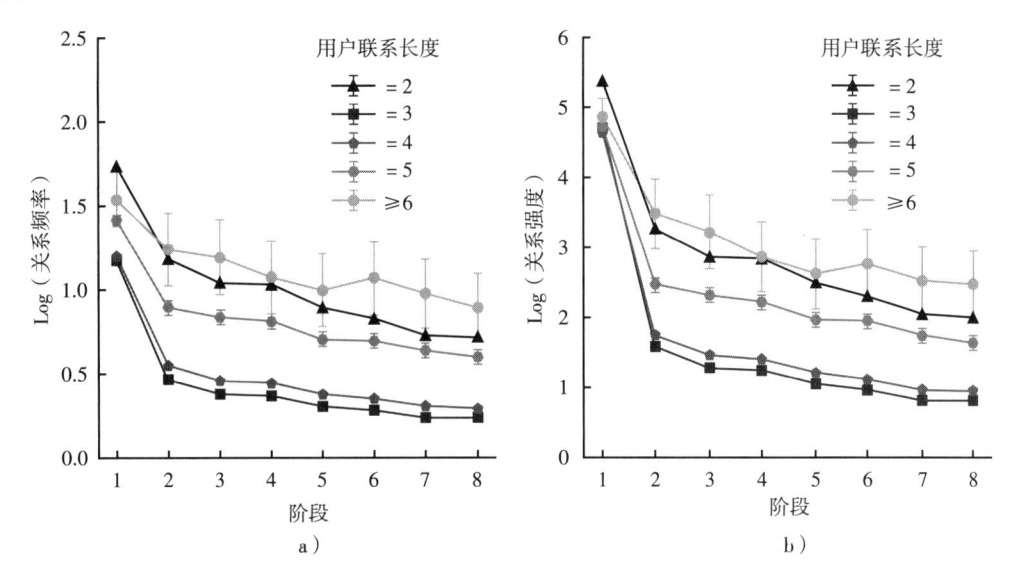

图 9-8 不同用户联系长度的关系频率和关系强度随时间的动态变化(详见彩插)

同时,该模型结合了计算经济学模型,展示了平均收益、平均直接影响与平均间接影响随着用户联系长度的变化趋势(图 9-9)。可以看出长连边能带来更多的收益,表现出更强的互惠性,从而激发人们付出更多的精力来维系,这也解释了虽然长连边可能会迅速瓦解或最终变得多余,但从长远来看,人们更倾向于长期维护这种关系的现象。

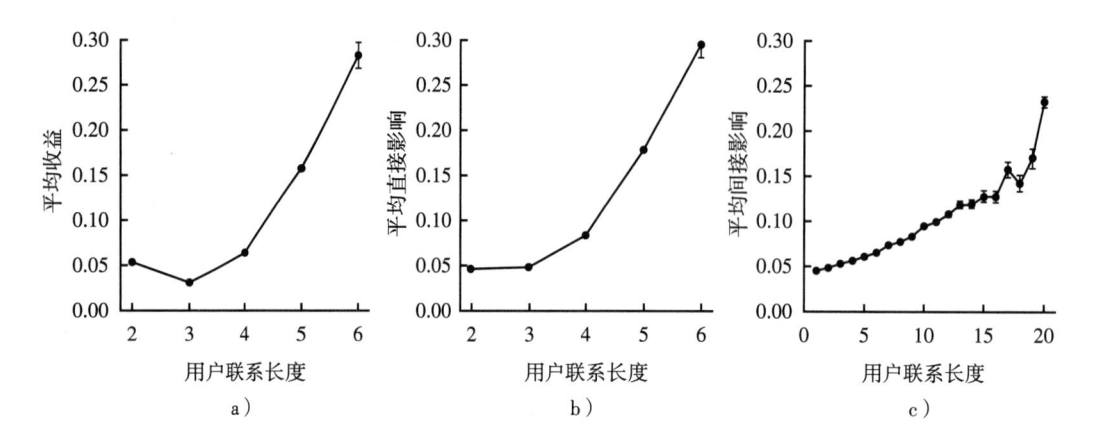

图 9-9 平均收益、平均直接影响与平均间接影响随着用户联系长度的变化

结合本节和上节的内容,人与人之间的关系可以分为强联系与弱联系、捷径与非捷径。那么,如何将网络结构层面的捷径与社会概念层面的弱关系联系在一起呢?通过三元闭包概念,以下断言可以在两者之间建立联系。

断言:若节点 A 满足强三元闭包性质,并有至少两个强联系边与之相连,则与其相连的任何捷径均为弱联系。

上述断言可以通过反证法进行证明。具体为:假设 AB 为捷径,且为强联系,如图 9-10 所示。此时,根据给定条件还存在至少一条由 A 出发的强联系,假设为 AC。因为 AB 和 AC 都是强联系,则根据强三元闭包性质定义,节点 B 和 C 之间将形成联系,这与 AB 是捷径的事实相矛盾,假设不成立。因此,我们证明了在一定条件下,社交网络中的捷径意味着弱联系。

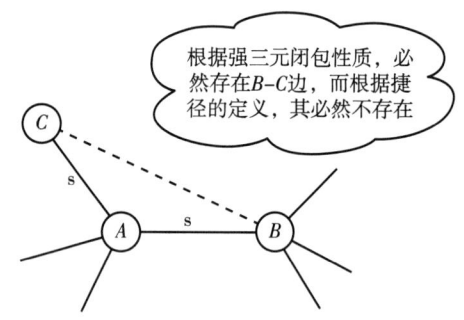

图 9-10 捷径是弱联系的断言证明

9.2.3 强联系与弱联系的现实意义

1. 强弱联系和社会经济水平的关联

为了研究大规模社会经济状况,往往采用调查问卷的方式对个体的经济状况进行统计分析。然而调查问卷存在采样周期长、实验成本高、涉及用户隐私等问题。为此,Eagle 等人[14]利用电话通信网络的多样性挖掘大规模群体的社会经济状况。他们首先基于 2005 年 8 月英国全部电话通信记录构建用户交互网络,涵盖 90% 的手机和超过 99% 的固定电话用户。尽管研究者很难知道每个人的经济状况,但是英国政府有全国每个小区

的经济状况数据，可以知道所处小区是富人区还是穷人区。据此，他们把三万多个小区的电话通信记录统计情况与其对应的经济排名进行了对比。

如图 9-11 a 所示，具有不同交流模式的社区（从浅蓝到深蓝）排名往往高于那些交流方式较为封闭的区域。这一结果表明，通信多样性是一个经济健康的社区的关键指标。如图 9-11 b 所示，图上每个点表示一个小区，纵轴表示富裕程度，横轴表示社交多样性。可以看出，越是富裕的小区，其交往的"多样性"越显著，拥有更多的**弱联系**；富裕程度排名越高的小区，社交多样化程度越高。研究结果表明，社会经济程度越高的地区和人群，对应交流更频繁，联系的人数更多，跨越的阶层更大，弱关系涉及也更广泛。

a）区域沟通的多样性与社会经济地位的形象[14] 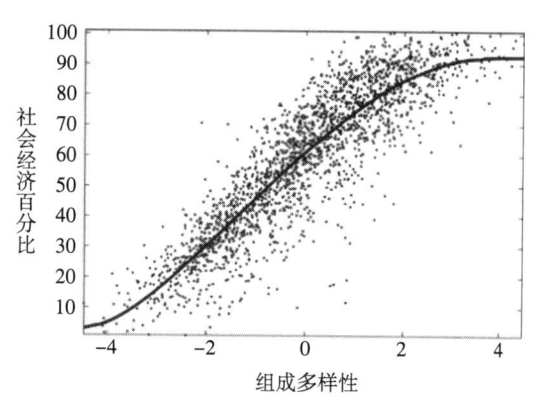　　b）社会网络多样性与社会经济地位的联系[14]

图 9-11　强弱联系和社会经济水平的关联

Jahani 等人[15]发现，接触不同的思想会极大地影响个人的财富创造。数据来自 100 000 个中收入国家的人，如图 9-12 所示，横轴代表收入的多少，纵轴代表社交网络的丰富程度。结果表明，随着个体社交网络结构越来越多样化，具有多样性的社区交互其收入会随之增加。这是因为具有更大互动多样性的参与者会接触到更多的机会，从而可以获得更多的财富；同时社区的桥梁与捷径关系对于发现新颖有用的见解特别有效，从而提高创新率并带来卓越的经济成果。上述实验都证明了社交网络是发现新的创新和机会的主要甚至是主导的资源。Pentland 等人[16]使用来自美国（US）、欧盟（EU）和亚洲各城市的这些新的地理位置和金融数据资源也证实了以上结论。

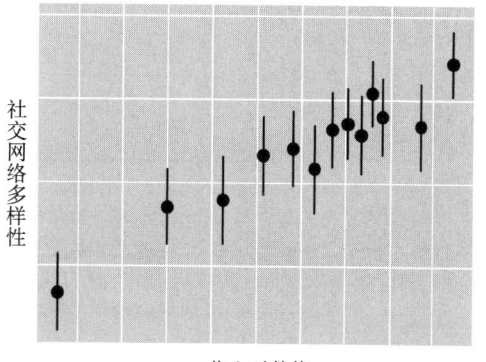

图 9-12　个人收入与社交网络多样性关联

2. 强弱联系和社交分享行为的关联

在网络时代，人们获取知识的途径多样化，比如用户在各类互联网媒体上经常阅读和转发来自网友的各种推荐。那么是亲密好友的推荐更有用，还是弱联系的推荐更有用呢？

针对这一问题，2012 年 Facebook 巧妙地设计了一组对照实验，来测量信息共享行为的传播[17]。Facebook 用户可以通过与好友最近的活动进行交互来增加自身接触信息的多样性，称为 News Feed，简称 Feed。其中一些内容包含指向网络内容的链接，这些链接由 URL 唯一标识。文中进行的实验评估了在 Feed 上发布一个 URL 会增加多少人分享该 URL 的倾向。例如，与用户交互更频繁的朋友更可能访问用户也访问的站点。实验针对受试者设计了两种信息接受模式：模式一中信息只能从 Facebook 外部获得，模式二中信息可以从 Facebook 内部或外部获得。通过对比分析个体在这两种模式下的行为，可以量化分析媒介对信息传播的影响。

实验结果如图 9-13 a 所示，纵轴表示用户的分享概率，横轴表示分享该链接的朋友数。实验表明暴露在朋友分享行为（强联系）信号下的受试者分享相同信息的可能性是未暴露的受试者的数倍，而且分享得更快。如图 9-13 b 所示，实验根据四种类型的互动来衡量受试者和朋友之间的联系强度：1）两个用户之间以 Facebook 消息形式进行私人在线交流的频率；2）一位用户在另一位用户的帖子上以发表评论的形式公开在线互动的频率；3）在 Facebook 上捕捉到的真实世界共现的数量，即两个用户都被用户标记为出现在同一张照片中；4）两个用户同时回复同一个 Facebook 帖子并发表评论的在线共现次数。采用实验中为期三个月的数据计算频率，四种类型的互动次数及其分享朋友之间的联系强度分布如图 9-14 b 所示。实验结果表明，随着关系强度增加，用户间各种在线互动的频率都有所增加。

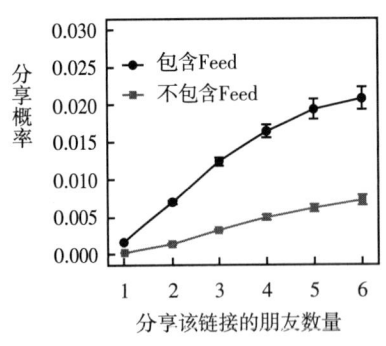

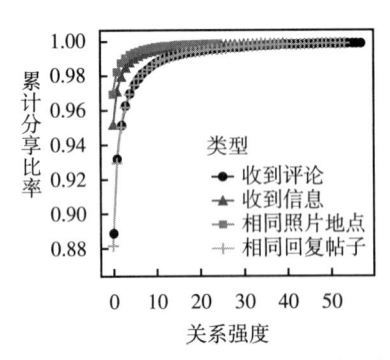

a）用户连接分享行为随朋友数量变化[17]　　b）用户在线互动行为随朋友关系强度的变化[17]

图 9-13　强弱联系和社交分享行为的关联

图 9-14 a 与图 9-14 b 展示了分享行为随朋友数量变化的两种衡量方式：分享行为因果效应随朋友数量的变化以及分享行为比例效应随朋友数量的变化。假设在朋友数量到

达 n 之前,用户 x 的分享行为概率为 p_1;在朋友数量到达 n 时,用户 x 的分享行为概率为 p_2,则因果效用指的是 p_2-p_1,比例效应指的是 $p_2 \div p_1$。如图 9-14 a 所示当受试者有更多分享的朋友时,反馈的因果效应更大。如图 9-14 b 所示当很少有朋友分享时,反馈的比例效应更大。这种对比表明,Feed 中社交信息的链接共享相对于朋友很少的人来说影响较高。

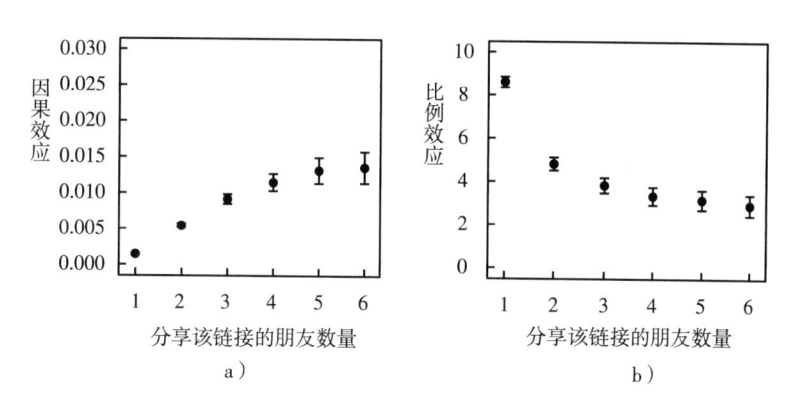

图 9-14 分享行为因果与分享行为比例随朋友数量的变化[17]

图 9-15 显示了所有四种关系强度测量中强联系和弱联系传播的信息百分比。尽管那些频繁互动的人受到影响的可能性要高得多,**但大多数信息传播都发生在较弱的关系上,这种关系更为丰富。**

3. 强弱联系在信息传播中的作用

社会网络中的信息传播不会依赖单一的强联系或弱联系,通常是两者结合达到信息传递的最大化。Araujo 等人[10]以全球顶级品牌的 5300 多条推文为样本,调查了不同类型的用户节点类型和用户间关系如何影响品牌内容的传播。

如图 9-16 所示,将影响追随者转发品牌内容的 Twitter 用户归为三类。

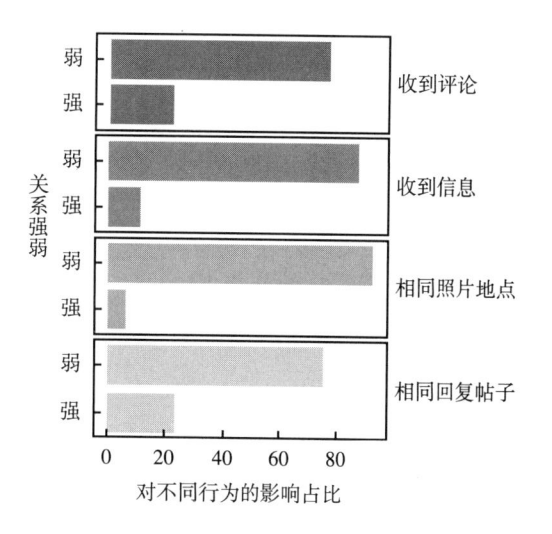

图 9-15 强弱联系影响力对比[17]

- **强联系者**:两人之间有很高比例的共同朋友,并且有共同的朋友-追随者关系。在信息传递的过程中,强联系会增加信息的影响力而弱联系可促进信息的传播范围。
- **信息突破者**:信息突破者在网络中通常处于特殊的位置,成为两个群体之间信息传递的桥梁。结合本章所学的知识,信息突破者通常处于网络结构边中的捷径。因为他们的位置连接用户群,所以通过信息突破者可以连接两个用户群体来传递更多的信息。

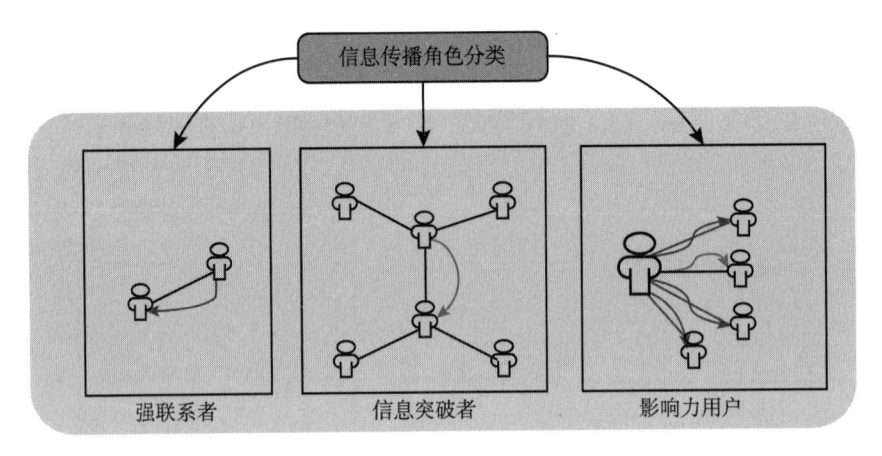

图 9-16　信息传播的三种类型[10]

- **影响力用户**：影响力高于平均水平，并能够影响他人转发其推文的用户群体。影响力用户好比网络环境中有影响力的明星、网红等，这类人群主要通过**大量的弱关系**来影响关注者的信息接收。

以上用户能够刺激他人来跟随自己关注某条推文的信息或转发该推文。尤其是影响力用户转发后，有大量的推文转发跟随行为发生，并且增加大量的回复。另外，信息突破者也和较高水平的推文转发有关，尽管一个信息突破者引起的转发增量没有影响力用户大，但是很多信息突破者加在一起可以超越影响力用户。相反地，强联系并没有展现出对推文转发增量的强影响。一种解释是，当亲密朋友中有人转发了这条推文，说明这条推文在朋友间已经进行了大量的流通，因此决定不转发该信息。

4. 强弱联系在团队创新中的作用

哈佛大学的 Hansen 等人[18] 探索了团队中的强弱联系对探索（Exploration）和开发（Exploitation）两类任务的影响。探索任务需要队员一起研究一个新的领域，而开发任务考验团队的现有能力。他们使用 67 个新产品开发团队的数据表明，不同的任务需要不同的关系结构才能有效。

图 9-17 展示了团队联系稀疏程度和任务完成的关系。开发性任务随网络稀疏度增大首先效率增高然后降低，而探索性任务的效率一直上升。

由图 9-18 可知，如果探索性团队只有必要的强联系，减少弱联系，那么他们完成项目的速度会更快。这主要是因为在新领域进行探索需要高频率的信息沟通交流。但是开发任务如果增加强联系会造成开发任务缓慢，这是因为开发更需要分配清晰的工作系统，而不需要过于耦合的成员联系。Ruef 等人[19] 与 Kang 等人[20] 的研究也进一步证明了拥有更多弱关系的创业者，更容易获取非冗余的信息以及社会资源，开展更高效的创新活动。

Dittrich 等人[21] 进一步解释了为何开发与探索任务对应的联系不同。文章得到结论：

在探索任务中，与合作伙伴的流动率将高于开发网络；开发网络需要灵活而长期关联的组织结构。详细解释如表 9-2 所示。

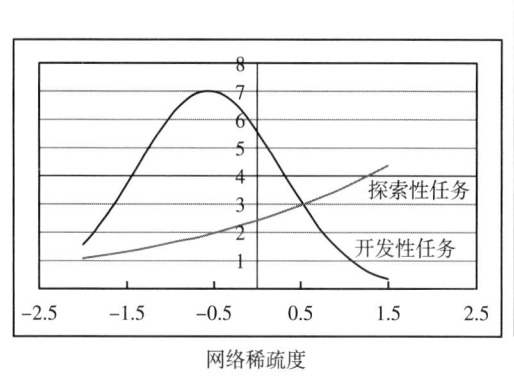

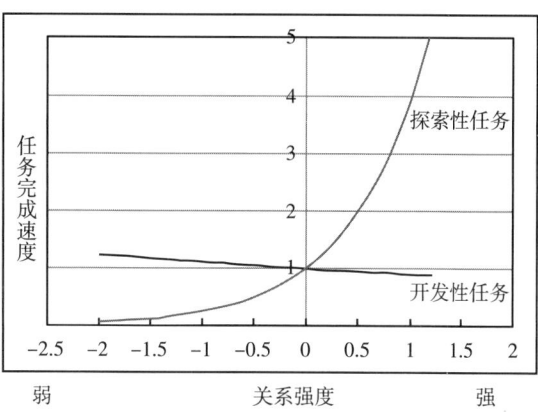

图 9-17　团队中联系强度与任务完成度关系

图 9-18　网络关系强度与任务完成的关系

表 9-2　开发和探索任务的网络特性

	探索	开发
合作伙伴的能力	合作伙伴拥有不同技术	合作伙伴在当前业务范围内
合作伙伴的类型	新的合作伙伴	已知的、熟悉的合作伙伴
结盟的类型	非股权联盟	股权联盟

9.3　网络社区划分

社交网络中的社区（Community）反映了群体交互的社会属性及其强度；在生物学的蛋白质-蛋白质相互作用网络中，社区往往由细胞内具有相同特定功能的蛋白质组成；在万维网中，它们可能对应于处理相同或相关主题的页面组。网络社区的研究在计算社会学中具有重要价值，例如将具有相似兴趣且彼此接近的网络客户群聚在一起，可以提高在万维网上提供服务的性能；在顾客和网店产品之间的购买关系网络中，识别具有相似兴趣的顾客群能建立高效的推荐系统等。

那么究竟怎么定义社区，以及怎么对社区进行划分呢？

社区，也称为簇或模块，由一组节点构成，这些顶点可能共享公共属性或在图中扮演类似角色。给定图 G，社区定义为一组节点，这些节点彼此之间的连接比其他网络节点的连接更紧密，如图 9-19 所示。

网络社区划分指的是在复杂网络中分析出其中包含的不同性质的网络，使得处在同一个社区的节点具有较高的相似性，而处在不同社区内的节点具有较大的差异性。网络社区划分是一个很庞大的研究领域。本节将结合强弱关系，通过节点和边的信息流通量来进行网络的划分。这种检测连接不同社区顶点的边并将其移除的方法也称为"分裂法"。

9.3.1 分裂法图划分

分裂法图划分的核心思想在于：通过删除某条"重要"的边进行图划分，这类方法的难点在于如何正确地找到分割子图之间的边。

1. 介数的定义

如果要将图 9-20 用分裂法删除某条边把图一分为二，应该删除哪条边呢？从图 9-20 中可以看出应该删除边 D-H。这是因为边 D-H 在网络中是一个桥，承担了两个子群体间的信息传递功能。而这种传递的信息量则可以通过介数（Betweenness）来衡量。介数分为节点介数与边介数。

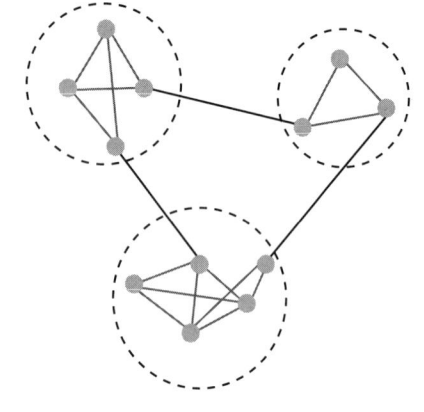

图 9-19 社区示例

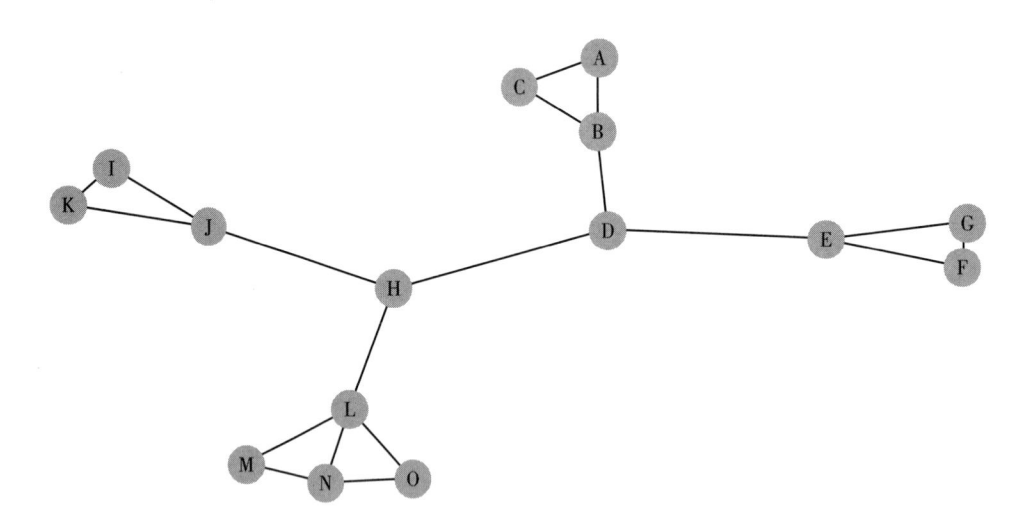

图 9-20 社交网络实例

节点介数：网络中所有最短路径中经过该节点路径的数目占最短路径总数的比例。

$$C_B(v) = \sum_{s \neq v \neq t \in V} \frac{\sigma_{st}(v)}{\sigma_{st}} \tag{9-8}$$

其中，$\sigma_{st}(v)$ 表示经过节点 v 的 $s \to t$ 的最短路径的数量，σ_{st} 表示 $s \to t$ 的所有最短路径的数量。可以看出，$\sigma_{st}(v) \div \sigma_{st}$ 反应的是节点 v 对于 $s \to t$ 的重要性。介数表示了节点 v 作为"桥梁"进行信息传递的重要程度。

边介数：网络中所有最短路径中经过该边的路径的数目占最短路径总数的比例。介数反映了相应的节点或者边在整个网络中的作用和影响力，是一个重要的全局几何度量，具有很强的现实意义。例如，在社会关系网或技术网络中，介数的分布特征反映了不同人员、资源和技术在相应生产关系中的地位，对于发现和保护关键资源、技术和人才具有重要意义。

2. 介数的计算

由于最短路径可能会有很多，很难有效地计算介数。可以从具体的一个节点出发，结合广度优先搜索的思想来计算该节点到其他节点的信息流值。具体地，主要有下面三个步骤：

1）从一个节点 A 开始，执行广度优先搜索，将节点分层。
2）确定从 A 到其他每个节点的最短路径的条数。
3）确定当从节点 A 沿最短路径向其他所有节点发送 1 个单位流量时，经过每条边的流量。

若对每一个节点都执行以上计算，再将每条边上的信息流值累加起来，除以 2，就可以得到每条边的介数。需要注意的是，在计算每对节点 M 和 N 之间的信息流时，我们既会从节点 M 开始搜索，又会从节点 N 开始搜索，一共计算了两次。所以，需要对所有数据除以 2，以消除重复计算的影响。通过以上方法完成了介数的计算。

广度优先搜索（也称宽度优先搜索）是图的一种遍历策略，从一个顶点开始优先遍历其周围的区域。针对如图 9-20 所示的网络，利用广度优先搜索算法遍历顶点 D 到其他节点的最短路径，如图 9-21 所示。

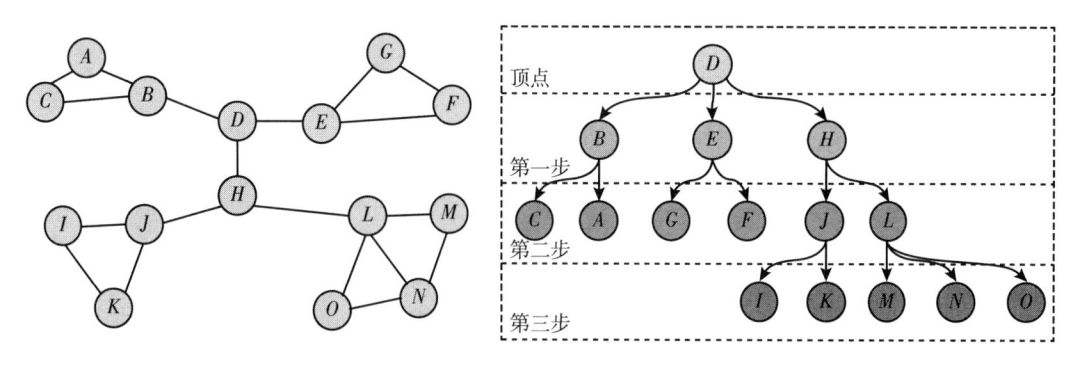

图 9-21　针对如图 9-20 所示的网络以 D 为顶点的广度优先搜索分步结果

（1）自顶向下计算最短路径数

如图 9-22 所示为一个以 A 为顶点的复杂网络的广度优先搜索结果。采用自顶向下的方法，每个节点到 A 的路径数等于它上面节点路径数之和。例如，节点 A 到节点 I 的最短路径数量等于节点 A 到节点 C 的最短路径数量加节点 A 到节点 D 的最短路径数量，其他同理。由此，可以很快得到由节点 A 到其他节点的最短路径数量，如图 9-23 所示。

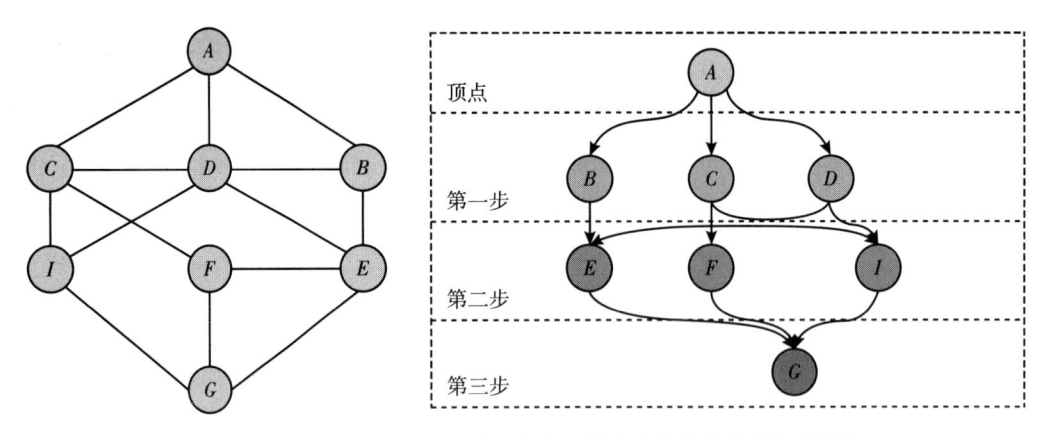

图 9-22　复杂网络以 A 为顶点的复杂网络的广度优先搜索分步结果

（2）自底向上计算信息流量

得到节点 A 到其他每个节点的最短路径数量后，可以直接枚举得到某条边所在的最短路径数量以及经过该边的路径数量，但枚举的效率低下，特别是当网络规模变大后很难高效处理。我们采用自底向上的方法计算"流量"，从而快速计算介数。假设每个节点自身带有单位 1 的流量，可以通过自底向上的方法计算各条路径承担的流量，如图 9-24 所示。

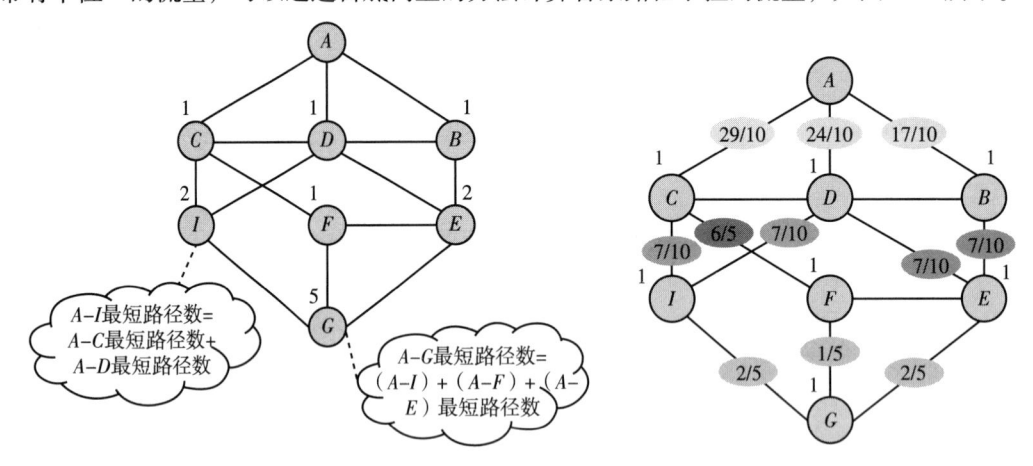

图 9-23　节点 A 到其他每个节点的最短路径的数量

图 9-24　介数计算的最终结果

①从节点 G 开始，到达节点 G 的流量由 I、F、E 三个节点而来。从图 9-24 可以看出，从 A 到 E、A 到 F 的最短路径数量是 A 到 I 的两倍。于是从 E、F 流出的流量是 I 的两倍。因此 FG 边上的流量为 1/5，IG 与 EG 边上的流量为 2/5。

②现在开始向上移动，到 I 的信息流量应该是到 I 的单位流量 1 加上流出到 G 的 2/5，即总量为 7/5。这 7/5 信息流的总量从上层节点（C、D）流出，并且由于从 A 到 C 的最短路径数与从 A 到 D 的最短路径数相同，因此从 C 和 D 到 I 分别有 7/10 的信息流出。

③继续用这种方法处理其他每个节点，通过广度优先搜索逐层向上移动。

④此时，我们计算出了节点 A 到网络中所有其他节点的信息流的值，如图 9-24 所示。对于除了 A 之外的其余节点，重复以上步骤，累计，除以 2，即可得到每条边的介数。

图 9-25 是由 Python 的 NetworkX 库计算得到的图 9-20 每条边的边介数。可以看出，DH 边的介数为 0.538，在所有边的介数中权值最大，承担了信息流通的重要角色，与上文分析相同。

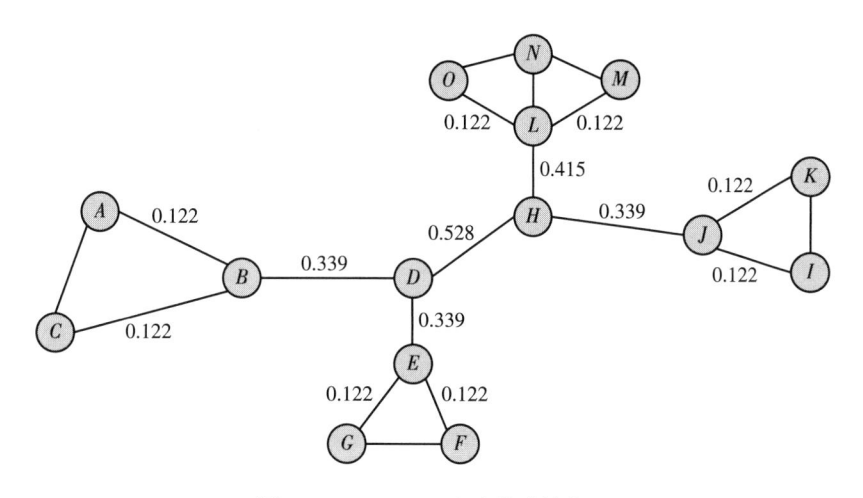

图 9-25　NetworkX 边介数计算结果

2002 年 Girvan 和 Newman 提出了经典的 Girvan-Newman 算法[22]，其流程包括以下四个步骤：

①计算网络中所有边的流量。

②去除流量最高的边。

③重新计算去除边后的网络中所有边的流量。

④重复步骤②和③，直至网络中没有边存在。

结合图 9-26 详细进行解释说明。在第①步中删除 DH 边，因为 DH 边承担的流量最多，是从 $A \sim G$ 节点到 $H \sim O$ 节点间的流量，总数为 56。在第②步的子图 1 中删除 DE、DB，子图 2 中删除 HL。针对子图 1 可以看出 DE 和 DB 边对称，承担的流量相同并且最大；针对子图 2 可以看出 HL 和 HJ 的位置重要性相近，但是 HL 的流量总数为 16，HJ 为 15，故删除 HL 边。在第③步中，子图 1、子图 4、子图 6 呈现轮换对称三条边的流量相同；子图 5 中 IJ、JK 与 JH 承担的流量均为 2。在第④步中，网络中已经没有边存在。

图 9-27 展示了基于 Girven-Newman 算法对由 118 名科学家组成的合作网络的社区划分结果[22]。结果发现，Girven-Newman 算法将网络分割成的社区主要沿着学科路线进行。由菱形构成的社区代表的研究经济学和交通流的科学家群体。由圆圈构成的社区主要从事生态学数学模型的研究。由正方形构成的社区主要从事统计物理相关的研究。以三角

形为代表的群体主要研究 RNA 结构。因此，Girven-Newman 算法似乎找到了两种类型的群体：根据研究主题或方法的相似性聚集在一起的科学家。

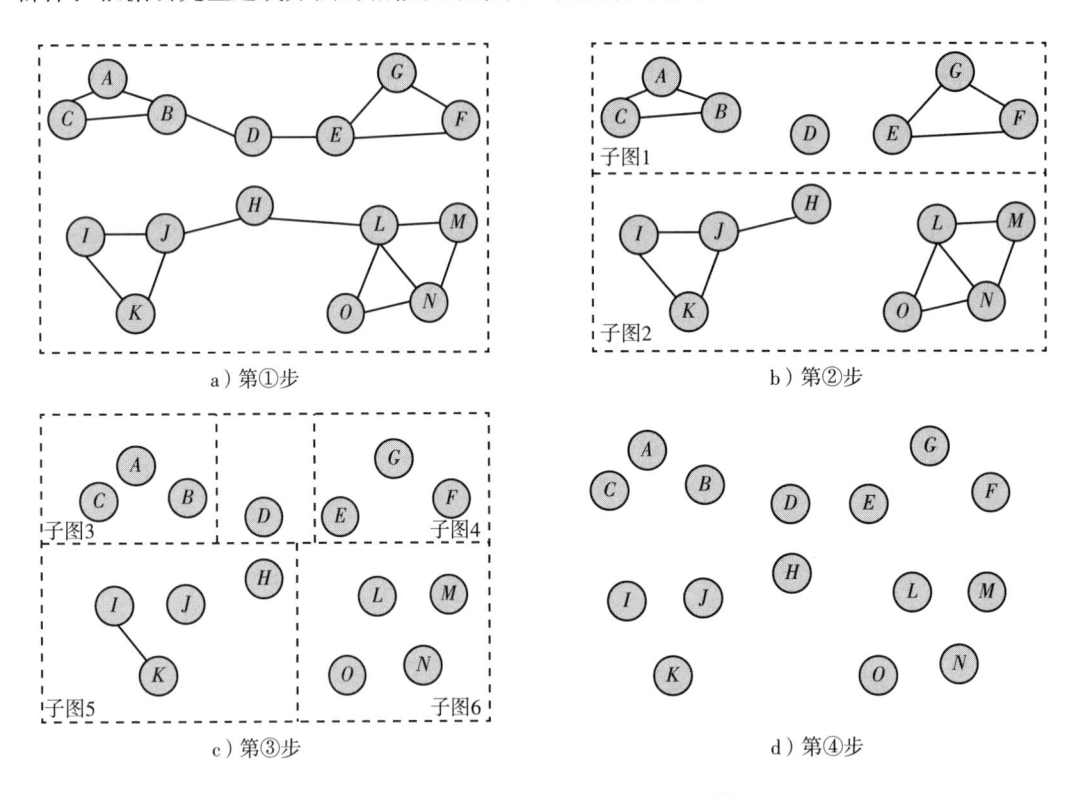

a）第①步　　　　　　　　　　b）第②步

c）第③步　　　　　　　　　　d）第④步

图 9-26　Girven-Newman 算法图步骤详解

9.3.2　其他图划分方法扩展

复杂网络的分割对于复杂网络的结构分析非常重要。因为将复杂系统分解成单独的部分进行细粒度的研究，可以对整体的系统有基础而全面的把握。例如，蛋白质相互作用[24]（Protein-Protein Interaction，PPI）网络是一个包含了一系列蛋白质相互作用的集合，其中节点代表蛋白质个体，边代表的是两个蛋白质之间的相互作用关系。图 9-28 展

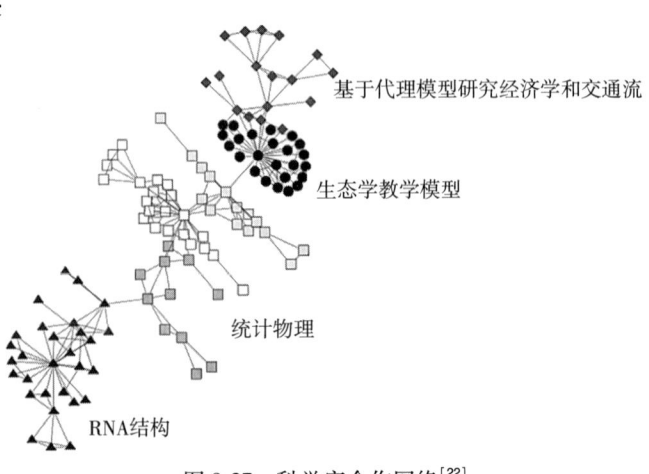

图 9-27　科学家合作网络[22]

示了一个蛋白质相互作用网络的例子。由于生物网络中呈现一定的规模组织和社区结构，因此蛋白质网络的分割可以得到网络中的功能模块、蛋白质复合物和细胞通路等。

在民生方面，基于特高压输电线路，我国的华东、华中和华北三个电网的同步互联即所谓的"三华联网"也正在进行中，但是电网大规模互联也会增加系统的连锁故障程度，从而造成大规模停电的事故。因此科研人员尤其关注电力网络的模型、模块化结构，目的就是寻找许多特定问题的解决方案。由此可见，复杂网络的分割在各行各业都有重要的应用。

除了典型的 Girven-Newnan 算法之外，下面简要介绍其他经典的图划分算法："聚集法""层次法""模块度""贪心法"等图划分方法。

图 9-28 蛋白质相互作用网络[23]

1. 聚集法图划分

聚集法图划分是聚类算法在图结构的应用，簇的数量是预先指定的。将图中的每个顶点都嵌入一个度量空间中，空间中的点与点之间定义了一个距离度量，代表着它们不相似的程度。对于聚类算法，应用最多的一种是 K-Means 聚类，其公式对应如下：

$$\sum_{i=1}^{k}\sum_{x_j\in S_i}\|x_j-c_i\|^2 \tag{9-9}$$

式中，S_i 表示第 i 个簇，c_i 是其质心。

基于聚类算法的聚集法图划分方法在第一次迭代中，每个顶点都被指定给最近的中心点。接下来，对 k 个簇的质心进行估计，形成一组新的质心，从而对顶点进行新的分类，依此类推。不断地更新迭代直至质心的位置是稳定的，且簇不再改变。虽然该方法找到的解不一定是最优解，且依赖于质心的初始选择，但是它收敛速度快，适合于大数据集的分析。

2. 层次法图划分

2008 年 Clauset 等人[25]提出网络往往表现出层次结构，即顶点可以分成若干组，进一步又可细分为若干组，在多个尺度上依次类推。在这种情况下，可以使用层次聚类算法揭示图的多级结构。层次聚类可以自顶向下地将大社团分割成小社团，也可以自底向上将小社团合并为大社团。这里介绍常用的自底向上层次法图划分算法。

具体来说，自底向上的图划分每次都找到两个距离最近的社团，然后将它们合并为同一个，不断地合并，直到合并得到一个整体。整个过程可以建立出一个树状结构，如图 9-29 所示。

在许多情况下，这些群体与已知的功能单位相对应，如食物网中的生态位、生化网络（蛋白质相互作用网络、代谢网络或基因调控网络）中的模块或社会网络中的社区等。图 9-30 展示了一种多尺度结构的层次网络及其相应的层次划分图，其中树状图的每个内部节点 r 与该节点的左右子树中的顶点以概率 p_r 相关联（图 9-30 中内部节点的阴影表示概率）。图 9-31 展示了草地物种网络，其中植物、食草动物、寄生蜂、超寄生蜂和超超寄生蜂分别显示为圆形、方框、下三角形、上三角形和菱形。其中图 9-31 a 展示了各物种网络的共识树状图，它清楚地揭示了植物、食草动物、寄生蜂、超寄生蜂的群落和亚群落的合作与捕食关系。图 9-31 b 则展示了由合作关系得到的图划分结果，可以看出在图 9-31 a 中同一组寄生蜂被分组在图 9-31 b 的同一个群落内，因为它们捕食同一种食草动物。

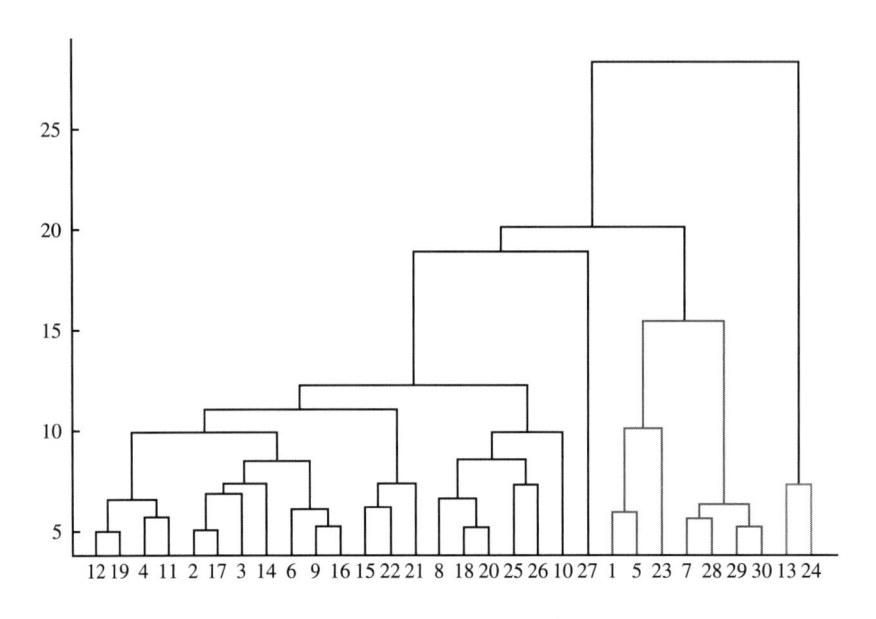

图 9-29 层次法图划分举例

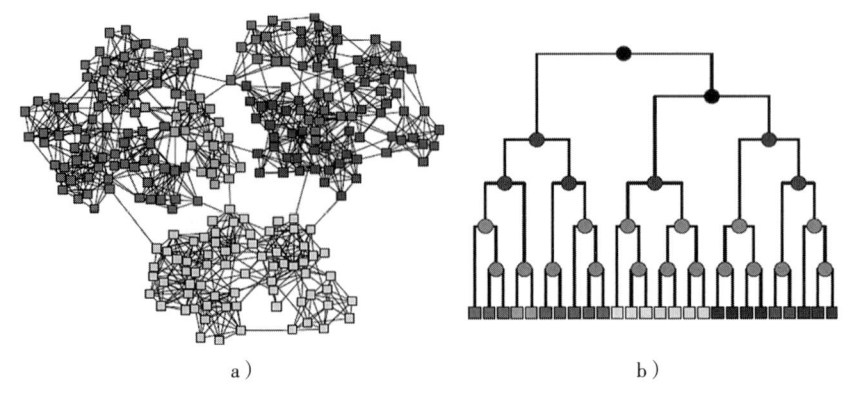

a)　　　　　　　　　　　　　　b)

图 9-30 多尺度结构的层次网络及其相应的层次划分图[25]

a)   b)

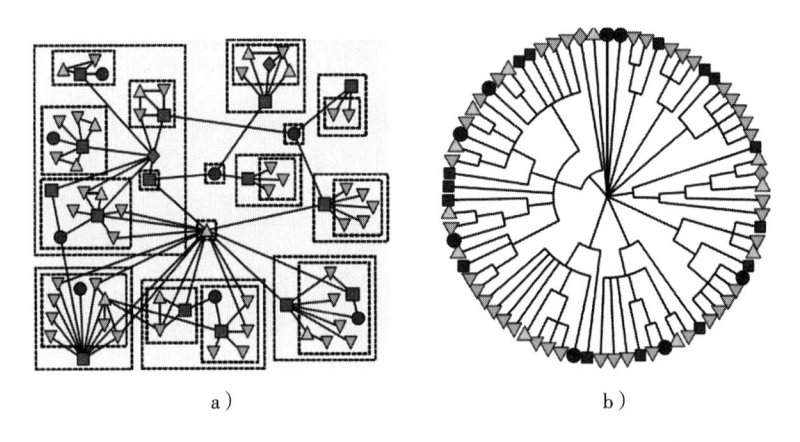

图 9-31　层次分解在草地物种相互作用网络中的应用[25]

3. 模块度图划分

模块度算法是将划分后的子网络与相应的完全随机图（或称零模型，指与其具有某些相同的性质而在其他方面完全随机的随机图模型）进行比较，来度量划分质量的算法。一个好的图划分结果是社区内部的节点相似度较高，而与社区外部节点间的相似度较低。对于目标网络 G，其分割结果的全局模块度计算方法如下。

设目标网络 G 的邻接矩阵为 $\boldsymbol{M}$，全局模块度 Q 为

$$Q = \frac{1}{2m} \sum_{xy} \left[\boldsymbol{M}_{xy} - \frac{k_x k_y}{2m} \right] \sigma(c_x c_y) \tag{9-10}$$

$$\sigma(c_x c_y) = \begin{cases} 1, c_x = c_y \\ 0, c_x \neq c_y \end{cases} \tag{9-11}$$

其中，m 表示图中边的总数，k_x 表示节点 x 的度，c_x 表示节点 x 所属的子图。$c_x = c_y$ 则表示节点 x 与节点 y 属于同一个子图。

4. 贪心法图划分

如果模块度划分中 Q 的高值代表良好的社区划分，那么我们可以将图划分的目标定义为在所有可能的划分上找到对应 Q 值最高的划分。这便是贪心法图划分，贪心算法极大地提升了图划分的速度。

贪心法是 Newman 等人在 2004 年提出的[1]，需要确定划分的社区数量 n，接着重复地将社区成对连接在一起，在每一步选择导致 Q 增加最大（或最小减少）的连接。

图 9-32 为采用贪心法图划分在 Zachary 的"空手道俱乐部"网络中发现的社区树状图，其中叶子节点的形状代表了最终俱乐部因内部争议而分裂成的两组，可以看出分裂法图划分的结果与实际分裂开的社团结果一致。

文献［1］通过研究物理学家之间的合作网络来验证贪心算法的效率，该网络中多个科学家合作了一篇或多篇论文，则被认为是有联系的。它针对网络的最大组成部分进行

了分析，包含 56 276 名科学家。贪心法图划分算法需要 42 分钟才能找到完整的社区结构而 Girveu-Newman 算法需要三到五年才能完成相同计算的版本。分析表明，该网络由大约 600 个社区组成，峰值模块度 $Q=0.713$，表明物理世界中的社区结构很强。如图 9-33 所示发现的社区中有四个很大、加起来包含所有顶点的 77% 的社区，以及一些小社区。图 9-33 a 为四大社区与学科子领域的密切对应：一个与天体物理学、一个与高能物理学、两个与凝聚态物理学。图 9-33 b 为算法进一步分解了一个凝聚态物质群落，揭示了群落大小的近似幂律分布。图 9-33 c 为进一步分析了其中一个较小的社区，来揭示各个研究小组（不同的阴影），其中一个小组（虚线框中）是作者自己的小组。

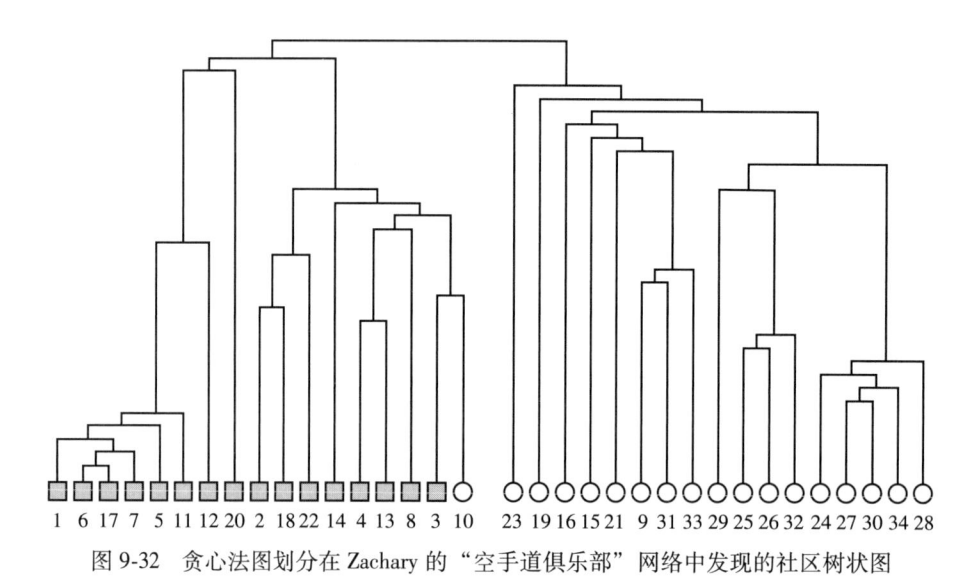

图 9-32　贪心法图划分在 Zachary 的"空手道俱乐部"网络中发现的社区树状图

图 9-33　贪心法图划分过程[1]

图划分的方法还有"谱方法""几何方法""优化方法"等。总的来说图划分问题是经典的 NP 完全问题，通常很难在有限的时间内找到图划分的最优解。尽管其是难解问题，从 20 世纪 90 年代初期至今，国内外研究者不断对其进行深入研究，提出了许多性能较好的图划分算法。未来的研究方向有加权图划分、大规模图划分、并行图划分主题等。

小结

1. 三元闭包：三元闭包指的是由 A、B、C 三个节点组成的三元组的一种性质，即如果 A-B 和 A-C 之间存在强联系，则 B-C 之间也存在强联系。基于该理论，可以探索网络的稳定性、网络的演进趋势，应用广泛。

2. 强联系与弱联系：由马克·格兰诺维特提出，他认为弱联系比强联系更能穿越不同的社会群体，因此能触及更多的人，穿过更大的社会距离。从网络结构进一步分析信息传递的过程，那些作为重要信息流通路径的边被称为捷径，而进一步承担了所有信息流通的边则称为桥。

3. 图划分算法：分裂法图划分是根据边承担信息多少的原则进行图分割的算法，分裂法图划分中有一个很重要的节点与边的分析指标——介数，而一条边的边介数衡量了其承载信息流的总量；聚集法图划分则分别依据 k 个提前定义好的中心点进行节点分类；层次法图划分则是在每一次找到两个距离最近的社团，然后将它们合并为同一个，直到合并得到一个整体；模块度图划分依据质量函数来确定划分结果的好坏；最后贪心法图划分则是直接求出对应最高质量函数得分的图划分结果。

习题

1. 求图 9-34 全局系数以及图中 A 点的局部聚集系数。
2. 举例你生活中的弱关系，以及你认为弱关系在生活中的意义。
3. 设图 9-35 是某社交网络，节点表示人，边表示的是两个人之间的朋友关系。按照三元闭包理论，下图中哪两个人成为朋友的可能性较大？

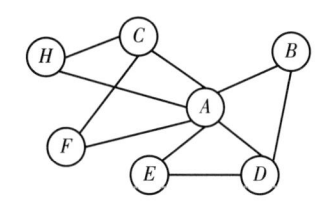

图 9-34　第 1 题图 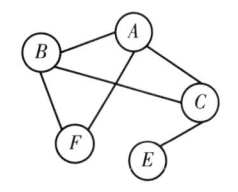　　　　图 9-35　第 3 题图

4. 请指出图 9-36 展示的关系网络的桥和捷径，以及计算他们的跨度。
5. 请用 Girven-Newman 算法对图 9-37 进行分割。

图 9-36　第 4 题图　　　　　图 9-37　第 5 题图

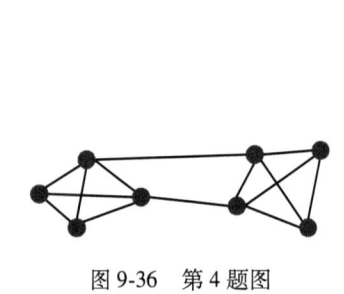

6. 除了"分裂法""聚集法""层次法""贪心法"等图划分方法之外，还有什么图划分的方法？

7. 请在不依赖 Python 的 NetworkX 包的前提下实现对图 9-18 网络的边介数计算。

参考文献

［1］ NEWMAN M E J. Fast algorithm for detecting community structure in networks［J］. Physical review E，2004，69(6)：066133.

［2］ RAPOPORT A. Spread of information through a population with socio-structural bias：I. assumption of transitivity［J］. The bulletin of mathematical biophysics，1953，15(4)：523-533.

［3］ GRANOVETTER M S. The strength of weak ties［J］. American journal of sociology，1973，78(6)：1360-1380.

［4］ BURT R S. The social capital of structural holes［J］. The new economic sociology：developments in an emerging field，2002，148(90)：122.

［5］ HEIDER F. The Psychology of interpersonal relations［M］. New York：John Wiley & Sons，1958.

［6］ WATTS D J, STROGATZ S H. Collective dynamics of 'small-world' networks［J］. Nature，1998，393(6684)：440-442.

［7］ ARAL, S., VAN ALSTYNE M. The diversity-bandwidth trade-off［J］. Am J Sociol，2011，117：90-171.

［8］ LIBEN-NOWELL D, KLEINBERG, J. The link-prediction problem for social networks［J］. J Am Soc Inf Sci Technol，2007 58：1019-1031.

［9］ EASLEY H D. et al. Networks, Crowds, and Markets［M］. Cambridge：Cambridge University Press，2010.

［10］ ARAUJO T, NEIJENS P, VLIEGENTHART R. Getting the word out on Twitter：The role of influentials, information brokers and strong ties in building word-of-mouth for brands［J］. International journal of advertising，2017，36(3)：496-513.

［11］ PARK P S, BLUMENSTOCK J E, MACY M W. The strength of long-range ties in population-scale social networks［J］. Science，2018，362(6421)：1410-1413.

［12］ LYU D, YUAN Y, WANG L, et al. Investigating and modeling the dynamics of long ties［J］. Communications

physics, 2022, 5(1): 1-9.
[13] YUAN Y, ALABDULKAREEM A, PENTLAND A S. An interpretable approach for social network formation among heterogeneous agents [J]. Nature communications, 2018, 9(1): 1-9.
[14] EAGLE N, MACY M, CLAXTON R. Network diversity and economic development [J]. Science, 2010, 328(5981): 1029-1031.
[15] JAHANI E, SAINT-JACQUES G, SUNDSØY P, et al. Differential network effects on economic outcomes: a structural perspective [C]. Presented at International Conference. Social Informatics. 2017: 41-50.
[16] PENTLAND A. Diversity of idea flows and economic growth [J]. Journal of social computing, 2020, 1(1): 71-81.
[17] BAKSHY E, ROSENN I, MARLOW C, et al. The role of social networks in information diffusion [C] // Proceedings of the 21st International Conference on World Wide Web. 2012: 519-528.
[18] HANSEN M T, PODOLNY J M, PFEFFER J. So many ties, so little time: a task contingency perspective on corporate social capital in organizations [M] //Social capital of organizations. Bradford: Emerald Group Publishing Limited, 2001.
[19] RUEF M. Strong ties, weak ties and islands: structural and cultural predictors of organizational innovation [J]. Industrial and corporate change, 2002, 11(3): 427-449.
[20] KANG K H, KANG J. How do firms source external knowledge for innovation? Analysing effects of different knowledge sourcing methods [J]. International journal of innovation management, 2009, 13(01): 1-17.
[21] DITTRICH K, DUYSTERS G. Networking as a means to strategy change: the case of open innovation in mobile telephony [J]. Journal of product innovation management, 2007, 24(6): 510-521.
[22] GIRVAN M, NEWMAN M E J. Community structure in social and biological networks [J]. Proceedings of the national academy of sciences, 2002, 99(12): 7821-7826.
[23] BARABASI A L, OLTVAI Z N. Network biology: understanding the cells functional organization [J]. Nature reviews genetics, 2004, 5(2): 101-113.
[24] RAVASZ E, SOMERA A L, MONGRU D A, et al. Hierarchical organization of modularity in metabolic networks [J]. Science, 2002, 297(5586): 1551-1555.
[25] CLAUSET A, MOORE C, NEWMAN M E J. Hierarchical structure and the prediction of missing links in networks [J]. Nature, 2008, 453(7191): 98-101.

CHAPTER 10

第 10 章

同质性

"物以类聚，人以群分"是对同质化现象的高度概括，指相似的个体间更容易建立联系。例如，一个爱好运动的人，身边少不了同样爱好运动的朋友。再比如不同种族的人倾向于生活在一起，不同年龄段的人倾向于在一起活动等。同质性广泛存在，对人们的行为产生巨大的影响。例如，同质性会导致隔离的发生，使得相同地位的人生活在一起。然而是什么因素导致相似的人之间存在连接？这就是社会学中的一个基本问题：两个人是因为相似才成为朋友？还是因为是朋友所以才变得相似？通过研究同质性，人们可以解释社会中的人群意见同质性现象，并在人力资源管理、市场营销等方面更好地利用同质性。本章将从同质性表现、测量、成因和影响四个方面来介绍同质现象对社会行为的影响。

10.1 同质现象

同质现象的基本表现为人们和其朋友间往往会有相同或相似的特质。同质现象是各类社会行为交互和决策的基础之一，在潜移默化中会支配和塑造社会形态。本节将对同质现象的基本表现进行介绍。

10.1.1 什么是同质现象

2020 年 5 月 25 日，美国非洲裔男子乔治·弗洛伊德遭警察暴力执法死亡。这一事件在美国多地引发持续的反对种族歧视和警察暴力执法的抗议，而后警方使用催泪弹和爆震弹驱散人群。在美国，黑人与白人之间的种族矛盾始终是一个难解的问题。

据《华盛顿邮报》等多家媒体统计，在美国，非洲裔成年人被监禁的概率是白人成年人的 5.9 倍，非洲裔被警察枪击杀害的概率是白人的 3 倍。而在美国被关押的囚犯中，非洲裔的比例高达 33%。美国黑人的犯罪率明显高于白人是事实，但造成这种局面的原因与美国社会根深蒂固的种族歧视问题直接相关。事实上，大部分黑人生活在贫民区，受教育程度和经济地位等多种因素使黑人和白人们分离开来。肤色就像是一条看不见的美墨边境墙，从心理到物理将美国民众分隔。根据 2010 年芝加哥市的居民分布情况来看，不同肤色的人在居住空间上具有明显的物理边界划分，而且多数黑人生活在城市的边缘。人们因为相似的种族和地位而生活在一起，同时又因为生活在一起而逐渐变得相似，这种现象被称为同质现象。

古往今来，大量的证据也都指向了人类社会的同质性。汉·赵岐在《孟子题辞》中讲述了"孟母三迁"的故事："孟子生有淑质，幼被慈母三迁之教"。孟子的母亲为选择良好的环境教育孩子而多次迁居。一开始，他们母子俩住在墓地旁边。孟子经常和邻居的小孩一起学着大人跪拜、哭嚎的样子，玩起办理丧事的游戏。于是孟母将家搬到集市旁，孟子又和邻居的小孩，学起商人做生意的样子。一会儿鞠躬欢迎客人，一会儿招待客人，一会儿和客人讨价还价。最终，他们搬到了学校附近。孟子开始变得守秩序、懂礼貌、喜欢读书。通过孟母三迁的故事，可以发现人类行为会受环境的影响，并表现出与周边人的相似，正如谚语所说"近朱者赤，近墨者黑"。

同质性指的是相似的人彼此接触的概率要高于相异的人，即人们倾向于与自己相似的人交往。同质性是影响社交网络结构的一个重要因素。通常，周围的朋友不像是从整个群体中随机抽取出来的，而是在行为、爱好、观念等方面有着惊人的相似性。同质性的普遍存在意味着在网络中流动的文化、行为、遗传或物质信息将趋向于本地化。这也意味着，在社会形态学中，任何在传播过程中大量依赖网络的社会实体，在与其他社会实体相互作用时，往往会局限于社会空间，并遵循一定的基本形态。

10.1.2 同质现象的多样化表现

麦克弗森[1]对同质现象形成的机制进行了归纳，并根据同质现象的形成机制将同质性分为了基线同质和内生同质。

1) **基线同质（Baseline Homophily）**：因为人口比例及接触机会差异所造成的类聚现象。简单地说，就是不同特征的人群在不均匀分布情况下所造成的类聚现象。比如当一个女生在女子学校上学，那么她身边的人几乎大多都是女生，因此在她的朋友列表里女生会占据大多数。

2) **内生同质（Inbreeding Homophily）**：超过自然接触机会的类聚情形，往往是由于个人喜好和选择所造成。所观察到的友谊倾向偏向于自己的类型，而不受相对人口规模的影响。比如，互联网给了我们每个人平等接收信息的机会，但是人们会根据自己的喜好去浏览不同的内容，渐渐地形成了一些动漫爱好者聚集地或者时尚爱好者聚集地。

我们可以在很多的场景中观察到基线同质和内生同质，比如我们身边的人大多是同龄人，这是年龄上的基线同质现象；我们倾向于和自己性格合得来的人做朋友，这是性格上体现出的内生同质现象。在这两种不同类型同质性的共同作用下，常常会在民族、种族、收入等多个属性下观察到同质现象。

（1）种族与族裔

种族与族裔显然是当今美国社会中难以逾越的鸿沟，其在社会关系塑造和社会意识形态中发挥着重要作用。由不同规模的群体创建的基线同质性与种族/民族群体在其他维度上的地位差异（如教育、职业、收入、宗教）以及往往由地位差异导致的个人偏见相结合，形成了一个高度可见的、经常被研究的网络划分。如今美国的社交网络已经被种族和族裔强有力地划分开来[2]。斯金等人在1999年的报告中指出[3]，近四分之一的企业不雇佣任何少数族裔，而略多于四分之一的企业雇佣的少数族裔少于10%。即使如今，在硅谷的高科技企业中，白人的占比仍远高于黑人的占比。2018年谷歌的人口比例数据显示，黑人的占比仍然只有2.5%。

当然，种族的同质现象不完全是基线同质所造成的，内生同质现象也十分普遍。种族的同质现象在早期求学阶段就已经存在，施勒姆等人[4]发现三年级的学生中，实际上观察到的跨种族的友谊仅有按人口比例可能发生友谊的三分之二；而到了高中阶段，跨种族友谊则降到了所预期的10%，同质现象进一步加强。同时，学校的男生比女生有较多的跨种族友谊，可能与男生在更大的、不那么亲密的群体中玩耍的天性有关。

（2）性别

种族的同质主要是因为各种族类别的相对人数及各类别在居住生活上的差异所致。与种族不同，性别的同质现象主要是因为内生同质而非基线同质。因为男女人口的比例相当，并且男女通常生活在一起，人们的居住环境、阶级等社会因素上的相似程度也很高。

哈利南[5]等研究者发现，对于友谊传递的方式上男女有别：女孩更可能通过删除友谊选项来解决不平衡的友谊，而男孩更可能添加友谊选项。如图10-1所示，如果A喜欢B，B喜欢C，那么一个年轻的男孩A更有可能添加一个A-C关系来认识新的朋友，解决友谊传递的问题，而一个年轻的女孩A更有可能与B断绝关系。不同的友谊处理方式，导致男生的网络规模较大，且异质性高；而女生的网络规模较小，且同质性高。

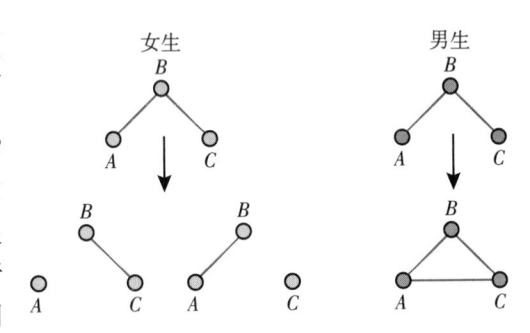

图10-1 男女生解决友谊传递问题的方式[5]

（3）年龄

大多数的年龄同质现象是基线同质。格尔森[6]发现38%的底特律男性的亲密朋友年龄差距在两岁以内；72%的在差距八岁以内。很大一部分原因是，学校将不同年龄的学生分组到同一个教室，这一事实导致了强烈的基线同质性，但这种倾向随着孩子年龄从低年级到高年级而减弱。马斯登[7]发现人们有着向同龄人倾诉心声的强烈倾向，如果两个人的年龄差距越远，就越不可能和他讨论重要的事情。

（4）宗教

宗教同质同时为基线同质与内生同质两种力量的组合。在美国新教徒很可能与其他新教徒结为朋友，这是因为新教徒的群体规模巨大。如果控制人口比例所产生的影响，则新教徒的内生同质程度低于天主教与犹太教。费舍尔研究发现犹太人的朋友及配偶85%为犹太人，而犹太人仅占该区2%的人口。宗教类聚的关系多属于比较亲密的关系，比如给予紧急救助、借钱、给予值得信任的建议和心理咨询等。在比较不亲密的关系中，宗教可能不具有任何影响力。

（5）教育、职业及阶层

社会阶层往往决定了人的居住区域，教育把人安置在不同的学校环境中，职业影响了工作场所和志愿协会活动，因此不难发现在这些属性上的同质情形。人们比较喜欢与自己教育程度相当的人建立亲密关系；但如果与自己同教育水平的他人在其他方面有较高的成就（社会距离增加），则会避免与同教育程度的人建立关系。

（6）态度、能力、信念和抱负

在确定了同质性存在于广泛的社会人口统计和行为等客观维度外，大量研究发现人们的内在认同也是同质性的重要因素之一。内在认同即大多数人会自发地认识到，相似性有助于社会关系的形成，进而重视同质性。这就形成了社会压力，为了更好地融入特定群体，个体适应性地调整自身的行为，以获取群体其他的认同。大量的社会心理学实验证实，态度、信念和价值观的相似性会导致吸引力和互动。

（7）社交媒体

当一个Facebook用户"喜欢"一篇带有某种意识形态的文章或帖子时，Facebook会继续向用户展示具有类似意识形态的帖子（Facebook相信他们会被吸引）。这种同质性会助长社交网站上的分歧或者强化某种观念，在这些网站上，思想观念相似的人会增加相互之间的交流。

10.2 同质性的测量

本节主要讨论同质性的度量方法，即如何判断一个社交网络中是否出现了同质现象以及同质化的程度。

10.2.1 相对比率和期望比率

给定一个由 10 个个体构成的好友关系网络，其中灰色节点表示黑人，白色节点表示白人。为了衡量该网络中，好友关系的形成是否跟肤色有关联，可以采用以下指标量化好友关系的同质性。

相对比率指在给定个体的全部好友关系中某类特定朋友所占的比率。如图 10-2 所示，目标个体 A 共有 4 个好友连接，其中 3 个好友为黑人，仅有 1 人为白人。那么对于个体 A 而言，他/她似乎更喜欢跟黑人交朋友。但是相对比率忽略了网络中总体分

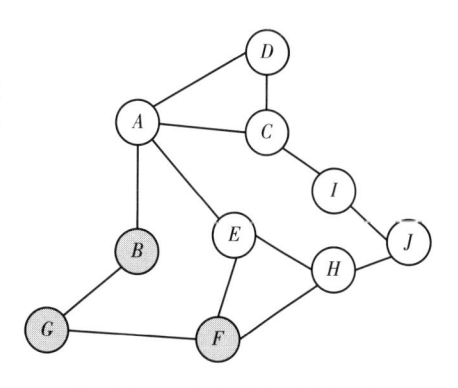

图 10-2 一个小型社交网络案例

布情况，容易导致具有偏差性的结论。例如在图 10-3 中，该示例网络中共有 7 名黑人和 3 名白人构成，黑人在网络中占据主导性，所以个体 A 与黑人接触的机会明显比白人大，因此也不能完全说明个体 A 喜欢跟黑人交朋友。

期望比率综合考虑了网络中总体的分布信息，其首先考虑全局范围内随机选择的概率，然后将其与观察到的比率进行比较。期望比率可以判断社交网络的同质性水平。假设有一个社会网络，黑人和白人所占的比例依次为 p 和 q。如果独立地以概率 p 标定一个节点为黑人，以概率 q 标定一个节点为白人，那么一条边两个端点均为黑人的概率为 p^2，两个端点均为白人的概率为 q^2。在随机情况下，建立一条跨域肤色边的概率可以表示为 $2pq$。因此，如果在现实观察情况下跨域肤色连接的比例显著低于 $2pq$，则认为网络中存在同质性现象。在如图 10-3 所示的网络中，共计 10 个节点（7 名黑人和 3 名白人）和 13 条边（含 3 条跨域肤色的边）。因此 $p=7/10$，$q=3/10$。则在随机情况下产生跨越肤色边的概率为 $2pq=\dfrac{42}{100}=0.42$。然而现实观测网络中形成跨肤色边的概率为 $3/13=0.23<0.42$。由此可知，如图 10-3 所示的网络中存在显著的同质性现象。

10.2.2 EI 同质性指数

EI（External Internal）同质性指数[8]是同质性的一个相对度量，是对内外群体偏好的度量。一个简单的方法是用组外联系的数量减去组内联系的数量，再除以总联系的数量。

$$\mathrm{EI}=\frac{\text{External}-\text{Internal}}{\text{External}+\text{Internal}} \tag{10-1}$$

因此，EI 得分为-1 意味着完全同质性——个体只与自己类型相同的人有联系，EI 得分为 1 意味着完全的异质性——所有的朋友都是不同于它们本身的类型。最后，EI 得分为 0 意味着有相同数量的类型，既具有与自我相同的类型又具有不同的类型。以图 10-3 为例，计算网络的 EI 同质性指数。在该网络中，相同肤色的边有 10 条，跨越肤色的边有 3 条，那么 EI 指数的计算公式为

$$\mathrm{EI}=\frac{3-10}{3+10}=-0.54 \tag{10-2}$$

由于网络的 EI 同质性指数为-0.54，则表示该网络中存在一定的同质性现象。

10.2.3 Blau 异质性指数

Blau 异质性指数[9]用来测量多样性的程度。不同于 EI 同质性指数对群体内或群体外关联进行简单的二分法，Blau 异质性指数用 1 减去网络中特定群体的百分比（p_k）的平方之和，其计算公式如下：

$$H=1-\sum_k p_k^2 \tag{10-3}$$

异质性指数的最大值为 1，表示一个人的所有朋友都属于同一个群体。与 EI 同质性指数不同，群体成员关系并不重要。比如黑人朋友的白人 H 指数为 1，就像白人朋友的白人 H 指数为 1 一样。这仅仅意味着在自我拥有的朋友类型上没有多样性。相反地，Blau 指数得分接近 0 意味着在网络关系中有更大的异质性或多样性。

求解 EI 同质性部分（见图 10-3）网络的 H 指数，就是识别该网络中的不同群体。

$$H = 1 - (P_{\text{black}}^2 + P_{\text{white}}^2) \tag{10-4}$$

如图 10-3 所示，网络中包含有黑人和白人两个群体，其中黑人群体的比例为 0.7，白人群体的比例为 0.3。则最终的 Blau 异质性指数为 0.42，见式（10-5）。通过纵向对比不同历史阶段的 H 指数，可以直观地对网络的变化趋势进行度量分析。如果 40 年前该网络的 Blau 指数是 0.85，那就意味着在肤色的这一方面，网络呈现更多的多样化。

$$H = 1 - \left(\left(\frac{7}{10}\right)^2 + \left(\frac{3}{10}\right)^2 \right) = 0.42 \tag{10-5}$$

表 10-1 总结了不同的同质性测量方法。四种同质性计算方式都能在一定程度上反映出网络的同质性水平，但是每个方法都有其不同的特点，需要根据实际的需求来选择。相对比率通过计算个体身边不同类型的个体的占比，可以快速地反映出个体周边的同质性水平，但是缺乏对整体网络结构的考虑。期望比率综合考虑了网络总体的分布信息，根据个体连接的期望概率来计算实际网络的同质水平，可以更为准确地表达网络的同质性。EI 指数将组内联系和组外联系进行简单的二分，利用二分后的占比来体现同质性，但是简单的二分不能体现不同属性的同质性差异，比如在一个有三种肤色的社交网络中，不同的肤色可能体现出不同的同质性水平。相比之下，Blau 异质性指数考虑了网络中不同群体所占的百分比，体现了网络的多样性。

表 10-1 不同的同质性测量方法

测量方法	计算公式	特点
相对比率	$\dfrac{p_k}{\sum p_i}$	简单易算，只能描述个体周围的网络连接关系，无法准确刻画出整个网络的同质性水平
期望比率	$2pq$	对整体网络的刻画比较准确，但同时需要完整的背景知识
EI 指数	$EI = \dfrac{External - Internal}{External + Internal}$	对组内联系和组外联系进行简单二分类，没有考虑不同属性的差异
Blau 指数	$H = 1 - \sum\limits_{k} p_k^2$	对不同属性群体的占比求平方和，可以测量网络的多样性

10.3 同质现象的成因

人们通常会与同自己相似的人建立社会连接。如 10.1 节所述，具有相同社会地位、相同价值观念的人之间更容易成为朋友。同质现象可以表现在种族、年龄、性别、能力等一系列特征上。那么造成同质现象的背后机制是什么呢？

选择与社会影响

在固定不变的一些特质中，如种族或族群，人们倾向于和与他们相似的人之间形成友谊，这通常被称为**选择**（Selection），即人们根据相似的特征选择朋友，也就是通常所说的"物以类聚，人以群分"。

如果特征是具有可变性的，如行为、活动、兴趣、信仰和观念，那么个体之间特征的反馈效应及其在社交网络中的连接会变得很复杂。但同时另外一个过程也在发生作用，人们会因为需要和朋友们保持一致而改变自己的行为。这个过程被描述为**社会影响**（Social Influence），体现了"近朱者赤，近墨者黑"的内涵。

社会学中经常讨论的一个基本问题[10]是：**人们是因为相似而成为朋友，还是因为是朋友所以变得相似？选择与社会影响是谁在主导着友谊的形成？**

拉扎斯菲尔德和默顿提出了同质性关系的社会选择理论[11]，并区分了地位同质性和价值同质性：地位同质性是由于正式、非正式地位或出生地位的相似性所形成的同质现象。地位同质性包括主要的社会人口学维度，这些维度划分了社会归属特征（如种族、民族、性别或年龄），以及后天特征（如宗教、教育、职业或行为模式）。价值同质性是由于价值、态度以及信仰所造成的。并且他们证明了地位相近或价值观相似的节点之间，更有可能形成边，这就是"物以类聚，人以群分"。坎德尔则提出了同质性关系形成的社会影响理论，认为由同一条边连接的两个节点的交往和互动（比如同事、兴趣团体成员之间）会产生相互影响，让两个节点在某些属性或特征上呈现趋同，这就是"近朱者赤，近墨者黑"。

因此，同质网络的形成往往是选择与社会影响相互作用的结果。

为了研究这两种力量对社交网络的影响，通常会跟踪一段时间里人们之间的社会联系与行为变化，例如观察个体的社交网络连接改变前后其对应的行为变化，或者观察当一个个体的行为发生改变时其社交网络会有何变化。该方法已经被应用于有相似特征的青少年朋友网中，例如吸烟[12]、酗酒[13]、欺凌行为[14]等不良行为。诸多实例有力地证明了在青年人群中所表现出的行为相似性是选择和社会影响共同作用的结果：青年人在社交圈内寻找与他们相似的人，且他们会因同龄人的压力而迫使自己改变行为，以便更适应他们的社交圈。比较难的问题是这两种影响是如何互动的，是否其中一个情况的影响远远大于另一个？恩内特等人[15]调查了五所中学的吸烟情况，结果表示选择和社会影响对同龄人吸烟同质性的贡献大致相同。

理解这两种力量之间的作用不仅可以认识变化背后的原因，而且可以通过推理实现系统中某些干预的效果。比如，一旦在社会网络中发现吸烟显现出同质性，朋友吸烟会使自己吸烟可能性提高。可以考虑一个方案，瞄准一个特定的学生人群，并促使他们停止吸烟。在一定程度上，若观察到的同质性是根据一定程度的社会影响形成的，这样的方案会对整个社交网络起到广泛的影响，使那些特定学生的朋友也停止吸烟。不过，这里需要注意的是，如果观察到的同质性完全是从选择作用中产生，那么此项直接减少吸烟行为的计划可能行不通：这些特定的学生可以停止吸烟，他们改变自己的社交圈，并与那些不吸烟的学生建立新的连接，但是其他学生吸烟的行为并未得到很大的改善。

另外一个相关研究是克里斯塔和福勒针对社会网络在健康行为影响方面的工作[16]。该研究使用约 12 000 人的纵向数据，克里斯塔和福勒追踪了超过 32 年的社会网络结构，取得了大量关于肥胖状态的数据。研究发现肥胖人群和非肥胖人群在网络中都以与同质性一致的方式聚集。如果一个人的朋友在一段时间内变得肥胖，他/她变得肥胖的机会增加 57%；在成对的兄弟姐妹中，如果一个兄弟姐妹变胖，另一个变胖的可能性会增加 40%；在成对的配偶中，如果一个人变得肥胖，那么他/她的配偶变得肥胖的可能性会增加 37%。图 10-3 展示了肥胖在网络中的传播情况。

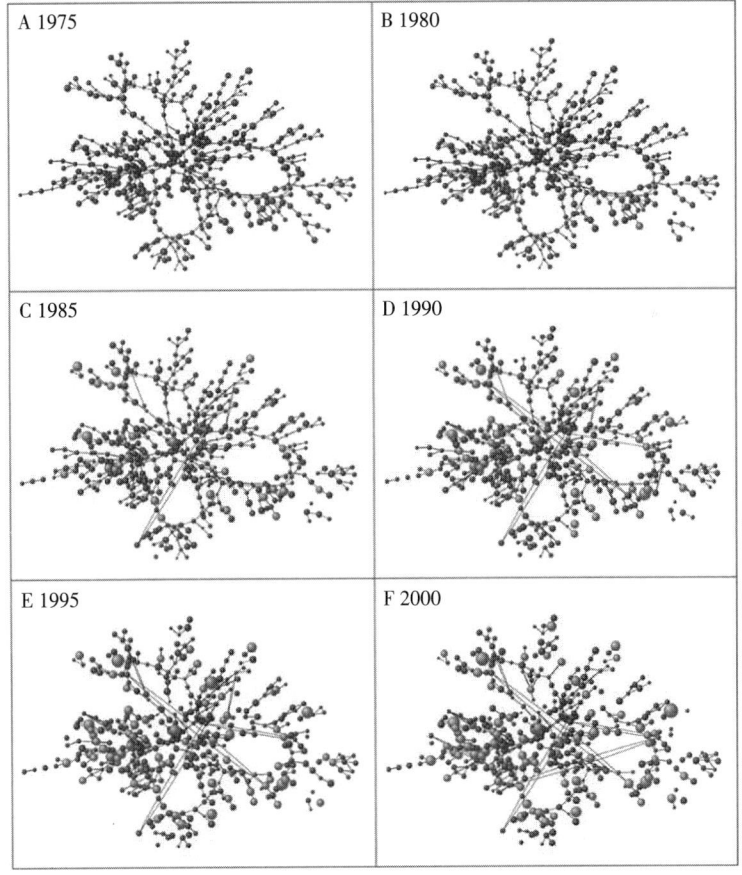

图 10-3　肥胖在网络中的传播情况⊖（详见彩插）

⊖ 带红色边框的圆圈表示女性，带蓝色边框的圆圈表示男性。每个圆圈的大小与人的体重指数成正比，黄色表示肥胖者，绿色表示非肥胖者[20]

为了解释肥胖人群聚集现象，克里斯塔和福勒提供了三种解释。

1）是否因为选择的作用，人们倾向于选择相似肥胖状态的人建立友谊？

2）是否因为某些其他特征的同质性所产生的混淆效果，导致网络结构反映其他方面的相似性，正好与肥胖情况相关联？

3）是否因为一个人朋友肥胖状态的变化产生了一种影响（行为上的），影响了他/她未来的肥胖状态？

克里斯塔和福勒的研究报告中指出，即使加入1）和2）的影响，类型3）也有显著的影响：肥胖症显示出一种社会影响，你朋友的肥胖状况的变化也将间接使你受到影响。该发现展示了一个肥胖症在社会学角度下可能像"传染病"一样传播的有趣现象：虽然你不一定像被传染流感一样从你的朋友那儿"感染"肥胖症，但你仍有可能因社会影响下的某种潜在机制被其影响。也许，该发现同样适用于那些具有明显行为特征的其他一些健康问题。

社会影响和选择这两种力量可以在社会环境中被广泛地观察到：人们决定采取的行动是基于他们当前与之互动的人的行动，人们同时形成新的互动作为他们现有行动的结果。在大多数情况下，研究这些力量及其相互作用是非常困难的，因为随着时间的推移，收集个人社交网络和活动的数据既昂贵又容易出错。在线社区提供了一个绝佳的机会来研究这类大规模的社会现象。并且，近年来创建的许多在线系统既提供了丰富的活动集，也提供了广泛互动的机会。

维基百科[17]是一个以任务为中心的大型社区，其目标是制作免费的在线百科全书。我们可以查看维基百科上的全部编辑历史。维基百科拥有丰富的社会结构，大量用户在生成文章的过程中进行互动。为了促进社交互动，维基百科允许为每篇文章和维基百科用户创建自由形式的讨论页面。将两个用户 u 和 v 的首次见面时间定义为其中一个用户首次在另一个用户讨论页面发表文章的时间。原则上，也可以通过在同一篇文章的讨论页面上发帖来推断社交互动。

为了更好地解释同质现象，首先需要定义社会网络及相似性度量。将用户 u 和 v 分别用向量 $\boldsymbol{u}$ 和 $\boldsymbol{v}$ 表示，向量中包含该用户在该时刻做过的动作，那么利用余弦相似度来计算两用户之间的相似程度。

$$\cos(\boldsymbol{u},\boldsymbol{v})=\frac{\boldsymbol{u}\cdot\boldsymbol{v}}{\|\boldsymbol{u}\|_2\|\boldsymbol{v}\|_2} \tag{10-6}$$

克兰德尔[17]在研究中考虑了截至2007年4月2日的51万名维基百科用户的交互信息，探究了相似性和社会关系之间的相互作用。将两个用户 u 和 v 的第一次互动的时间定义为其中一个用户第一次在另一个用户的讨论页面上发帖的时间。克兰德尔记录了他们的相似性随时间变化的情况，通过计算所有通信过的维基百科用户两两之间的相似性并进行平均，从而得到图10-5。

通过图10-5可以发现，相似性在第一次互动前后明显地增大，表明选择影响与社会影响都在起作用。但是，这个曲线在时间0的时候并不是对称的，相似性增大最多发生在时间0之前，表明选择影响起一种特别的作用：两个编辑间的相似性在它们即将接触之前迅速增加（平均而言）。同时也注意到在图10-4中所描绘的相似性要比两个无互动的编辑间的相似性高很多：在图10-5下端的虚线表示在一段时间内随机抽取的一些无互动编辑间的相似性。它一方面要低得多，另一方面随着时间基本保持不变。

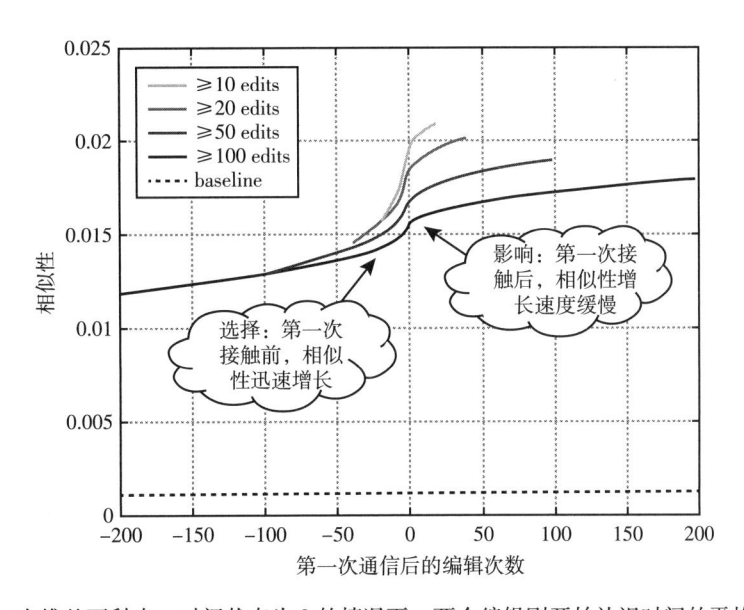

图10-4 在维基百科中，时间状态为0的情况下，两个编辑刚开始认识时间的平均相似性

10.4 同质现象的影响

同质现象带给人类社会的影响是深刻且广泛的。在同质现象的作用下，社交网络结构会发生改变，导致一些观念、行为在特定人群中传播，例如学业成就[18]、肥胖问题[16]、吸烟问题[12]等，甚至会引发物理空间上的隔离[19-20]。本节介绍同质现象带来的两种典型影响。

10.4.1 人群隔离

美国黑人和白人在芝加哥的居住空间分布，呈现出强烈的人群隔离现象。为什么在芝加哥种族分离和收入阶层分离如此明显？种族隔离或者群体之间的隔离到底是归因于种族主义，还是因为其他原因呢？为了回答上述问题，美国著名经济学家托马斯·谢林提出了谢林模型[19-20]，该模型借助于实验仿真技术研究人群隔离的成因。

谢林模型可简单描述如下：在一个连通的二维网格区域内，居住着两种类型的智能体，每个类型的智能体都有相邻的八个邻居（边界情况除外）。每个智能体都希望拥有不少于 t 个同类邻居。如果当同类邻居的数目小于 t 时，则该智能体会不满足于现状并移动到一个未被占领的单元区域中。

在这里用网格化棋盘代表小区的房屋分布。每个方格代表可以租住的房屋。为了区分房屋的状态，用"黑色"与"白色"表示房屋租客的不同类型（如种族、宗教、种姓或者某些特征的结合，在这里指不同的种族）；"灰色"表示当前房屋还没有被租住。每个家庭最多有 8 个邻居，占据紧邻他们的格子（上下左右，以及 4 个斜对角）。每个家庭对自己邻居的种族类别构成有一定的偏好。对于每个家庭而言，只要有三分之一的邻居与自己的类别相同，就是他们就会保持现状，否则将考虑搬家。下面以图 10-6 为例，说明随着时间变化小区内的租客变化情况。

首先标记出对当前现状不满意的家庭，即少于三分之一的邻居与自己的类别相同。在图 10-5 中，共有 3 个家庭对现状不满意。例如，1 号黑人家庭周围有四分之三的邻居是白人，只有四分之一是黑人家庭；2 号黑人家庭周围邻居全部为白人；3 号白人家庭周边仅有 1 个白人邻居。

接下来对当前状况不满意的家庭将尝试进行搬迁操作。如图 10-6 所示，在图 10-6 a 中，2 号家庭考虑搬入左下角的空置房屋，并腾空现有的居住房屋。注意，网格中可能存在多个不满意的家庭，选择哪个家庭先移动是随机抽取的。随着 2 号黑人家庭的搬迁，网格中其他家庭的满意状况将发生变化。新搬来的黑人家庭会增加新邻居周围黑人家庭的数量，减少老邻居周围黑人家庭的数量，因此其他家庭的满意状况会随之变化。对比图 10-6 a 与图 10-6 b 发现，在 2 号黑人家庭搬来后，原本不满意的 1 号黑人家庭周边出现了 2 个黑人家庭，其对应的满意状态也发生了变化。然而，图 10-6 a 右侧的另一户黑人家庭原本是满意的，但现在由于失去了一户黑色邻居而变得不满意。

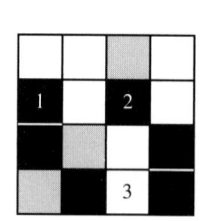

图 10-5 谢林隔离模型[24]

此类外部效应是谢林模型中的重要内容。当某个类型的家庭搬离后，周围留下的同一类型的家庭可能会变得不满意，然后跟着搬家。还有可能使他们搬入的社区中其他类型的家庭变得不满意，从而导致迅速的连锁反应。在全部搬迁结束后，如图 10-7 b 所示的格局，尽管其中所有家庭都能接受混居的邻里环境，只要求一小部分邻居是自己的同类，但黑人家庭与白人家庭之间出现了界限鲜明的隔离。

由此可见，谢林模型背后的本质作用在于外部效应与连锁反应。人们搬家的决定会给邻居的满意度造成影响，这种反馈效应带来连锁行动。初期偏好的微小偏差通过相互作用而放大，最终产生严重的后果。给定一个 20×20 的棋盘网格，其中不同家庭类型的初始分布状态如图 10-8 a 所示。通过仿真测试，谢林模型的最终仿真输出如图 10-8 b 所示。通过仿真实验分析，可以发现谢林模型使得网络中出现了明显的空间隔离，空间分布上呈现出簇状结构。

a）2号不满意家庭向左下方移动 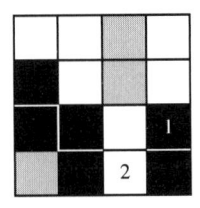　　　　b）此后还剩下两个不满意家庭

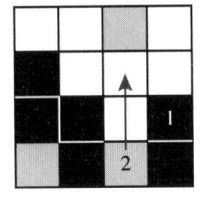

c）2号不满意家庭向上方移动 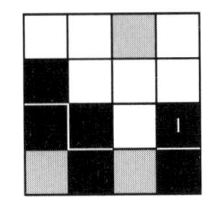　　　　d）还剩下一家不满意家庭

图10-6　不满意的家庭搬家，搬家次序和搬到哪个位置都是随机的

a）最后的不满意家庭向左下方移动 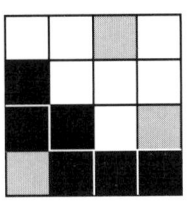　　　　b）所有家庭均达到满意状态

图10-7　尽管每个家庭都能接受成为邻里中的少数群体，只要求不做过分少数的群体，但由此引起的搬迁却导致整个社群进入高度隔离的状态

a）初始状态 　　　　b）平衡状态

图10-8　20×20网格下的人群隔离现象[一]

[一] 方块和三角分别代表两类家庭。

当然，谢林模型是一个非常简单的模型，对现实问题进行了高度简化，忽略掉了若干现实因素。例如，某些社区的种族高度混居并长期维持，某些社区则更为敏感，少数族裔人口的微小增加也会引发变动。每个人的偏好未必相同，有人喜欢住在高度同质化的社区，邻居的微小变化会引起他们的大动作；另一些人则可以甚至乐于住在非常多元化的社区里。然而，谢林模型得出了一个颠覆人们直觉的观点。最开始随机分布的个体，仅仅是因为不想自己变成社区里面的绝对少数，并且因此而倾向于搬家的话，最后就会变成完全的种族隔离。这一结果和长久以来种族之间的互相敌视的印象大不相同。同时，谢林模型带来更为重要的启示：人类的决策行为存在外部效应及其可能导致的连锁反应，较小的喜好偏差也可以带来很大的影响。谢林模型可以解释在不同维度看到的同质性力量。请进一步参考网站（http://ncase.me/polygons/）学习大量谢林模型的模拟案例。

10.4.2 感知偏差

人们对社会世界的看法决定了他们执行各种行为的意愿，例如选举投票[21]、环境节能[22]到酗酒行为[23]等。然而，人类认知的形成往往基于自身经验，因此人们很少有机会从整个社交网络中提取有代表性的样本。相反地，人们观察到的样本受到其个人网络的局部结构的限制，可能对目标对象的认知和理解存在局部性，即存在感知偏差现象。

当特朗普在2016年战胜希拉里赢得总统大选时，没有哪个群体会比新闻记者更感到惊讶。因为记者们已经在很大程度上接受了民意调查，民调显示希拉里在关键摇摆州始终领先几个百分点。为什么会造成如此大的偏差？麻省理工学院对在线媒体网站的数据进行了分析。在推特上，特朗普支持者在大选期间谈论政治时形成了一个特别孤立的群体，他们与希拉里的支持者或主流媒体几乎没有联系。因此，在同质化的社交圈子里，新闻记者并没有看到整个数据的全貌，就导致了他们往往会高估他们自身在整个社会中所占的比重[24]。

感知偏差是指人们在知觉自身、他人或外部环境时，常因自身或情境的原因使得知觉结果出现失真的现象。感知偏差无处不在，并深刻地影响着人们的生活。人们会根据自己的感知做出态度判断和行动决策。例如，当一个人认为社会上大部分人都和自己一样富有时，就难免发出"何不食肉糜"的疑问；当一个同学身边的人都在"内卷"，每天学习工作到凌晨，那么他可能也会觉得压力很大，也开始疯狂学习。

感知偏差往往存在高估和低估两种情况[25]，有时人们会高估某一群体在社会中的比例，而有时则会低估他们的比例。这种偏差从何而来呢？Eun Lee 等人[26]试图从社交网络的结构特性出发去给出一个答案。她们将同质性因素加入网络偏好模型中，分析表明感知偏差完全来自网络的同质性水平及其不对称性。

1. 定义社会感知偏差

在这里，只考虑二元属性在社会网络中的流行程度（如是否吸烟）。在这些二元属性之上，分别定义个体和群体层面的社会感知偏差。

在个人层面，假设个人的感知是基于一个属性在其个人网络的流行程度。定义个体对具有特定属性的个体在整个网络中所占比例的感知偏差如下：

$$P_{\text{indv}} = \frac{1}{f_a} \times \frac{\sum_{j \in \Lambda_i} x_j}{k_i} \tag{10-7}$$

式中，k_i 是个体 i 的度，即个体 i 的个人网络的大小；Λ_i 是个体 i 的所有邻居；x_j 表示个体 i 的邻居的属性（$x_j=1$ 表示少数属性，$x_j=0$ 表示多数属性）；f_a 是整个网络中少数节点的真实比例。

群体层面的感知偏差是指少数群体或多数群体中所有个体的感知偏差之和：

$$P_{\text{group}} = \frac{1}{f_a} \times \frac{\sum_{i \in N_g} \sum_{j \in \Lambda_i} x_j}{\sum_{i \in N_g} k_i} \tag{10-8}$$

式中，N_g 是 g 群体中的个体集合；g 群体可以是少数群体，也可以是多数群体。

感知偏差的最小值为 0，最大值为 $\frac{1}{f_a}$。感知偏差值低于 1 表示对少数群体规模存在低估，高于 1 则表示高估。如果这个值等于 1，那么一个群体或个人就能很好地感知到整个网络中少数属性的比例。

下面以图 10-9 为例说明如何在个体水平和群体水平上定义高同质性（同质性）网络和低同质性（异质性）网络的感知偏差。在这里，单个节点的颜色描述了其属性。橙色节点属于少数，蓝色节点属于多数。关注在两个网络中占多数的中心个体 i。该节点根据个人网络中橙色节点的比例（虚线圈）来估计少数群体的规模。在同质性网络中（图 10-9 a），它的个体水平感知偏差为 $3 \times \frac{1}{6} = 0.5$，这意味着他低估了少数群体的规模为 0.5 倍。因此，他高估了自己在整个网络中的多数群体的规模。在异质网络（图 10-9 b）中，个体 i 的感知偏差为 $3 \times \frac{4}{6} = 2$，表明个体 i 高估了少数群体的规模为 2 倍。在群组水平上，多数组（蓝色）认为少数组的规模在同质性网络中为 $\frac{4}{18}$，在异质性网络中为 $\frac{10}{18}$。因此，在同质性网络中，多数群体低估少数群体的规模为 $3 \times \frac{4}{18} = 0.67$，而在异质性网络中高估少数群体的规模为 $3 \times \frac{10}{18} = 1.67$。

2. 调查社会感知偏差水平

为了观察同质性和少数派大小在社会感知偏差中的作用，研究者分别对美国、德国和韩国的参与者发放了 100 份调查问卷[25]。问卷共涉及 10 个问题，每个问题包括 a 和 b 两种选择。问卷的内容及统计结果如表 10-2 所示。

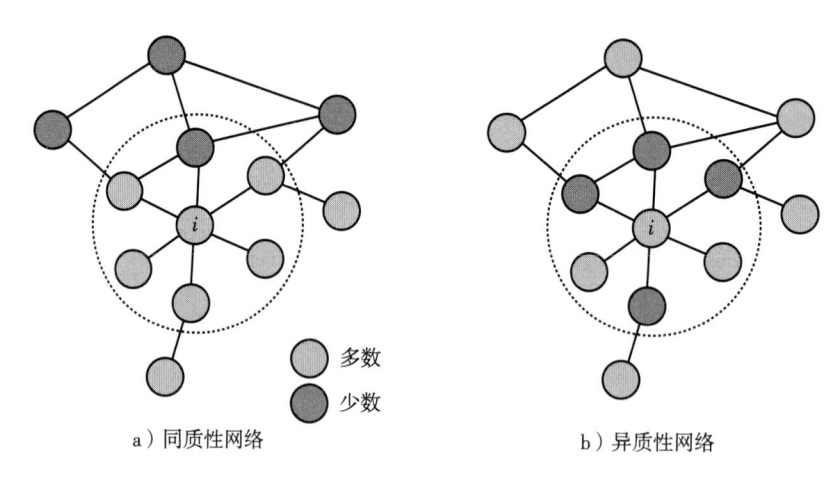

图 10-9　计算同质性网络和异质性网络的感知偏差（详见彩插）

a）同质性网络　　　　b）异质性网络

多数　少数

表 10-2　问卷内容及统计结果[37]

主题	问题	美国（%）		德国（%）		韩国（%）	
		(a)	(b)	(a)	(b)	(a)	(b)
1. 金钱	在过去的 12 个月里，是否有过没钱买食物的时候？(a) 是 (b) 否	19	81	5	95	3	97
2. 慈善	在过去的一个月里，你给慈善机构捐过钱吗？(a) 是 (b) 否	57	43	43	57	26.7	73.7
3. 经历盗窃	在过去的 12 个月里，你或家人是否有金钱或财产被偷？(a) 是 (b) 否	12	88	9	91	—	—
4. 宗教	宗教是你日常生活的重要组成部分吗？(a) 是 (b) 否	70	30	27	73	52	48
5. 参加礼拜	你在过去 7 天内有没有参加过礼拜或宗教仪式？(a) 是 (b) 否	53	47	33	67	44	56
6. 上帝和美德	哪一个更接近你的观点？(a) 没有必要为了有道德和有良好的价值观而信仰上帝。(b) 必须信仰上帝，才能有道德和良好的价值观。	47	53	33	67	—	—
7. 信仰上帝	你相信上帝或至高无上的存在吗？(a) 是 (b) 否	64	36	38	62	39	61
8. 吸烟	你是否每天至少抽一次烟草产品？(a) 是 (b) 否	15.2	85	21.9	78	23.9	76.1
9. 军事力量	你是否同意有时使用军事力量来维持世界秩序是必要的？(a) 是 (b) 否	76.5	24	50	50	—	—
10. 同性恋	哪一个更接近你的观点？(a) 同性恋是一种应该被社会接受的生活方式。(b) 同性恋是一种不应该被社会接受的生活方式	35.5	64	12.1	87.9	34	58

参与者针对每个问题回答了三次。首先，他们回答了问卷中的问题（如自己是否吸

烟)。其次，每个参与者估计了个人网络中每个属性的人的频率。通过这些频率，利用式（10-9）可以计算参与者个人网络中的同质性。

$$h_{aa} = \frac{r_{aa}(2-C)}{f_a C + 2r_{aa}(1-C)} \tag{10-9}$$

式中，$r_{aa} = \frac{M_{aa}}{M}$，用少数节点之间的边数除以总边数，以表示少数节点边的密度；$C = f_a(1+p_{aa}) + f_b p_{ba}$，表示少数节点的度增长因子；$p$ 表示节点之间的连接概率。

最后，参与者估计了在他们国家中具有特定属性的人的频率。将这些估计与全国调查的结果进行了比较，以计算他们的社会感知偏差。感知偏差的计算方法是个人估计和国家调查客观频率的比值。例如，如果一名参与者报告说他认为60%的人吸烟，而全国调查显示40%的人吸烟，那么感知偏差为60/40=1.5。

如图10-10所示，研究者根据受调查者的属性，将其对应划分进少数群体和多数群体，左侧纵列显示少数群体的同质性-感知偏差调查结果，右侧纵列显示多数群体的同质性-感知偏差调查结果。图中横轴为同质性水平，以0.5为分界线，越趋近0同质性越低，越趋近1同质性越高；纵轴为感知偏差，以"受调查者认为的少数群体规模÷真实的少数群体规模"计算，以1为分界线，>1表示出现高估性偏差，<1表示出现低估性偏差。研究者对德、美两国发放的共300份抽样调查问卷显示，对于身处少数群体的人来说，他们社交网络中的同质性越高，越倾向于高估少数群体的规模，反之则会低估；对于身处多数群体之中的人来说，他们社交网络中的同质性水平越高，越容易低估少数群体的规模（也即高估多数群体的规模）；反之，多数群体社交网络的同质性水平越低，越会高估少数群体的规模。这一规律不但对个体生效，而且对作为个体总和的群体（事实上在这里可以将群体看作平均化的个体）也奏效。**总而言之，不管对于少数群体还是多数群体中的个体，当其社交网络中的同质性水平越高，越倾向于高估自己所在群体的规模而低估对方群体的规模。**

当我们遇到问题时，总会有人建议"多听听别人的意见"，究竟听取别人的意见是否可以消除我们的感知偏差呢？研究者在模型的模拟过程中加入了临近节点的同质性和感知偏差，得出了这样的结论：**只有在个体社交网络中的同质性较低时，听取朋友的意见才可以降低个人的感知偏差，而当个体社交网络中的同质性过强时，听取朋友的意见可能会适得其反。**此时，我们可能必须要去借助其他的手段更正自己的感知，比如通过广泛接触媒介或者亲自做调查。

10.4.3 同伴效应

同伴效应指在年龄和背景等方面相似的一群青少年彼此产生的影响。其中，学习成绩是同伴效应研究较多的一个方面。如果能与更优秀的人做同学、朋友，那你的成绩也多少会有所改善。孟母三迁也是为了能给孩子营造一个良好的学习氛围。

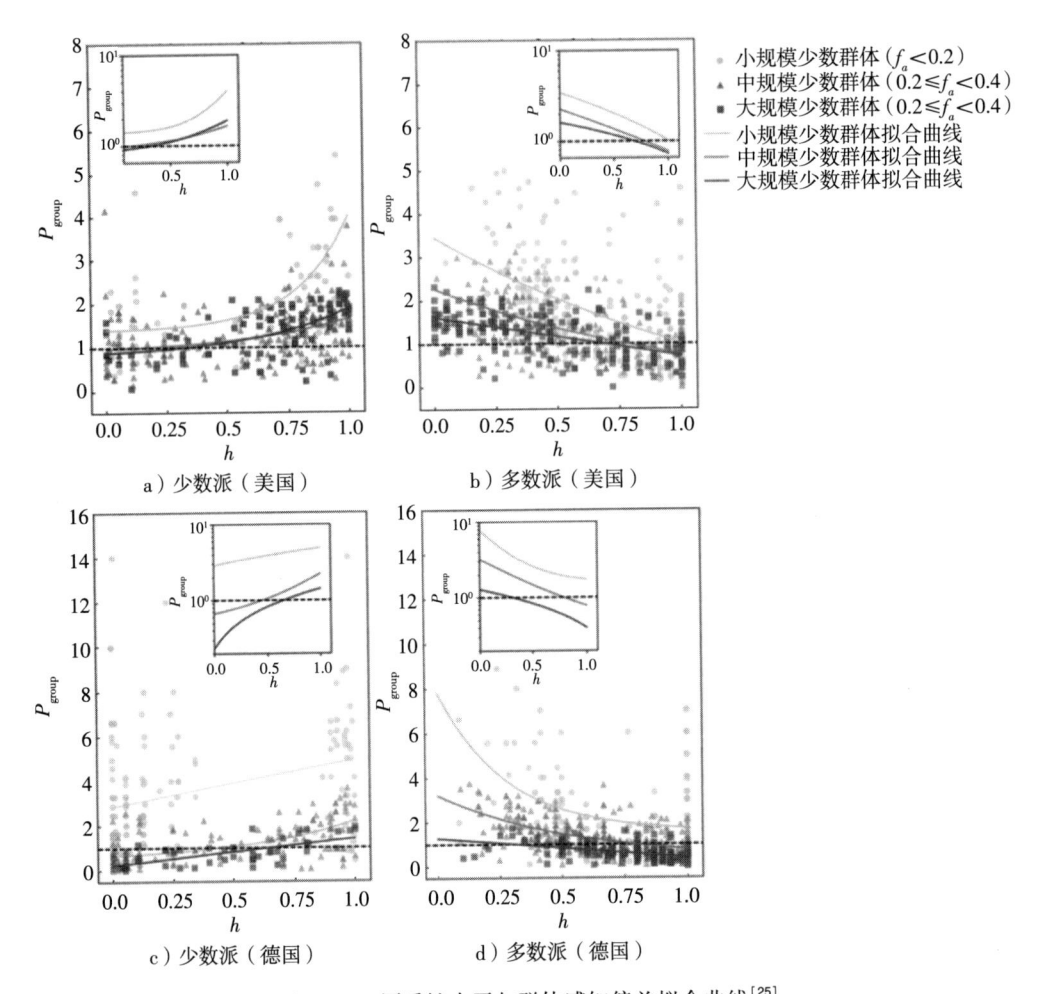

图 10-10 同质性水平与群体感知偏差拟合曲线[25]

那么在学生整体不变的情况下,是否有可能通过恰当的安排,通过同伴效应,在不损害任何人利益的情况下,至少提高部分人的成绩呢?了解同龄人之间的相互影响对于决策制定很重要,特别是在教育领域,同伴效应的存在和结构可能会对能力跟踪、课堂组织和学校选择等政策产生重大影响。这对发展中国家可能特别重要,因为这些国家的财政资源有限,需要更有效地分配教育投入。

经济学家卡雷尔等人[26]分析了美国空军学院 2001 年到 2006 年的学生数据,在这段时间中,美国空军学院一直把所有新生随机分配到各个中队。同一个中队的学生会一起生活、训练和就餐,因此同一个中队的学生关系是最好的。他们把所有学生按入学成绩分成好生、中等生和差生,研究了学生同伴之间的相互影响,发现好生自身的学习成绩不受其他人影响,但好生会显著提高差生的成绩,而差生则给中等生带来了显著的负面影响。于是，在随后的 2007 年开始，他们采用了一种新的分班方式：将好生和差生分在一个班，而将中等生单独分在一个班。这样的话，好生自身不受影响，差生将因为同伴中好生数目的增加而受益，而中等生则同样会因为与差生隔绝而受益。然而，结果却出乎意料：相比对照组，实验组中那些被刻意与好生分到同一个中队的差生们的成绩非但没有上升，还出现了显著的下降，反倒是被单独安排的中等生的成绩有明显上升。他们对其分析了原因，在实验组内好生和差生们虽然被分到了一起，但实在是缺乏共同语言，于是并没有真正成为同伴。并且缺少了中等生作为两者间的桥梁，使得差生的成绩非但没有上升，反倒下降了。

为了鼓励好生和差生真正建立起同伴关系，李桃等人[27]随机地在北京的农民工子弟小学中挑选 23 所进行实验。一开始，在其中的 12 所学校里，他们将班级内成绩最差的学生和成绩前 10 名的学生安排为同桌，如果差生取得进步，那么根据进步的排名差生将会得到现金奖励。这些差生的同伴质量改善了，不过一个学期后的观察却发现，他们并没有取得明显进步。在随后的 11 所学校里，他们也做了类似的随机抽取和安排，唯一的区别是，这次将获得奖励的不仅只有取得进步的差生，还有他们的班级前 10 的同桌。结果在短短一个学期之后，那些能与同桌一起获得奖励的差生取得了明显进步，并且与此同时，被安排与差生同桌的班级前 10 学生的成绩也没有发生显著下降。这个结果不但确认了同伴效应的存在，也强调了外部激励的重要性。在这里，外部激励一定程度上构成了好生和差生之间朋友关系的一个替代品。

为了更加深入地理解同伴构成对学生学业成绩的影响，研究者们[28]提出了以下同伴效应可能的模型。

1) **同质性模型**[28]：同质性模型认为班级同质性程度的增加对学习成绩有着正向的作用。萨切尔多特[29]认为，同质性班级带来正效应的原因有两个。其一，同伴的直接影响。同质性程度高，意味着学生学业水平差异小，有利于促进交流、形成友谊、强化班级凝聚力，提高合作学习的概率。此模型认为，能力较差的学生更多地得到了像他们一样的学生的帮助，而不是高能力同龄人的帮助。其二，同伴的间接影响。学生差异小也有利于课堂教学的实施。在此类班级结构中，教师更容易选择与学生学业基础契合度较高的授课方式、学习材料及家庭作业，而不需要选择折中策略。

2) **坏苹果模型**[28]：坏苹果模型更关注行为不良学生的负面冲击，认为班级中的"坏孩子"（学业能力弱或不遵守纪律者）会对所有学生造成不良后果。"坏孩子"经常制造吸引他人注意力的破坏性行为，降低整体学业产出效率。即使"坏孩子"循规蹈矩，但因学业能力较弱，需占据教师额外的精力，依然有损班级整体效率[28]。

3) **彩虹模型**[28]：彩虹模型认为，如果班内的学业能力分布具有多样性，则对所有学生均有益。彩虹模型与上述的同质性模型的观点相反，它认为同伴的异质性水平对学业成就有着积极的影响。在为数不多的研究中，莱尔[30]通过分析随机分配的军校数据，发现同伴的异质性越强，对学业成就的积极效应越大，并且主要贡献来自具有高能力的优秀同伴。

4）杰出人物模型[28]：该模型与坏苹果模型的观念正好相反，该模型强调榜样的作用，认为最优秀的学生对其他学生的积极作用最大。然而，对该模型的质疑也有很多。经济学家拉齐儿[31]认为，最调皮的孩子对全班的负向冲击要远大于一个最优秀的学生对全班的正向影响。并且有研究表明[32]，尽管有些差生接触了成绩更好的同龄人，学习了更具挑战性的课程，但他们的考试成绩仍然不理想。

各个同伴效应模型都有其潜在的道理，我们很难完全推翻其中一个。但是，同质现象以及同伴效应告诉我们，如果想要成为一个优秀的人，那么就想办法去融入优秀者的队伍，向榜样学习，努力奋斗，某一天就会在他们的影响下逐渐实现自己的目标。

小结

1. 同质现象是我们生活中常见的现象，体现了人们倾向于与自己相似的人交往。同质现象通常会表现在种族、性别、年龄、教育、职业、能力、社交媒体等方面。

2. 同质性测量指测量网络中属性相同且有互相联系的节点所占的比例大小。常用方法包括：比率法、EI 同质性指数以及 Blau 异质性指数。

3. 同质现象的成因可归结于选择（物以类聚、人以群分）与社会影响（近朱者赤近墨者黑）。同质性网络的形成是两者共同作用的结果。

4. 同质现象对我们的生活造成了深刻的影响。其中，谢林模型描述了同质性对于空间隔离的影响与作用，揭示了种族和收入隔离背后的原理。除此以外，感知偏差指人们在知觉自身、他人或外部环境时，常因自身或情境的原因使得知觉结果出现失真的现象。网络的同质性水平和不对称性是造成感知偏差的重要原因。

习题

1. 测量朋友圈的同质性水平。

朋友圈边列表：A-B、A-C、A-E、A-D、B-G、B-F、E-F、C-D。个体属性如下表所示，其中 1 为男生、0 为女生。请利用 EI 指数计算朋友圈的同质性水平，并尝试分析其原因。

A	*B*	*C*	*D*	*E*	*F*	*G*
1	0	1	1	1	0	0

2. 利用 10.2 节提出的三种方法计算同质性时有什么区别？
3. 生活中还有哪些同质性现象？请用本文知识进行解释。
4. 结合生活案例，画图举例会员闭包和社团闭包。
5. 在一个 150×150 的网络棋盘中，设定一个人对邻居的满意程度门槛为 1/3，即他的邻居中至少有 1/3 的人和自己是同种类别，否则就会搬家。请利用代码完成对该谢林模型的仿真。

6. 除了文中提到的，请谈谈同质现象在我们生活中还会带来什么样的影响？

7. 当同质性增加时，有没有办法可以减轻网络的同质性。

*8. 尝试利用三元闭包和社团闭包理论，实现一个好友推荐系统。

参考文献

[1] MCPHERSON M, SMITH-LOVIN L, COOK J M. Birds of a feather: Homophily in social networks [J]. Annual review of sociology, 2001, 27(1): 415-444.

[2] MOODY J. Race, school integration, and friendship segregation in America [J]. American journal of sociology, 2001, 107(3): 679-716.

[3] RESKIN B F, MCBRIER D B, KMEC J A. The determinants and consequences of workplace sex and race composition [J]. Annual review of sociology, 1999, 25(1): 335-361.

[4] SHRUM W, CHEEK Jr N H, MACD S. Friendship in school: gender and racial homophily [J]. Sociology of education, 1988: 227-239.

[5] EDER D, HALLINAN M T. Sex differences in children's friendships [J]. American sociological review, 1978: 237-250.

[6] GERSON K, STUEVE A, FISCHER C S. Networks and places: social relations in the urban setting [J]. 1977.

[7] MARSDEN P V. Homogeneity in confiding relations [J]. Social networks, 1988, 10(1): 57-76.

[8] KRACKHARDT D, STERN R N. Informal networks and organizational crises: an experimental simulation [J]. Social psychology quarterly, 1988: 123-140.

[9] BLAU P M. Inequality and heterogeneity: a primitive theory of social structure [M]. New York: Free Press, 1977.

[10] LEWIS K, GONZALEZ M, KAUFMAN J. Social selection and peer influence in an online social network [J]. Proceedings of the national academy of sciences, 2012, 109(1): 68-72.

[11] LAZARSFELD P F, MERTON R K. Friendship as a social process: a substantive and methodological analysis [J]. Freedom and control in modern society, 1954, 18(1): 18-66.

[12] MERCKEN L, CANDEL M, WILLEMS P, et al. Social influence and selection effects in the context of smoking behavior: Changes during early and mid adolescence [J]. Health psychology, 2009, 28(1): 73.

[13] HUANG G C, UNGER J B, SOTO D, et al. Peer influences: the impact of online and offline friendship networks on adolescent smoking and alcohol use [J]. Journal of adolescent health, 2014, 54(5): 508-514.

[14] FESTL R, SCHARKOW M, QUANDT T. Peer influence, internet use and cyberbullying: a comparison of different context effects among German adolescents [J]. Journal of children and media, 2013, 7(4): 446-462.

[15] ENNETT S T, BAUMAN K E. The contribution of influence and selection to adolescent peer group

[16] CHRISTAKIS N A, FOWLER J H. The spread of obesity in a large social network over 32 years [J]. New England journal of medicine, 2007, 357(4): 370-379.

[17] CRANDALL D, COSLEY D, HUTTENLOCHER D, et al. Feedback effects between similarity and social influence in online communities [C]//Proceedings of the 14th ACM SIGKDD International Conference on Knowledge Discovery and Data Mining. 2008: 160-168.

[18] ZIMMERMAN D J. Peer effects in academic outcomes: evidence from a natural experiment [J]. Review of economics and statistics, 2003, 85(1): 9-23.

[19] SCHELLING T C. Micromotives and macrobehavior [M]. New York: WW Norton & Company, 2006.

[20] SCHELLING T C. Dynamic models of segregation [J]. Journal of mathematical sociology, 1971, 1(2): 143-186.

[21] BOND R M, FARISS C J, JONES J J, et al. A 61-million-person experiment in social influence and political mobilization [J]. Nature, 2012, 489(7415): 295-298.

[22] ALLCOTT H. Social norms and energy conservation [J]. Journal of public economics, 2011, 95(9-10): 1082-1095.

[23] BORSARI B, CAREY K B. Descriptive and injunctive norms in college drinking: a meta-analytic integration [J]. Journal of studies on alcohol, 2003, 64(3): 331-341.

[24] THOMPSON A. Journalists and Trump voters live in separate online bubbles [J]. VICE news, 2019.

[25] LEE E, KARIMI F, WAGNER C, et al. Homophily and minority-group size explain perception biases in social networks [J]. Nature human behaviour, 2019, 3(10): 1078-1087.

[26] CARRELL S E, SACERDOTE B I, WEST J E. From natural variation to optimal policy? The lucas critique meets peer effects [R]. National bureau of economic research, 2011.

[27] LI T, HAN L, ZHANG L, et al. Encouraging classroom peer interactions: evidence from chinese migrant schools [J]. Journal of public economics, 2014, 111: 29-45.

[28] SACERDOTE B. Peer effects in education: how might they work, how big are they and how much do we know thus far? [M]//Handbook of the Economics of Education. Amsterdam: Elsevier, 2011, 3: 249-277.

[29] SACERDOTE B. Peer effects with random assignment: results for dartmouth roommates [J]. The quarterly journal of economics, 2001, 116(2): 681-704.

[30] LYLE D S. The effects of peer group heterogeneity on the production of human capital at West Point [J]. American economic journal: applied economics, 2009, 1(4): 69-84.

[31] LAZEAR E P. Educational production [J]. The quarterly journal of economics, 2001, 116(3): 777-803.

[32] ABDULKADIROĞLU A, ANGRIST J, PATHAK P. The elite illusion: achievement effects at Boston and New York exam schools [J]. Econometrica, 2014, 82(1): 137-196.

CHAPTER 11

第 11 章

网络的平衡与极化

第9章介绍了网络的强联系、弱联系以及群体的划分，这些都假设网络节点之间具有共融特性。然而，对立和冲突性关系在现实社会中也是广泛存在的，例如政治立场的对立、信仰的冲突等，对立关系之间的互动同样也会影响网络结构。1946 年，心理学家海德（F. Heider）提出了认知平衡模型（P-O-X 模型）与结构平衡理论[1]，旨在研究网络中友好和敌对关联与混合网络稳定的原理。他认为网络将最终趋于平衡状态，节点间的情感关系达到稳定与和谐。随后心理学家尼希米·乔丹（Nehemiah Jordan）通过实验发现相对于不平衡、不和谐的情形，人们更喜欢平衡、和谐的状态[2-3]。1967 年戴维斯（Davis）放宽了海德结构平衡理论的约束条件，提出了"弱结构平衡理论"[1]。

本章首先介绍海德提出的认知模型与最原始的平衡理论，接着从严格数学定义的角度介绍符号网络的平衡，最后介绍平衡定理及其推广应用。

11.1 认知平衡模型

心理学家海德的认知平衡模型中包含三个基本要素：认知者 P、其他人 O 与客观实体 X。P 与 O 的关系有两种——肯定（正，Positive）关系和否定（负，Negative）关系，如喜欢和不喜欢。P、O 与 X 之间也包括肯定（正）关系和否定（负）关系，如人对物的所属与分离等。三个要素和以上两类关系构成认知者 P 的认知系统。海德假定了 8 种认知状态（如图 11-1 与图 11-2 所示）。

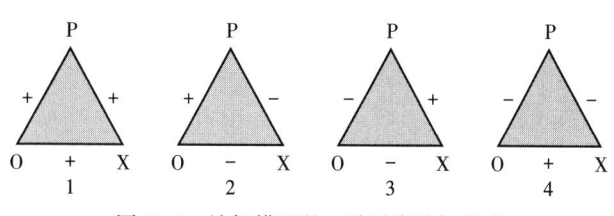

图 11-1　认知模型的 4 种平衡认知状态

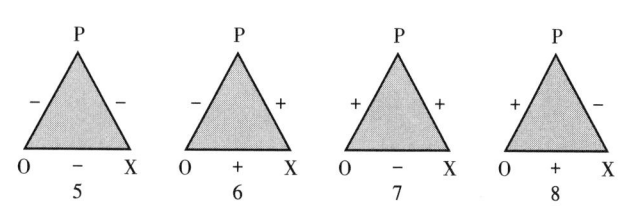

图 11-2　认知模型的 4 种不平衡认知状态

1）子图 1：3 个要素之间的关系都是肯定（正）关系，如 P 与 O 之间是肯定关系；P 承认 X，O 也承认 X，P 的认知系统是均衡的。

2) 子图 2：P 与 O 之间的关系是肯定的，而 P 与 X 是否定（负）关系，O 与 X 的关系也是互不承认的否定关系。此时 P 的认知系统同样是均衡的。

3) 子图 3：P 与 O 之间的关系是否定的，P 与 X 的关系是肯定的（承认 X），而 O 与 X 的关系是否定的（不承认 X），此时，P 的认知在总体上是均衡的。

4) 子图 4：P 与 O 之间的关系是否定的，P 与 X 的关系是否定的（否认 X），而 O 与 X 的关系是肯定的（承认 X），此种情况下 P 的认知是均衡的。

5) 子图 5：P 与 O 之间的关系是否定的，P 与认知对象 X 的关系是否定的，O 与 X 的关系是否定的，此时对于 P 而言，认知系统不平衡。

6) 子图 6：P 与 O 之间的关系是否定的，P 与 X 的关系是肯定的，O 与 X 的关系是肯定的，此时 P 的认知系统处于不均衡状态。

7) 子图 7：P 与 O 的关系是肯定的，P 与认知对象 X 是肯定的，O 否定 X，此时 P 处于认知不均衡状态。

8) 子图 8：P 与 O 之间的关系是肯定的，P 对 X 是否定的，O 对 X 是肯定的，则 P 的认知状态不均衡。

海德认为人类普遍有追求认知平衡和谐的需求。一旦人们在认知上有了不平衡和不和谐，就会产生紧张和焦虑，从而促使他们的认知结构向平衡与和谐的方向转化。显然，人们喜欢完美的平衡关系，而不喜欢不平衡的关系。消除不平衡状态的办法是将自身状态进行转换从而使得网络平衡，这就产生了态度转变的问题。比如小明（O）与小韩（P）是朋友关系，但是却不赞成小韩的某种喜好（X），那么就造成了小明认知的不稳定，可能小韩会因为这种区别而弱化他们的友谊。那么小明可以转换自身对 X 的看法，变成和小韩一同喜欢，或者小明劝说小韩也不喜欢。这样两种方法可以使得两个认知主体个人的关系趋于稳定。

可以看出，海德强调个体对认知对象的态度常常受他人对该对象态度的影响，即海德十分重视人际关系对态度的影响力。基于认知模型，海德提出了最初的人际三元关系的四条原则：

1) 朋友的朋友是朋友；
2) 朋友的敌人是敌人；
3) 敌人的朋友是敌人；
4) 敌人的敌人是朋友。

11.2 结构平衡理论

卡特赖特（Cartwright）和哈拉里（Harary）[2] 将海德的理论用数学语言进行系统形式化描述，形成了符号网络，其中边的正、负符号分别表示积极关系和消极关系。他们还将海德的三元平衡推广到多元节点的平衡。下面介绍严格数学形式的结构平衡理论。

11.2.1 三节点结构平衡

在符号网络中，海德认知模型的三个基本要素被表示为节点，喜欢和不喜欢的情感则表示为带有符号的有向边。具体而言，符号网络中的正符号边可以表示朋友、信任、喜欢、支持等积极关系，使用正号"+"标识；负符号边通常用于表示敌人、不信任、讨厌、反对等消极关系，使用负号"-"标识。

结合平衡定理和原理，可以开展以下分析：

1）朋友的朋友是朋友，对应图 11-3 a。

平衡原理：A 和 B 是朋友，B 和 C 是朋友，那么 A 与 C 是朋友。

2）朋友的敌人是敌人，敌人的朋友是敌人，敌人的敌人是朋友，对应图 11-3 b。

平衡原理：B 和 C 是朋友，B 和 A 是敌人，那么 A 和 C 是敌人；

A 和 B 是敌人，B 和 C 是朋友，那么 A 和 C 是敌人；

B 和 A 是敌人，A 和 C 是敌人，那么 B 和 C 是朋友；

如图 11-3 所示，图 11-3 a 和图 11-3 b 中的三节点处于稳定状态，而图 11-3 c 和图 11-3 d 则处在不稳定状态。由此，可以得出一个较为有趣的结论：当包含单数负面边时网络的状态是不稳定的。

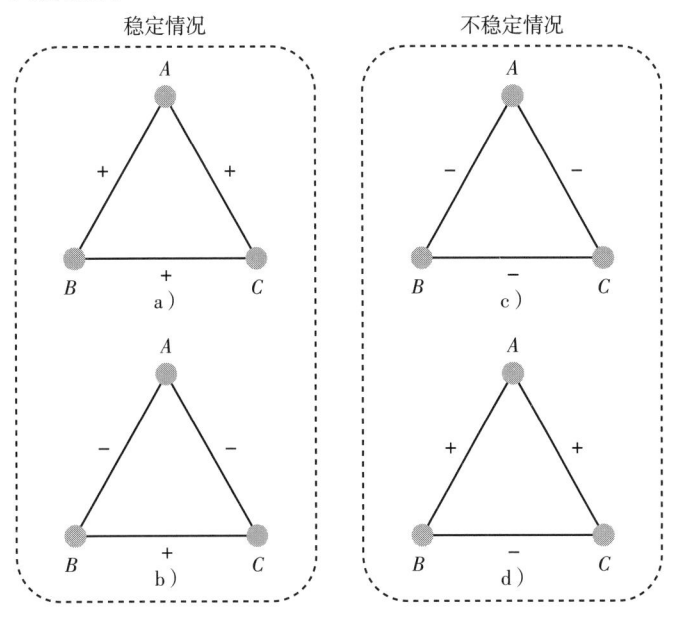

图 11-3 三节点结构中的平衡

上述平衡理论是有关网络平衡提出的最早的理论，后来也被称为是强平衡理论。网络平衡理论在现实生活，尤其是国际政治关系中广泛应用。例如，美、日、韩三国就是三点平衡的典型案例。美国与韩国、日本同时交好，但日、韩关系紧张，因此美国希望促成韩国和日本之间的良好关系，不希望看到日韩敌对。图 11-4 展示了这种三点平衡的一种转化方式。

如图 11-5 所示，在多点结构中，有一些边已知朋友、敌人（+/-）关系，但是有一些边未知。那么，什么样的边结构可以构成平衡网络呢？接下来介绍结构平衡定理。

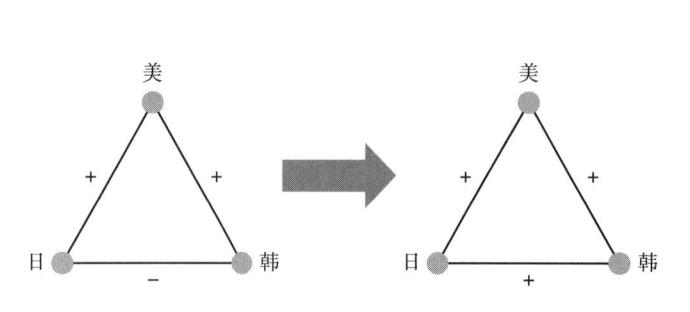

图 11-4　美日韩三国三点结构

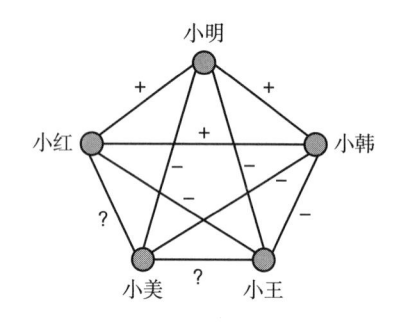

图 11-5　多点平衡案例

11.2.2　结构平衡定理

在正式介绍结构平衡理论之前，首先需要定义完全图。

完全图：假设一群人构成一个社会网络，其中每个人都彼此了解。于是每对节点间都有一条边，这样的网络就叫作完全图[4]。

完全图的结构平衡定理：如果一个完全图是平衡的，则要么它的所有节点互相都是朋友，要么它的节点可以被分为 X 和 Y 两组；其中 X 组内的节点两两都是"+"关系，Y 组内的节点两两也都是"+"关系，而 X 组中的每个节点与 Y 组中每个节点之间都是"-"关系（如图 11-6 所示）。

图 11-6　完全图的结构平衡定理

若证明"一个任意的平衡结构完全图，要么其中所有节点两两都是朋友，或者可以分成如上所述的两个集合 X 和 Y"，可采用如下反证法：

平衡定理证明

首先取网络中的任意一个节点 A。对 A 来说，其他节点要么是 A 的朋友，要么是 A 的敌人。于是，自然地可以确定两个集合 X 和 Y，让 X 包含 A 以及他的所有朋友，让 Y 包含 A 的所有敌人。

那么根据平衡定理，集合 X 和 Y 的节点应该符合以下三个条件：

1) X 中的每两个节点都是朋友；

2）Y 中的每两个节点都是朋友；

3）X 中的每个节点与 Y 中的每个节点都是敌人。

分析条件1），如图 11-7 所示 A 与集合 X 的所有节点为正关系。集合 X 中的任意两个节点，即 B 和 C 之间的关系一定为正关系吗？A 与 B、C 分别为正关系，若 B 和 C 为负关系，那么 A、B、C 三者形成两个"+"的三角形，而这样就违反了平衡性的原则，故与假设产生矛盾。从而 B 和 C 必须为正关系。因为 B 和 C 是集合 X 中的任意两个节点，故结论为集合 X 中的任意两个节点都具有正关系。

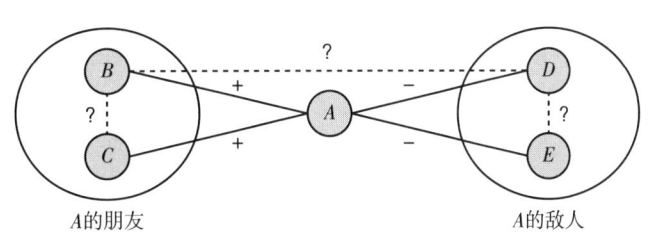

图 11-7 平衡定理证明

分析条件2）。集合 Y 中的任意两个节点都具有正关系吗？假设 A 与 D 和 E 分别为负关系，若 D 和 E 也为负关系，则 A、D、E 三者形成了没有"+"的三角形，违反了平衡特性的原则，故与假设产生矛盾，因而 D 和 E 必须为正关系。因为 D 和 E 是集合 Y 中的任意两个节点，故结论为集合 Y 中的任意两个节点都具有正关系。

分析条件3）。考虑集合 X 中的 B 和集合 Y 中的 D，它们的关系一定为负关系吗？A 与 B 是正关系，与 D 是负关系，若 B 和 D 是正关系，则 A、B、D 能形成两个"+"的三角形，这是不符合平衡性质的。因此 B 和 D 必须为负关系，从而集合 X 和集合 Y 之间每对节点的关系都是负关系。

由此，在网络结构平衡的假设下，可以有一种方法将不同节点分别放入集合 X 和集合 Y，并使 X 和 Y 满足定理要求的三个条件。

那么针对图 11-5，采用强平衡定理可得出该图对应的平衡结构（见图 11-8），那么由图可以得出小美与小王为正关系，小美与小红为负关系。

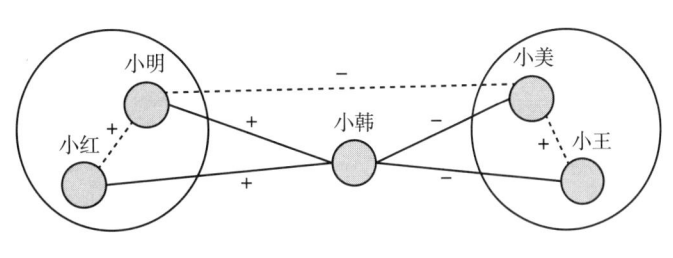

图 11-8 强平衡定理分析

11.2.3 弱结构平衡

如果在网络结构内存在一个三角形关系只有负关系，根据上一节介绍的平衡定理，它既不平衡也不能分裂成两个集群。故而需要在结构平衡的基础上进行弱化，从而得到了弱结构平衡。

弱结构平衡性质：任意三个节点均不存在两个正关系边和一个负关系边的连接模式。

图 11-9 展示了一个由弱结构平衡形成的网络结构。假设节点可按以下原则被分成任

意数量的组（可以超过两个）：两个节点若在同一个组则互为朋友，不在同一个组则互为敌人。可以验证，如上所述的网络为弱平衡网络：任何一个包含至少两个正关系的三角形，其三个节点属于同一组。

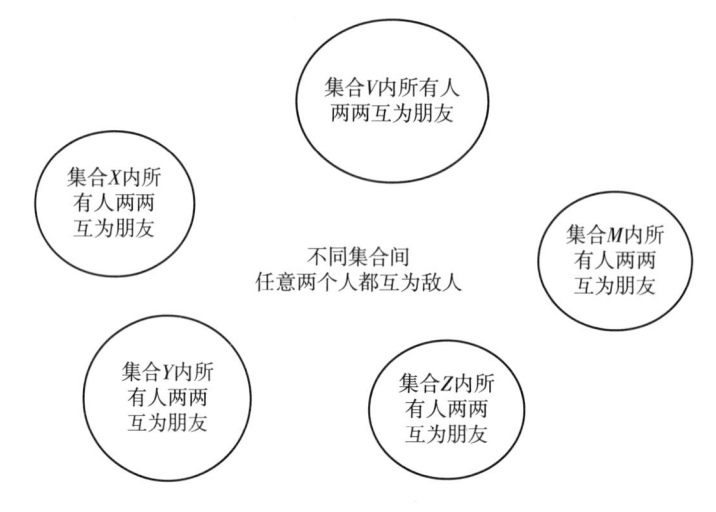

图 11-9　弱平衡完全图

弱平衡定理：任何一个包含至少两个正关系边的三角形，其三个节点属于同一组，则此三角形的第三条边必然为正。换句话说：弱平衡网络不包含任何一个恰好有两个正关系边的三角形（见图 11-10）。

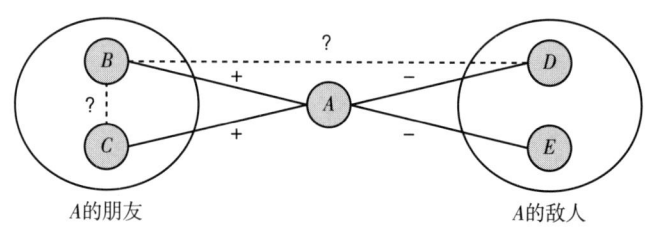

图 11-10　弱平衡网络

弱平衡定理证明

首先选择节点 A，设包含节点 A 及其所有朋友的集合为 X。同样设定以下两个条件：

1) A 的所有朋友均互为朋友关系。
2) A 及其朋友和图中除他们以外的人都是敌人。

平衡定理的证明方法在上述两个条件后仍然适用，详见图 11-9。首先分析条件 1)：考虑 A 的两个朋友 B 和 C。如果 B 和 C 互为敌人，则 A、B、C 形成的三角形恰好有两个正关系边，与弱平衡的定义相悖。因此，B 和 C 一定互为朋友。对于条件 2)，因为集合 X 定义为包含 A 的所有朋友，则 A 必然与集合 X 以外的所有节点互为敌人。那么，集合 X 中的任一节点 B 与 X 以外的任一节点 D 有什么关系？如果 B 和 D 互为朋友，A、B、D 形成的三角形就恰好有两个正关系边，同样与弱平衡的定义相悖。因此，B 和 D 只能是敌人。证明了条件 1) 和条件 2) 成立，接下来可以在图中除去包含 A 所有朋友的集合 X，定义其为第一组。剩下的节点便形成一个相对更小的具有弱平衡性的完全图。在该图中找到第二组，再用相同的方法将其从原图中去除，以此类推，直到所有节点都被分到各自的组中为止。根据条件1）所有组内的节点均互为朋友关系；根据条件2），不同组间的节点均互为敌对关系，因此证明了弱平衡的特性。

在平衡定理的证明中，必须就连接 D 和 E 的边的符号进行讨论，证明集合 X 的所有敌人组成了一个集合 Y。然而，在证明弱平衡完全图特性时，并不需要对 D-E 边的符号进行讨论，因为弱平衡成立的条件并不受其约束：A 的两个敌人既可以互为朋友，也可以互为敌人。

11.3 极化现象

随着网络最终趋于平衡状态，节点间的情感关系达到稳定与和谐，整个群体会被分成不同的小群体。在分化稳定后，每个群体内是相互支持的关系，群体外则是敌对关系。并且分成子群体的网络结构比整体更加稳定。从社会层面来看，群体极化则具有双重意义：积极的一面是它可以反映出一定的社会问题，可以促进群体意见的统一，提升群体的内聚力和群体行为的一致性。消极的一面则是使得错误的判断和决定激化，更趋于极端。因此，我们着重研究群体极化的成因、群体极化现象的理论层面分析以及当前热门的群体网络极化现象，以便于充分发挥出群体极化带来的积极效用，减弱负面影响。

11.3.1 极化现象产生与定义

"极化"是指公共舆论出现分化并且逐步走向极端的现象，是一个政治学的概念。"群体极化"是社会心理学术语，始于1961年麻省理工学院学生詹姆斯·斯托纳（James Stoner），他观察到了"风险转变"现象，并通过实证研究发现：在群体决策情境中，个体的意见或决定往往会因为群体间彼此相互讨论的影响而产生群体一致性的决策，且这些决策通常比该群体相遇之前个体决策的平均风险更大。

群体极化现象被发现后，研究者们对其作用机制提出了各种假设。目前，信息影响理论、社会比较理论以及社会决策规则理论等作用机制占主导地位[5]。

1. 信息影响理论

信息影响理论也称有说服力的论点理论，指群体中的个人由于他人的具有说服力的论据而改变自己的想法。信息影响理论核心思想是，选择转移和群体极化取决于群体讨论或者重新思考问题所产生的讨论行为或隐含的论点，即它认为群体极化的发生是因为群体讨论期间讨论论点的内容。该理论假设存在一组可以应用于任何问题的论点，并且参与讨论的人从那些支持他们最初态度的人中得出可能的论点[6]。因此小组讨论是为个人提供代替其立场优点的更完整的信息。如果群体成员提出的一组论点倾向于一个比初始立场的平均值更极端的立场，那么很可能出现群体分化现象。

2. 社会比较理论

社会比较理论是指群体中的个人在提出意见时会评估他人对自己的评价，为了维持与群体其他成员保持一致的想法，该个体被迫屈从群体的压力而提出与群体一致的意见，或不提出反对意见。社会比较理论认为，人们希望以一种有道德的、符合社会需要的方式被认识到，其他成员持有的社会期望意见比他们最初设想的更极端，从而引发竞争，在期望的方向上持有不同于平均水平的意见。即当群体讨论表明其他人在群体中有相似但更极端的态度时，个人的立场就会从压制状态转为暴露状态，甚至采取其他人更极端的立场。因此，虽然假设极端成员不需要调整自己的观点，但较不极端的成员会相应地调整自己的立场，从而变得更加极端。实验表明，仅仅接触其他人的立场（即不进行任何群体的讨论），也会导致分化[7]，尤其是其他人的立场反映出社会认可的方向时[8]。

3. 社会决策规则理论

社会决策规则理论假设群体决策是某些决策方案中决策初始分布的一个因素，也即群体成员用于获取决策的决策角色。决策规则可以包含多数决策、决策的平均值、决策的中位数等[9]。当这些决策规则产生的群体决策不同于群体成员的平均初始决策时，就会发生选择转移。此类解释也主张人们在群体中做冒险决定将会觉得自在，因为其行为之责任已分散至所有的成员上。

这里通过社交网络案例"空手道俱乐部"[10]来展示极化过程并分析极化产生的原因，Zachary 观察了空手道俱乐部自 1970 年到 1972 年三年的演化过程并总结了极化网络的分裂和进化过程。在观察期间，俱乐部维持了 50~100 名成员，其活动包括社会事务（聚会、舞蹈、宴会等）以及定期安排的空手道课程。如图 11-11 所示，网络中包括两个中心：俱乐部主席约翰和俱乐部兼职教练"H 先生"。俱乐部主席约翰和 H 先生在空手道课程的价格问题上发生了分歧。H 先生希望提高价格，而俱乐部主席约翰希望稳定学费。在一系列围绕课程价格的派系对抗日益激烈之后，以约翰为首的官员们解雇了试图单方面提高课程价格的 H 先生。随着双方派系斗争的升级，H 先生的支持者成立了一个以 H 先生为首的组织，从而导致了俱乐部的分裂（见图 11-11）。

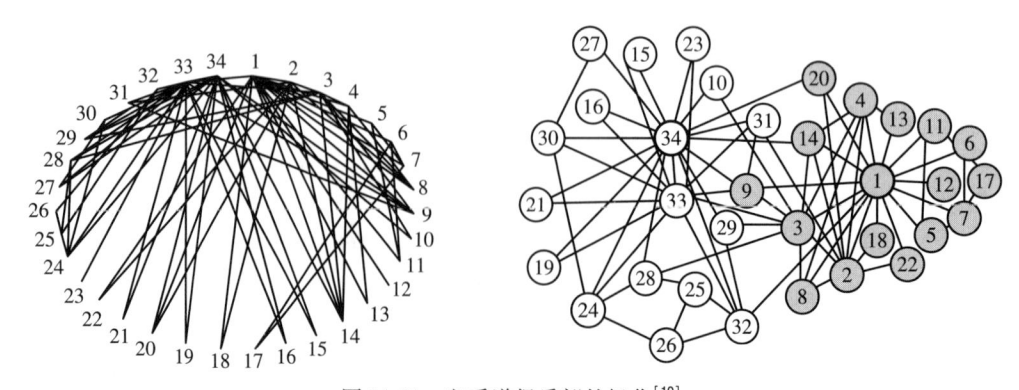

图 11-11　空手道俱乐部的极化[10]

空手道俱乐部的分裂离不开以下三个因素：

（1）冲突

冲突指的是双方或多方存在差异、不相容或不可调和的期望。在空手道俱乐部会议上，如果在某次会议上某一派别占多数，它就会试图通过对自身更加有利的决议和决定；另一派则会在未来的会议上进行报复，废除对自己不利的提案，而代之以对己方有利的提案。在分裂之前，俱乐部内已经存在着意识形态上对立的集团（派别），已经形成成员之间意见不同的冲突关系。

（2）网络结构的不稳定

在分裂之前俱乐部中的冲突和暗藏的紧密关系仍然只是一种公开的情绪，但是没有明确的派系对立与分歧，俱乐部成员甚至不承认派系的存在。显然，他们只是从最初的同事关系网络中产生的群体，但是这种对抗的情绪已经引起了俱乐部的不稳定。虽然俱乐部成员之间存在意识形态上的分歧，但是没有任何人试图组织或指导这些团体，而且对立派系的成员之间几乎没有相互作用的机会。

（3）危机产生与新领导的出现

政策危机选择性强化了意识形态集团（派别）内部的友谊纽带，而削弱了派别之间的纽带。一系列的政策分歧破坏着维系俱乐部的友谊关系网络。同时随着明确立场的领导的出现，人们开始逐渐向与自己观点一致的新领导靠近，直到该组织完全正式分离，完成极化。

理解了"空手道俱乐部"案例的发展过程与要素，定义极化现象如下：假设一个群体可以根据某些特征向量分组为"簇"，簇内成员的属性非常"相似"，不同簇成员属性差异较大。在这种情况下，则称社会网络是极化的。更广泛地说，两极分化可以理解为一个给定的人群分裂成两个对立的群体，同时，这两个群体都有显著且相似的规模。根据定义，可以发现极化网络往往具有以下基本特征：

1) 群体内部必须有高度的同质性；
2) 不同群体间必须有高度的异质性；
3) 不重要的群体（例如，孤立的个体）占比很少。

11.3.2 群体极化的认知基础

我们主要从心理学理论和传播学理论来解释群体极化现象。心理学理论是群体极化现象的基本理论，心理活动刺激动机的发生。结合传播学中沉默的螺旋、意见领袖等理论，揭示群体极化的发展传播过程。

1. 从众心理

从众心理是社会心理学中的概念，是指人们通过改变他们的行为、态度、甚至信仰来接近他们所期望的群体或被认可的过程[11]。从众行为则是指群体成员跟从群体的倾向行为。即当他发现自己的行为和意见与群体有分歧、不一致时，会感受到一种压力，促使他采取行动保持与群体一致[12]。

从众的影响机制分两种，一种源于信息压力，另一种源于规范压力[13]。当人们为了正确而改变自己的行为时，就会产生信息影响。在我们不确定正确反应的情况下，我们通常会求助于知识更加渊博、信息更加丰富的人，并将他们的行为作为我们自己行为的指南。比如在课堂环境中，有可能更加同意一个非常聪明的同学的意见。而规范影响源于一种避免惩罚或获取奖励的愿望。比如课堂环境中，即使你不同意课堂上的规则，也要遵守规则而避免惩罚。即使你不愿意做作业，但为了获取老师、父母、朋友们的夸赞而认真做作业。

在一个群体中，一旦某种"优势意见"形成，个体为了避免被孤立，总是喜欢随大流，将所谓主流的行事规则引入并仿效，追求群体观点而放弃自己的观点，最终导致支持同一观点的人越来越多，形成极端化。这种从众心理推动了群体极化的进程。Yurttas等人[14]发现群体性迷失行为往往伴随着群体内的情绪失控和群体间的盲目跟风，对群体间的互动产生很大的负面影响，容易产生群体极化。

2. 意见领袖

意见领袖最先是由拉扎斯菲尔德在1940年《人民的选择》一书中提到，最早是为了证实大众传播媒介在影响选民投票方面具有强大的力量。然而却发现大多数选民获取信息并受到影响的主要来源并不是大众传播媒介，而是其他的选民。这些选民与媒介关系密切，频繁接触报刊、广播、广告等媒体，对事态发展了如指掌，于是那些经常与他们交往的大多数选民便从他们那里间接获取了竞选的所有信息，并听取了他们对于竞选问题的解释。他们就被称为"意见领袖"。拉扎斯菲尔德据此认为在传播过程中存在两极传播，即大众传播并非直接流向一般受众，而是经过意见领袖这个中间环节，再由他们转达给相对被动的一般受众。

意见领袖通常是指生活中比较活跃、信息比较灵通、拥有较高社会地位的人。它不只是精英人物，而是活跃在各个阶层，更频繁地接触大众媒介的一群人。一般具有如下特点：1）与被影响者一般处于平等地位；2）均匀地分布在社会任何群体和阶层中；3）社交范围广，对大众传播的接触频率高、接触量大。此外，意见领袖不仅仅是消息的转述者，也会在转述消息的时候将自己对于该消息的看法也传播出去，因此，无论是传统媒体时代还是互联网时代，意见领袖均产生巨大作用。在传统媒体时代，少数意见难以形成较大的影响力，而一旦少数意见中持续出现意见领袖，那么少数意见很容易逆转。在互联网时代，互联网的匿名性和实时性，使得人人均可实时地关注事件并实时传播自己的观点。相比于传统媒体时代，舆论在网络中传播速度更快更广。拥有大批粉丝的自媒体用户逐渐成为意见领袖，其言论和观点正潜移默化地影响着自己的粉丝。如果意见领袖利用媒介接近权和公众话语权的优势，对受众传播自己对于某事件的观点，那么关注、转发和评论量飞速上升，产生一定的舆论导向从而引发群体极化现象。

3. 沉默的螺旋

沉默的螺旋最早是由诺尔·诺依曼（Noelle Neumann）于1973年在《回归大众传播

强大效果观》中提出的理论。它是指个体在观测群体意见时，发现自己的观点属于多数意见时则会大声疾呼，如果感觉属于少数意见则会保持沉默，从而形成一方不断大声疾呼，另一方不断保持沉默的螺旋发展过程[15]。具体地，该理论强调了个人对孤立的恐惧、意见气候和准感官统计，这三个概念是沉默的螺旋理论的基本前提。个人对孤立的恐惧是指当个人发现自己的意见处于少数人观点时，会害怕被群体孤立。意见气候是指个人所处环境中的意见分布情况，不仅包括现在的意见，也包括即将出现的意见。准感官统计则是指人们拥有对周边意见气候（包括周边群体的意见和大众媒体的意见）的判断能力，根据他们的意见来更新自己的判断。

沉默的螺旋是一个舆论形成、变化和强化的过程。一方发言而另一方保持沉默的趋势开始了一个螺旋式的过程，该过程越来越多地将一种观点确立为主导地位的观点。由于意见的偏向存在，使得持不同意见者选择沉默，意见走向极化，也就是群体极化现象的出现。

随着互联网的发展，沉默的螺旋理论受到了极大挑战。信息传播媒介、传播渠道和社会环境发生了巨大变化。信息社会中的个体既是信息的传播源、传播媒介，也是信息的接受者和处理终端，多元化的信息、自由化的表达和多维度的传播，使得诺依曼提到的意见气候的影响削弱。另外受众的目的也不一定是为了从社会中获取支持和肯定，个人对孤立的恐惧的解释力削弱。最后，网络信息传播的虚拟性、流动性、匿名性和无边界性，受众更容易阐述自己的个人意见或想法，容易出现各种不同的意见，准感官统计的影响被削弱。然而，这并不代表沉默的螺旋理论的终结，而是新的时代赋予了新的内涵，使其具有新的个性和表现形式。在网络空间，社会孤立的动机并没有消失；网络群体对个人意见的压力作用方式有所变化，强度相对减弱，但其影响依然不容忽视；从众心理的动因继续存在，从众现象依旧普遍[16]。

11.3.3 群极化现象示例分析

1. 政治极化现象

由于美国的党派层面的政治极化现象明显，共和党和民主党两大政党内部意识形态同质化，党间由于意识形态日趋分歧和对立，我们主要介绍美国党派层面的极化现象。

图 11-12 显示了 1879 年至 2011 年间，美国民主党和共和党分别在众议院和参议院的极化对立情况[4]。数据表明，从 20 世纪 30 年代到 70 年代中期美国民主党和共和党议员之间的分歧较小；然而，自 20 世纪 70 年代以来参众两院的两极分化在稳步攀升，并呈现出愈演愈烈之势，尤其是 2006 年国会的两极分化程度达到了 125 年以来的最高水平[17]。

同时，党派的极化分析可以对美国总统选举的情况进行对比研究。例如，科比恩等人[18]通过开展大规模家庭调查得出受访者对 2020 年美国总统选举结果的预期。图 11-13 中按党派绘制了候选人获胜概率的回答分布图。结果显示超过五分之一的共和党人认为特朗普将以 100% 的概率获胜，而实际上没有民主党人这样认为；几乎 15% 的民主党人认为拜登会以 100% 的概率获胜，而实际上没有一个共和党人这么认为。简言之，民主党人和共和党人似乎对谁将赢得选举以及选举结果的概率分布有着明显的两极分化预期。相比之下，无党派人士对特朗普和拜登获胜的概率大致相当于 50%。

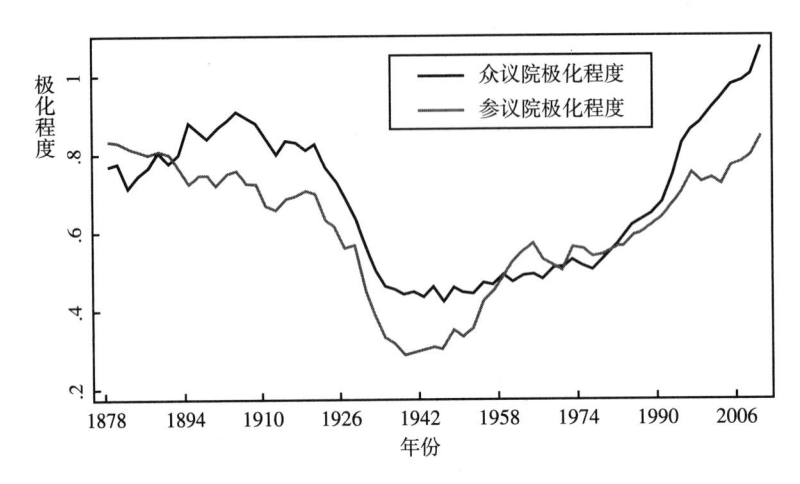

图 11-12　两党在众议院和参议院的整体立场差异[4]

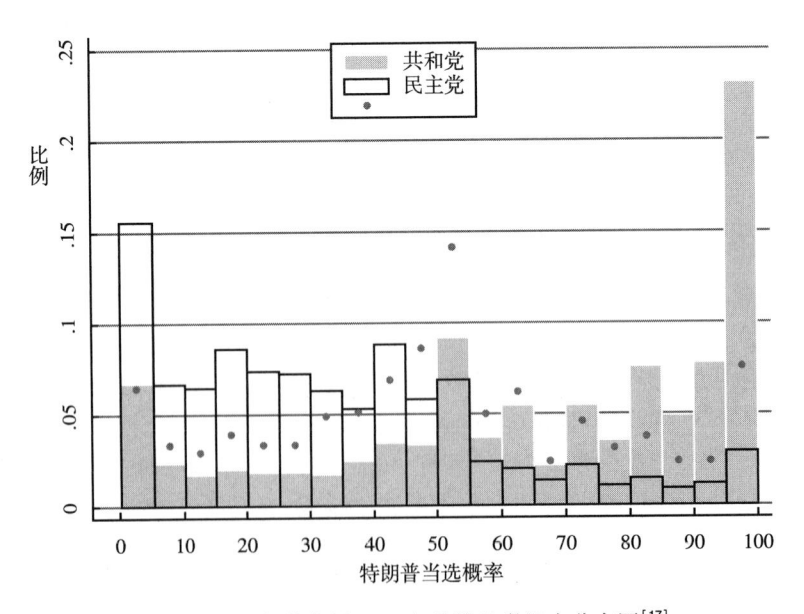

图 11-13　特朗普赢得 2020 年总统选举机会分布图[17]

除了调查问卷外，社交媒体为研究党派不同带来的极化提供了翔实丰富的数据信息。科研人员考虑了 6 个美国有线新闻网络的官方 YouTube 频道以及特朗普专属的 YouTube 频道。他们发现，利用 YouTube 可以洞察美国政治两极分化的程度以及这种两极分化与美国不同新闻网络提供的内容和评论性质之间的关系[18]。

表 11-1　不同新闻网络对接受拜登当选总统选举结果的总体立场分析[18]

YouTube 频道	接受拜登当选总统的概率	YouTube 频道	接受拜登当选总统的概率
CNN	—	OANN	2.7%
Fox News	29.1%	Newsmax	6.5%
MSNBC	28.8%	Blaze TV	13.9%

表 11-1 展示了不同新闻网络对拜登当选总统选举结果的总体立场分析。结果表明，主流媒体包括 Fox News 和 MSNBC 称拜登当选总统的次数相对多于边缘媒体。同时还得出以下结论：

1）与 CNN、MSNBC 和 Fox News 等网络相比，OANN、Newsmax 和 Blaze TV 等网络更具有"回声室"的特征，即它们的观众更接近一致地同意他们正在观看的内容，而提出异议的观众比例较低。

2）MSNBC、CNN 和 Fox News 的观众倾向于认为拜登应该当选总统，而 OANN、Newsmax 和 Blaze 的观众则没有。

3）根据 MSNBC 观众提供的评论数据，发现用户最关心的高频词前三名依次为特朗普、科维德和失业；而 OANN 平台上的高频词则是社会主义。

党派的派别的极化不仅仅体现在选举过程中，在施政过程中在政策执行态度上也存在分歧与极化。比如在应对全球气候变暖方面，美国保守派和自由派的态度和政策就出现了极化现象。保守派似乎对气候变化和全球变暖更持怀疑态度，不像自由派愿意采取行动反对气候变化和全球变暖[19-20]，图 11-14 表明美国各党派对气候变化信念的两极分化趋势有愈演愈烈的态势。

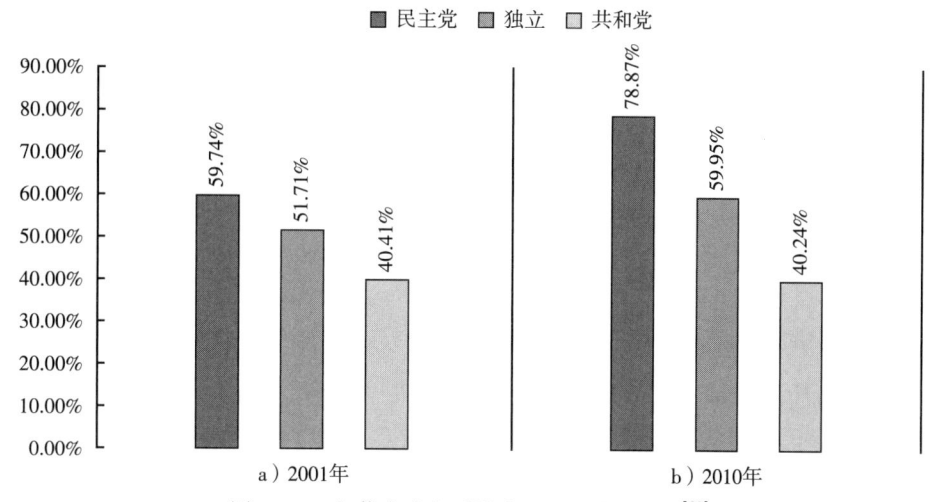

图 11-14　相信全球变暖影响的不同政党占比[20]

政治极化现象除了由于国内政党不同造成的群体意见不同等，还有国家间的政策造成的冲突与不稳定，也会引起极化现象。

韩运荣等人研究了在中美贸易争端的社交网中，网络整体是否存在极化现象。研究采用从 2018 年 2 月 1 日到 2018 年 4 月 30 日的原创推文 32 547 条，并将样本划分为三个子群。从表 11-2 可以看出，支持者子群的网络密度较低，这说明对贸易战持赞成态度者之间联系不太紧密、交流也很少。但反对者子群和中立者子群的网络密度高于整体网，这表明两子群内部互动较高，联系广泛。在网络可达性方面，三个子群的网络直径均为 5，和整体网络的网络直径一致。这说明无论是在整体网络中还是三个子群网络中，每个节点最长都要通过 5 个节点才能将信息传播到网络中的其他节点。在平均路径方面，三个子群的平均路径均小于整体网，这表明信息在各子群内部的传播速度高于整体网络。综合以上分析可以发现，中美贸易争端信息 Twitter 传播网络中，存在较明显的、按照对中美贸易争端的态度而聚集的小团体现象。而且，基于相同态度的子群内部连通度较高，信息交流非常密切。这是网络极化现象的重要基础。

表 11-2 子群的整体网络参数

网络参数	支持者子群（$N=15$）	反对者子群（$N=19$）	中立者子群（$N=36$）	整体网络（$N=70$）
网络密度	0.104 8	0.172 5	0.205 6	0.142 9
网络直径	5	5	5	5
平均路径长度	1.114	1.263	1.481	1.679
平均聚类系数	0.291 3	0.428 1	0.413 6	0.576 3

2. 经济极化现象

收入不平等一直是经济学研究最广泛的课题之一。Eichenbaum 等人[21]研究了 2020 年年佐治亚州的收入分布。如图 11-15 所示，收入由高到低按照 T3、T2、T1 分类。T1 由特权最低的人组成，而 T3 由最高特权的人组成。

Hoffmann 等人[22]探究了美国 1970 年后的收入极化现象。如图 11-16 所示，图 11-17 a 显示，男性之间的收入不平等在 20 世纪 80 年代和 90 年代迅速增长。有趣的是，2000 年后不平等的增长速度要慢得多。此外，资本收入对总收入标准差的贡献（图 11-17 中两条曲线之间的差异）

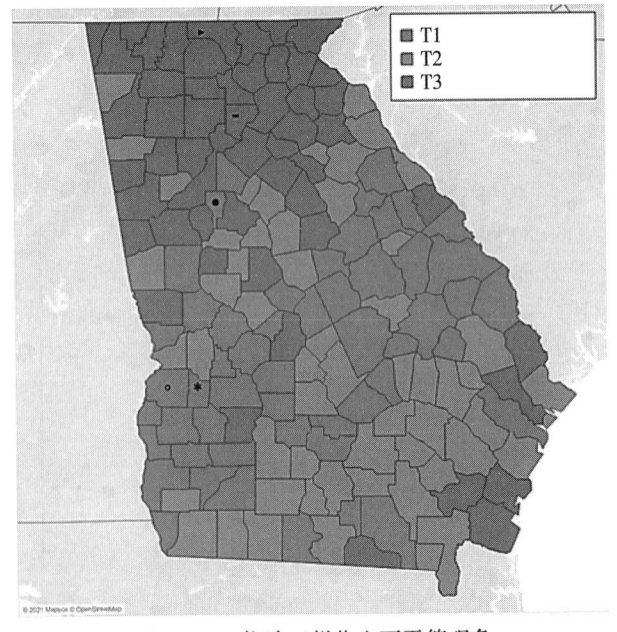

图 11-15 佐治亚州收入不平等现象

随着时间的推移显著增长。标准差的差异（包括和不包括资本收入）从 1975 年到 1979 年的 0.014 增长到 2014 年到 2018 年的 0.032。虽然图 11-17 b 中显示的女性趋势大体上与男性相似，但有一些差异值得注意。首先，女性的收入不平等在 20 世纪 70 年代后期完全平缓。其次，与男性不同，女性的收入不平等在 2000 年之后继续稳步增长。

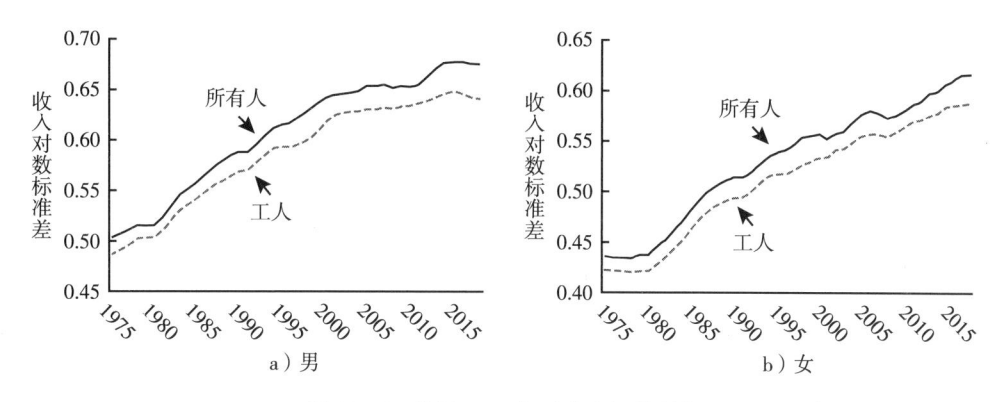

图 11-16 美国 1970 年后收入极化现象

研究还分析了教育对收入增长的组间不平等、组内不平等以及构成的影响。其中组间不平等指的是不同教育群体间不平等加剧收入区分，组内不平等是指即使对于同一教育群体中的人，群体内的不平等也会加剧。例如，拥有大学学位的工人的收入存在相当大的差异，这可能是由于大学教育本身质量的不同所致。自然变化指的是群体内分散性会随着时间增大，这本身就会增加整体收入不平等。例如，在过去的几十年里，劳动力的比例从低教育水平稳步转移到高等教育水平，这往往会导致更多的不平等。如图 11-17 所示，组间不平等通过不同教育以及不同经验区分，教育对内部成分的影响是大学和高中毕业生对数收入方差之间的差异。组内极化在 1985 年到 1989 年之后基本停止，而组间极化在 1975 年到 2018 年稳步升高，同时组内极化与教育（红色条）相关性更强。

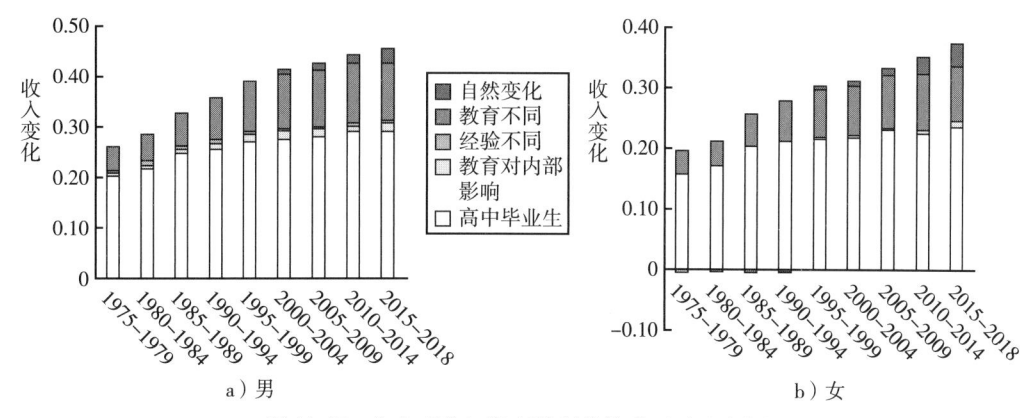

图 11-17 收入变化与教育程度的关系（详见彩插）

Autor[23] 的研究表明，虽然 1995 年至 2000 年期间工资快速增长，但工资不平等没有任何减少。如图 11-18 所示，未受过教育的社会群体的工资在一直降低，而受过高等教育的群体的工资在稳步上升。

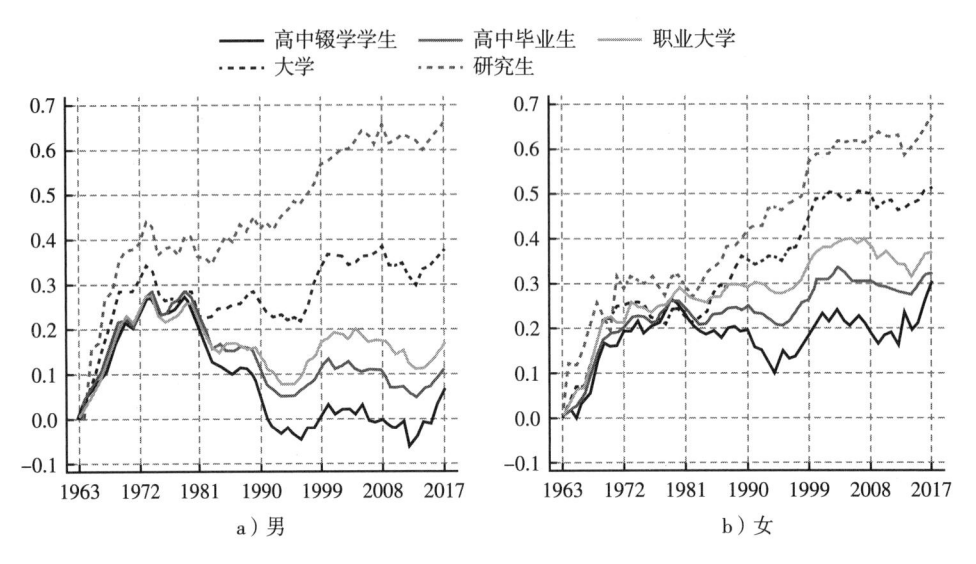

图 11-18 不同教育程度的工资增长分布（详见彩插）

Rose[24] 发现自 1970 年以来两极分化加剧，中收入层的空心化更多地进入了高收入层而不是低收入层。如图 11-19 所示，从 1979 年到 2014 年中上收入层的规模翻了一番多，从 12.9% 增加到 29.4%。虽然高收入层的比例增长了 1.8%，但低收入的三个群体都出现了大幅下降，低收入层从 24.3% 下降到 19.8%，中下收入层从 23.9% 下降到 17.1%，中收入层从 38.8% 下降到 32.0%。中上收入层开始向高收入层转化。

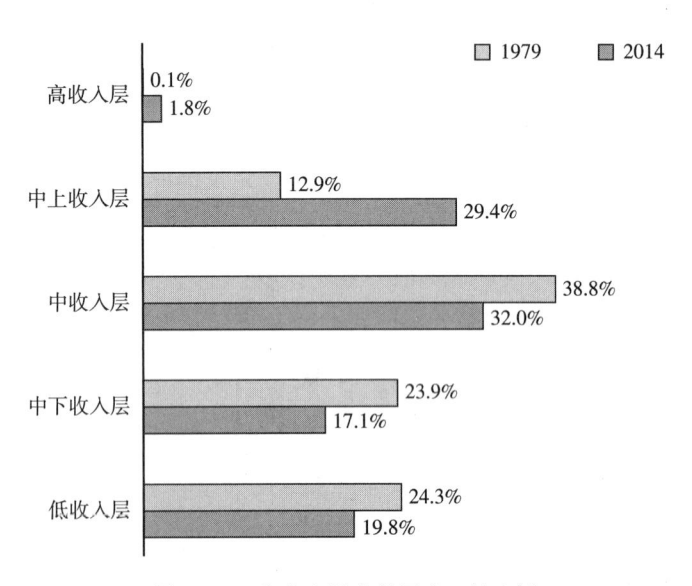

图 11-19 各收入层占美国人口的比例

11.4 极化网络分析

在社交网络中人们之间存在喜欢或敌对的关系，极化现象在生活中处处可见。极化网络分析的主要研究对象是极化分裂中和分裂完成后的网络结果。通过极化网络分析可以得出网络的极化程度、网络的社区结构和网络极化过程中的重要节点。

11.4.1 极化的衡量

Esteban 等人[25]使用收入的自然对数来衡量社会的极化，因为收入差异可以很好地体现社会经济地位差异。20 世纪 80 年代，反应收入人群的动态变化的"正在消失的中收入层"概念更深入地展示了社会收入的极化现象。图 11-20 展示了两部分信息：一部分是人口随着收入变化的实线矩形，另一部分是虚线展示的一个均匀矩形。虚线代表社会平均工资，也就是中收入层应得工资，而实线代表中收入层的实际工资。可以看到实线的矩形是明显双峰的，是虚线对应的人口根据箭头进行两极转移的极化结果，收入分配的两极分化意味着中收入层工作岗位的减少。

Wolfson[28]通过收入分配的累积密度函数来研究"正在消失的中收入层"这一现象。洛伦兹曲线（Lorenz Curve）如图 11-21 所示，其中横轴表示人口（按收入由低到高）的累积百分比，纵轴表示收入的累积百分比，弧线则为洛伦兹曲线。洛伦兹曲线上的每个坐标 (x, y) 代表前 $x\%$ 的人的收入占社会总收入的 $y\%$。曲线以下阴影部分就显示了中收入层程度。洛伦兹曲线可以反映收入分配的不平等程度，弯曲程度越大，收入分配越不平等，反之亦然。通过洛伦兹曲线来分析社会极化的关键是洛伦兹曲线在横轴为 50% 的切线，以及垂直向下对应的数值。

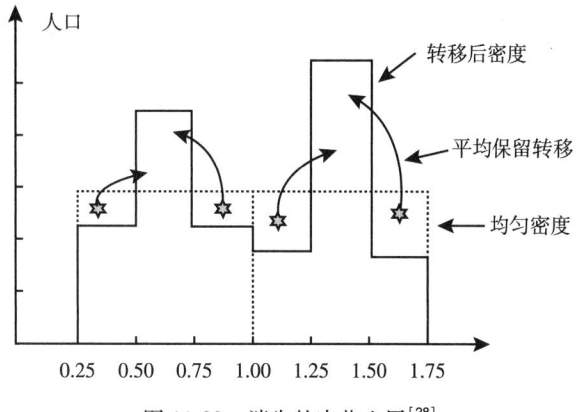

图 11-20 消失的中收入层[28]

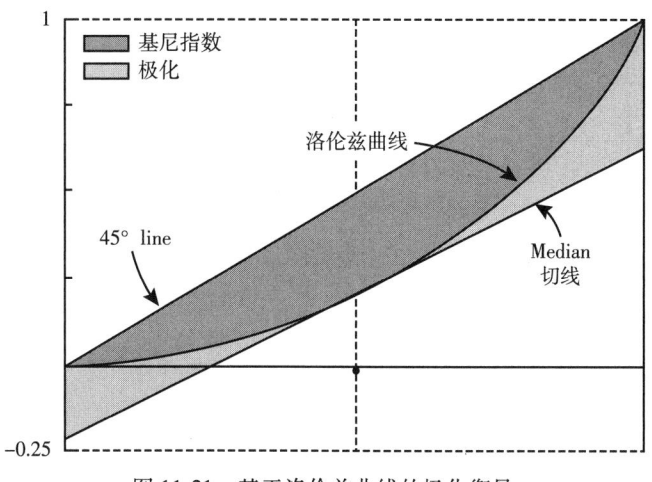

图 11-21 基于洛伦兹曲线的极化衡量

11.4.2 极化网络社区发现

在极化网络中，由于消极关系削弱了从节点到社区的正向流动，因此外部（或内部）的消极关系增加了留在社区内部（或逃离社区）的可能性，容易形成不同规模的社区。这些社区本身存在着独特的属性标签，研究极化社区的形成和演变对于社会网络分析具重要意义。

极化网络社区发现：将网络划分为相对高密度的子网络并且使得子网络的内部拥有尽量少的负联系，也就是负链接在社区内部稀疏，社区之间更密集。

极化网络社区发现的原理与前文介绍的结构平衡原理也是一致的。就复杂网络分割的精度和所需计算成本而言，最成功的解决方案是基于 Newman 和 Girvan 提出的质量函数优化方法[27]，该函数允许对网络的不同分区进行比较。典型的基于质量函数的极化网络社区发现方法有以下几种。

1. 依据质量函数的极化网络分割

好的极化结构分析算法应该能够识别准确的分区。但是什么是准确分区呢？为了衡量"好的"和"坏的"分区，要求分区满足一致的基本属性，即与前面的平衡定理保持一致。许多算法能够识别有意义的分区，在不同的算法下可能会找到一个或几个分区，甚至是大量的分区，但这并不意味着找到的分区同样好。因此，有一个定量的标准来评估图划分的优劣是必要的。质量函数正是为网络分区结果进行打分的函数，可以根据质量函数给出的分数对分区进行排序。分数高的分区是"好的"，所以分数最高的分区即为最好的分区。

(1) 质量函数简介

对于任一分区 $\mathcal{P}$ 质量函数 Q 有：

$$Q(\mathcal{P}) = \sum_{\mathcal{C} \in \mathcal{P}} q(\mathcal{C}) \tag{11-1}$$

其中，q 是初等函数（一般是加法），$\mathcal{C}$ 是分区 $\mathcal{P}$ 的一般簇。式（11-1）说明分区的质量是由各个簇的质量之和给出的，最流行的质量函数是 Newman 和 Girvan 的模块化。它基于随机图不具有簇结构的思想，通过比较子图和空模型（通过保留原有的节点但是放弃连边和结构，构建对应的随机子图）中边的实际密度来揭示簇存在的可能性。而空模型图的选择原则上是任意的，存在多种可能性。例如，可以简单地要求图保持与原始图相同的边数，并且在任何一对顶点之间以相同的概率放置边。

那么质量函数如下：

$$Q = \frac{1}{2m} \sum_{ij} (A_{ij} - P_{ij}) \delta(C_i, C_j) \tag{11-2}$$

其中，Q 是覆盖所有顶点对的质量函数得分，A 是邻接矩阵，m 是图的边总数，P_{ij} 表示空模型中节点 i 和 j 之间的预期边数。如果顶点 i 和 j 位于同一社区（$C_i = C_j$），则 δ 函数产生1，否则为0。下面为**质量函数计算的示例**。

如图11-22所示，共有 A、B 和 C 三个节点，假定现有社区分割为 B 在社区1，A 和 C 在社区2，那么可以表达为邻接矩阵与社区划分标签的形式：

$$\begin{bmatrix} 0 & 1 & 1 \\ 1 & 0 & 0 \\ 1 & 0 & 0 \end{bmatrix}, \begin{bmatrix} 2 & 1 & 2 \end{bmatrix}$$

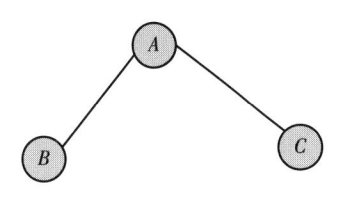

图 11-22 简单符号网络

令 $P_{ij} = \dfrac{k_i k_j}{2m}$，则有 $Q = -\dfrac{1}{8}$。

（2）符号网络分割初级损失函数

首先对符号网络进行简单的定义：

设有向图 G 包含 n 个节点和 m 条边，其中 $m = m^+ + m^-$，m^+ 为图中正向关系的边，m^- 为图中负向关系的边。根据图 G 构造其邻接矩阵 A 如图11-23所示，其中 $A_{ij} = 1$ 表示节点 i 和节点 j 之间为正关系。$A_{ij} = -1$ 表示节点 i 和节点 j 之间为负关系，剩下 $A_{ij} = 0$ 表示节点 i 和节点 j 之间为中立关系。接着通过 A^+（图11-23中的加号部分对应的矩阵）矩阵和 A^- 矩阵（图11-23中的减号部分对应的矩阵）将邻接矩阵进行正关系和负关系地分割为

$$A = A^+ - A^- \tag{11-3}$$

$$A_{ij}^+ = A_{ij}, A_{ij} > 0; A_{ij}^- = -A_{ij}, A_{ij} < 0 \tag{11-4}$$

每个节点的正、负出度和入度则可以表示为

$$\pm k_i^{\text{out}} = \sum_j A_{ij}^\pm ; \pm k_i^{\text{in}} = \sum_j A_{ji}^\pm \tag{11-5}$$

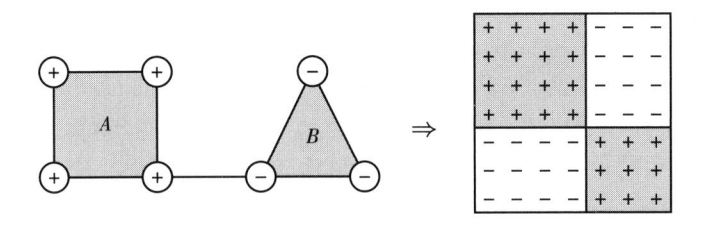

图 11-23 极化网络与邻接矩阵

Traag 等人[28]首次将质量函数推广到有符号图，将平衡定理推广为弱平衡定理，使得网络可以分为 k 个平衡的集合。但是真实世界中很少存在完全满足弱平衡社交网络，总会存在一些使得结构不平衡的边：集合内的负关系以及集合间的正关系。这些不平衡边造成了图的不稳定，这种不稳定性称为"图损失"，而极化网络划分需要最小化这种损失。

将极化网络的分割转换为最小化分类的图损失问题：将每个节点 i 划分到 c 个子图

中，$\sigma_i = 1,2,\cdots,c$，对节点 $i=1,2,\cdots,n$ 分配的子网络 $\sigma_1,\sigma_2,\cdots,\sigma_n$ 函数为 $\{\delta\}$。图损失的计算函数定义如下：

$$F(\{\delta\}) = -\sum_{ij} A_{ij}\delta(\sigma_i,\sigma_j) \tag{11-6}$$

$$\delta(\sigma_i,\sigma_j) = \begin{cases} 1(\sigma_i=\sigma_j) \\ 0(\sigma_i \neq \sigma_j) \end{cases} \tag{11-7}$$

当节点 i 和 j 被分到同一个簇中，期望节点 i 和 j 是正向连边，也就是 $A_{ij}>0$。若节点 i 和 j 是负向连边，那么便增加图损失。

为了将质量函数拓展到拥有正、负两种关系的极化网络中，首先为正部分定义一个哈密顿量，它表示给定构型$\{\delta\}$的"能量"。通过 a_{ij} 奖励内部正向的联系并且通过 b_{ij} 惩罚内部的负向联系，那么有质量函数如下：

$$\mathcal{H}^+(\{\delta\}) = \sum_{ij}[-a_{ij}A_{ij}^+ + b_{ij}(1-A_{ij}^+)]\delta(\sigma_i,\sigma_j) \tag{11-8}$$

令 $a_{ij}=1-b_{ij}$，$b_{ij}=\Upsilon^+ p_{ij}^+$，$p_{ij}^+$ 是节点 i 和 j 之间正关系的概率，那么式（11-8）可以被简化为

$$\mathcal{H}^+(\{\delta\}) = -\sum_{ij}(A_{ij}^+ - \Upsilon^+ p_{ij}^+)\delta(\sigma_i,\sigma_j) \tag{11-9}$$

下面定义负向关系的质量函数：

$$\mathcal{H}^-(\{\delta\}) = -\sum_{ij}(A_{ij}^- - \Upsilon^- p_{ij}^-)\delta(\sigma_i,\sigma_j) \tag{11-10}$$

最终质量函数如下：

$$\mathcal{H}(\{\delta\}) = (1-\lambda)\mathcal{H}^+(\{\delta\}) + \lambda\mathcal{H}^-(\{\delta\}) \tag{11-11}$$

2. 两阶段极化网络分割

第 9 章介绍了聚集法图划分是基于聚类算法将顶点依据嵌入的特征进行分类。Sharma 等人[29]提出一种两阶段聚类-再聚类算法（Clustering Re-clustering Algorithm，CRA）来将聚类法扩展到符号网络中：1）第一阶段基于广度优先搜索算法，仅基于正链接形成聚类；2）第二阶段利用上一阶段的输出作为输入，依据一个指示节点参与程度的测度对拥有负边的节点重新定位其所属社区。在此，节点的参与程度定义为节点在某社区中的正边数与在该社区的总边数之比，节点会被划分到参与程度值最高的社区。

图 11-24 展示了 36 个节点的网络示例，共有 74 条边，其中 5 条边为负（虚线）。如图 11-24 所示的椭圆表示算法的每个阶段所形成的社区。虚线为第一阶段产生的聚类，实线为第二阶段综合考虑正、负关系后形成的聚类。

3. 基于社区边界发现的极化社区分割算法

质量函数的得分表示一致性程度，但这并不是极化的直接度量。尽管两个分离的社

会群体的存在无疑是两极分化的必要条件，但被划分成两个集体的用户不一定持有对立观点。例如，可以按喜欢篮球和足球将人们分成两个群体，但是这两个群体之间没有对立的概念——他们只是两种不同的偏好并不相互排斥，因为有些人可以同时从事这两种运动。既然极化是一种强烈而显著的社会现象，那么是否有结构模式能够更好地捕捉极化和非极化网络之间的差异，而不是社区之间的模块化水平？这便引出了基于社区边界发现的极化社区分割算法[30]。

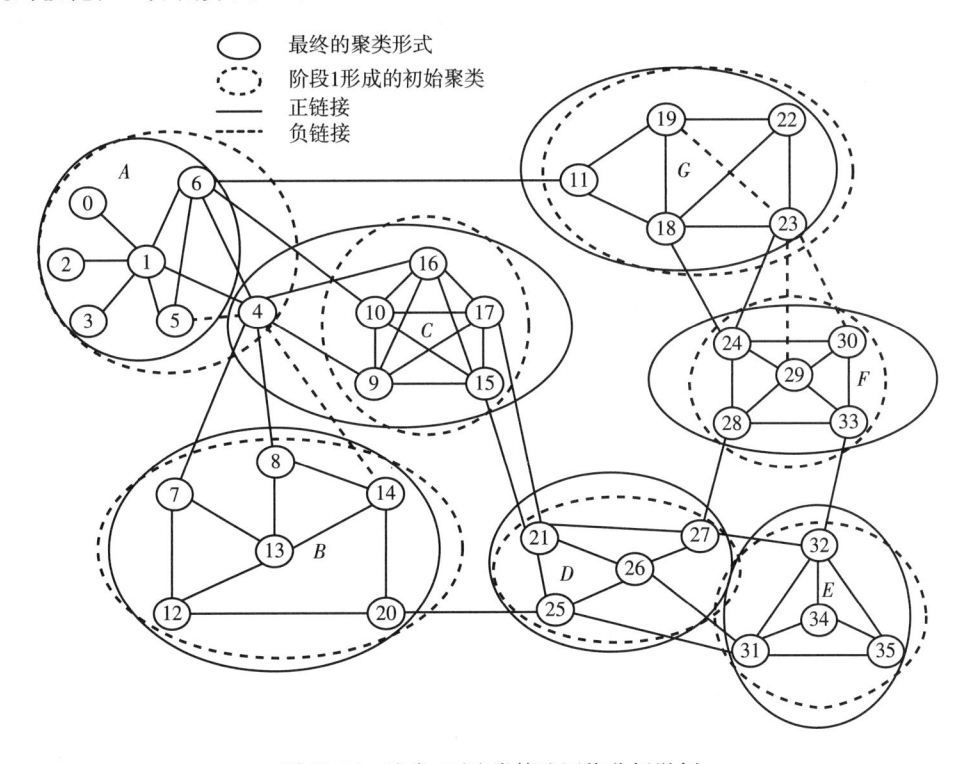

图 11-24 聚类-再聚类算法网络分析举例

基于社区边界发现的极化社区分割算法重点在于分析与（潜在的）对立群体有效互动的节点。首先针对社区 G_i 对社区边界节点 $B_{i,j}$ 进行定义：

1) 节点 $v \in G_i$ 有至少一条边与社区 G_j 相连。
2) 节点 $v \in G_i$ 有至少一条边与社区 G_i 里的节点 k 相连，同时节点 k 不和社区 G_j 相连。

$B_{i,j}$ 的整体定义如下：

$$B_{i,j} = \{v_i : v \in G_i, \exists e_{ik} | v_k \in G_j, \exists e_{ik} | (v_k \in G_j, \nexists e_{kl} | v_l \in G_j), i \neq j\} \quad (11\text{-}12)$$

内部节点 $I_i = G_i - B_{i,j}$

为了更好地分析边界节点，定义如下边集合：

$$E_B = \{e_{mn} : v_m \in B_{i,j} \cap v_n \in B_{j,i}\} \tag{11-13}$$

$$E_{int} = \{e_{mn} : v_m \in (B_{i,j} \cup B_{j,i}) \cap v_n \in (I_i \cup I_j)\} \tag{11-14}$$

根据图 11-25 中的简单极化网络可以更清晰地辨别出前文介绍的几类节点，图 11-27 中 I_1 为 $\{a, c\}$ 节点，I_2 为 $\{3, 4\}$ 节点，E_B 为 $\{(b,1), (d,2)\}$，E_{int} 为 $\{(a,b), (c,d), (1,3), (3,4)\}$。

以举例图 11-27 中的节点 b 为例，b 有三条边：

1) $(b,1) \in E_B$ 是一个跨社区的边。
2) $(b,a) \in E_{int}$ 是一个内部的边。
3) (b,d) 既不是内部也不是跨社区的边。

节点 b 所在边在 $B_{2,1}$ 和 I_1 上的概率一样大，因此节点 b 对另一个社区的用户没有明显的敌对态度。

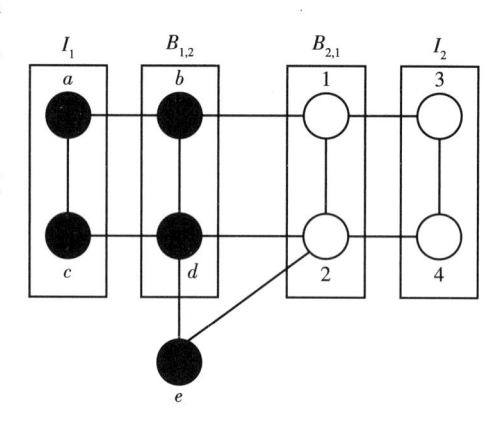

图 11-25 简单极化网络分割示例[30]

因此得出下面极化值 P 的计算公式：

$$P = \frac{1}{|B|} \sum_{v \in B} \left[\frac{d_i(v)}{d_b(v) d_i(v)} - 0.5\right] \tag{11-15}$$

P 的取值在 $(-\frac{1}{2}, \frac{1}{2})$ 之间，当小于 0 时表示节点没有极化，甚至有倒戈的可能；反过来，当大于 0 时表示和所在团体内部的联系紧密，极化性增大。总的来说，符号网络上的社区发现方法可以分为如下两类：

1) 改进质量函数，然后通过优化该函数求解最好的划分从而发现社区。
2) 采用两阶段式处理方式。首先针对全正边网络利用传统方法进行社区发现，然后利用社区划分的质量评价函数来调整社区发现的结果。

后一种方式很灵活，能够有效地利用现有的社区发现算法并结合各种特定需求，但是这种方式不能保障充分利用负边信息。如何将这两个阶段进行合理融合，形成一个统一的过程是一个值得研究的问题。另外，在这两种方式中，对符号网络社区的质量函数中正、负边权重的讨论还较为欠缺，在实际应用中仍待进一步明确。

小结

1. 心理学家海德提出的认知模型包含三个基本要素、两类关系和八种认知状态。结合随后心理学家乔丹的研究，明确了同时存在友好关系和敌对关系的网络最终会趋于稳定的原理。相对于不平衡、不和谐的情形，人们更喜欢平衡、和谐的状态。

2. 多元素的强结构平衡定理认为平衡的图可以分为两个集合，其中每个集合内是积极关系，而集合间是消极关系。而弱结构平衡定理则认为平衡的图可以分为若干个组，更符合现实生活中的网络结构。

3. 在存在正、负关系的网络中，也会发生极化现象，当意见不一致，产生冲突后每个子群体存在领导人物时就容易发生裂变，一个群体分成两个子群体。但是这种结构却比之前的更加稳定。极化现象在政治中最为突出，不同党派针对气候、疫情的态度大相径庭。进一步地，研究了社交网络分析中极化网络的分割方法，从衡量子群体内部的同质性、正负关系分别进行分割以及边界划分等多个角度进行了研究，展示了挖掘极化网络中子群体的方法。

习题

1. 图 11-26 给出了一个简单符号网络，图中实线表示正关系、虚线表示负关系。请写出图 11-26 对应的邻接矩阵，并且分析是否符合结构平衡定理。

2. 请给出图 11-27 的平衡状态。

3. 请给出图 11-28 的平衡状态。

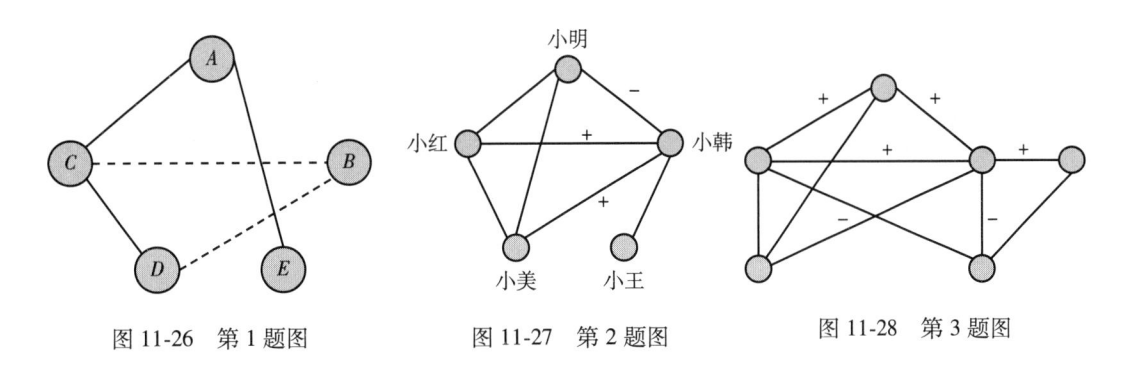

图 11-26　第 1 题图

图 11-27　第 2 题图

图 11-28　第 3 题图

4. 请针对习题 2 中完成的平衡结果分析其极化结果。

5. 根据三点结构平衡理论，假设：P 为学生，X 为编程，O 为 P 的辅导老师。

（1）如果 P 喜欢编程，听到 O 也对编程感兴趣，那么此时的 POX 关系是什么，P 的认知是什么状态？

（2）如果 P 喜欢编程，又听到 O 批判编程，在 P-O-X 模式中，那么此时的 POX 关系是什么？P 的认知状态是什么？同时分析此时认知体系的状态。

6. 针对图 11-23，写出质量函数计算过程。

7. 举例你生活中遇到过的极化现象，并简述网络发生极化的过程。

8. 研究表明，网民"群体极化"倾向更为突出，由于社交媒体具有匿名性的特点，人们更走向群体"狂欢"。结合极化网络的属性分析如何应对这种网络上极化现象？

参考文献

[1] HEIDER F. Attitudes and cognitive organization [J]. The Journal of psychology, 1946, 21(1): 107-112.

[2] JORDAN N. Behavioral forces that are a function of attitudes and of cognitive organization [J]. Human relations, 1953, 6(3): 273-287.

[3] JORDAN N. The asymmetry of liking and disliking: a phenomenon meriting further reflection and research [J]. The public opinion quarterly, 1965, 29(2): 315-322.

[4] MCCARTY N, POOLE K T, ROSENTHAL H. The hunt for party discipline in congress [J]. American political science review, 2001: 673-687.

[5] EYSENCK M W. Simply psychology [M]. London: Routledge, 2017.

[6] FRIEDKIN N E. Choice shift and group polarization [J]. American sociological review, 1999: 856-875.

[7] CLARK R D, WILLEMS E P. Where is the risky shift? Dependence on instructions [J]. Journal of personality and social psychology, 1969, 13(3): 215.

[8] BARON R S, ROPER G. Reaffirmation of social comparison views of choice shifts: averaging and extremity effects in an autokinetic situation [J]. Journal of personality and social psychology, 1976, 33(5): 521.

[9] FRIEDKIN N E. Choice shift and group polarization [J]. American sociological review, 1999: 856-875.

[10] ZACHARY W W. An information flow model for conflict and fission in small groups [J]. Journal of anthropological research, 1977, 33(4): 452-473.

[11] BERNHEIM, DOUGLAS B. A theory of conformity [J]. Journal of political economy. 1994, 102(5): 841-877.

[12] MEHRABIAN, ALBERT, SHELDON KSIONZKY. Models for affiliative and conformity behavior [J]. Psychological bulletin. 1970, 74(2): 110.

[13] DEUTSCH M, GERARD H B. A study of normative and informational social influences upon individual judgment [J]. J abnormal social psychol. 1955, 51(3): 629-636.

[14] YURTTAS, GULFEM D, TUGRA K, et al. Problems experienced on educational social networks: disorientation [J]. Procedia-social and behavioral sciences. 2011, 28: 836-841.

[15] NOELLE-NEUMANN E. The spiral of silence a theory of public opinion [J]. Journal of communication. 1974, 24(2): 43-51.

[16] SCHULZ, ANNE, PATRICK R. The spiral of silence and the internet: selection of online content and the perception of the public opinion climate in computer-mediated communication environments [J]. International journal of public opinion research. 2012, 24(3): 346-367.

[17] POOLE K T, ROSENTHAL H. Congress: a political-economic history of roll call voting [M]. Oxford: Oxford University Press, 2000.

[18] KHUDABUKHSH A R, SARKAR R, KAMLET M S, et al. Fringe news networks: dynamics of US news viewership following the 2020 presidential election [J]. arXiv preprint arXiv: 2101. 10112, 2021.

[19] MCCRIGHT A M, DUNLAP R E. The politicization of climate change and polarization in the American public's views of global warming, 2001−2010 [J]. The sociological quarterly, 2011, 52(2): 155-194.

[20] BALDWIN M, LAMMERS J. Past-focused environmental comparisons promote proenvironmental outcomes

for conservatives [J]. Proceedings of the national academy of sciences, 2016, 113(52): 14953-14957.

[21] EICHENBAUM A, TATE A D. Health inequity in Georgia during the COVID-19 pandemic: an ecological analysis assessing the relationship between county-level racial/ethnic and economic polarization using the ICE and SARS-CoV-2 cases, hospitalizations, and deaths in georgia as of october 2020 [J]. Health equity, 2022, 6(1): 230-239.

[22] HOFFMANN F, LEE D S, LEMIEUX T. Growing income inequality in the United States and other advanced economies [J]. Journal of economic perspectives, 2020, 34(4): 52-78.

[23] AUTOR D. Work of the past, work of the future [R]. National bureau of economic research, 2019.

[24] ROSE S. The growing size and incomes of the upper middle class [J]. Urban institute, 2016, 21: 10.

[25] ESTEBAN J M, Ray D. On the measurement of polarization [J]. Econometrica: journal of the econometric society, 1994, 62, 819-851.

[26] WOLFSON M C. When inequalities diverge [J]. The American economic review, 1994, 84(2): 353-358.

[27] NEWMAN M E J, GIRVAN M. Finding and evaluating community structure in networks [J]. Physical review E, 2004, 69(2): 026113.

[28] TRAAG V A, BRUGGEMAN J. Community detection in networks with positive and negative links [J]. Physical review E, 2009, 80(3): 036115.

[29] SHARMA T, CHARLS A, SINGH P K. Community mining in signed social networks-an automated approach [J]. ICCEA09, 2009, 9: 163-168.

[30] GUERRA P, MEIRA Jr W, CARDIE C, et al. A measure of polarization on social media networks based on community boundaries [C]//Proceedings of the International AAAI Conference on Web and Social Media. 2013, 7(1).

CHAPTER 12

第12章 社会权力

社会学中的权力（Power）实际上是指社会主体凭借自身占有的资源而对社会产生的影响力[1-2]，当前学术界对于社会权力的研究主要集中于权力对用户观点、行为的潜在影响，其对于社会现象的理解、公共事件的应急处理等具有重要的指导意义。

前面的章节先后介绍了网络节点间的强联系、弱联系、正负关系，**从节点在网络中的位置角度**分析了各类社会现象。本章将**从节点权力的角度**对社会网络进行更深入的分析。节点权力不仅可以用来讨论经济上的交易和博弈问题，也可以用来讨论以网络为媒介的交互行为。本章首先阐述社会权力的形式化机理，力图解释社会互动行为间的细微差别。进一步地，将社会权力抽象为网络节点中的重要性，从不同层面对其进行度量。本章的内容主要有：**社会网络中的权力、纳什均衡与网络议价以及节点权力的度量**。

12.1 社会网络中的权力

"权力"一词在日常生活中经常出现，常常会形容某个人"权力大"。实际上在任何有序的组织活动中均存在着权力。半个多世纪以来，学者对社会权力主要分为三种观点[3]：一种认为权力是一种社会关系，另外一种认为权力是一种能力，还有一种观点认为权力是一种相互依赖的过程。作为社会权力知识的基础，本节将从社会学的角度对权力定义和特征等内容进行介绍。

12.1.1 什么是权力

一提到"权力"，往往想到的是权位和势力。正如《汉书·游侠传·万章》中记载"（万章）与中书令石显相善，亦得显权力，门车常接毂"，大概意思是说古时长安有一位名叫万章的侠客，他与当时的中书令石显（汉代中书令地位高于丞相）关系非常要好。借了石显有权有势的光，所以他家门前的车马总是接连不断。在该典故中，权力作为一种影响力的度量，反映了个体对资源的占有情况。

权力实际上是社会学的一个重要概念，其最本质的问题为：**节点在一个网络中表现出来的权力有多大程度来自节点自身的特性，或有多大程度来自网络结构的性质**。节点自身的特性指群体中总会存在"天赋异禀"的人而获得其他人的尊敬，表现出更大的权力。例如汉高祖刘邦在起义之前只是一个亭长，无显赫家世，无千军万马，最终凭借自身的才能成为封建时期地位最高的皇帝。网络结构的性质指节点因为在网络中占据关键位置而获得更大的权力。例如，西汉最后一位皇帝"汉孺子"刘婴，年仅 2 岁被王莽立为皇太子，虽然即将成为皇帝，却并无治国才能。现实生活中，权力的大小往往意味着价值的高低。经济层面，价值可能是双方通过合作而获得的收益；政治层面，价值可能是一方为另一方提供便利的能力；在朋友关系中，价值可能是双方成为朋友之后所产生的社会或心理价值等。

从社会网络的角度看，权力并不是脱离关系而存在的。正如法国作家雨果所说"世间没有一种无喽啰的权力，也没有一种无臣仆的尊荣"。从节点特性的角度评价一个节点权力的大小并不容易，而且缺乏统一的度量标准。例如，说节点 A 的权力大于节点 B 的权力，也是从网络关系的角度而言的。因此要从广义的社会互动的角度来理解权力，而不仅限于节点本身蕴含的特性。本书中所提到的"权力"主要研究个体在社交网络中所起的作用。

那么到底什么是社会网络中的权力？

1962 年，美国著名学者理查德·爱默森[4]首次提出了社会权力一词，并将其解释为**一种依赖关系**，行为者 B 对行为者 A 的依赖程度越高，则 A 对 B 的权力控制也越大。网络中的每个行为者用权力控制其他个体，又被其他个体所控制，充当着实施权力和受权力支配的双重角色。之后他将权力的内涵丰富为社会中的个体或组织影响另一个个体或组织的能力，既包括施动者对受动者进行命令、控制等实际行为，也包括受动者对施动者的认可、遵从等心理行为[5]。根据上述定义，社会网络范畴下的权力定义如下[6-7]：

权力来源于参与者在网络中所处的位置关系，它是一种位置及其占据者的结构属性；参与者因其在网络中所处的不同位置而获得大小不等的权力。

该定义将位置作为影响节点权力的主要因素，因位置而产生的权力源于节点之间相互作用、相互联系的结构特征，而并非节点自身的固有属性[8]。从本节开始所讲的例子中可以发现权力对应于参与者资源划分的不平衡，权力大的一方获得更高的价值。在此将参与者因社会关系而产生的资源划分称为一种社会交换（Social Change），讲解权力的形式化描述方法。

如图 12-1 所示为五个朋友之间构成的社会网络，边表示较强的朋友关系。直观上理解，节点 U_2 在网络中占据一个有权力的位置（或者权力较大的位置），特别是相对于邻居 U_1 和 U_3 而言，U_2 显得更有权力：U_1 和 U_3 只能直接接触到 U_2，U_4 能够直接接触到 U_2 和 U_5，而 U_2 能够直接接触到 U_1、U_3 和 U_4；不考虑节点自身的特性，显然 U_2 在网络中占据了支配性位置，能够获得更大的信息量，使得

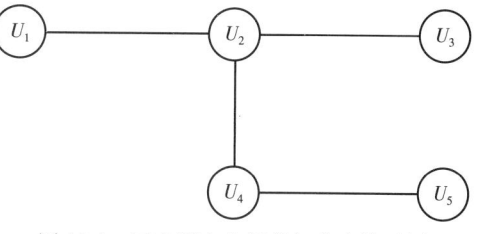

图 12-1 五个朋友之间的权力交换示例

它除直接朋友关系之外有更多的社会性机会，因此有更大的权力。假设该网络中共有 4 个比特币（Bitcoin，BTC），这 5 个人希望对当前的价格收益进行划分。**规定有朋友关系的两个节点之间可以进行一次社会交换，即划分 1 个 BTC，并且每个节点以自己收益最大为目的只能进行一次交换，若不进行交换则收益为 0**。例如 U_1 与 U_2 划分 1 个 BTC（对应的美元收益），U_1 占据 0.4 个 BTC，U_2 占据 0.6 个 BTC。若 U_1 与 U_2 均接受此次交换，则 U_2 无法再与 U_3 和 U_4 进行交换，U_1 收益为 0.4 个 BTC 对应的美元数，U_2 收益为 0.6 个 BTC 对应的美元数。多次迭代实验之后，通过比较每个节点的收益即可验证网络中节点的权力分布。下面分别以 3 节点、4 节点和 5 节点社会网络为例讲解社会交换结果，如图 12-2 所示。

1. 3 节点社会交换

3 节点交换如图 12-2 a 所示，节点依次为 U_1、U_2 和 U_3。直观上理解 U_2 具有较大的权力，因为 U_1 和 U_3 只能跟 U_2 进行权力交换，没有其他选择；而 U_2 可以根据自己的心理预期分别同 U_1 和 U_3 进行"谈判"。若 U_1 出价过低可转而与 U_3 达成协议，在该协议下一定存在一个节点收益为 0。多次迭代实验之后，研究人员发现：未达成协议的节点在下一次实验中倾向于让出更高的价格给对方，并且 U_2 确实得到了更高份额的价值，大约占 5/6 [9]。

2. 4 节点社会交换

4 节点交换如图 12-2 b 所示，节点依次为 U_1、U_2、U_3 和 U_4。该情况下 U_2 与 U_3 似乎有同等的权力，因为它们分别有 U_1 和 U_4 作为备选交易。与 3 节点交换不同的是，4 节点可能不会存在未达成交易的节点（U_1 与 U_2 实现权力划分，U_3 与 U_4 实现权力划分），也可能 U_1 和 U_4 都不会达成交易。同节点 U_1 相比，U_2 仍然有较大的权力，但相比 3 节点网络稍微弱了一些：3 节点中 U_2 可以拒绝 U_1 而与别无选择的 U_3 进行交换，而 4 节点中 U_2 拒绝 U_1 之后要承担一定的风险；因为对于 U_3 而言，U_4 比 U_2 更有吸引力。研究人员经过大量实验发现在 U_1 与 U_2 达成的协议中 U_2 得到的份额在 7/12 和 2/3 之间 [10]。

3. 5 节点社会交换

5 节点的权力交换（如图 12-2 c 所示）则更加微妙。从拓扑结构上看 U_3 似乎处于中心位置，应当获得更大的权力，但是在仅进行 1 次交换的规则下权力是较小的。U_3 只有同 U_2 和 U_4 进行权力交换的机会，然而 U_2 和 U_4 分别有更具吸引力的 U_1 和 U_5。在该情况下，U_3 与 U_1、U_5 一样容易被"抛弃"。由此可见，单纯利用网络中心位置来度量节点的权力是存在缺陷的，研究人员通过大量实验得出 U_3 的权力仅比 U_1 和 U_5 略大。

4. "柄图"节点社会交换

除了直连式的节点权力交换外，"柄图"也是值得研究的交换网络，如图 12-2 d 所示。实验结果发现，一般是 U_3 与 U_4 达成权力交换，U_1 与 U_2 达成权力交换。U_2 在该网络中的权力与 4 节点网络类似，相比于 U_1，U_2 仍有较大的权力，但是放弃与 U_1 的交易也存在着较高的风险，毕竟 U_3 与 U_4 进行交易的可能性大大增加。研究人员发现柄图中

的 U_2 节点获得的收益略高于 4 节点网络中 U_2 节点的收益：4 节点网络中 U_2 对 U_1 的威胁来自它可以与 U_3 达成协议，而 U_3 与 U_2 的权力是相当的；在"柄图"网络中，U_2 对 U_1 的威胁来自它可以与 U_3 或 U_4 达成协议，而这两个节点的权力均弱于 U_2。

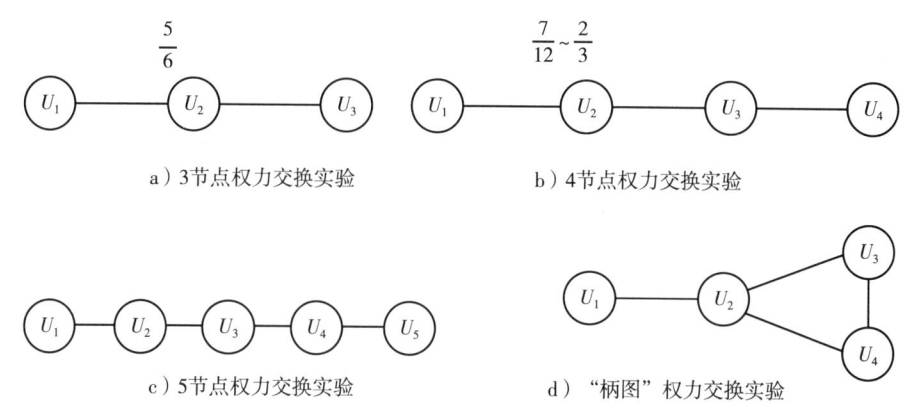

a）3 节点权力交换实验

b）4 节点权力交换实验

c）5 节点权力交换实验

d）"柄图"权力交换实验

图 12-2　节点权力交换示例[9-10]

随着节点数的增多，网络中的社会交换越来越复杂，权力变化越来越微妙，在此通过介绍最多 5 个节点的权力交换实验以间接说明：从不同角度看待节点在网络中的位置及其权力有时会存在明显的差异。因此，节点权力的度量值得进一步探究。

12.1.2　社会网络权力的特征

简单的节点权力交换示例实际上引出了节点权力的来源，通过节点在网络中所处的关键位置和交互关系可以窥见权力的变化。

权力来源于节点所处的关键位置。一个普通的社会网络中有哪些关键位置呢？美国卡耐基梅隆大学的大卫·克拉克哈特[11]指出"承上启下的结构位置"往往赋予了节点较大的权力。实际上处在关键位置的节点能够通过非冗余关系与网络中更多的节点保持联系，占据各节点间信息交流的通道，因此有更多的机会获取新的知识[12]。

权力也来源于节点间的交互关系。与网络中某个节点建立社会交换关系的主体的角色和地位也会对该节点的权力产生一定的影响。例如，在某个领域的权威专家在普通人眼里本身就具有很高的学术权威，他的学生也会得到普通人的羡慕和尊敬，也就相应地具备了某种权力。对网络中的不同社区而言，若某个社区包含有独特角色的节点或核心节点，那么该社区其他节点、与该社区直接相连的节点也被认为具有较大的权力。反之，若这些节点与该核心节点发生冲突，导致联系中断，其权力值也会相应下降。博纳奇等人[13]指出"节点的地位（权力）是与其相关的其他节点地位（权力）的一个线性函数"，表明权力与节点间的社会交互关系密切相关。

网络权力的来源复杂多样，导致权力也具备多重特征，主要包括**依赖性、非对称性、**

动态性和**结构性**[14-16]。

1. 依赖性

从社会关系的角度理解权力，依赖性构成了网络权力的基础。网络中的每个节点一方面作为被制约者依赖于权力较高的节点，另一方面作为制约者凭借自身的影响力影响着其他节点。现实生活中，小到个人，大到企业和国家，都在信息、技术等关键资源上存在依赖，因此每个"节点"主动寻求与其他"节点"的联系，构成一个又一个网络。社会网络权力在以资源和行动为基础的相互依赖的社会交换中进行分配，在相互依赖的两个节点中，当其中一个节点的依赖性高于另一个节点时权力不再平等。权力的依赖性意味着网络中的节点并不能完全按照自己的意愿选择交互性行为，必须在相互依赖的联结中实现社会互动行为[14]。

2. 非对称性

非对称性是权力的一个显著特征，且网络群体内部很少存在平等的权力结构[15]。由于网络中每个个体拥有资源的数量和质量存在差异，个体间的依赖关系不对等，所以个体的权力大小不同。例如，社会中资本来源众多、管理水平先进、掌握核心科技的企业往往在市场中占据主导地位，拥有较大的市场话语权。占据关键位置和拥有关键资源的节点毕竟是有限的，而且随着某些节点权力的增大，网络中原本占据关键位置的节点可能会逐渐失去相应的权力，导致有权力的节点数量减少。

3. 动态性

不论是网络拓扑结构还是节点间的互动都是动态变化的，由这些因素构成的权力也随之而动态改变。特别是关键资源或技术的稀缺程度、不可替代程度都会随着时间而变化，例如疫情期间在口罩原材料紧缺的情况下，原材料供应商重要性大幅提升；美国针对华为发布芯片禁令以来，芯片制造企业逐渐成为中国制造的重中之重。此外，社会环境和政府的作用也在随着社会网络的演化而变化，决定了社会网络每个节点的权力是动态改变的。

4. 结构性

根据结构洞理论[16]，社会网络中的资本能够产生接近资源与控制资源的网络结构，而且占据网络中心位置的节点占据较多的资源。所以每个节点在网络中的结构位置不仅能够表示个体占据关键资源的重要性，还能表示个体与网络权力中心的距离、对其他节点所占据的关键资源的接近程度，具备明显的结构性特征。

12.2 纳什均衡与网络议价

上一节中利用非形式化方法对网络节点间的权力交换进行了介绍，同时发现仅仅根据节点在网络中的位置度量其权力并不合理。本节通过数学模型分析权力的交换过程，探究社会网络权力交换的平衡结果与稳定结果。12.1节讲述的社会交换以划分比特币为例，本质上是不同节点之间的议价过程，即每个节点在希望自己获得最大收益的前提下同其他节点进行"谈判"以达成双方均可接受的交易。每个节点进行决策时并不只考虑备选项的多少，也会考虑其他节点的决策行为，属于博弈论（Game Theory）的范畴。本节重点介绍网络议价中的博弈现象。

12.2.1 什么是博弈

博弈论[17-19]是研究多个个体或团体之间在特定条件制约下根据对方策略而实施对应策略的学科，与人们的工作和生活息息相关。例如，不同品牌防疫用品的定价、拍卖会上的投标竞价、商业谈判等。《史记·孙子吴起列传》所记述的《田忌赛马》故事即是一个典型的有限博弈例子。孙膑根据齐国公子的赛马策略及时变更上等马、中等马和下等马的比赛顺序，令田忌获得了胜利。一般而言，任何博弈场景都包含以下三个基本元素：博弈参与者、策略与收益。

1）存在一组参与者或行为者（一般不少于两个），称为**博弈参与者**。

2）每个博弈参与者都有一组如何行动的备选项，即参与者的可能**策略**。

3）参与者采取任何一个策略都会获得一个**收益**，并且该收益也会受到其他参与者策略选择的影响。通常用数字表示收益，每个参与者都希望最大化自己的收益。

一旦确定了博弈参与者、策略和收益，便可探寻不同个体的倾向性行为，推理博弈过程中参与者可能采取的策略以及获得的收益。在每个博弈场景中，参与者始终关心自身的最终利益，并且拥有博弈结构的充分信息（了解自身可采用的策略，知晓博弈对方的基本信息、可采用的策略及对应的收益）。博弈中还存在两个基本概念：**最佳应对**与**严格占优策略**。

1. 最佳应对

最佳应对即为博弈参与者能选择的最好行为，以假设参与者能够考虑到其他参与者将采取的行为为前提。令 S_A 表示参与者 A 选取的策略，S_B 表示参与者 B 选取的策略，在由策略与对应收益构成的一个收益矩阵中对应策略组 (S_A, S_B)。以 $P_A(S_A, S_B)$ 表示参与者 A 从该组决策中获得的收益，$P_B(S_A, S_B)$ 表示参与者 B 从该组决策中获得的收益。对于参与者 B 选取的策略 S_B，若参与者 A 用策略 S_A 获得收益均大于或等于其他决策，则参与者 A 的策略 S_A 是参与者 B 的策略 S_B 的最佳应对（S'_A 是参与者 A 除 S_A 外的其他策略）：

$$P_A(S_A, S_B) \geqslant P_A(S'_A, S_B) \tag{12-1}$$

此外，若上式严格大于成立，则称策略 S_A 是参与者 B 的策略 S_B 的严格最佳应对。

2. 严格占优策略

从最佳应对角度理解占优策略如下：参与者 A 的占优策略是指该策略对于其他参与者的每一策略都是最佳应对，参与者 A 的严格占优策略是指该策略对于其他参与者的每一策略都是严格最佳应对。若博弈参与者有严格占优策略，则一定会采取该策略。

"囚徒困境"（Prisoners' Dilemma）是博弈论中一个典型案例。假设警方抓到了两个入室盗窃犯罪嫌疑人,将他们分别关押在了不同的囚室中。虽然警方手中有部分证据,但无法直接证明这两人参与了盗窃。然而,这两人因拒捕和殴打警察也会被判刑,尽管刑期很短。为了尽快查明真相,警方告知两名嫌犯如下政策"若你坦白,而另外一人继续抵抗,那么你可以因立功表现而马上释放;如果两个人都坦白,则不需要相互证明对方有罪,盗窃罪成立;如果两个人都继续抵抗,没有直接证据证明你们参与了盗窃,我们将以拒捕控告你们。你是选择坦白,还是选择继续抵抗?"

为使"囚徒困境"博弈结构更明显,可按照博弈的三个基本要素形式化定义该问题。两个犯罪嫌疑人作为博弈参与者,可选策略包括坦白与继续抵抗。若两人都坦白,则获刑5年(收益用-5表示);若其中一人坦白,另一人继续抵抗,则坦白的人无罪释放(收益为0),抵抗的人获刑12年(收益为-12);若两人均继续抵抗,则获刑1年(收益为-1)。其收益矩阵如图12-3所示(这里的收益均小于等于0,因为对于犯罪嫌疑人而言受刑均为负收益)。

	犯罪嫌疑人B 坦白	抵抗
犯罪嫌疑人A 坦白	-5,-5	0,-12
抵抗	-12,0	-1,-1

图12-3 "囚徒困境"收益矩阵示例

以其中一个犯罪嫌疑人的行为来推测他的倾向决策行为,以犯罪嫌疑人A为例:

1)假设犯罪嫌疑人B计划坦白,则A通过坦白行为获得的收益为-5,通过抵抗行为获得的收益为-12。所以在这种情况下,犯罪嫌疑人A最好选择坦白。

2)假设犯罪嫌疑人B计划继续抵抗,则A通过坦白行为获得的收益为0,通过抵抗行为获得的收益为-1。所以在这种情况下,犯罪嫌疑人A最好选择坦白。

经过分析发现,无论犯罪嫌疑人B采用何种行为,犯罪嫌疑人A进行坦白获得的收益均是较高的,即坦白为当前博弈的严格占优策略。任意参与者在博弈中存在一个严格占优策略时,默认一定会选择该策略。同理,犯罪嫌疑人B的严格占优策略也是坦白,则可以预见两个犯罪嫌疑人都会坦白,获得收益-5。虽然每个犯罪嫌疑人深知双方拒不坦白、坚持抵抗时结果会是更优的,但是在理性的博弈中,参与者根本不会得到这个结果(在此不考虑其中一个犯罪嫌疑人因担心坦白而遭到另一犯罪嫌疑人打击报复对收益的影响)。

12.2.2 纳什均衡与混合策略均衡

"囚徒困境"中参与者均存在严格占优策略。然而当参与者在博弈中都没有严格占优策略时,应该通过什么方式来预测参与者的行为呢?1950年约翰·纳什[20]在推理一般博弈行为时认为即使不存在占优策略,也可以通过博弈参与者彼此策略的最佳应对来推理参与者的行为。据此提出了纳什均衡(Nash Equilibrium),又称为非合作博弈均衡。

纳什均衡:在一个博弈过程中,无论对方的策略选择如何,当事人一方都会选择某个确定的策略,则该策略被称作支配性策略。如果两个当事人的策略组合分别为各自的支配性策略，那么这种策略组合被定义为纳什均衡[21]。

假设博弈参与者 A 选择策略 S_A，同时参与者 B 选择策略 S_B，若 S_A 是 S_B 的最佳应对，同时 S_B 也是 S_A 的最佳应对，则称策略组(S_A, S_B)是一个纳什均衡。均衡的观点即是假设参与者选择的策略都是彼此的最佳应对（具有相互一致性），则在一组候选策略集中，任何参与者都没有动机去选取另一种策略。所以，整个博弈过程处于一种均衡的状态，没有外力使它产生不同的结果。为了充分理解这一观点，可以从问题的反面理解，即为什么一组不是最佳应对的策略不能达到均衡状态？博弈过程中，参与者依据理性认为非最佳应对策略最终不会被选择。如果参与者会选择其他策略，那么另一方会由于收益的激励而放弃原策略。因此，纳什均衡可以认为是一种信念上的均衡，一旦参与者相信另一方在博弈中会选取某个纳什均衡的部分策略，则该参与者倾向于达成这个纳什均衡的另一部分策略。

疫情导致全球制造业产能下降，半导体芯片产量大幅降低，同时美国针对华为公司的芯片禁令导致美国芯片供应商无法继续与华为公司合作。在此背景下，高通与 AMD 公司计划同三星、苹果、戴尔三家公司中的一家建立长期合作关系。每个供应商的可选策略为与三星、苹果或戴尔洽谈合作，规定决策结果如下（收益矩阵如图 12-4 所示）：

1）若两家供应商均与同一个公司洽谈合作，则该公司会分给每家供应商一半的订单。

2）由于种种原因，AMD 不能只凭借自身产能与大公司建立合作。于是若两家供应商分别与不同公司洽谈合作，AMD 的收益为 0。

3）若高通单独与苹果公司或戴尔洽谈生意，将会得到它们的全部业务订单；而三星电子需求量过大，高通必须与 AMD 合作才能承担三星的业务需求。

		高通		
		三星	苹果	戴尔
AMD	三星	5,5	0,2	0,2
	苹果	0,0	1,1	0,2
	戴尔	0,0	0,2	1,1

图 12-4 "芯片供应商博弈"收益矩阵

4）与三星达成合作的收益为 10（若两家供应商合作，每家收益为 5），与苹果或戴尔达成合作的收益为 2（若两家供应商合作，每家收益为 1）。

根据收益矩阵，高通公司和 AMD 公司均无占优策略，而每家供应商选取的策略将是另一家供应商选取策略的最佳应对。从 AMD 的角度出发，若高通选择三星电子，则它的最佳应对也是选择三星电子；若高通选择苹果公司，则它的最佳应对是选择苹果公司；若高通选择戴尔公司，则它的最佳应对是选择戴尔。从高通的角度出发，若 AMD 选择三星电子，它的最佳应对是选择三星电子；若 AMD 选择苹果公司，它的最佳应对是选择戴尔；若 AMD 选择戴尔，它的最佳应对是选择苹果公司。那么该博弈的结果是什么呢？由于不存在占优策略，博弈结果似乎不确定。以均衡的角度重新审视该问题，假设 AMD 选择三星电子且高通也选择三星电子，则对高通的所有可选策略，AMD 采取的是最佳应对；同样地，对于 AMD 的策略，高通采取的也是最佳应对。所以策略组（三星，三星）构成了一组纳什均衡，并且是该博弈过程中唯一一组纳什均衡，可以预见高通和 AMD 均倾向于与三星电子洽谈生意。

寻找博弈过程中的纳什均衡应注意如下两点：

1）检查所有博弈参与者的候选策略，确定它们中的每一项是否是彼此间策略的唯一最佳应对。

2）计算每个博弈参与者对于对方每个策略的最佳应对，以发现互为最佳应对的策略组。

在"芯片供应商博弈"中只存在一组纳什均衡，然而现实生活的博弈往往不只存在一组纳什均衡，这种情况下推测参与者的决策行为同样困难。例如，两辆无人车在单行道相遇，每辆无人车均有"靠右行驶"和"靠左行驶"两个选项。当两辆无人车因品牌不同等原因无法直接进行沟通时，可能会随机选择一个方向行驶。显然，当其中一辆无人车靠左另一辆无人车靠右行驶时会发生碰撞，设置收益为 0；当两辆无人车均沿自身行车方向的左或右行驶时可顺利会车，设置收益为 1，则收益矩阵如图 12-5 所示。

"无人车博弈"中显然存在两个纳什均衡，即（**靠右行驶，靠左行驶**）和（**靠左行驶，靠右行驶**）。采用两种纳什均衡似乎收益相同，而且在每个纳什均衡组合中每个参与者的策略均相同。该类型的博弈称为**协调博弈**（Coordination Game）[22]，因为博弈参与者的共同目标是在相同策略上的协调。如果博弈参与者之间未能形成协调，则他们的收益较低。协调博弈问题一直是博弈论研究中的难点。托马斯·谢林[23] 提出了聚点理论，即博弈中会存在一些自然的原因（可能超出博弈过程中的收益结构）而造成参与者的决策集中在某个纳什均衡上，例如社会习俗、兴趣偏好等。若"无人车博弈"发生在美国，则交通习惯会导致他们都应靠右行驶；若博弈发生在英国，则交通习惯会导致他们都应靠左行驶，即交通习惯保证了参与者获得较高的收益（不会发生碰撞）。

	无人车2	
无人车1	靠左行驶	靠右行驶
靠左行驶	1,1	0,0
靠右行驶	0,0	1,1

图 12-5 "无人车博弈"收益矩阵示例

前面主要讲解了纳什均衡的有关概念，但是仍然存在有些博弈过程不存在纳什均衡。对于这类博弈主要是通过扩大策略集，包括随机行为发生的概率，来对博弈参与者的行为进行推理。揭示该现象最简单的一类博弈称为攻防博弈：通常一名博弈参与者作为攻击方，可选策略记为 A 和 B；另一名参与者作为防守方，可选策略记为防守 A 和防守 B。若防守方正确抵挡了进攻方的攻击，则防守方获得较高收益，否则攻击方获得较高的收益。例如，在 2016 年里约奥运会女排决赛中，中国女排队长惠若琪巧借吊球帮助中国队反超比分，最终带领中国女排战胜塞尔维亚女排，夺得金牌。以排球比赛中的扣球-吊球博弈为例，进攻方可以选择扣球或者吊球，而防守方可以选择防守扣球或者防守吊球，规定收益情况如下（收益矩阵如图 12-6 所示）。

	塞尔维亚女排	
中国女排	防守扣球	防守吊球
扣球	0,0	1,−1
吊球	3,−3	0,0

图 12-6 "扣球-吊球博弈"收益矩阵示例

1）若防守方正确阻断进攻方的进攻行为（扣球、吊球），则进攻方获得收益0。

2）若进攻方选择扣球而防守方却选择防守吊球，则进攻方获得收益1。

3）若进攻方选择吊球而防守方却选择防守扣球，则进攻方获得收益3（因吊球比扣球更节省体力，从全局比赛的角度而言认为吊球得分的实际收益高于扣球得分）。

在扣球-吊球博弈的每个结果中，两个参与者的总收益为0，此类博弈通常称为"零和博弈"，多数攻防博弈实际上均为零和博弈结构。从进攻方的角度分析，若选择扣球，则防守方应选择防守扣球；若选择吊球，则防守方应选择防守吊球。从防守方的角度分析，若选择防守扣球，则进攻方应选择吊球；若选择防守吊球，则进攻方应选择扣球。所以不存在一组策略互为最佳应对，而且在任一组策略中防守方收益都有可能小于0，存在动机改变自身策略使收益为0。因此扣球-吊球博弈中不存在纳什均衡，博弈参与者均存在动机改变自己的策略，此时应考虑一种混合策略下的均衡状态。

混合策略均衡基于如下背景：攻防双方并不是直接选择策略 A（防守 A）或策略 B（防守 B），而是以一定的概率选择某种策略。令 p（$0<p<1$）表示攻击方选择策略 A 的概率，则选择策略 B 的概率为 $(1-p)$；同理，防守方选择防守 A 的概率为 q（$0<q<1$），选择防守 B 的概率为 $(1-q)$。此时，博弈不再由每个参与者的两个策略构成，转变成了概率 p 和 q 的可能取值。因此研究人员称0与1之间的一组概率值对应的策略组合为**混合策略**（Mixed Strategy），相应地上述内容提到的博弈类型是对应概率为0或1的**纯策略**（Pure Strategy）。考虑进攻方怎样评估自身的两个纯策略，即关注进攻方怎样评估绝对采取 A 或绝对采取 B 的收益。假设防守方选择策略 q，即防守方以概率 q 防守 A，以概率 $(1-q)$ 防守 B。若攻击方选择纯策略 A（扣球），则将以概率 q 获得收益0，以概率 $(1-q)$ 获得收益10；若攻击方选择纯策略 B（吊球），则将以概率 q 获得收益5，以概率 $(1-q)$ 获得收益0。因此，即使攻击方采用固定的纯策略，其收益也会受到防守方策略随机性的影响。为了对攻击方获得的随机收益的数值进行排序，计算攻击方采用纯策略 A 获得的期望收益为

$$0\times q+10\times(1-q)=10-10q \tag{12-2}$$

同理攻击方采用纯策略 B 的期望收益为

$$5\times q+0\times(1-q)=5q \tag{12-3}$$

攻击方寻求期望收益的最大化，而期望收益依赖于混合策略的选择。那么在混合策略中是否存在一组或多组纳什均衡？定义混合策略下的纳什均衡如下所述。

混合策略纳什均衡：指彼此都是对方最佳应对的一组策略，在此表现为一组概率的形式。

为了与纯策略进行区分，下述内容将概率 p 和 q 均称为策略。假设混合策略下的纳什均衡存在，考虑对于防守方的策略 q，什么策略应为攻击方的最佳应对？根据上述推理，对该情况下的纯策略 A，认为攻击方获得的收益为 $(10-10q)$，纯策略 B 对应的收益为 $5q$。

如果 $10-10q \neq 5q$,对于防守方采取的策略 q,则纯策略之一的 A 或 B 是攻击方的唯一最佳应对,因为在该情况下要么 $10-10q$ 是最大的,要么 $5q$ 是最大的。而且对于攻击方而言,在自身收益较低的纯策略上增加任何概率都是没有意义的。但是很容易分析得到在四组纯策略中并不存在纳什均衡,所以在攻防双方的所有混合策略类型中,任一纳什均衡必满足:

$$10-10q=5q \tag{12-4}$$

解得 $q=2/3$。

同理,当攻击方以概率 p 选择扣球时,防守方通过防守扣球获得的预期收益为

$$0 \times p+(-5) \times (1-p)=5p-5 \tag{12-5}$$

防守方通过防守吊球获得的预期收益为

$$(-10) \times p+0 \times (1-p)=-10p \tag{12-6}$$

为了使防守方两个策略之间无差异,则有:

$$5p-5=-10p \tag{12-7}$$

解得 $p=1/3$。

综上,唯一的策略 $p=1/3$ 与 $q=2/3$ 构成了一组混合策略纳什均衡。在该均衡中攻击方以概率 $p=1/3$ 进行扣球,防守方以概率 $q=2/3$ 防守扣球。进攻方的期望收益 $5q=5 \times 2/3=10/3$,相应地防守方的期望收益为 $-10p=-10 \times 1/3=-10/3$。

分析博弈中是否存在纳什均衡既要考虑纯策略均衡也要考虑混合策略下的纳什均衡。例如只有两个博弈参与者的场景中,首先分析四种纯策略结果是否存在任意形式的纳什均衡,接着验证是否存在混合策略下的纳什均衡。在一个纳什均衡中,每个参与者选取的策略都是彼此间的最佳应对,即实现了个体最优。然而在整个社会网络中,个体最优不一定能获得整体最优。在此,简介两种群体最优概念。

帕累托最优:在一组策略选择中,若不存在其他策略选择使所有参与者得到至少和目前一样高的收益,且至少有一个参与者得到严格较高的收益,则该组策略满足帕累托最优。

社会最优:若一组策略选择使所有博弈参与者的回报之和最大,则该组策略满足社会福利最大化。

注意社会最优的结果一定是帕累托最优,而帕累托最优不一定是社会最优。可以通过反证法来理解,假设存在一种社会最优结果并非帕累托最优,则不同策略选择会获得不同的收益结果。根据社会最优概念,这些不同结果应该是"等大"的;若不是帕累托最优,则一定存在某个策略选择获得收益高于目前收益,即存在一个收益结果高于其他结果,相应地社会最优结果也会增大,所以假设不成立。

12.2.3 纳什议价解与权力交换

网络权力的交换本身也是一种博弈，怎样的交换策略下网络的权力分布是稳定的？怎样是平衡的？接下来从纳什均衡理论、网络议价的角度揭开网络权力交换实验背后的机理。

二人议价的简单权力交换类似 12.1 节（社会网络中的权力）中讲述的 2 节点社会交换，如图 12-7 所示。用户 A 与用户 B 协商如何划分 1 个比特币的价值，同时 A 和 B 分别有价值为 x 和 y 的外部选项，即若 A 与 B 没有达成协议，则 A 可以转而去争取 x，B 可以去争取 y（$x+y \leqslant 1$）。拥有外部选项之后，显然谈判过程中用户 A 会要求至少得到 x，用户 B 会要求至少得到 y，则谈判过程实际上变为如何分配剩余价值 $(1-x-y)$。假设 A 与 B 具有同等的权力，他们将会同意均分剩余价值，即 A 收益为 $(1+x-y)/2$，B 收益为 $(1+y-x)/2$。该结果也是包括纳什议价方案[24]在内的研究理论可预测的结果。

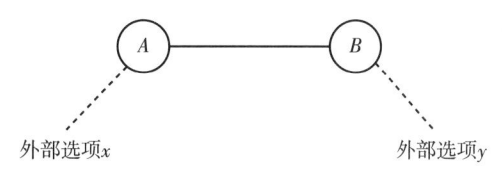

图 12-7 二人议价示例

纳什议价解：用户 A 与用户 B 进行一个单位的价值划分时，若 A 有外部选项 x，B 有外部选项 y（$x>0$，$y>0$ 且 $x+y \leqslant 1$），根据纳什议价结果，用户 A 的收益为

$$x+\frac{1}{2}(1-x-y)=\frac{1}{2}(1+x-y) \tag{12-8}$$

用户 B 的收益为

$$x+\frac{1}{2}(1-x-y)=\frac{1}{2}(1+x-y) \tag{12-9}$$

纳什议价解进一步揭示了两人博弈行为的方式。不同用户的权力差异来源于他们拥有的外部选项的差异。若用户 A 与用户 B 的外部选项差异过大，并不能保证所有的权力分配方案都是合理的，不合理的权力交换则会导致权力的再分配。接下来本小节重点讲解社会网络权力交换的**稳定结果**与**平衡结果**。

给定一个社会网络图，其权力交换结果（Outcome）由以下因素构成：

1）表明节点交换关系的一个匹配，其中匹配表示边的集合，每个节点最多只是其中一条边的端点（对应 1 交换规则，每个节点只进行 1 次权力交换）。

2）表明每个节点交换收益的价值，若两个节点匹配，则它们的价值之和为 1（在 1 个价值单位上进行划分），同理若某节点未在任何一个匹配中，其价值为 0。

1. 稳定结果

社会群体期望交换结果保持稳定，完成权力交换后，不存在一个用户 X 能够对用户 A

提出更高的议价方案，使得用户 A 转而与 X 达成协议。如图 12-8 a 所示 U_3 由于未达成权力交换收益为 0，为了获得收益，U_3 可以主动向 U_2 建议"若 U_2 放弃与 U_1 达成协议，则向 U_2 提供 2/3 的价值"。如此 U_3 可获得 1/3 的价值，而 U_2 的收益也可从 1/2 增加到 2/3。所以 U_2 有极大可能放弃与 U_1 的交换，或者 U_2 主动要求 U_3 提供给自己更高的价值。由于无法阻止该类情况的发生，图 12-8 a 的权力交换结果就是不稳定的。图 12-8 b 中 U_3 同样没有任何收益，但是 U_3 无法再让 U_2 放弃与 U_1 的交易，因为 U_2 的收益已经达到了最大。尽管此时的交换严重牺牲了 U_1 的利益，但是三者已没有其他的议价方案改变当前结果。所以图 12-8 b 的权力交换是稳定的。根据以上两个示例结果，可以进一步分析交换结果中的不稳定性，即如果网络中存在两个节点都有动机和机会破坏已存在的议价模式，该交换结果不稳定。

不稳定性：给定一组由节点匹配和价值构成的结果，若结果中存在一条边不在匹配中，且其两个端点 A 和 B 的价值之和小于 1，则该结果存在一个不稳定性。

根据该定义，当网络交换结果中不存在任何不稳定性时，该交换结果是稳定的。图 12-8 a 连接 U_2 与 U_3 的边导致了不稳定结果，因为 U_2 与 U_3 的价值之和为 1/2（小于 1）。同理，图 12-8 c 中的交换结果也是不稳定的，连接 U_2 与 U_3 的边端点价值之和为 1/2+1/4 = 3/4<1，而图 12-8 b、12-8 d 和 12-8 e 均为稳定结果。

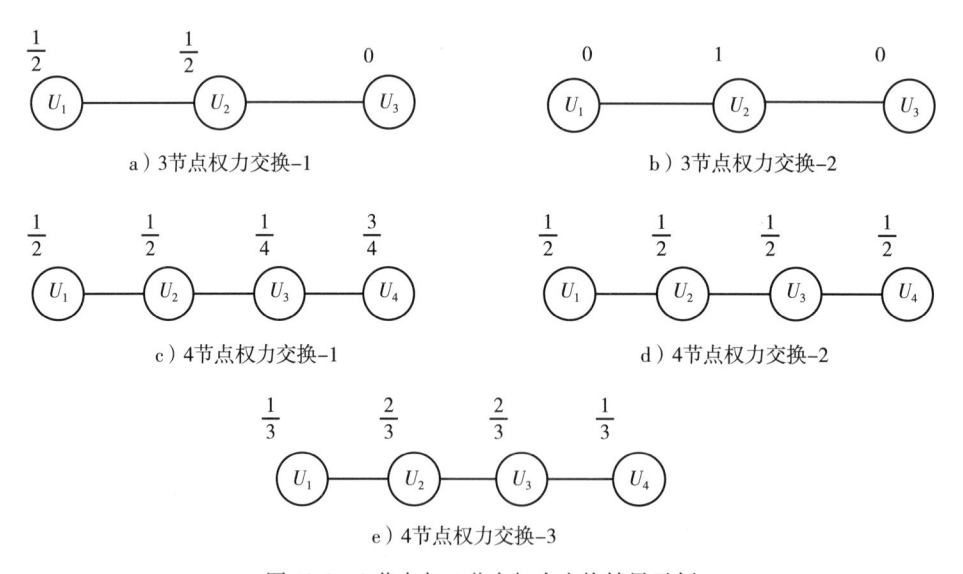

a）3 节点权力交换-1

b）3 节点权力交换-2

c）4 节点权力交换-1

d）4 节点权力交换-2

e）4 节点权力交换-3

图 12-8　3 节点与 4 节点权力交换结果示例

稳定结果的概念有助于理解权力交换实验中较直观的现象，可帮助分析权力极端不平等条件下的交换行为。如图 12-2 a 所示的 3 节点网络中可以发现唯一稳定的结果是 U_2 与 U_1 或 U_3 进行交换且 U_2 获得全部价值。一旦 U_2 没有得到全部价值，不在匹配中的另一条边就形成了一个不稳定性。因此，稳定性显示了 U_2 在网络中的支配位置。12.1 节已说明真实的实验结果中 U_2 可获得约 5/6 的价值，由于稳定性并不能避免极端性权力的出现，在实验中出现了类似于 1/6 和 5/6 的交换结果即可以认为是近似 0 和 1 的分配结果。

稳定结果的解释能力也存在一定的局限性。稳定结果的出现往往基于人们在现实生活中不会做出极端行为的假设，即不会出现极端交换结果。此外，稳定结果对实验的分析也存在一定的模糊性，特别是在权力弱不平衡情况下。如图 12-8 d 和 12-8 e 所示均为 4 节点权力交换的稳定结果，而图 12-8 d 中四个节点进行了等值划分，虽然 U_2 和 U_3 比 U_1 和 U_4 权力更大。实际上 4 节点交换的稳定结果还有很多，只要匹配包含最外侧两条边且 U_2 与 U_3 的收益之和大于等于 1 即可。综上，稳定性是理解交换结果的一个重要概念，但是对具有弱权力差异的网络作用有限，需要以平衡结果的概念对交换结果再进一步分析。

2. 平衡结果

从网络议价的角度考虑权力交换的平衡结果，每个用户的外部选项由其他用户提供。针对图 12-8 d 中全 1/2 的稳定结果，假设各用户的外部选项如图 12-9 所示。用户 U_2 具备外部选项 1/2，这是因为 U_2 可向 U_3 提供 1/2 的价值（或略高于 1/2）使 U_3 放弃与 U_4 的交易。同理，U_3 的外部选项也为 1/2，而 U_1 与 U_4 在当前协议下因没有备选项而外部选项为 0。

对于节点的外部选项而言，图 12-9 并未体现纳什议价结果，1/2 的价值实际上并不能保证用户 U_3 会被 U_2 拉拢，因为 U_4 也能为 U_3 提供 1/2 的价值。图 12-10 的权力交换结果则较好地体现了节点间的纳什议价结果。U_2 拥有外部选项 1/3，因为 U_2 若要拉拢 U_3 需提供大于 1/2 的价值，在图 12-10 中 U_2 可提供给 U_3 约为 2/3 的价值，自己保留 1/3。这样，在网络的其他部分提供一定的外部选项价值的情况下，U_1 与 U_2 的(1/3, 2/3)划分体现了它们之间的纳什议价结果。同理，该结论也适用于 U_3 与 U_4 的交换。该示例说明一个节点的最好外部选项是该节点通过将一个邻居节点从其当前协议关系中拉拢出来所能得到的最大价值[25-26]。

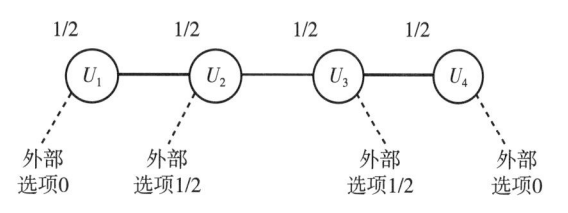

图 12-9　4 节点权力交换稳定不平衡结果

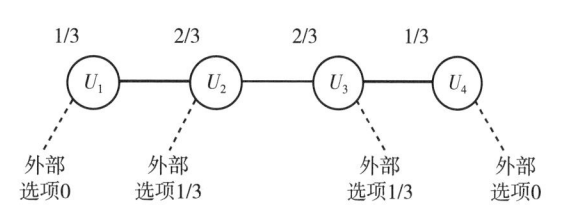

图 12-10　4 节点权力交换稳定平衡结果

平衡结果：假设社会网络的其余部分为每个节点提供了较好的外部选项，若匹配中每条边上价值的划分均体现了其对应两个节点的纳什议价结果，则交换结果是平衡的。

平衡结果是对各种"极端"结果的一种平衡,既不会使 U_2 与 U_3 的收益过高(如图 12-11 所示,U_2 与 U_3 得到了高于纳什议价结果的价值份额),也尽量不使 U_2 与 U_3 的收益过低(如图 12-10 所示)。此外,三个示例均为稳定结果,说明平衡结果实际上是稳定结果的一种细化,平衡结果均是一种稳定结果:一个平衡的结果中,匹配的每个节点至少会获得较好的外部选项,即该节点通过任何未在匹配中的边所能达到的最大收益。不存在两个节点有破坏当前平衡结果的积极性,因而结果一定是稳定的。

回顾 12.1 节(社会网络中的权力)中图 12-2 d 的"柄图"社会交换实验,图 12-12 中显示了该图唯一的一个平衡结果:U_3 与 U_4 实现对等交换,同时提供给 U_2 价值 1/2 的外部选项,致使 U_1 与 U_2 达成(1/4, 3/4)的议价结果。这样平衡结果不仅考虑了弱权力,又较好地区分了 4 个用户权力交换时不同网络结构对应权力的差异,可以看出 U_2 在柄图中的权力(价值为 3/4)略高于在 4 节点网络的权力(价值为 2/3)。

以上对节点权力的分析表明:节点的价值由外部选项值决定,而外部选项值又通过节点的价值来表达。并非所有的社会网络都存在平衡结果,由于任何平衡结果都是稳定结果,平衡结果一定存在于稳定结果存在的网络中,而有些网络并不存在稳定结果(例如三角形交换网络),因而也不存在平衡结果。但是,研究人员已经证明任何具有稳定结果的网络中均具有平衡结果[27-29]。

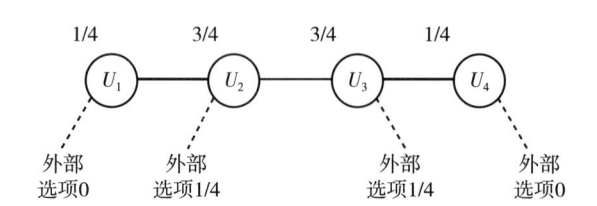

图 12-11 4 节点权力交换不平衡结果示例

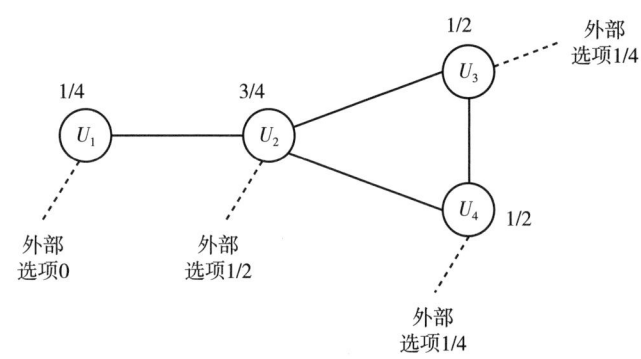

图 12-12 柄图权力交换平衡结果示例

12.3 节点权力的度量

12.1 节与 12.2 节从网络议价的角度介绍了网络节点的权力,总结了分析节点权力的形式化方法。社会网络结构复杂多样,而议价忽略了具体的社群结构,对节点的外部选项值进行恰当的抽象。当议价的节点增多、权力交换规则更加复杂时,权力的度量过程远比 3 节点路径或 4 节点路径困难。因此,本节介绍节点"权力"度量的相关内容。

在社会网络中,度量节点的权力实质上是发现网络中重要的、有影响力的或者关键的节点。通过强关系与弱关系章节的相关理论,可知并非网络中所有中心位置的节点都具备高影响力，看似网络边缘的"弱"节点可能对信息的传播发挥重要作用。为了合理度量网络节点的权力，本节主要介绍三类方法：**基于拓扑特征的度量方法**[30-34]、**基于随机游走的度量方法**[35-36]、**基于熵的度量方法**[37-38]。

12.3.1 基于拓扑特征的度量方法

社会网络分析将网络抽象为图，令 $G=\langle V,E \rangle$ 表示一个无权无向图，其中 $V=\{v_1, v_2,\cdots,v_n\}$ 表示网络中所有节点的集合，$E=\{e_1,e_2,\cdots,e_m\} \subseteq V \times V$ 表示网络中边的集合。基于拓扑特征的节点权力度量方法从网络的拓扑性质出发，多借助节点度分布、特征向量、最短路径等特征对节点的重要性进行量化，主要包括以下度量指标。

1. 度中心性

网络图中与节点相连的边的数目称为节点的度（Degree），是度量节点权力的一个基础属性。它能够度量节点的度与节点数的关系：**节点的度越高，那么连接该节点的节点数就越多，该节点在网络中就越重要**。利用度中心性的权力度量算法就是按照节点度的大小进行排序的方法。例如在人际关系网络中，节点的度越大，那么该节点用户所交往的朋友就越多，其影响力便越大，节点排序更靠前。

定义网络中任一节点 v_i 的度中心性：**网络 G 中与 v_i 直接相连的邻居节点的数量 d_i 同 v_i 可能相连最大边数之比**[31]。其表达式如下所示：

$$\mathrm{Gd}(i)=\frac{d_i}{n-1} \quad (12\text{-}10)$$

其中，$\mathrm{Gd}(i)$ 表示的是节点 v_i 的中心度，d_i 记为节点的度值，n 为网络节点的总个数。度中心性计算简单，并且时间复杂度低；但是该方法也存在缺点，因为如果节点的度值相同，然而节点在网络中所处的位置又不相同，居于网络中心位置的节点和居于网络边缘位置的节点重要性就完全不同，而利用度中心性衡量的节点的重要性却是相同的。所以度中心性往往能够衡量网络局部性质，无法有效衡量整个网络的拓扑特征。如图 12-13 所示，节点的 v_4 度中心性值为 1/3，而 v_3 与 v_5 的度中心值为 3/5。若按照度中心性大小排序，v_3 与 v_5 的权力均大于 v_4；而从图 12-13 中可以看出节点 v_4 是连接两端子网络的桥节点，它的重要性仅依据度中心值来衡量是不够准确的。

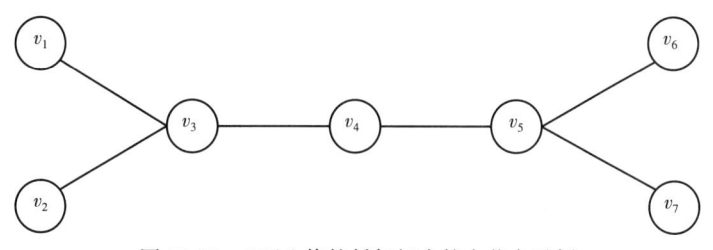

图 12-13 $\mathrm{Gd}(i)$ 值较低但权力较大节点示例

除此之外，基于度中心性的权力度量方法并没有考虑邻居节点的重要性程度，如果某个节点的邻居节点重要性大，那么该节点的重要性就可能会增大。

2. 介数中心性

本书第9章中定义"介数"（betweenness）为每条边承载信息流的总量，衡量了节点在社会网络中信息流动的重要性。实际上网络的介数分为边介数和节点介数两种：边介数定义为网络中所有最短路径（一般情况下一对节点间的最短路径不只有一条）中经过该边路径的数目占最短路径总数的比例。而节点介数理解为网络中所有最短路径中经过该节点的路径的数目占最短路径总数的比例。由于本章主要度量节点的权力，以下介数中心性均为节点介数中心性。

与度中心性不同，介数中心性从全局拓扑结构度量节点的权力。对于网络中的同一个节点而言，其度值可能较大，但介数却可能较小。例如，一个用户是两个没有朋友关系的用户的朋友，那么他的位置就很重要，他可能决定着两个人是否能加入同一群体，因此在网络中有较大的影响力。节点权力的大小不是依据节点在网络中所处的位置是不是在中心，也不是依据节点的度的大小，而是凭借通过该节点的网络的信息量的大小，以此来衡量节点权力的大小。

节点 v_i 的介数中心性定义：**网络中节点对之间通过 v_i 的最短路径条数与所有最短路径条数之比**[32]。公式为

$$Gb(i) = \sum_{i \neq s \neq e} \frac{g_{se}(i)}{g_{se}} \tag{12-11}$$

其中 $Gb(i)$ 表示节点 v_i 的介数中心性值，$g_{se}(i)$ 表示节点 v_s 与 v_e 之间最短路径通过节点 v_i 的条数，g_{se} 表示节点 v_s 与 v_e 之间最短路径数。根据式（12-11）可得经过节点 v_i 的最短路径越多，说明节点 v_i 的权力越大。在实际应用中，介数中心性可以通过去除包含 v_i 的所有节点对进行标准化。易知有向图中剩余边 $(n-1)(n-2)$ 条，无向图中剩余边 $(n-1)(n-2)/2$ 条。因此无向图中标准化后的介数中心性表达式为

$$Gb^*(i) = \frac{2}{(n-1)(n-2)} \sum_{i \neq s \neq e} \frac{g_{se}(i)}{g_{se}} \tag{12-12}$$

虽然介数中心性能够从全局网络结构层面对节点权力进行度量，但其仍存在一定的局限性：若一个网络中有部分节点并不位于任何节点对的最短路径上，这些节点的介数中心度值均为0，无法衡量这部分节点的权力。

3. 接近中心性

接近中心性（Closeness Centrality）是衡量一个节点与其他节点相互作用难易程度的指标，刻画了网络中节点位于中心位置的程度。因此，接近中心性指标强依赖于网络的拓扑结构，常用于各种具有集中特性的网络（如星形网络），对ER随机网络或者规则网络作用有限。

节点 v_i 的接近中心性定义：**节点 v_i 到网络中所有其他节点最短路径长度（最短距离）的倒数之和**[33]。其公式如下所示：

$$Gc(i)=\sum_{j\neq i}^{n}\frac{1}{d(i,j)} \qquad (12\text{-}13)$$

其中，$d(i,j)$ 表示节点 v_i 到节点 v_j 的最短距离且 v_i 与 v_j 是可达的，实际应用中对其进行标准化处理如下：

$$Gc(i)=\frac{n-1}{\sum_{j\neq i}^{n}d(i,j)} \qquad (12\text{-}14)$$

接近中心性其实就是节点与网络中其他节点之间的距离，度值越大说明节点到网络中其他节点的平均距离越大，即节点越可能在网络的边缘位置；度值越小则节点到其他节点间的距离就越小，节点就越可能处于网络的中心位置。一般而言，节点权力大小与接近中心性的值呈正相关，节点 v_i 的 $Gc(i)$ 值越大，其在网络中的权力越大。同度中心性、介数中心性相比，接近中心性不仅考虑了节点的度的大小，同时考虑了节点在网络中的位置，更能反映网络的全局结构。

度中心性、介数中心性和接近中心性三者的对比如表 12-1 所示。实际上这三者在社会网络节点权力的度量研究中是相辅相成的：度值较高的节点，其信息承载能力也相对较强，在网络信息传播中所起的作用较大，相应地其权力也较大。因此，通常研究人员会综合考虑这三类度量指标，以合理刻画网络中目标节点集的权力。

表 12-1 度中心性、介数中心性、接近中心性对比

度量指标	度量角度
度中心性	连接目标节点的节点数，主要反映节点数量的影响程度
介数中心性	目标节点所处的位置、网络信息的传播速度，主要反映节点对信息的传播程度
接近中心性	主要反映目标节点对网络中信息的承载能力和传播能力

4. 核数（Coreness）与 K-壳分解算法

2010 年，马克西姆·基萨克等人[34]提出了 K-壳（K-shell）分解理论，该理论以核数（Coreness）度量网络节点的权力。同度中心性相比，该度量方法认为处于网络核心位置的节点权力更大。所谓 K-壳分解即是将网络边缘的节点逐层消除，保留下来的内层节点即为重要性高的节点。

K-壳分解的具体过程如图 12-14 所示，算法伪代码如算法 12-1 所示：首先删除网络中度数为 1 的节点及其连边，因为度为 1 的节点为网络中最不重要的节点；然后重复删除网络中度数为 1 的节点及其连边，直至不再出现度数为 1 的节点为止，将所有被删除的节点称为第一层节点，记 $K_S=1$；重复以上步骤，直至网络中所有节点均被赋予 K_S 值。

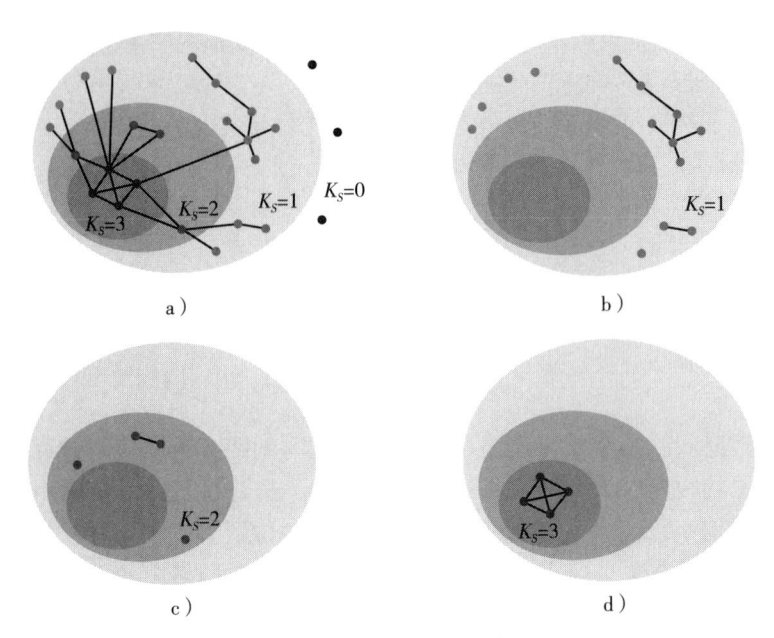

图 12-14　K-壳分解示例

算法 12-1　K-壳分解算法

输入　目标图结构 G
输出　节点权力值 power_dict$\{K_S:[\text{nodes}]\}$

1　初始化 power$_{\text{dict}}$ = { }
2　$K_S = 1$　　//代表 1-shell
3　**while** G.nodes( )：
4　　//重复删除网络中度数为 K_S 的节点及其连边
5　　node_degree_dict = G.degree( )　　//获取节点度数
6　　min_degree = **min**(node_degree_dict.values( ))　　//网络中节点的最小度数
7　　temp = [ ]　　//临时存储 K_S-shell 的节点
8　　**while True**：
9　　　**for** k,v **in** node_degree_dict.items( )：　　//遍历所有节点
10　　　　**if** v == min_degree：
11　　　　　temp.append(k)
12　　　　　G.remove_node(k)　　//删除网络中度数最低的节点
13　　　node_degree_dict = G.degree( )　　//更新当前网络节点的度数
14　　　**if** min_degree **not in** node_degree_dict.values( )：
15　　　　**break**
16　　power_dict[K_S] = temp　　//储存 K_S-shell 的节点
17　　K_S += 1　　//继续删除下一层节点
18　**return** power_dict

对于网络中的每一个节点，去掉一层壳之后在剩余网络中的度称为该节点的剩余度。K-壳分解计算复杂度低，适用于度量大规模网络节点的权力，但是每层壳内节点权力的区别并不明显，属于粗粒度度量方法，并且对于无标度网络、星形网络等具备特殊结构的网络无法发挥作用。研究人员对该节点权力度量方法也进行了一定的改进。例如，侯等人[39]综合考虑了度中心性、介数中心性和核数对节点权力的影响，并利用欧拉距离公式将三个指标进行了融合；马等人[40]从万有引力定律思想出发，将K_S值作为节点的质量，根据节点间的距离和自身的质量度量每个节点的权力。

12.3.2 基于随机游走的度量方法

基于拓扑特征的节点权力度量方法主要关注节点所在社区（网络）的局部/全局信息，能够客观反映节点的拓扑特征。虽然部分度量方式简单、易算（如度中心性），但多数方法计算过程中时间复杂度高，并不适用于大规模网络结构（如介数中心性、接近中心性）。此外，以上方法多针对无向网络（Undirected Network），难以有效刻画有向网络节点（Directed Network）的权力大小。因此，研究人员提出了基于随机游走的节点权力度量方法[37-38]。随机游走（Random Walk）是图论中的重要算法，在数据挖掘领域有广泛的应用。简而言之，随机游走算法构建了若干个随机游走器（Random Walker）。随机游走器从某个节点初始化，之后在每一步随机游走中，随机地访问当前节点的某个邻接节点。

1. PageRank 排序算法

随机游走最有名的应用即 PageRank 算法[37]，如图 12-15 所示。在 PageRank 算法中，每次随机游走均模仿了一个用户浏览互联网时的行为：用户随机地单击当前网页中的某个链接，跳转到下一个网站。被更多用户访问的网站具有更高的权重，在搜索结果中排名更加靠前。基于用户所单击链接的指向关系，互联网页面构成了一个图。因此，通过构建网页之间的链接关系图，搜索引擎就能为所有网页计算权重并排序。

对于目标网页来说，PageRank 值的计算基于以下两个基本假设。

1）数量假设：在 Web 图模型中，如果一个页面节点接收到的其他网页指向的入链数量越多，那么这个页面越重要。

2）质量假设：指向该目标页面的入链质量不同，且质量高的页面会通过链接向其他页面传递更多权重。所以越是有质量高的页面指向某目标页面，该目标页面越重要、质量越高。

进一步理解，如果搜狐网站（www.sohu.com）存在一个指向腾讯主页（www.tencent.com）的链接，则表明搜狐认为腾讯主页比较重要，从而把自身的一部分重要性得分赋予腾讯主页。这个重要性得分值为 PR_{sohu}/L_{sohu}，其中 PR_{sohu} 为搜狐网站的 PageRank 值，L_{sohu} 为其出链数。因此，腾讯主页的 PageRank 值可由一系列类似于搜狐的页面重要性得分累加得到，即一个页面的 PageRank 值由所有链向它的页面的重要性来决定。一个有较多链入页面的网页会有较高的 PageRank 值,而如果一个页面没有任何链入页面,那么它的 PageRank 值即为 0。

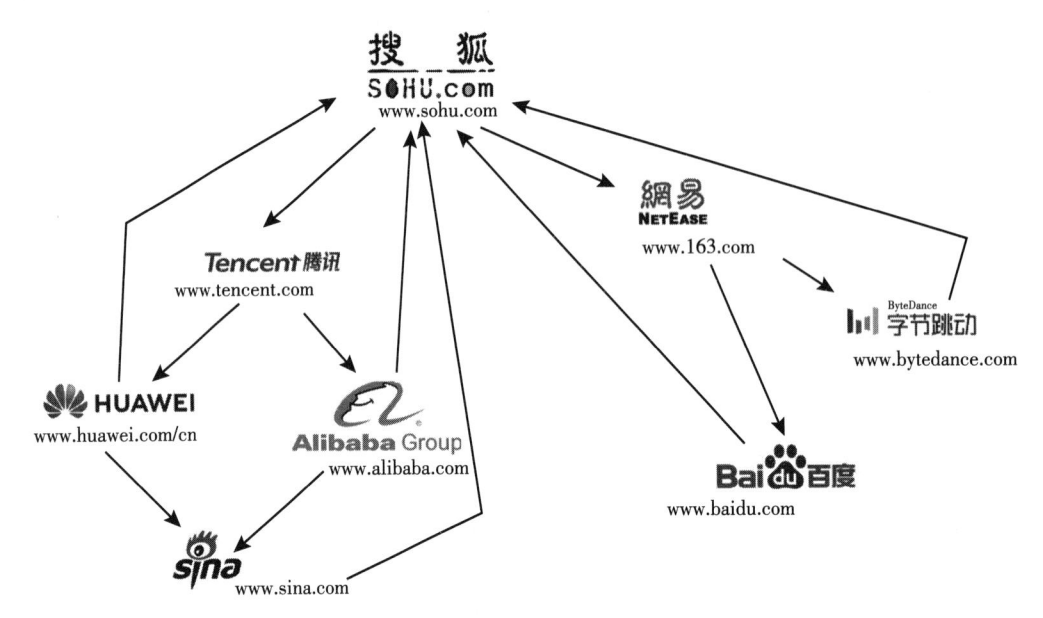

图 12-15 网页链接关系示例

一个页面的 PageRank 值是由所有链向它的页面(链入页面)的重要性经过递归算法得到。可将该过程想象为一种"流体"沿着如图 12-15 所示的边从一个节点"流动"到另一个节点,汇聚在一些比较重要的节点上,并且遵循着如下的算法步骤:

①对于有 n 个节点的网络,设定每个节点的初始 PageRank 值为 $1/n$。
②确定迭代次数 k。
③按照规则迭代更新所有节点的 PageRank 值。每个网页将当前的 PageRank 值平均分配给所有出链上,这些链接将值传递给所指向的网页(若网页没有出链,则将值传递给自己);每个网页利用获得的所有值的总和更新自身的 PageRank 值。

以图 12-15 为例,计算 8 个网页的 PageRank 值。初始状态下,每个网页的值均为 1/8。对于搜狐网页而言,有来自华为、阿里巴巴主页等 5 条入链,则其 PageRank 值的更新公式为

$$\mathrm{PR}_{\mathrm{sohu}}=\frac{\mathrm{PR}_{\mathrm{huawei}}}{2}+\frac{\mathrm{PR}_{\mathrm{alibaba}}}{2}+\mathrm{PR}_{\mathrm{sina}}+\mathrm{PR}_{\mathrm{baidu}}+\mathrm{PR}_{\mathrm{bytedance}} \quad (12\text{-}15)$$

对于腾讯主页而言,只存在搜狐网页一条入链,则 PageRank 值的更新公式为

$$\mathrm{PR}_{\mathrm{tencent}}=\frac{\mathrm{PR}_{\mathrm{sohu}}}{2} \quad (12\text{-}16)$$

同理可知，其余网页的更新为

$$PR_{netease} = \frac{PR_{sohu}}{2} \quad (12\text{-}17)$$

$$PR_{huawei} = \frac{PR_{tencent}}{2} \quad (12\text{-}18)$$

$$PR_{alibaba} = \frac{PR_{tencent}}{2} \quad (12\text{-}19)$$

$$PR_{baidu} = \frac{PR_{netease}}{2} \quad (12\text{-}20)$$

$$PR_{bytedance} = \frac{PR_{netease}}{2} \quad (12\text{-}21)$$

$$PR_{sina} = \frac{PR_{huawei}}{2} + \frac{PR_{alibaba}}{2} \quad (12\text{-}22)$$

将初始值 1/8 代入以上公式，经过两次更新操作后，6 个网页的 PageRank 值如表 12-2 所示。一旦搜狐网页获得了较高的 PageRank 值，下一次更新时腾讯和网易主页将会受益，因为第一次更新后，搜狐网页成为较重要的网页，则下一次更新时该网页的推荐力度随之增加，被推荐的网页重要性也会增强。

表 12-2　6 个网页的 PageRank 值

迭代次数	PR_{sohu}	$PR_{tencent}$	$PR_{netease}$	PR_{huawei}	$PR_{alibaba}$	PR_{baidu}	$PR_{bytedance}$	PR_{sina}
0（初始）	1/8	1/8	1/8	1/8	1/8	1/8	1/8	1/8
1	1/2	1/16	1/16	1/16	1/16	1/16	1/16	1/8
2	5/16	1/4	1/4	1/32	1/32	1/32	1/32	1/16

由于存在一些网页出链为 0，也就是那些不链接任何其他网页的网页（孤立网页），现有 PageRank 算法会产生排名泄露（多次迭代之后，所有网页的 PageRank 值趋近于 0）问题。因此需要对 PageRank 公式进行修正，即在简单公式的基础上增加一个阻尼系数（Damping Factor）q，表示任意时刻用户到达某页面后并继续向后浏览的概率（一般取值为 0.85）。调整后，网页的 PageRank 值更新公式为

$$PR_A = \left(\frac{PR_B}{L_B} + \frac{PR_C}{L_C} + \frac{PR_D}{L_D} + \cdots \right) q + \frac{1-q}{n} \quad (12\text{-}23)$$

例如修正过后搜狐网页的更新公式变为（末尾项保证网页的 PageRank 值不为 0）

$$PR_{sohu} = 0.85 \times \left(\frac{PR_{huawei}}{2} + \frac{PR_{alibaba}}{2} + PR_{sina} + PR_{baidu} + PR_{bytedance} \right) + \frac{0.15}{8} \quad (12\text{-}24)$$

然而，PageRank 算法对于同一网页链出时的页面等级值是同等对待且平均分配的，没有考虑到不同链接的重要性会有所不同，而这与网页链接的实际情况不符。

2. HITS 排序算法

HITS 算法同样是度量网页权力的基础性算法，1999 年由美国计算机科学家乔恩·克莱因伯格[36] 提出，全称为基于超链接分析的主题搜索算法（Hyperlink-Induced Topic Search，HITS）。HITS 算法为每个网页赋予枢纽属性（Hub）和权威属性（Authority），并据此将全部网页划分为枢纽页面和权威页面。

1）权威页面：与某个领域或者某个话题相关的高质量网页。

2）枢纽页面：包含了很多指向高质量权威页面链接的网页，如国内的一些门户网站。

该算法的目的是当用户查询特定话题时，返回相关的权威页面。

HITS 算法基于如下假设：

1）高质量的权威页面会被大量高质量枢纽页面链入。

2）高质量的枢纽页面会链出至大量高质量权威页面。

"高质量"由页面的 Hub 值和 Authority 值确定，每个页面的 Hub 值等于所有它指向的页面的 Authority 值（简记为 Au）之和；每个页面的 Authority 值等于所有指向它的页面的 Hub 值（简记为 Hu）之和。在图 12-16 中，有 $Au_{google} = Hu_{bytedance} + Hu_{tencent} + Hu_{alibaba} + Hu_{sina} + Hu_{baidu}$，并且 $Hu_{google} = Au_{microsoft} + Au_{netease}$。

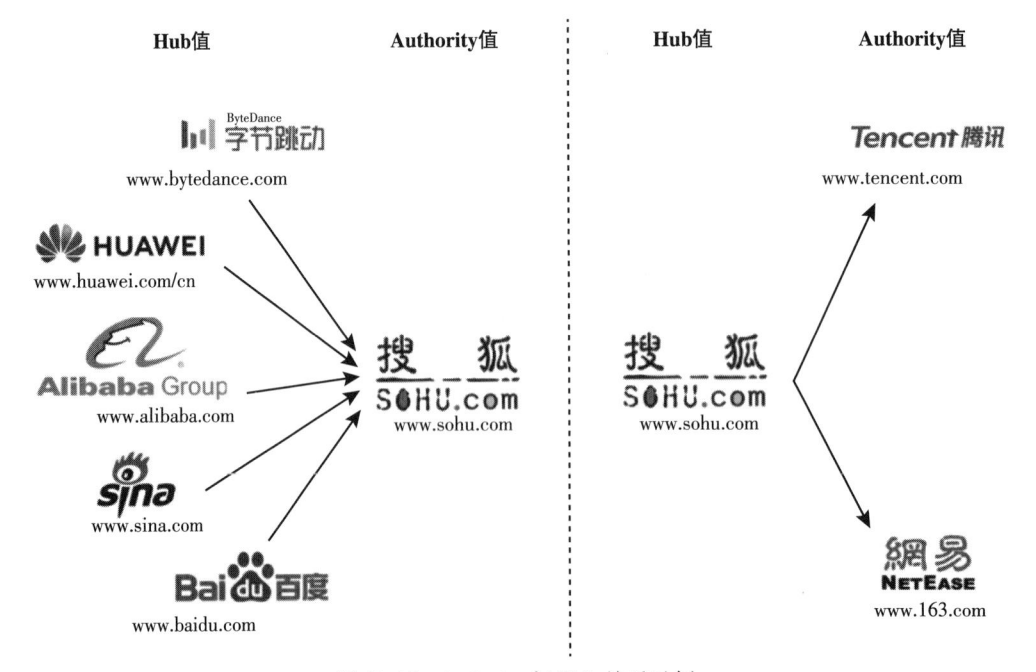

图 12-16　Authority 与 Hub 关系示例

令 $A(i)$ 和 $H(i)$ 表示网页 i 的 Au 值和 Hu 值[○]，则 HITS 算法如下所述。

(1) 确定根集合

利用基于关键字查询的检索系统确定相关网页集合，从中选取 n 个页面作为根集合（Root Set），并且满足该集合中权威页面占比高。

(2) 扩充候选网页集合

在根集合基础上，对候选网页集合进行扩展：凡是与根集合网页有直接链接关系的网页均被加入集合中。

(3) 计算扩充集合内全部网页的 Au 值与 Hu 值

由于初始状态下并不能确定哪些页面是高质量的枢纽页面和权威页面，为每个页面设置相同的 Au 值与 Hu 值：

$$\text{Au}_0 = 1, \text{Hu}_0 = 1 \tag{12-25}$$

迭代计算每个网页的 Au 值与 Hu 值，有（i_{to} 表示网页 i 指向的页面，i_{from} 表示指向网页 i 的页面）：

$$A(i) = \sum_{j \in i_{to}} H(j), H(i) = \sum_{j \in i_{from}} A(j) \tag{12-26}$$

将每个页面的 Au 值与 Hu 值分别进行标准化：

$$A(i) = A(i)/\|A\|, H(i) = H(i)/\|H\| \tag{12-27}$$

计算上一轮迭代计算得到的权值与本轮计算得到的权值之间的差异，若小于规定阈值或达到最大计算次数则认为已进入稳定状态，停止计算。

HITS 算法通常根据 Au 值将所有页面降序排序，然后取一定数量的权值较高的页面进行输出。以三个网页的链接关系为例，如图 12-17 所示，构造搜狐、腾讯、华为三个网页链接关系图的邻接矩阵，按照链入链出关系可构造邻接矩阵 $\boldsymbol{M}$：

$$\boldsymbol{M} = \begin{pmatrix} 1 & 1 & 1 \\ 1 & 0 & 1 \\ 0 & 0 & 0 \end{pmatrix} \tag{12-28}$$

设置每个节点的初始 Au 值与 Hu 值为 1，以向量形式表示为

$$\boldsymbol{h}_0 = (1,1,1)^T, \boldsymbol{a}_0 = (1,1,1)^T \tag{12-29}$$

将初始向量进行标准化得：

$$\boldsymbol{h}_0 = (1/\sqrt{3}, 1/\sqrt{3}, 1/\sqrt{3})^T, \boldsymbol{a}_0 = (1/\sqrt{3}, 1/\sqrt{3}, 1/\sqrt{3})^T \tag{12-30}$$

○ 易知网页 i 所指向的网页的 Authority 越高，$H(i)$ 值越大；指向 i 的网页的 Hub 值越大，$A(i)$ 越高。

第一轮迭代计算 Au 值与 Hu 值向量为

$$h_1 = Ma_0 = \begin{pmatrix} 1 & 1 & 1 \\ 1 & 0 & 1 \\ 0 & 0 & 0 \end{pmatrix} \times \begin{pmatrix} 1/\sqrt{3} \\ 1/\sqrt{3} \\ 1/\sqrt{3} \end{pmatrix} = \begin{pmatrix} \sqrt{3} \\ 2/\sqrt{3} \\ 0 \end{pmatrix}$$

$$a_1 = M^T h_1 = \begin{pmatrix} 1 & 1 & 0 \\ 1 & 0 & 0 \\ 1 & 1 & 0 \end{pmatrix} \times \begin{pmatrix} \sqrt{3} \\ 2/\sqrt{3} \\ 0 \end{pmatrix} = \begin{pmatrix} 5/\sqrt{3} \\ \sqrt{3} \\ 5/\sqrt{3} \end{pmatrix}$$

(12-31)

对第一轮迭代结果进行标准化得：

$$h_1 = (3/\sqrt{13}, 2\sqrt{13}/3, 0)^T, a_1 = (5/\sqrt{59}, 3/\sqrt{59}, 5/\sqrt{59})^T \tag{12-32}$$

继续计算直至网页的 Au 值与 Hu 值基本不再变化为止。

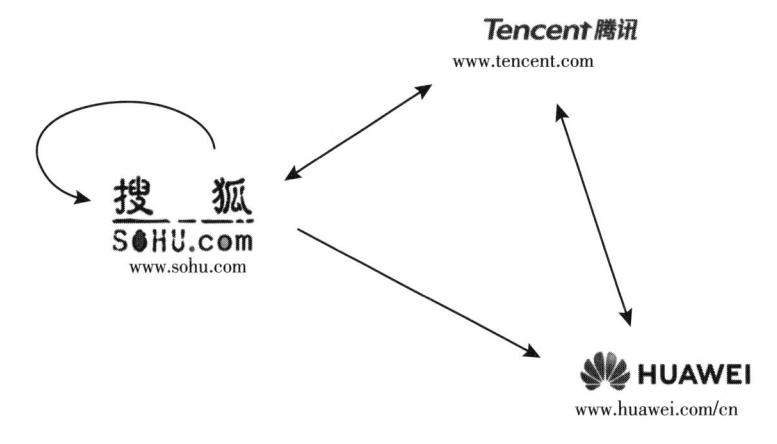

图 12-17 网页链接关系示例

与 PageRank 算法不同，HITS 算法与用户输入的查询请求密切相关，因而必须在接收到用户查询后进行实时计算，计算效率较低；尽管 HITS 算法在某些查询主题下能够较为准确地提取出 Authority 网页，但若扩展网页集合里包含部分与查询主题无关的页面，且这些页面之间有较多的相互链接指向，那么使用 HITS 算法很可能会给予这些无关网页很高的排名，导致搜索结果发生"主题漂移"。

12.3.3 基于熵的度量方法

节点权力的度量需综合考虑度量方法的可扩展性与普适性。12.3.1 节介绍的基于拓扑特征的度量方法中，依赖全局特征的方法时间复杂度较高，难以适应大规模网络；而 12.3.2 节介绍的基于随机游走的方法主要适用于有向图节点权力的度量。为了兼顾权力度量方法的可扩展性与普适性，研究人员专注于探究如何根据局部信息有效度量有向网络、无向网络节点权力。2017 年，撒雷莉等人[37]研究发现网络节点邻居度的熵要比邻居的度更能有效表示节点之间的影响程度，利用熵来度量节点的权力逐渐成为研究热点[41]。

"熵"的概念由香农提出[34]，其能够从系统样本点不确定性出发，利用概率与统计方法，表征样本空间所体现的系统无序化程度，可用于对网络节点重要性的衡量。对于任意一个随机变量 X，它的信息熵定义如下（单位为比特）：

$$H(x) = -\sum_{x \in X} p(x) \log(p(x)) \tag{12-33}$$

在将信息熵引入节点权力度量之前，先介绍邻接度、概率函数等基本概念（以无权网络为例）。为了更准确地反映节点对其附近邻居节点的影响，将无向网络（Undirected Network，UDN）节点的**邻接度**定义如下：

$$Q_i = \sum_{w \in \tau_i} k_w \tag{12-34}$$

其中，k_w 为节点 v_i 的度值，τ_i 为节点 v_i 的邻居节点集合。如图 12-18 所示，节点 U_1 的邻接度为 $Q_1 = k_2 + k_3 + k_4 = 2 + 3 + 5 = 10$。

同理，利用入边数与出边数定义有向网络（Directed Network，DN）节点的邻接度为

$$Q'_i = \alpha \sum_{w \in \tau_i} k_{w_{in}} + (1-\alpha) \sum_{w \in \tau_i} k_{w_{out}} \tag{12-35}$$

其中，$k_{w_{in}}$ 表示节点 w 指向节点 v_i 的边；$k_{w_{out}}$ 表示节点 v_i 指向节点 w 的边；α 表示影响系数，用于细化入度和出度对节点权力的影响。如图 12-19 所示，令 $\alpha = 0.75$，则节点 V_1 的邻接度为 $Q'_1 = \alpha k_3 + (1-\alpha)(k_2 + k_4) = 0.75 \times 1 + 0.25 \times 2 = 1.25$。

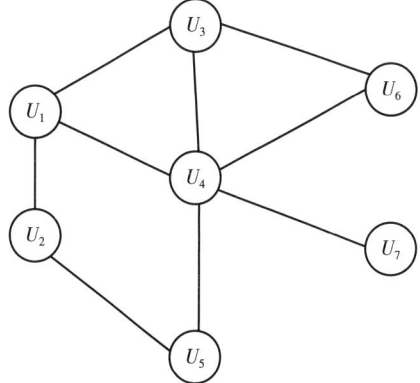

图 12-18 无向无权图示例

为了计算各节点信息熵需要定义节点的概率函数，其描述了不同节点在其邻居节点中被选择的可能性大小，**选择概率函数**定义如下

$$p_{i_j} = \frac{k_i}{Q_j}, j \in \tau_i \tag{12-36}$$

例如，在图 12-18 中，节点 U_1 被节点 U_2 选择的概率为 $p_{1_2} = k_1/(k_1 + k_5) = 3/(3+2) = 3/5$。同理，有向图的选择概率可结合式（12-35）与式（12-36）进行计算。据此，目标节点 v_i 的邻

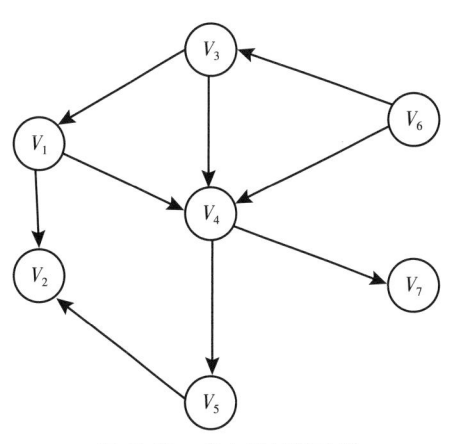

图 12-19 有向无权图示例

接信息熵定义为

$$H_i = \begin{cases} -\sum_{j \in \tau_i} p_{i_j} \log_2 p_{i_j}, v_i \in UDN \\ \sum_{j \in \tau_i} |(-p_{i_j} \log_2 p_{i_j})|, v_i \in DN \end{cases} \quad (12\text{-}37)$$

因此，无向网络中基于信息熵的节点权力度量方法见式（12-38），式中 k_i 表示节点 v_i 的度值，Q_j 为节点 v_j 的邻接度，τ_i 表示节点 v_i 邻居节点的集合，τ_j 表示节点 v_j 邻居节点的集合。

$$\begin{cases} p_{i_j} = \dfrac{k_i}{Q_j} \\ Q_j = \sum_{w \in \tau_j} k_w \\ H_i = -\sum_{j \in \tau_i} p_{i_j} \log_2 p_{i_j} \end{cases} \quad (12\text{-}38)$$

同理，有向网络中基于信息熵的节点权力度量方法为

$$\begin{cases} p_{i_j} = \dfrac{k_i}{Q_j} \\ Q_j = \alpha \sum_{w \in \tau_j} k_{w_{in}} + (1-\alpha) \sum_{w \in \tau_j} k_{w_{out}} \\ H_i = \sum_{j \in \tau_i} |(-p_{i_j} \log_2 p_{i_j})| \end{cases} \quad (12\text{-}39)$$

综上所述，基于邻接信息熵的节点权力度量算法伪代码如算法 12-2 所示[38]。按照该算法计算图 12-20 中各节点信息熵，计算结果如表 12-3 所示，根据信息熵的大小度量节点的权力大小。

算法 12-2　基于邻接信息熵的节点权力度量算法

输入：相应网络的邻接矩阵 $\boldsymbol{Q}$、节点度值 k
输出：目标节点的邻接信息熵（权力）值 H

1　**for** $i \leftarrow 1$ **to** N **do**：
2　　**if** $Q_{ij} = Q_{ji}$ **then**：　　　　　　//如果是无向网络
3　　　$Q_j \leftarrow \sum_{j=1}^{m} k_j$　　　　　　//计算节点的邻接度
4　　　$p_{i_j} \leftarrow k_i / Q_j$　　　　　　//计算选择概率
5　　　$H_i \leftarrow -\sum_{j \in \tau_i}(p_{i_j} \log_2 p_{i_j})$　　//无向网络节点邻接信息熵
6　　**else**：　//如果是有向网络

(续)

7	$Q_j \leftarrow \alpha \sum_{w \in \tau_i} k_{w_{in}} + (1-\alpha) \sum_{w \in \tau_i} k_{w_{out}}$	//根据出度和入度计算节点的邻接度
8	$p_{i_j} \leftarrow k_i / Q_j$	//计算选择概率
9	$H_i \leftarrow \sum_{j \in \tau_i} |(-p_{i_j} \log_2 p_{i_j})|$	//有向网络节点邻接信息熵
10	end if	
11	end for	
12	return H	

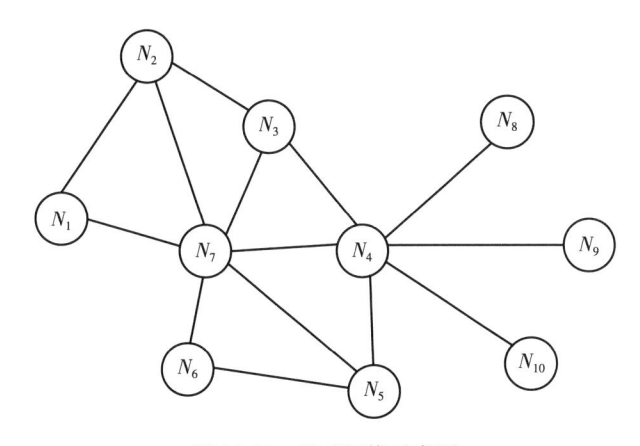

图 12-20 基础网络示意图

由表 12-3 发现节点 8、9、10 具有相同的信息熵。这是因为 3 个节点的位置及结构完全一样。但是只用信息熵进行节点重要性计算也存在问题：其中节点 2 与节点 5 得到的结果相同。从网络的结构看，节点 5 与节点 4 相连，其重要性应该大于节点 2。

表 12-3 各节点信息熵统计

节点	N_1	N_2	N_3	N_4	N_5	N_6	N_7	N_8	N_9	N_{10}
信息熵	0.789	1.413	1.396	1.578	1.413	0.743	2.838	0.260	0.260	0.260

小结

1. 权力是社会学中的一个重要概念。具体而言，权力来源于参与者在网络中所处的位置关系，是一种位置及其占据者的结构属性，每个参与者因其在网络中所处的不同位置而获得大小不等的权力。权力来源的复杂性导致节点的权力具有依赖性、非对称性、动态性、结构性等特征。

2. 网络权力的交换本质上也是一种博弈过程。博弈主要研究多个个体或团体之间在特定条件制约下根据对方策略而实施对应的策略，任何博弈场景都包括博弈参与者、策略和收益三个基本元素。在博弈背景下，节点之间权力的交换结果主要包括平衡结果和稳定结果。并非所有的社会网络都存在平衡结果，而任何具有稳定结果的网络中均具有平衡结果。

3. 节点的权力可抽象为社会网络中有影响力（重要的）节点的问题，大量研究人员对节点权力的度量方法进行了探究。目前度量方法主要包括基于拓扑特征的度量方法、基于随机游走的度量方法、基于熵的度量方法。

4. 基于统计拓扑特征的度量方法主要包括度中心性、介数中心性、接近中心性、核数与K-壳分解算法。其中度中心性、介数中心性、接近中心性三者是相辅相成的，度值较高的节点，其信息承载能力也相对较强，在网络信息传播中所起的作用较大，相应地其权力也逐渐增大。相比于以上三种度量方法，K-壳分解算法对层内节点权力的区别并不明显，属于粗粒度的节点权力度量方法。基于随机游走的度量方法主要有 PageRank 排序算法与 HITS 算法。基于熵的度量方法主要讲解了邻接信息熵在节点权力排序上的重要作用。

习题

1. 在如图 12-21 所示的博弈中找出所有的纯策略纳什均衡。在收益矩阵中，每行对应于参与者 A 的策略，每列对应参与者 B 的策略。

2. 在如图 12-22 所示的二人博弈中找出所有纯策略纳什均衡，每个博弈参与者均有三种策略选择。

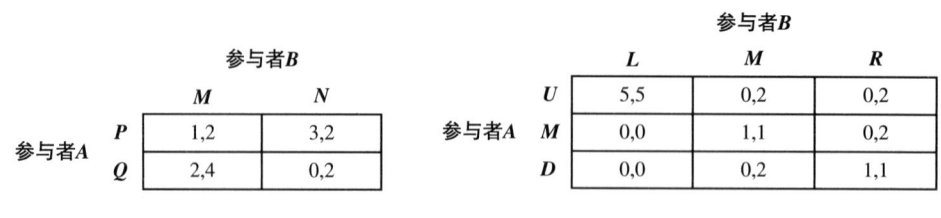

		参与者B	
		M	N
参与者A	P	1,2	3,2
	Q	2,4	0,2

图 12-21　第 1 题图

		参与者B		
		L	M	R
	U	5,5	0,2	0,2
参与者A	M	0,0	1,1	0,2
	D	0,0	0,2	1,1

图 12-22　第 2 题图

3. 断言：**在二人博弈的纳什均衡中，每个参与者都选择一个最优策略，所以两个参与者的策略是社会最优**。该断言是否正确，若正确则给出简要证明；若不正确，请举出一个博弈例子来说明它是错误的。

4. 考虑下述两个二人博弈问题，每个收益矩阵中行代表着参与者 A 的策略选择，列代表着参与者 B 的收益。对图 12-23 a 描述的收益矩阵，找出该博弈中的所有的纯（非随机性）策略的纳什均衡；对图 12-23 b 描述的收益矩阵，找出博弈中所有的纳什均衡。

	参与人B	
	L	R
参与者A U	3,5	4,3
D	2,1	1,6

a)

	参与人B	
	L	R
参与者A U	1,1	4,2
D	3,3	2,2

b)

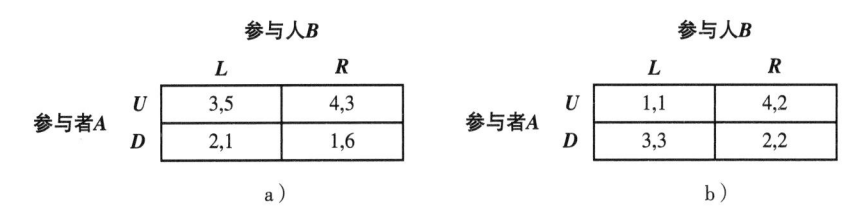

图 12-23　第 4 题图

5. 证明如图 12-24 所示的三角网络交换中不存在稳定结果。

6. 按照如图 12-25 所示的网络进行一个网络交换试验，采用 1-交换规则，每条边放置 100 元：

1）哪个节点将会获得最高的收益？只需解释结论，不需要计算实际得到的钱数。

2）增加网络节点 U_6，并且只与 U_3 相连。再次进行网络交换试验，试说明网络改变前后各参与者相对权力的变化情况，不需要计算实际得到的钱数。

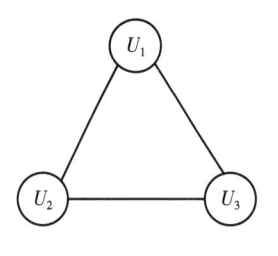

图 12-24　第 5 题图

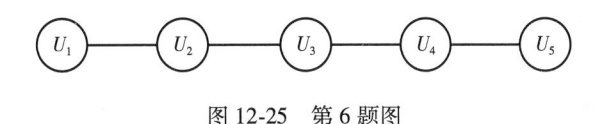

图 12-25　第 6 题图

7. 1）运行两组网络交换，采用 1-交换规则，分别在如图 12-26 所示的 3 节点路径和 4 节点路径上进行。在哪组实验中 U_2 会获得更大的收益？

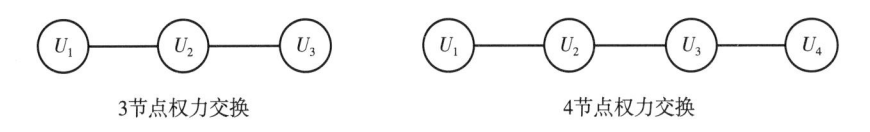

3节点权力交换　　　　　4节点权力交换

图 12-26　第 7 题图 1

2）按照图 12-27 所示的网络进行网络交换实验，同样采用 1-交换规则，哪个节点获得的收益最大？此外，最有权力的节点更类似于 1）中 3 节点路径中的 U_2，还是 4 节点路径中的 U_2？简要解释即可。

8. 利用 Python 语言实现 K-壳分解算法。

9. 如图 12-28 所示，计算网络中每个节点经过 2 次循环后的中枢值和权威值。给出归一化处理之前和之后的值，即将每个权威值除以所有权威值之和，将每个中枢值除以所有中枢分值之和，结果可以保留分数。

10. 1）如图 12-29 a 所示，计算网络中每个节点经过 2 次循环后的中枢值和权威值，给出归一化处理前后的值，可以直接保留分数形式的归一化分值。2）由于图 a 中节点 U_1 和 U_2 是对称的，因此 1）的计算结果应该是 U_1 和 U_2 有相同的权威值。现在改变节点 U_5，使其同时也链接到 U_3，构成如图 12-29 a 所示的网络，对于该网络，计算每个节点运行 2 次中枢权威更新规则而得到的归一化中枢和权威分值。3）在图 12-29 b 中节点 U_1 和 U_2 哪个具有较高的权威值，试解释 2）中计算得到的 U_1 和 U_2 权威值不同的原因。

图 12-27　第 7 题图 2

图 12-28　第 9 题图

a）

b）

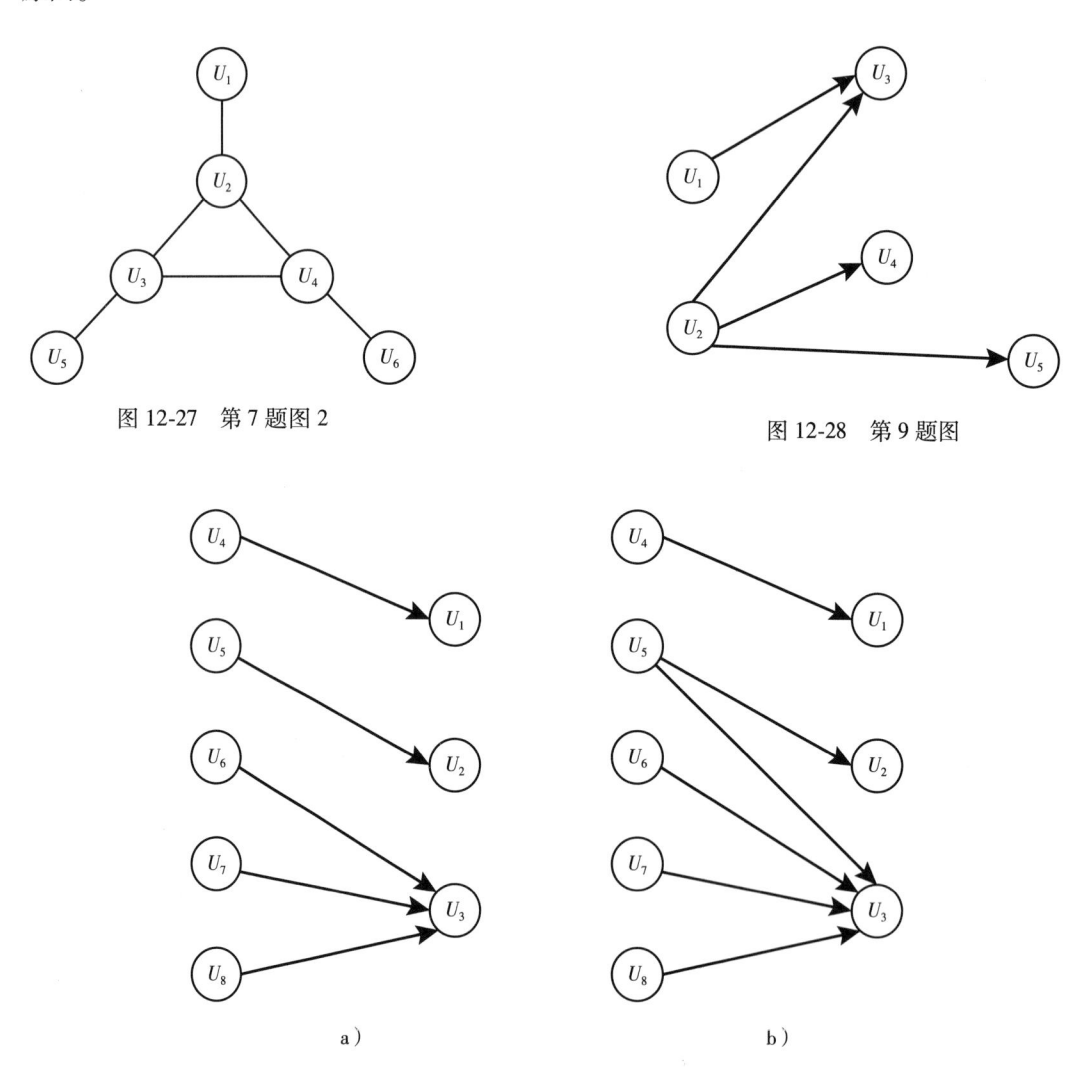

图 12-29　第 10 题图

11. 利用 Python 语言实现基于邻接信息熵的节点权力度量算法。

参考文献

[1] HOGG M A, Vaughan G M. Social psychology: an introduction [M]. London: Harvester Wheatsheaf, 1995.
[2] KOTTER J P. Power and influence [M]. New York: Simon and Schuster, 1985.
[3] DEUTSCH M, KRAUSS R M. Social psychology [M]. New York: Basic Books, 1965.
[4] EMERSON R M. Power-dependence relations [J]. American sociological review, 1962: 31-41.
[5] EMERSON R M. Exchange theory, part I: a psychological basis for social exchange [J]. Sociological theories in progress, 1972, 2: 38-57.
[6] BRASS D J, BURKHARDT M E. Potential power and power use: an investigation of structure and behavior [J]. Academy of management journal, 1993, 36(3): 441-470.
[7] YAMAGISHI T, GILLMORE M R, COOK K S. Network connections and the distribution of power in exchange networks [J]. American journal of sociology, 1988, 93(4): 833-851.
[8] MARKOVSKY B. Network exchange outcomes: limits of predictability [J]. Social networks, 1992, 14(3-4): 267-286.
[9] LUCA J W, YOUNTS C W, LOVAGLIA M J, et al. Lines of power in exchange networks [J]. Social forces, 2001, 80(1): 185-214.
[10] SKVORETZ J, WILLER D. Exclusion and power: a test of four theories of power in exchange networks [J]. American sociological review, 1993: 801-818.
[11] KRACKHARDT D. Assessing the political landscape: structure, cognition, and power in organizations [J]. Administrative science quarterly, 1990: 342-369.
[12] ZAHEER A, BELL G G. Benefiting from network position: firm capabilities, structural holes, and performance [J]. Strategic management journal, 2005, 26(9): 809-825.
[13] BONACICH P, HOLDREN A C, JOHNSTON M. Hyper-edges and multidimensional centrality [J]. Social networks, 2004, 26(3): 189-203.
[14] POWELL W. Neither market nor hierarchy [J]. The sociology of organizations: classic, contemporary, and critical readings, 2003, 315: 104-117.
[15] BATHELT H, TAYLOR M. Clusters, power and place: inequality and local growth in time-space [J]. Geografiska annaler: series B, human geography, 2002, 84(2): 93-109.
[16] LAZEGA E. Structural holes: the social structure of competition [J]. 1995.
[17] HAUNSPERGER D. Classics in game theory [J]. The American mathematical monthly, 1998, 105(4): 395.
[18] JONES A J. Game theory: mathematical models of conflict [M]. Amsterdam: Elsevier, 2000.
[19] Shubik M. Game theory in the social sciences: concepts and solutions [M]. Cambridge: MIT Press, 1982.
[20] NASH J. Non-cooperative games [J]. Annals of mathematics, 1951: 286-295.
[21] HOLT C A, Roth A E. The nash equilibrium: a perspective [J]. Proceedings of the national academy of sciences, 2004, 101(12): 3999-4002.
[22] STRAUB P G, Murnighan J K. An experimental investigation of ultimatum games: information, fairness, expectations, and lowest acceptable offers [J]. Journal of economic behavior & organization, 1995, 27

(3): 345-364.
[23] SCHELLING T C. The strategy of conflict. Prospectus for a reorientation of game theory [J]. Journal of conflict resolution, 1958, 2(3): 203-264.
[24] NASH Jr J F. The bargaining problem [J]. Econometrica: journal of the econometric society, 1950: 155-162.
[25] COOK K S, YAMAGISHI T. Power in exchange networks: a power-dependence formulation [J]. Social networks, 1992, 14(3-4): 245-265.
[26] ROCHFORD S C. Symmetrically pairwise-bargained allocations in an assignment market [J]. Journal of economic theory, 1984, 34(2): 262-281.
[27] KLEINBERG J, TARDOS É. Balanced outcomes in social exchange networks [C] //Proceedings of the fortieth annual ACM symposium on theory of computing. 2008: 295-304.
[28] ROCHFORD S C. Symmetrically pairwise-bargained allocations in an assignment market [J]. Journal of economic theory, 1984, 34(2): 262-281.
[29] SOLYMOSI T, RAGHAVAN T E S. An algorithm for finding the nucleolus of assignment games [J]. International journal of game theory, 1994, 23: 119-143.
[30] 韩忠明, 陈炎, 刘雯, 等. 社会网络节点影响力分析研究 [J]. 软件学报, 2017, 28(01): 84-104.
[31] FREEMAN L C. Centrality in social networks: conceptual clarification [J]. Social network: critical concepts in sociology, 2002, 1: 238-263.
[32] FREEMAN L C. A set of measures of centrality based on betweenness [J]. Sociometry, 1977: 35-41.
[33] BAVELAS A. Communication patterns in task - oriented groups [J]. The journal of the acoustical society of America, 1950, 22(6): 725-730.
[34] KITSAK M, GALLOS L K, HAVLIN S, et al. Identification of influential spreaders in complex networks [J]. Nature physics, 2010, 6(11): 888-893.
[35] BRIN S, PAGE L. The anatomy of a large-scale hypertextual web search engine [J]. Computer networks and ISDN systems, 1998, 30(1-7): 107-117.
[36] KLEINBERG J M. Authoritative sources in a hyperlinked environment [J]. Journal of the ACM (JACM), 1999, 46(5): 604-632.
[37] ZAREIE A, SHEIKHAHMADI A, FATEMI A. Influential nodes ranking in complex networks: an entropy-based approach [J]. Chaos, Solitons & Fractals, 2017, 104: 485-494.
[38] XU X, ZHU C, WANG Q, et al. Identifying vital nodes in complex networks by adjacency information entropy [J]. Scientific reports, 2020, 10(1): 2691.
[39] HOU B, YAO Y, LIAO D. Identifying all-around nodes for spreading dynamics in complex networks [J]. Physica a: statistical mechanics and its applications, 2012, 391(15): 4012-4017.
[40] MA L, MA C, ZHANG H F, et al. Identifying influential spreaders in complex networks based on gravity formula [J]. Physica a: statistical mechanics and its applications, 2016, 451: 205-212.
[41] SHANNON C E. A mathematical theory of communication [J]. The Bell system technical journal, 1948, 27(3): 379-423.